Gerd Gerken
GEIST

Gerd Gerken

GEIST

Das Geheimnis der neuen Führung

ECON Verlag
Düsseldorf · Wien · New York

Die Deutsche Bibliothek – CIP-Einheitsaufnahme

Gerken, Gerd:
Geist : Das Geheimnis der neuen Führung / Gerd Gerken. –
Düsseldorf; Wien; New York: ECON Verl. 1991
ISBN 3-430-13159-6

Lektorat: Isabel A. Rüdig
Gesetzt aus der Times, Linotype
Satz: Formsatz GmbH, Diepholz
Papier: Papierfabrik Schleipen GmbH, Bad Dürkheim
Druck und Bindearbeiten: Bercker Graphischer Betrieb GmbH, Kevelaer
Printed in Germany
ISBN 3-430-13159-6

Gewidmet Elfriede und Hans-Georg Gerken

Inhaltsverzeichnis

Prolog

»Unsere gesamte heutige Welt ist von der Quantenphysik geprägt, unsere gesamte Technologie läßt sich daraus ableiten. Nur philosophisch ist ihre Grundentdeckung nicht aufgenommen worden. Die Zukunft ist offen. Wir aber leben weiterhin in der deterministischen kausalen Welt und nützen diese Offenheit nicht, wir wagen uns nicht in diese Freiheit hinaus.«
Hans-Peter Dürr

Dies ist ein Buch über die Rolle des Geistes im Business. An sich ist das nichts Neues, weil Management permanent soziale Prozesse koordiniert. Und dort, wo soziale Prozesse koordiniert werden, ist der Geist immer einer der Regisseure.

Auf der anderen Seite hat sich die rationale Doktrin des Managements so sehr durchgesetzt, daß man in den Fachbüchern und Management-Zeitschriften fast überhaupt nichts über Geist liest. Obwohl er immer dabei ist, wird er meistens verschwiegen.

Ich glaube, daß wir den Geist in Zukunft nicht mehr so unterdrücken sollten, damit er besser operationalisiert werden kann. Jetzt wirkt er sozusagen aus dem Hintergrund. In Zukunft sollte er im Vordergrund wirken. Warum?

Ich bin der Meinung, daß sich unsere Kultur derzeit aktiv bemüht, ein neues Konzept von Wirklichkeit aufzubauen, also ein neues Paradigma. Und dieses neue Paradigma folgt unter anderem der Leitlinie »vom Sein zum Werden«. Dadurch wird das Werden das Ziel der menschlichen Evolution. Und damit wird das permanente Werden auch zu einem wichtigen Parameter des zukünftigen Managements.

Aber es ist nicht ein vorgeplantes Werden, sondern das, was man häufig das »*Offene Werden*« nennt. Das Offene Werden kann am besten beschrieben werden mit der Metapher, daß das Fließen des Wassers den Fluß erzeugt, in dem es fließt. Dementsprechend ist das Offene Werden abhängig davon, wie man die Zukunft entwirft, da das Fließen immer in Richtung der Zukunfts-Entwürfe fließt. Wenn es keinen fix und fertigen Plan gibt, sondern nur offene Verlaufsprozesse, dann wird *die Erfindung von Zukunft* schlagartig eine wichtige Dimension für Politiker, Unternehmer und Manager, also für alle, die sich bemühen, Zukunft zu gestalten.

Der Geist entwirft die Zukunft, die zu erfinden ist. Das Instrument dafür ist das Bewußtsein. Deshalb handelt dieses Buch von der *Formung des Bewußtseins* in kinetischen Zeiten, also in Zeiten, in denen der Geist die Evolution so gestaltet, daß es zu einer permanenten Selbstbeschleunigung kommt.

Ich gehe davon aus, daß diese kinetische Situation in den nächsten zwanzig Jahren so sehr zur Normalität des Business werden wird, daß wir schon mittelfristig nicht mehr umhinkommen werden, unser Management auf Geist und Bewußtsein auszurichten. Die kinetische Welt verlangt das mentale Management.

Damit wird das Problem »*Wie führe ich den Geist, damit er den kollektiven Geist im Unternehmen führen kann?*« in den Mittelpunkt der Veränderungen im Management rücken.

Die Führung von Geist kann aber nicht so souverän gehandhabt werden, wie wir zum Beispiel Strategien planen. Der Geist ist nicht strategisch planbar, weil er einer anderen Dynamik folgt, die nicht logisch, sondern analogisch ist.

Es ist also nicht so leicht, zum »Führer des neuen Geistes« zu werden, wenn man nur das klassische Instrumentarium der Praxis und das theoretische Fundament der Betriebswirtschaftslehre zur Verfügung hat. Für das kommende mentale Management brauchen wir mehr . . . zum Beispiel eine andere Auffassung von Wirklichkeit, also ein anderes Paradigma.

In diesem Zusammenhang ist es richtig, was Hans-Peter Dürr in seinem Zitat formuliert hat: Irgendwie haben wir Angst, uns von unserem kausalen Weltbild zu trennen. Ganz offensichtlich ist unser Geist so lange im kausalen und deterministischen Konstrukt tätig gewesen, daß er nunmehr glaubt, ohne Kausalität würde er ins bodenlose Nichts fallen. Wir trauen uns nicht, in die Offenheit des neuen Paradigmas hineinzugehen, weil es so offen ist.

Auf der anderen Seite spüren immer mehr Unternehmer und Manager, daß die Offenheit der Zukunft ein Geschenk ist, ein Geschenk der Freiheit an uns. Was uns fehlt, ist das adäquate Instrumentarium zur Formung des Bewußtseins zur Steuerung dieser offenen Zukunft.

Deshalb wird nun der unsichtbarste Faktor der Realitätsgestaltung, nämlich Geist, zu einem der wichtigsten Faktoren für Zukunft und Management. *Geist managt Offenheit.* Das ist zugleich auch der Kern des mentalen Managements.

Ich habe in diesem Buch versucht, einige wichtige *praktische Bausteine* für das mentale Management zu beschreiben. Es besteht ja immer die Gefahr, wenn es um Geist geht, ins allzu Abstrakte oder Philosophische abzugleiten. Deshalb habe ich versucht, diejenigen Gestaltungsfaktoren besonders hervorzuheben, die für die Macher der Zukunft ganz konkret wichtig sein könnten: der neue Geist, der schnelle Geist und der höhere Geist.

Dieses Buch gehört zu dem »Tao-Projekt«, und es basiert auf vielfältigen Recherchen und Studien des Instituts für Trendforschung in Worpswede. Ein Teil der Ausführungen wurde bereits in dem Infoletter RADAR für TRENDS veröffentlicht. In diesem Zusammenhang möchte ich mich bei den Mitarbeitern des Instituts für Trendforschung sehr herzlich bedanken, ebenso wie beim ECON Verlag, der das ganze »Tao-Projekt« seit längerer Zeit aktiv und wohlwollend fördert.

Worpswede, März 1991   Gerd Gerken

Einleitung

Wie wichtig ist der Geist für die Welt der Zahlen?

Wer hat Angst
vor der Macht des Geistes?

Ich will mit einigen Erfahrungen aus der täglichen Praxis beginnen: Einmal war ich bei einem Weltkonzern eingeladen. Es war eine Abendveranstaltung. Ich sollte einen Vortrag halten über »Wertewandel«. Der große Konferenzraum war schon voller Menschen. Es war eine eigenartige, gespannte Nervosität zu beobachten. Und ich war gerade dabei, meine Unterlagen auf den Tisch zu legen, als der Vorstandsvorsitzende mich bat, noch einmal kurz mit ihm zu kommen. Er führte mich in sein Zimmer und sagte mir mit vertrauensvoller Stimme: »Wissen Sie, Herr Gerken, ich möchte Sie bitten, das Wort ›Wertewandel‹ nicht zu benutzen.«

Ich war sehr erstaunt, denn der Konzern hatte mich ganz ausdrücklich zum Thema Wertewandel eingeladen. Das war das zentrale Thema dieses Abend-Workshops. Und nun sollte ich gerade dieses Wort nicht benutzen dürfen? Warum?

Er sagte: »Wissen Sie, um den Wertewandel hat es in der letzten Zeit viel Krach in unseren Reihen gegeben. Und deshalb sind wir übereingekommen, daß wir die Konflikte nicht weiter verstärken wollen. Bitte benutzen Sie deshalb dieses Wort möglichst gar nicht. Sonst haben Sie jede Freiheit!«

Sie können sich vorstellen, wie schwer es für einen Referenten ist, über Wertewandel zu sprechen, wenn gerade das Schlüsselwort, um das es eigentlich geht, tabuisiert worden ist.

Ganz offensichtlich wissen also die Bosse um *die Kraft der Worte* und damit um die Magie des Geistes und um die Macht des Bewußtseins. Geist wird durch Sprache vermittelt. Wenn man die Sprache zensiert, hat man Angst vor der Geistigkeit, die hinter der Sprache steht.

21

Ein anderes Beispiel: Ein großes Unternehmen aus dem Bankbereich wollte mit mir unbedingt einen Workshop veranstalten über neue Modelle der mentalen Führung. Ich vereinbarte ein Treffen zum Kennenlernen. Dabei wurde wichtiges Grundlagenmaterial, das in schriftlicher Form vorlag, übergeben, unter anderem auch mein Buch »Management by Love«. Alles wurde geklärt und ein konkreter Termin fixiert.

Einige Monate vor dem vereinbarten Termin rief mich der zuständige Mann an und druckste ein wenig verlegen am Telefon herum. Er meinte, er hätte das Buch über »Management by Love« nun gelesen und sei doch zu der Erkenntnis gekommen, seine Manager könnten »das noch nicht ab«. Er sagte wörtlich: »Unsere Lightstream-Manager könnte das verwirren. Und unser Unternehmen möchte gern, daß wir alle nur in eine Richtung fahren!«

Auch hier wieder die *Gängelung des Geistes* durch die Steuerung des Bewußtseins. Offensichtlich wissen wir alle nur zu genau, wie kraftvoll neue Ideen sind. Wir kennen die formende und auflösende Macht des Geistes. Alle, die im Business tätig sind, wissen also, wie sehr Führung und Geist zusammenhängen. Man spricht zwar nicht darüber, aber alle wissen es oder ahnen es zumindest:

Wer den Geist führt, führt das Unternehmen.

Das ist auch der zentrale Inhalt dieses Buches. Denn die neue Führung wird eine mentale Führung sein. Die neue Führung wird lernen müssen, den Geist zu führen. Damit wird der Manager zum *Gestalter des Bewußtseins*, weil er Gestalter des Offenen Werdens ist . . ., und das Offene Werden folgt dem Bewußtsein.

Das Offene Werden ist das Fundament für das kommende Management. Aber gerade dieses Offene Werden wird immer schneller. Dieses Buch geht deshalb davon aus, daß die Evolution nicht mehr eine langsame Sache ist, so langsam, daß man sie kaum bemerkt oder daß sie nur durch historische Retrospektive beschreibbar wird. Ich gehe in diesem Buch ganz bewußt von der gegenteiligen These aus, die heißt:

Evolution und Zeit wandern so sehr aufeinander zu, daß Evolution zum Augenblick wird. Evolution wird Gegenwart.

Dieser Prozeß wird in der Literatur *Kinetik* genannt. Dahinter steht folgende Annahme: Ganz offensichtlich erfindet die Menschheit gerade jetzt diejenigen Erfindungen, die das Wandlungstempo so sehr beschleunigen, daß es zu einer permanenten Qualifizierung der Selbstbeschleunigung kommt. Diese Selbstbeschleunigung macht die Gegenwart zur Evolution. Dadurch wird jede wichtige Handlung ein Akt der Evolution.

Damit wird der Unternehmer und Manager von morgen zum evolutionären Gestalter des Morgen. Ob er das nun weiß oder nicht, ob er das will oder nicht. Es ist egal. Die weltweite Beschleunigung der Innovationsprozesse und die damit verbundene enorme *Beschleunigung der Auflösungsprozesse* machen uns alle zu Mitspielern eines großen evolutionären Spiels.

Die Basis dieses evolutionären Spiels ist aber nicht ein fix und fertiger Evolutionsplan. Den gibt es nicht. Den hat es nie gegeben. Weder Charles Darwin hat das behauptet noch Gregory Bateson. Das Offene Werden spielt sich zum Werden.

Die Basis dafür wird »kosmische Absicht« genannt. Die Evolution folgt der Absicht des Offenen Werdens. Und das ist ein Akt der Selbstqualifizierung, für den es keine vorgefertigten Pläne gibt. Nirgendwo ist festgeschrieben, wie die Wirtschaft von morgen sein soll. Nirgendwo hat jemand vorgeplant, wie die Kultur von morgen sein soll. Nicht einmal die Frage, wie der Mensch von morgen aussehen und handeln wird, ist von irgendeiner schicksalhaften Quelle vorbestimmt. Alles ist Offenes Werden.

Und in diesem offenen Werden kommt das Neue immer schneller. Das ist die Konstellation, in die sich das Business in den nächsten zehn bis zwanzig Jahren hineinentwickelt. Und deshalb ist die Schnelligkeit des Geistes und die Neuigkeit des Geistes eine wichtige neue Dimension der Führung. Deshalb ist das neukommende Management mit hoher Wahrscheinlichkeit ein *Bewußtseins-Management*.

Inwieweit haben die Manager und die Betriebswirtschaftler diese Entwicklung bereits nachvollzogen? Ich habe in RADAR für TRENDS einmal eine Bilanz der bisherigen Management-Evolution veröffentlicht. Vielleicht sollten wir diese Bilanz als Basis zur Beantwortung der Frage nehmen:

Findet die Revolution im Management nun doch statt?

Es ist immer wieder interessant, die Zukunftsprognosen auf die spätere Wirklichkeit hin zu überprüfen. Kürzlich habe ich recht umfangreich eine derartige *Treffer-Bilanz* durchgeführt. Ich werde später darüber ausführlich berichten. Sie werden sehen, daß tatsächlich außerordentlich viel exakt in die Richtung der Vorhersagen gegangen ist.

Genauso interessant ist es auch, die deutschen Prognosen mit den amerikanischen Prognosen zu vergleichen. Auch das habe ich getan und dabei festgestellt, daß die *amerikanischen Trend-Gurus* und Management-Päpste im Moment gar nicht so weit vorn liegen, wie man allgemein annimmt. Selbst solche Heroen wie Peter F. Drucker haben den eigentlichen *Paradigmen-Wechsel*, der sich im Management derzeit vollzieht, noch nicht richtig begriffen. Zwar spricht auch dieser große Meister des modernen Managements heute von dem »*Ideal der mittleren Größe*«, auch er will weg von starren Organisations-Riten, aber der eigentliche geistige Durchbruch ist in den Aufsätzen und Büchern der amerikanischen Vordenker kaum zu finden. Im einzelnen:

① Das amerikanische New Management hat den Faktor »*Kontext und Geist*« fast vollständig übersehen. Man hat zum Beispiel noch keine Korrelation hergestellt zwischen der wissenschaftlichen Disziplin des *Konstruktivismus*, dessen Hauptvertreter in Amerika arbeiten und publizieren, und den Forderungen nach einem Change-Management.

Fazit:

Die amerikanische Business-Theorie hat die Art, wie der Geist arbeitet, noch nicht in das neue Management integriert. Man kann den Geist (Mind) noch nicht instrumentell nutzen.

② Das amerikanische New Management hat den Faktor der »*Evolution*« so gut wie gar nicht berücksichtigt, ganz im Gegensatz zu deutschen Arbeiten und den Büchern aus St. Gallen. Es wird deshalb in der amerikanischen Lehre immer noch von Optimalität und Ziel-Erreichung ausgegangen statt von *Shifts und Drifts*. Daß das lebendige Werden immerzu nur eine »Abweichung von Abweichungen« ist und daß es deshalb nie eine »Richtigkeit« geben kann, auf die man zielen kann, das haben die amerikanischen Vordenker noch nicht realisiert, obwohl es auch in den USA hervorragende Bücher über die neue Evolutionstheorie, die jetzt Darwins alte Lehre ablöst, gibt.

Fazit:

Die US-Theorie hat das Wesen der Evolution noch nicht in das neue Management integriert.

③ Das New Management aus den USA hat auch den *Hyper-Realismus* und damit den Faktor des »*unendlichen Spieles*«, wie er von einigen

24

Light-Age-Theoretikern wie zum Beispiel James P. Carse (»Endliche und unendliche Spiele«, Stuttgart 1987) vertreten wird, noch nicht mit den neuen Herausforderungen der Instabilität und der Komplexität verbunden. Noch immer ist die amerikanische Lehre darauf ausgerichtet, *die Komplexität irgendwie zu beherrschen*, wenn auch mit neuem Niveau. Man hat noch nicht umgeschaltet auf den unbedingt nötigen Spiel-Charakter, durch den man sich grundsätzlich von dem Theorem der Beherrschbarkeit löst, obwohl der US-Forscher Hartline 1967 für die biokybernetischen Vorteile des Spieles den Nobelpreis erhielt (Theorie der »lateralen Inhibition«). Vielleicht sind die amerikanischen Management-Pioniere zu tough, um den nötigen Weg zum Spiel zu finden.

Fazit:

Die US-Denker haben den Effizienz-Wert des Spieles (= laterale Inhibition) noch nicht erkannt.

④ Das New Management à la USA hat auch die *Synergetik* noch nicht richtig aufgearbeitet, obwohl diese Theorie von Hermann Haken weltweit – und auch in den USA – allergrößte Anerkennung gefunden hat; jedoch hauptsächlich außerhalb der Wirtschaft. Die Synergetik zeigt den Weg, wie man komplexe Systeme – also zum Beispiel die Wirtschaft oder ein Unternehmen – beeinflussen kann, obwohl man ein solches System nicht beherrschen kann. Der Schlüsselbegriff lautet »*Ordner*«. Es geht also darum, nur noch die zentralen Ordner zu gestalten und den Rest *per Selbstorganisation* laufen zu lassen. Dieses *Lassen* (Loslassen, Zulassen, Fließenlassen) findet sich in den neueren Büchern und Aufsätzen der Amerikaner nur in Ansätzen.

Fazit:

Die US-Lehre hat die Organisation der Selbstorganisation noch nicht in die Praxis eingeführt.

Nun, es ist also keineswegs so, daß das europäische und deutsche Management derzeit schlechter dasteht als das amerikanische. Was die paradigmatischen Wandlungen betrifft, ist in unserer Region mehr Modernes bekannt und integriert worden als in den USA. Aber auch bei uns klafft die Lücke zwischen neuen Theorien und alter Praxis noch weit auseinander. Das ist in den USA genauso. Aber . . . bei uns ist immerhin die Theorie im Moment deutlich weiter als in Amerika.

Bei meinen Trend-Vergleichen bin ich auf einen US-Autor gestoßen, der zwar das Paradigma der Evolution und der Bewußtseinsformung durch Synergetik auch noch nicht realisiert hat, der aber ansonsten mit seinen zehn Thesen zur »Revolution im Management« (BILANZ 5/89) immerhin ganz schön weit mit den Zukunftsprognosen übereinstimmt. Dieser Autor ist Tom Peters. Sie wissen schon, der berühmte Peters, der mit Waterman den Bestseller »Auf der Suche nach Spitzenleistungen« geschrieben hat. Lassen Sie uns einen Blick in seine zehn Revolutions-Thesen werfen und sie mit den RADAR-Ergebnissen vergleichen:

① *Ungewißheit wie noch nie*

Peters geht davon aus, daß es im Prinzip keine fixen Größen mehr gibt, sondern nur sprunghafte Phänomene. Das ist das, was wir unter »*Dauer-Turbulenz*« diverse Male beschrieben haben. Sein Vorwurf an die Manager-Praktiker ist der, »daß nur wenige die Auswirkungen der Ungewißheit auf das Management zur Kenntnis nehmen. Die heutigen Management-Techniken *beruhen auf Stabilität*. Keines der Werkzeuge – von der Rechnungslegung über Organisationsmuster, Strategie-Bildung bis zu sozialen Maßnahmen – kann mit der Geschwindigkeit der Veränderung mithalten.« Soweit Peters.

Er hat also erkannt, daß das ganze Planungs-Instrumentarium des Managements erdacht und erprobt worden ist in Zeiten relativer Stabilität. Deshalb taugt es in der Tat nicht mehr für die Situation, die wir heute haben: eine sich *beschleunigende Veränderung*. Also Dauerturbulenz.

Wichtig ist auch, daß Peters – ebenso wie wir – die überall noch *heißgeliebte Strategie* als »auf Stabilität ausgerichtet« entlarvt. Strategie geht von Überschaubarkeit (synoptisches Ideal) und geschlossenen Wettkampfbedingungen aus, so wie bei den früheren Feldzügen des Militärs oder beim Schachspiel. Mit Strategie kann aber das offene, turbulente Werden, das heute Realität ist, weder begriffen noch angegangen werden.

Meine Empfehlung:

Entwickeln Sie möglichst schnell Ihre eigene Überwindung der Strategie. Trennen Sie sich ideologisch und praktisch vom Glanz der Strategie. Stichwort: prozessuale Planung.

② *Die Zeit wird zum wichtigsten Schlachtfeld, und Tempo wird zur Waffe im Wettbewerb*

Das deckt sich nun voll mit den Zukunftsprognosen. Sie kennen ja mein Lieblingswort: »*Zappeligkeit*«. In einer Multi-Options-Gesell-schaft herrschen überall Sprunghaftigkeit und *Paradoxie*. Es gibt keine Strömungen mehr, auf die man sich verlassen kann. Die eigentliche Dynamik *findet in den Brüchen statt*. Und deshalb ist Beweglichkeit das absolut oberste Ziel aller Unternehmen. Und diese neue Beweglichkeit benötigt a) die Produktion von Tempo-Vorsprung, b) die Organisation von fließenden Kontexten und c) die Führung des Wandels. *Zeit-Wettbewerb* ist ein harter Wettbewerb, bei dem der gewinnt, der sich vor dem Wandel selbst wandeln kann.

Tom Peters weist auf den Wettbewerb zwischen Sears, Roebuck und Wal-Mart hin. Wal-Mart ist der überlegene Sieger, obwohl er viel später in den Wettbewerb eingegriffen hat. Wal-Mart ist »ein aufstrebender Detailhändler aus Arkansas, der wahrscheinlich die Sears-Umsätze demnächst übertreffen wird. Für den Sprung von 900 Mio. Dollar auf 25 Mrd. Dollar Umsatz hat Wal-Mart gerade ein Jahrzehnt benötigt.« Und einer der Hauptfaktoren für diesen gigantischen Erfolg ist die Fähigkeit von Wal-Mart, richtige Entscheidungen kombinieren zu können mit der *Verschärfung des Tempos von Entscheidungen*. »Wal-Mart bekommt 90 Minuten nach Ladenschluß das Feedback aus allen Filialen und kann deshalb seine Entscheidungen zwölfmal schneller als Sears treffen.« Das Tempo der Entscheidungen rückt damit in den Mittelpunkt der neuen Organisations-Ideale.

Wer die sogenannten Tot-Zeiten minimieren kann, kann mit den zappeligen Märkten mitfließen. Und wer das Tempo des Marktes (= die innere Zeit des Konsums) verschärfen kann, beherrscht heimlich seine Gegner. In diesem Zusammenhang: Honda kann ein neues Modell doppelt so schnell entwickeln wie die drei großen amerikanischen Auto-Produzenten.

Und Peters weist auf den Computer-Hersteller Everex in Ohio hin. Der erfaßt kontinuierlich die Daten seiner Verkäufer fast im Sinne einer *Sofort-Rückkoppelung*. Und er verändert seinen Produktions-Mix dadurch »alle zwei Stunden«. Das ist der Weg, um die Unbeweglichkeit der Strategie zu überwinden. Das ist auch der Weg, um sie vom Lager-Druck zu befreien. Man läßt sich kontinuierlich vom Markt führen. Das Umfeld wird zum Regisseur der eigenen Handlungen.

Aber dazu gehört auch eine besondere Haltung: *die Liebe zu Trial and Error*. Wenn das Gesamt-Unternehmen auf Risiko-Vermeidung ausgerichtet ist, dann wird jeder bestraft, der nicht sofort Erfolg hat. Also wagt man kein Risiko. Aber die größten Erfolge korrelieren nun einmal mit Risiko. Und außerdem setzt man nur auf *Massenmärkte* und breite Zielgruppen. Alles andere wird als »zu elitär« abqualifiziert. Dabei ist genau das das neue Kennzeichen turbulenter Märkte: *Alle großen Erfolge fangen klein an.* Immer seltener gibt es den Sofort-Massen-Erfolg. In fast allen Branchen gilt inzwischen *das Spiral-Gesetz*: Man muß früher als die Konkurrenz die unmöglichsten Möglichkeiten wagen, um dann in der Endsumme einige große Treffer zu landen. Wer allerdings strategisch denkt, das heißt mit Risiko-Minimierung, Marktforschung etc. arbeitet, der wagt die vielen Trials nicht. Wer auf strategische Absicherung setzt, reduziert seine Chancen.

Ein Beispiel für gute Wagnis-Kultur dürfte 3M sein. Dort fördert man die *Risikobereitschaft* der Mitarbeiter systematisch. Laut BUSINESS-WEEK (10.4.1989) darf ein Mitarbeiter sogar dann Zeit und Geld für eine neue Idee investieren, wenn das Unternehmen diese Idee nicht aufgreift. Bei Honda und Toyota dürfen sich die Ingenieure auf Firmenkosten einmal im Jahr experimentell austoben. Wie auch immer: Beim Zeit-Wettbewerb muß die gesamte Innovations-Basis konsequent auf Trial and Error und auf »*private Leidenschaft*« umgestellt werden.

Ich empfehle Ihnen dringend, den Tempo-Faktor in Ihre konkrete Organisation zu überführen, das heißt auch eine dezidierte Wagnis-Kultur aufzubauen anstelle der überall zu beobachtenden (wenn auch gut getarnten) Bestrafungs-Kulturen.

③ *Alle Märkte werden fragmentiert, weil die Produkte individualisiert werden*

Das ist der Trend zum *Private Product*, über den ich in den letzten Jahren soviel geschrieben habe. Das ist das direkte Ergebnis des ersten und des zweiten Wertewandels. Besonders die deutsche Kultur hat sich – wie Noelle-Neumann erforscht hat – in einer einzigartigen Weise auf *Selbstentfaltung* ausgerichtet. Auf Individuation. Jeder Mensch möchte im Prinzip *ein Unikat sein*. Deshalb gibt es laut Nielsen in fast allen Branchen ein immenses Wachstum der Produkt-Alternativen bei *fallenden Losgrößen*.

Diese Fragmentierung verlangt aber nicht nur ein neues Denken in Sachen »Rentabilität kleiner Mengen«, sondern viel mehr: die Verschmelzung der Produkte mit den immer unterschiedlicher werdenden Fragmenten. Diese jagen immer weiter auseinander. Es gibt da keine logischen Zugehörigkeiten mehr, keine Schichtungen, keine Konsum-Normen. Der Konsument ist paradox geworden.

Aber trotzdem planen wir unsere *Marketing-Feldzüge*, als ob es Berechenbarkeit, Stabilität und Optimierbarkeit gäbe. Wenn aber alles immer paradoxer wird (= die Gleichzeitigkeit des Ungleichen), dann ist es wichtig, das Marketing umzuschalten auf das, was ich *Mimesis* und *Interfusion* nenne: auf die permanente Verschmelzung mit den unterschiedlichen Szenen und Fragmenten der Gesellschaft.

Tom Peters dazu: »Gemeinhin redet man von Markt-Nischen. In Wirklichkeit gibt es *nur noch Markt-Nischen.*« Wenn aber der ganze Markt nur noch aus vielen Markt-Nischen besteht, dann gibt es im Prinzip keine Markt-Nischen mehr. Das Management ist also herausgefordert, neue Wege der Interfusion mit den Fragmenten zu finden, die immer kleiner und unterschiedlicher werden. *Abschied von Massen-Konzepten.*

Aber gerade die in den USA und in Deutschland hervorragend implementierte *Marketing-Philosophie* (die inzwischen eine »heilige Kuh« ist) verunmöglicht diese Interfusion. Warum? Weil Interfusion bedeutet, daß man stabile *Teilnahme-Netzwerke* und stabile *Beziehungs-Systeme* mit instabilen und fließenden Gruppen aufbaut.

Und das bedeutet für die *Werbung*, daß man sich mit denjenigen Szenen vernetzt, die die Konsumwerte der Gesellschaft manipulieren und die die neuen Lifestyle-Moden »in Szene setzen«. Szenen sind die Beherrscher der Konsum-Werte.

Da aber diese Szenen sehr häufig überhaupt nicht deckungsgleich sind mit den Zielgruppen und Käufergruppen, haben die meisten Manager eine Sperre im Kopf, wenn es um Interfusion geht. Sie wollen »kein Geld aus dem Fenster werfen«. Für sie sind die *Szenen*, die die Konsum-Szenen inszenieren, *höchstens Randgruppen.* Man zielt deshalb auf Massen-Gruppen, die es längst nicht mehr gibt.

Mit anderen Worten: Um mit der fragmentierten Wirklichkeit fertig zu werden, benötigt man eine kontinuierliche geistige und *soziale Kooperation* mit denjenigen Fragmenten der Gesellschaft, die die Emotionen der Fragmente gestalten. Stichwort: *Szenen-Sponsoring.* Aber das ist zugleich auch die Abkehr von den Manipulations-Konzepten des jetzigen Massen-Marketings.

Als Empfehlung dazu:

Trennen Sie sich vom Massen-Marketing, und entwickeln Sie möglichst früh Systeme, um gemeinsam mit Szenen die aktuellen Konsum-Werte der Fragmente gestalten zu können.

Auch in den USA ist die Interfusion noch sehr unausgegoren. Dort setzt man im Moment mehr auf die Privatisierung der Produkte und Dienstleistungen. Also auf die Individualisierung der Hardware. Das ist in der Tat ein wichtiger Weg. Und er wird durch *CIM und High-Tech* immer möglicher. Peters bringt ein typisches Beispiel dafür:»Kürzlich beobachtete ich eine Frau, die an einem Flughafen-Kiosk ›Create-a-Book‹ verkaufte, individualisierte Kinderbücher. Reisende können über ihre Kinder ein Dutzend Fakten bekanntgeben. Diese werden in einen PC eingegeben, und der Kunde kann eine oder mehrere Geschichten aussuchen, wie etwa ›Mein Weltraumabenteuer‹. Fünf Minuten später kommt ein fertiges Buch aus dem Laser-Printer: ›Die achtjährige Bonnie von der East Street in St. Louis wollte gerade . . .‹ «

Ich habe diverse Male darauf hingewiesen, daß demnächst im Mode-Bereich die *Unikate-Mode* entstehen wird und daß dadurch immer mehr Konsumenten lernen werden, daß sie die eigentlichen *Regisseure der Produktion* sind. Das wird einen globalen Wandel im Selbst-Konzept der Konsumenten mit sich bringen. Sie kennen ja meine Formel dazu: *Aus Endverbrauchern werden Vorab-Forderer.*

Was die Amerikaner noch nicht so richtig begriffen haben, das scheint das Wesen der kommenden *Informations-Wirtschaft* (Informative Economy) zu sein. Sie wird nämlich das Basis-Muster des Business auf den Kopf stellen – durch High-Tech und systematische Förderung des *Intelligenz-Wachstums.* Wir haben über diesen zentralen Intelligenz-Faktor im Management der Informations-Gesellschaft diverse Male geschrieben. Hier sind noch einmal die wichtigsten Faktoren:

1. Das Wachstum der Intelligenz erzeugt die Reduktion der Masse . . . *Geist spart Materie.*

2. Das Wachstum von Intelligenz qualifiziert die Funktion bei wachsender Individualisierung . . . *Geist privatisiert Massenprodukte.*

3. Das Wachstum der Intelligenz verkleinert die Produkte . . . *Geist minimiert Formate.*

Es gibt auch noch viele Unternehmen in Deutschland, die diese völlig andere Basis der Informations-Wirtschaft emotional nicht anerkennen können. Meistens haben sie große Schwierigkeiten, den Weg zu finden für eine kontinuierliche Entwicklung von Intelligenz.

Deshalb als Empfehlung:

Die Individualisierung und Fragmentierung der Märkte zwingt zu einem eigenständigen Intelligenz-Management. Dieses kann nicht nebenbei oder im Rahmen der Alltagsarbeit verwirklicht werden, sondern benötigt eine eigenständige personale und mentale Konzeption.

④ *Qualität, Design und Service gewinnen wachsende Bedeutung*

Peters sieht genauso wie ich, daß *Design* zu einem hochrangigen Qualitäts-Faktor wird und daß sich Design zugleich auch immer mehr mit Service verbindet. In meinen Worten: Die normale Hardware-Qualität reicht nicht mehr aus. Der Trend geht ganz eindeutig zur *Socialware*. Das ist das, was die Japaner bereits Softnomics nennen: Die *soziale Interpretation* des Produktes wird genauso wichtig wie die funktionale Brauchbarkeit. Und diese soziale Interpretation wird immer häufiger durch Design verwirklicht.

Dahinter steht der Trend, daß *alles zur Mode wird* und daß die Pop-Kultur und die Zeitgeistigkeit immer mehr in das Produkt-Marketing eingreifen. Deshalb sind die Unternehmen gefordert, echte *Lifestyle-Konzepte* aufzubauen, statt nur ein bißchen mit dem Zeitgeist mitzurollen. Die Unternehmen werden dadurch zu Erfindern von Lifestyle-Moden, weil die Konsumenten hier ganz eindeutig eine *emotionale Führung* verlangen ... als Dienstleistung quasi.

Damit entfaltet sich eine eigenständige *Dienstleistungs-Kultur* in fast allen Branchen und Unternehmen, die sich ganz bewußt abkoppelt von den normalen Werbe-Promotionen und erst recht vom harten Verkauf. Aber genau diese jetzt so wichtigen *Social-Services* werden in den Unternehmen so oft gekillt mit der Frage: »Verkaufen wir dadurch ein Stück mehr?« Man tötet diese neuen Wege, die außerhalb des Verkaufs liegen, durch die Zielvorgaben des Verkaufs. Irrationaler geht es nicht!

Die wichtigste Voraussetzung, um diese neuen Wege überhaupt gehen zu können, ist der interne Aufbau von soziokulturellen Haltungen und Kompetenzen, getreu dem Motto: Man kann nur diejenigen Wege gehen, für die man gute Gefühle hat. Also geht es erst einmal darum, die Gefühle und Haltungen der Unternehmens-Kultur auf Dienstleistungs-Fähigkeit und Kultur-Fähigkeit auszurichten. Peters erwähnt in diesem Zusammenhang den früheren ICI-Vorsitzenden John Harvey Jones, der erklärt hat, »daß seine Firma ein Chemie-Dienstleistungsunternehmen wäre und kein Chemie-Unternehmen«.

In der kommenden Informations-Gesellschaft folgt die Produktion den Dienstleistungen. Der Aufbau dieser Dienstleistung läuft über neuartige Social-Service-Systeme. Dafür benötigt man spezielle Kultur-Kompetenzen.

⑤ *Große Firmen können nicht mehr funktionieren wie bisher, wenn sie ihre Bürokratie nicht auflösen können*

Gegen die Bürokratie wettert Peters besonders heftig. Vielleicht ist die amerikanische Wirtschaft in der Tat viel bürokratischer als die deutsche, jedenfalls berichtet man mir das immerzu. Meine eigenen Erlebnisse in den USA bestätigen das – wenn auch nicht durchgängig. Natürlich gibt es auch in Deutschland Unternehmen mit einer ausgeprägten, ja fast rigiden Bürokratie, aber die These von Peters, daß *Großunternehmen* im Prinzip dem Tod geweiht sind, weil sie keine »schnelle Innovation« entwickeln können, gilt so generell nicht für Deutschland. Dennoch, richtig ist, wie Herbert Kaufmann in seinem Buch »Time, Change and Organization« geschrieben hat, daß die Bürokratien immer heftiger kollidieren mit dem Mega-Trend zur *Flexibilität*. Das bedeutet, daß selbst agile Bürokratien im nächsten Jahrzehnt in die Gefahr kommen, wie lahme Bürokratie zu wirken, weil im Prinzip alle Bürokratien den Makel haben, »*die Zeit zu verwüsten*« (Kaufmann). Bürokratie ist der Feind des Tempos.

Im Amerika setzt man – wie Peters beschreibt – bei den größeren Organisationen auf die Schaffung »*autonomer Einheiten*«. Diesen Trend gibt es in Deutschland auch. Aber viel stärker ist bei uns der Trend zum »*subjektiven Unternehmertum*«, das heißt das Arbeiten mit Visionen, Kontext und Freiheit zur Selbstorganisation.

Voraussetzung für dieses *Intrapreneurship*, wie es die Amerikaner nennen, ist *Freiheit für Verantwortung* und eine hohe *Partizipations-Kompetenz* der Mitarbeiter. Und hier wirkt sich vermutlich schon heute der Werte-Split zwischen den USA und Deutschland kräftig aus. Die Amerikaner haben den Wertewandel bisher kaum ins Business einbringen können, weil die junge Generation zu fast 100 Prozent die alten Werte ihrer Eltern fortlebt, während in Deutschland – und das ist einzigartig in der Welt – ein echter *Werte-Split* zwischen Eltern und Jugend existiert. Der Nachwuchs ist bei uns partizipationskompetent wie in keinem anderen Land. Die studentische 68er Revolte wird aus dieser Sicht plötzlich zum volkswirtschaftlichen Vorteil.

Darüber hinaus ist der Sektor Bildung, Fortbildung und *Lernen am Arbeitsplatz* in Deutschland wesentlich besser ausgebaut als in den USA (was nicht für alle Unternehmen gilt, aber in der generellen Breite). Man kann das subjektive Unternehmertum nur dann praktizieren, wenn die nötige Qualifzierung der Mitarbeiter vorangegangen ist. Lernen und Selbstorganisation bedingen sich wechselseitig.

Was bleibt als Fazit?

Wir werden in Deutschland in den nächsten Jahren eine ungewöhnliche Intensivierung aller Fortbildungs-Bemühungen erleben. Dazu gehört auch die Persönlichkeits-Entwicklung (die weit mehr sein wird als die jetzt übliche Personal-Entwicklung) und die systematische Förderung der Partizipations-Kompetenz (Verantwortungs-Training).

⑥ *Neue Organisationsformen breiten sich aus*

Peters sieht ähnlich wie wir, daß es morgen überhaupt nicht ausreicht, *die Hierarchien abzuflachen.* Im Grunde muß es darum gehen, mit einem Minimum an Hierarchie zu arbeiten. Im Ideal eine Zweier- oder Dreier-Hierarchie. Viel wichtiger ist aber etwas anderes: der konsequente *Aufbau von lokalen Netzen* innerhalb des Unternehmens. Damit ist der Trend klar: *von der Hierarchie zur Heterarchie.*

Diese Heterarchie benötigt aber einige Voraussetzungen, die in Amerika, aber auch in Deutschland, heftig und zum Teil auch ideologisch bekämpft werden. Die eine Voraussetzung ist die, daß man endlich *Macht und Information* voneinander trennt. Das bedeutet im Klartext das Ende des *Kadersystems.*

Die Amerikaner sind hier sehr ambivalent, zum Teil herrscht echte Boss-Repression, zum Teil aber auch ein offener Freundschafts-Stil. In Deutschland ist dieser Trend zwar angesagt, besonders durch den *Führungsnachwuchs*, der immer mehr Probleme mit dem Kadersystem bekommt, aber der eigentliche Durchbruch in der Breite ist noch längst nicht geschafft. Ausnahmen sind die Unternehmen, die wir unter dem Rubrum »*Helles Management*« so ausführlich beschrieben haben (zum Beispiel Goretex, Esprit, Schläpfer, BCCI und andere). Eine andere Voraussetzung ist das *Umschalten auf OT*. Das Kürzel steht für Organization Transformation (die fließende Organisation). Eine Organisation, die auf High-Trust, Visions-Einigkeit und fairen Team-Techniken beruht. Kurz: eine Organisation, die die *Sozialenergie* organisiert und nicht Handlungen.

Der OT-Trend ist in Amerika zwar da, es gibt sogar recht aktive Netzwerke, aber er hat erst die Pioniere ergriffen. In Deutschland hat sich OT überhaupt nicht durchsetzen können. Vielleicht liegt das daran, wie eine international vergleichende Werte-Studie analysiert, daß in Deutschlands Business »Disziplin« immer noch der zentrale Wert ist. Besonders die Eliten und Hierarchien fühlen sich stark zu den disziplinierenden Werten hingezogen. Sie können zum Beispiel der New-Age-These »*Ordnung durch Fluktuation*« überhaupt keinen Sinn abringen. Für sie entsteht Ordnung nur durch die Verhinderung von Fluktuation.

Zu empfehlen wäre in Deutschland eine schnellere und intensivere Zuwendung zu den humanen und sozialen Postulaten der OT-Bewegung. Also ein Aufbereiten der Techniken für die Pflege der Sozial-Energien im Unternehmen.

⑦ *Die Vorteile der Massenproduktion werden bestritten*

Es stirbt das Credo, daß nur derjenige groß werden kann, der die Massen erreicht, weil die Masse als Einheitlichkeit gar nicht mehr existiert, sondern nur noch Fragmente. Man kann also mit dem Faktor der Größe nicht mehr automatisch Märkte dominieren. Im Gegenteil: Es zeichnet sich international der Trend zur »*mittleren Größe*« ab. Und man erkennt, daß im Rahmen der Weltwirtschaft alle Dominanz-Strategien zum Scheitern verurteilt sind. Jedes Unternehmen hat so viele Achillesfersen, daß man sich nicht mehr auf den *Macht-Automatismus* der Größe verlassen kann. Kurz: Größe ersetzt nicht länger Markt-Leistung.

Peters betont in diesem Zusammenhang IBM: »Noch 1985 glaubten viele Experten, weder Steve Jobs' Genius noch John Sculleys Marketing-Talent würden Apple vor IBMs Zugriff retten können. Mittlerweile hat IBM ein Drittel seines Anteils am PC-Markt verloren.« Niemand kann mehr Märkte beherrschen. Und wenn man ein Riese ist, dann kann man – um im Bild zu bleiben – nicht verhindern, daß man besonders viele Achillesfersen hat.

Peters erwähnt ein interessantes Beispiel aus den USA, und zwar wiederum Sears, Roebuck. Diese Firma will ihr 110stöckiges Hauptquartier in Chicago, also das machtvolle Symbol ihrer Omnipotenz, verkaufen, einen Teil der dort untergebrachten 8000 Arbeitsplätze abschaffen und die Finanzabteilung straffen, »die im geheiligten Namen der Synergie gewaltig aufgebläht worden war«. Man orientiert sich ganz offensichtlich an Wal-Mart, der – wie gesagt – die Umsätze von Sears nun übertrumpfen wird, und deren Hauptsitz hat »genauso viele Stockwerke wie die Hierarchie: drei«.

In Deutschland hat sich die Abkehr vom Massen-Ideal hauptsächlich mit dem *Stichwort CIM* verbunden. Die ersten Unternehmen haben sehr wohl begriffen, daß man die High-Tech-Intelligenz nutzen muß, um immer kleinere Losgrößen rentabel herstellen zu können. Nicht die Masse macht's, sondern die intelligente Kleinserien-Produktion. Damit verlagert sich die Orientierung der Unternehmen: vom Ziel der großen Mengen zum Ziel der kleinen Rentabilitäten. In Deutschland hat es vor einigen Jahren eine deutliche CIM-Euphorie gegeben, die nun aber ziemlich abgeflaut ist. Die ersten Skeptiker und Zyniker sprechen davon, auf eine Mode-Welle hereingefallen zu sein.

Aber Achtung: Die *Japaner* sind energischer als noch vor einigen Jahren dabei, sowohl das Ideal der menschenleeren Fabrik Wirklichkeit werden zu lassen als auch das andere Ideal der multivariablen Produktion. Japan forciert CIM noch stärker. Denn Miniserien werden nur möglich durch allerbestes CIM. Also ist der Trend eindeutig und weltweit: Alles läuft zur elektronischen Manufaktur. CIM hat kein Ende.

Es heißt Abschied nehmen von den liebgewonnenen Automatismen der Größe und der brüchig gewordenen Ideologie, daß nur Masse große Rendite bringen kann. Zu empfehlen ist deshalb die schnelle Weiterentwicklung von CIM und CIM-Marketing.

⑧ *Kooperations-Netze werden wichtiger als Einzelunternehmen*

Das ist eine Entwicklung, die sowohl in Amerika als auch in Deutschland noch nicht so richtig Feuer gefangen hat. Zwar gibt es den *Trend zur Kooperation*, ja sogar den zum bewußten *Altruismus*, aber die meisten Manager akzeptieren Kooperationen nur befristet oder zähneknirschend. Sie haben den wertvollen *Wettbewerbs-Charakter* der Kooperationen im Prinzip noch nicht begriffen. Aber immerhin: Die

Kooperationsbörse des DIHT hat im letzten Jahr eine Steigerung um 42 Prozent erzielen können. Der Kooperations-Geist ist in Deutschland erwacht. Die zukünftigen Kooperationen werden *vernetzte Kooperationen* sein. Die Amerikaner nennen das »Value-added-partnership«. Jeder hat mehr davon, wenn der andere mehr davon hat.

Diese Netzwork-Kooperationen werden hauptsächlich im *Einkaufsbereich*, das heißt bei den Zulieferanten, durchgeführt. Hier verweise ich auf das neue »*Reverse Marketing*«. Aber ebenso im *Absatzbereich*. Stichwort »*Marketing-Kooperationen*«. Dabei handelt es sich um die gemeinsame Produktion von Lebensberatung und *Lifestyle-Services*. Gemeinsam vollzogen von sehr unterschiedlichen Partnern.

Wenn es stimmt, daß in den neunziger Jahren das *emotionale Leadership* eine wichtige Marktgröße sein wird, und wenn es stimmt, daß derjenige König sein wird, der neue Konsumwerte und Lebens-Stile kreieren und durchsetzen kann, dann ist mit dem alten Schema nicht mehr viel anzufangen, das da lautet: erst das Produkt, dann die Vermarktung.

Benötigt werden konzentrierte und deshalb kooperative Aufbau-Organisationen für Lifestyles und innovative Konsumwerte. Dazu gehört mehr als die übliche Schmalspur-PR. Dazu gehört eine interdisziplinäre Kooperation, die beim Design anfängt und bei eigenen Medien und Consumer-Clubs aufhört.

Diese konzentrierten »*Entwicklungshilfen für neue Konsumwerte*« müssen nicht immer von jedem Unternehmen und von jeder Marke allein investiert werden. Man kann sich die Kosten teilen durch Kooperation. Und – wichtiger noch! – man kann Glaubwürdigkeit und soziale Präsenz erhöhen durch derartige Kooperationen.

Die Epoche der Kooperationen kommt. Traditionelle Wettbewerbs-Muster und schädliche Rivalitäten sind zu überwinden, um die Produkte besser und flexibler zu machen (zum Beispiel Just-in-time-Konzepte) und um den Wandel in den Märkten autonom gestalten zu können, bevor sich die Märkte selbst wandeln (Werte-Leader-Konzepte).

⑨ *Die Internationalisierung wird für alle wichtig*

Selbst derjenige, der überhaupt keinen Export betreibt, muß inzwischen konsequent international denken, weil das Neue immer häufiger aus der sich neu entwickelnden *Weltkultur* kommt. Die Innovationen entspringen aus dem geistigen Billardspiel internationaler Impulse.

Wer sich da nicht richtig orientiert, wird rückständig, *weil er geistig zu regional ist.* In diesem Zusammenhang ist das wichtig, was man inzwischen überall »*Monitoring*« nennt: die systematische und konsequente Sammlung aller Trend-Impulse, und zwar nicht nur die der eigenen Branche, sondern auch die aus dem Ausland und insbesondere die aus fernen Branchen und aus der allgemeinen *soziokulturellen Dynamik.* Das entspricht den Ergebnissen einer amerikanischen Studie, die belegt hat, daß die meisten *Konkurrenz-Substitutionen* gar nicht aus dem eigenen Lager kommen, sondern immer häufiger aus völlig fremden merkantilen oder kulturellen Gebieten. Zum einen sind es völlig neuartige Technologien, die bewährte Märkte zerstören, oder neuartige Bürgerinitiativen, die bisher bewährte Strategien erfolgreich attackieren. Kurzum: Ohne ein Monitoring kann man seine frühen Chancen und seine versteckten Gefährdungen nicht mehr erkennen.

Etwas anderes kommt dazu: Die *Waren-Ströme* werden immer internationaler. Wie Peters richtig betont, handelt heute im Prinzip jeder mit jedem. Und in vielen Produkten sitzen die Materialien und Dienstleistungen von vielen Beteiligten in diversen Ländern. Die Internationalisierung ist also auch nötig für *High Quality* und gutes *Kosten-Management.*

Auf der anderen Seite gibt es natürlich auch den Gegen-Trend zu dieser Internationalisierung: die immer wichtiger werdende *Rationalisierung.* Man versucht, die Menschen immer spezifischer anzusprechen. Und durch die erwachte Sozio-Dynamik in den Industrienationen entfalten sich immer mehr bioregionale und kulturregionale Szenen und Präferenzen.

Die Konsumwerte in Hamburg driften zum Beispiel immer weiter weg von den Konsumwerten in München. Während vieles immer gleicher und internationaler wird, wird vieles immer spezifischer. Deshalb gilt der Satz von Hazel Henderson inzwischen auch für das Business: *global denken . . . lokal handeln.* Wer nicht global informiert ist, kann immer weniger richtig lokal handeln.

Ich empfehle ganz dringend, die Monitoring-Systeme aufzubauen und die Informations-Konzepte neu zu planen, um früher und internationaler dasjenige Bewußtsein aufbauen zu können, das das bessere Bewußtsein ist. Bewußtsein wird zu einer zentralen Größe für turbulente und zugleich internationale Märkte. Dieses Bewußtsein entsteht nicht zufällig im Schlepptau des Alltags, sondern es muß methodisch geplant werden. Und dieses Be-

wußtsein ist auch nicht die Privatsache der Mitarbeiter (jeder liest zu Hause, wozu er gerade Lust hat), sondern wird zu einem operativen Faktor, der im Unternehmen und vom Unternehmen konzertiert werden muß.

⑩ *Der Arbeiter wird zentral*

Das ist auch ein wichtiger Trend: die Entstehung des *neuen Arbeiters*. Peters sieht das genauso wie ich. Und damit scheinen sich die amerikanischen und deutschen Entwicklungen ziemlich parallel zu entfalten. Den »dummen Arbeiter«, der eine willenlose Maschine ist, wird es in Zukunft kaum noch geben. Die Arbeiter werden zu »wichtigsten Agenten der Wertschöpfung und der Innovation« werden. Durch *Circle-Techniken* à la Japan kann eine *kreative Mitarbeit* der Arbeiter genau dort gewonnen werden, wo sie die beste Kenntnis haben: bei den Maschinen und im Fertigungs-Prozeß.

Peters schreibt, daß in den USA die meisten Vorgesetzten mit der Idee, »daß ein Arbeiter eine denkende Maschine überwacht«, noch nicht gut klarkommen. In Deutschland ist das zum Teil ebenso. Die neuen, intelligenten Arbeiter, die zum Beispiel an komplizierten Automaten arbeiten, können nicht mehr so geführt werden wie bisher, das heißt mit straffen Vorgaben und repressiver Arbeitsgestaltung (von der Kantine angefangen bis zum Wochenlohn). Auch das übliche *Meister-System* wird hier nicht lange standhalten können. Die neuen Arbeiter wollen sich selbst kontrollieren. Sie sind im Grunde *ihre eigenen Chefs*. Wichtig ist, daß das Top-Management frühzeitig erkennt, daß tatsächlich eine *neue Epoche der Arbeiter-Kultur* im Anmarsch ist. Diese neuen Arbeiter orientieren sich am Konzept des lebenslangen Lernens. Deshalb sind sie fast immer besser im Detailwissen als ihre »Oberen«. Sie haben einen *anderen Stolz*, ein anderes Selbstkonzept. Und wenn man das alles mißachtet und verletzt, dann wird es in den Produktionshallen nicht nur – wie jetzt schon häufig üblich – die innere Kündigung geben, sondern die *heimliche Illoyalität*. Die ersten Unternehmen können hier bereits ein Lied davon singen (dezente Sabotage).

Ein neuer Aufbruch für eine Kultur des neuen Arbeitens ist erforderlich. Besonders im Sektor der Produktion. Die klassischen Führungs- und Umgangs-Konzepte in bezug auf Arbeiterschaft sind möglichst schnell zu überwinden, weil die neuen Arbeiter eine der wichtigsten Säulen für die Fähigkeit zur Beschleunigung des Wandels werden.

Ja, soweit unser Vergleich zwischen Tom Peters' Analysen und den RADAR-Analysen. Versuchen wir, daraus einen globalen Überblick zu entwickeln:

Die erste Hälfte der Revolution im Management:

① die Kompetenz für Ungewißheit,

② Zeit und Tempo managen,

③ die Fragmentierung nutzen können,

④ soziale Services aufbauen (Socialware),

⑤ Partizipations-Kompetenz statt Bürokratie,

⑥ Abbau des Kader-Zwangs für die neue Heterarchie,

⑦ Abschied von der Massen-Ideologie durch CIM,

⑧ Aufbruch zu Kooperationen,

⑨ Internationalisierung bei gleichzeitiger Regionalisierung,

⑩ die Pflege des neuen Arbeiters.

Das ist in etwa die erste Hälfte der Revolution. Da sind Peters und Gerken weitestgehend einig. Aber es ist eben nur die erste Hälfte, nur 50 Prozent der Eintrittskarte zur besseren Zukunft. Unser Vergleich USA–Germany zeigt, daß noch einiges hinzukommen muß. Und das ist:

Die zweite Hälfte der Revolution im Management:

① die praktische Nutzung des Geistes (Mind-Methoden),

② die Umschaltung auf Evolution (Drift-Dynamik),

③ die Ausrichtung auf Spiel (laterale Problemlösungs-Systeme),

④ die Organisation der Selbstorganisation (Synergetik).

Erst wenn diese zweite Hälfte ebenso engagiert angegangen wird wie das zum Teil für die erste Hälfte der Fall ist, erst dann hat das Management einen wirklichen Quantensprung geschafft. Erst dann kann man wirklich von einer gelungenen *Revolution im Management* sprechen. Die bisherigen Steps reparieren nur die vordergründigen Mängel der alten Management-Lehre.

Fazit:

**Im Moment hängt die Revolution noch ganz schön unsicher in der
Luft. Beharrungs-Tendenzen, intellektuelle Ignoranz und falsch
verstandene Rivalisierungs-Muster blockieren sowohl in den USA
als auch in Deutschland mehr, als es nötig wäre. Aber Japan ist
zum Teil frei von diesen Blockaden!**

Nun, was ist das Ergebnis? Wir sehen, daß Geist und Bewußtsein noch
nicht in die Führungs-Praxis eingebaut wurden. Die evolutionäre Weiterentwicklung von Führung und Management hat den Faktor »Geist«
noch nicht integriert. Aber wir sehen auch, daß die weichen, *sanften
Faktoren* bereits heftig in der Diskussion sind und daß sie zum Teil auch
schon in die tägliche Praxis überführt worden sind. Der Weg in Richtung
Geist und Bewußtsein ist also geöffnet worden. Und dieser Weg kann nur
gegangen werden durch die Wandlung der Business-Ideologien *vom
harten Management zum Soft-Management*. Ich habe darüber in dem
Buch »Der neue Manager« (Freiburg 1986) ausführlicher geschrieben.

Ein weiterer Schritt in Richtung »Geist« ist die aktuelle Entdeckung des
Inner-Management. Darüber habe ich zusammen mit Gunther A. Lue-
decke ein Buch geschrieben mit dem Titel »Die unsichtbare Kraft des
Managers« (Düsseldorf 1988). Die Innenwelt wird damit zur Brücke, die
zum Geist führt.

Und es gibt noch einen weiteren Schritt: *die Steigerung von Sozial-Energie durch Liebe*. Das ist sozusagen die Krönung des bisherigen Soft-Managements und damit die Stufe, von der aus man zum Bewußtseins-Management weitergehen kann (siehe hierzu mein Buch »Management by
Love«, Düsseldorf 1990).

Alles in allem: Ich glaube schon, daß die internationale Management-
Diskussion die richtigen Signale erkannt hat und die richtigen Pfade
diskutiert und vorbereitet. Man ist ganz offensichtlich im Business dabei,
ein *neues Management-Paradigma* zu entwerfen. Die bisherigen Veränderungen und Erweiterungen zeigen deutlich, daß man die Signale begriffen hat, die uns immer lauter zurufen:

**Wenn die Statik der Märkte zusammenbricht, muß sich das Mana-
gement von der linearen Ratio-Doktrin verabschieden, um zu
einem Management der inneren und äußeren Flexibilität zu gelangen.**

Man kann das wirklich nur zusammen sehen. Die innere Flexibilität ist die mentale und *geistige Flexibilität*. Wenn sie nicht vorhanden ist, kann die externe Flexibilität nicht gemanagt werden. Die externe Flexibilität wiederum muß uns gelingen, weil uns die *Explosion des Geistes* zu einem *High-Speed-Management* führt: Alles wandelt sich immer schneller, während es zugleich immer fragmentierter und komplexer wird.

Wir haben ein deutliches Wachstum an Komplexität (man denke an die Weltwirtschaft) bei einem gleichzeitigen Wachstum an Fragmentierung (man denke an die zunehmende Regionalisierung) bei einer über allem schwebenden kinetischen Dynamik, das heißt, die Anzahl der Fluktuationen wird immer größer. Das System, das wir Markt und Wirtschaft nennen, schaukelt sich auf in Richtung Dissipation und Dauer-Turbulenz.

Die externe Flexibilität wird uns schon bald zwingen, unsere ideologischen Dogmen kritisch zu betrachten. Viele Dogmen und Planungs-Instrumente werden nicht mehr überleben können, zum Beispiel die *Strategie*. Sie ist das Ergebnis einer sehr mechanistischen und linearen Auffassung von Rationalität. Und sie verhindert das Mitfließen der Unternehmen mit den immer kräftiger werdenden dynamischen Prozessen. Die *Kinetik der Märkte* verlangt auch eine Kinetik der Pläne. Wir kommen damit zu einem Konzept der verlaufsoffenen und der zieloffenen Planung, das gekennzeichnet ist durch *Mimesis*, das heißt durch teilnehmende Verschmelzung. Damit wird klar, daß die externe Flexibilisierung abhängig ist vom Wandel der inneren Weltbilder durch Teilnahme am äußeren Wandel.

Das Weltbild, das die meisten Unternehmer und Manager heute im Kopf haben, ist ein relativ statisches Weltbild. Es wird oft das *kartesianische Weltbild* genannt, getreu dem Motto: Alles ist eine große Maschine. Das neue, kinetische Weltbild geht dagegen vom Offenen Werden aus und postuliert:

Es kann nur das werden, was vorher im Geist geworden ist.

Damit wird der Geist eine wichtige Größe im Management. Der flexible Geist sorgt für ein flexibles Verschmelzen und Mitfließen mit der Kinetik der Märkte (siehe hierzu auch mein Buch »Abschied vom Marketing«, Düsseldorf 1990, Seite 164: Autopoiesis).

Die Kinetik der Märkte wird schon in den nächsten Jahren dazu führen, daß sich die Turbulenzen stabilisieren. Aus der System-Theorie kennt man diesen Zustand. Er wird »Dauer-Turbulenz« genannt. Wenn aber das Umfeld, in dem wir Management betreiben, ein Umfeld der Dauer-Turbulenz ist, dann ergeben sich besonders für die Führung völlig neuartige Herausforderungen und Ziele.

Es sind drei neue Ziele, die zugleich auch das Gliederungsschema für dieses Buch ergeben:

① Der Weg zum neuen Geist

Hier geht es um die Erfindung von neuem Bewußtsein durch *Kontext-Erfindung*. Die zentrale Frage lautet: Was müssen wir neu erfinden, um uns für die Kinetik und die Dauerturbulenz fit zu machen?

② Der Weg zum schnellen Geist

Hier geht es um die Auflösung von Bewußtsein und um das Entlernen von altem Wissen. Beides zusammen gelingt durch eine neuartige *Zeit-Intelligenz*. Die Kernfrage lautet: Wann muß man sich trennen von sich selbst?

③ Der Weg zum höheren Geist

Hier geht es um die Nutzung der spirituellen Energie für die neuen fließenden Prozesse des Mind. Das Instrument hierfür ist das *Meta-Bewußtsein*. Die Kernfrage lautet: Wie gestalte ich Evolution durch die Kraft der Evolution?

Diese drei Ziele sind miteinander vernetzt und ergeben zusammen den Prozeß des MIND DESIGN. Dabei ist zu bedenken, daß die Regie für das Mind Design nur von höherem Bewußtsein vollzogen werden kann. Das Meta-Bewußtsein macht das einzelne Bewußtsein innovativer und schneller. Damit wird das Bewußtsein auf die Kinetik des Managements programmiert. Das folgende Schaubild zeigt diese Zusammenhänge:

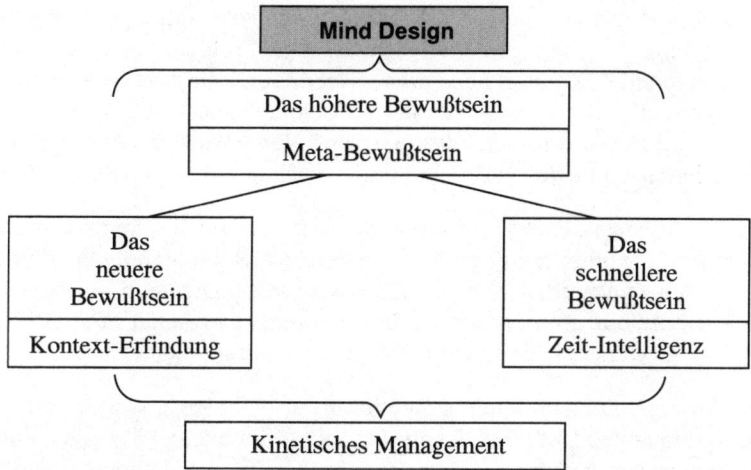

Damit haben wir die drei Abschnitte dieses Buches konkretisiert. Im ersten Teil geht es um Geist und Kontext, im zweiten Teil um Zeit und Tempo und im dritten Teil um Meta-Bewußtsein und Spirit.

Lassen Sie mich nun einige einführende Dimensionen und Fakten präzisieren, die sozusagen den Bedingungsrahmen für diese drei Themen-Komplexe verständlich machen.

Zuerst einmal muß man sehen, daß Zeit, Kontext und Bewußtsein im Grunde eine Triade bilden, die man nicht so ohne weiteres trennen kann. Wenn die Tempi in den Märkten schneller werden, wenn also die Kinetik des Umfeldes zunimmt, stellt sich automatisch die Frage nach der Fließ-Geschwindigkeit der Kontexte. Wenn sich aber die Frage der Kontext-Geschwindigkeit stellt, dann stellt sich sofort auch die Frage nach dem Spirit. Denn nur durch eine spirituelle Technik können wir die Kontexte in den Galopp bringen.

Dadurch werden die Kontexte sozusagen zu den Bausteinen des kommenden High-Speed-Managements, zugleich sind sie aber auch das Ergebnis einer deutlichen Mentalisierung und Spiritualisierung des Managements. Lassen Sie uns die Rolle der Kontexte aus dieser Sicht einführend präzisieren:

Der Kontext formt das Bewußtsein. Das ist seine entscheidende Aufgabe. Und aus Kontexten entsteht der kollektive Geist. Der kollektive Geist ist besonders wichtig, wenn man größere Unternehmen führt. Management wird zum Formungs-Prozeß des kollektiven Geistes.

An sich ist dieser Formungs-Prozeß schon immer eine unausgesprochene Zielsetzung des Managements gewesen. Das Problem verschärft sich aber jetzt und in Zukunft noch mehr, weil dieser kollektive Geist immer häufiger entlernt und umgewandelt werden muß, das heißt, wir bekommen einen *fließenden kollektiven Geist*. Dadurch wird das Konzept der »fließenden Kontexte« in Zukunft immer wichtiger für jeden Führenden.

Wie Hans Primas, Professor für physikalische Chemie in Zürich, schrieb, kann das Bewußtsein von größeren Gruppen erst dadurch fließend und flüssig gemacht werden, wenn die Führenden in der Lage sind, permanent neue Bilder einzuführen und zu diffundieren. »Erst wenn neue Bilder Einfluß gewinnen, können wir neue Fakten wahrnehmen.«

Die Wahrnehmung von neuer Realität ist also abhängig von den zuvor plazierten neuen Bildern. Ich habe in Teil 1 (Kontext und Management) besonders stark auf den *Unterschied zwischen Information und Bewußtsein* hingewiesen. Denn im Moment grassiert eine vertrauensselige und naive Zuwendung zu Information und Kommunikation. Immer mehr Manager und Unternehmensberater glauben, daß wir mehr Informationen und bessere Informationen benötigen, weil alles immer unüberschaubarer wird und weil wir zugleich in eine »Informations-Gesellschaft« (Daniel Bell) hineinstolpern.

Es wird deshalb wichtig sein, Information nicht mit Geist zu verwechseln und frühzeitig dasjenige Instrumentarium zu entwickeln, das *kollektive Imaginationen* (also kollektiv verankerte neue Bilder) im Unternehmen plaziert, weil nur durch Imaginationen die Informations-Angebote zu Informationen umgewandelt werden können. Es stellt sich also die Frage, ob es den Managern gelingt, nicht auf den jetzt grassierenden Informations-Mythos hereinzufallen, weil die Intensivierung und Qualifizierung der Information eine Sackgasse ist: Das Bombardement von Informationen verhindert neue Bilder. Und durch den Verlust der kollektiven Bilder werden die einzelnen Informationen und Fakten immer disfunktionaler und kontra-produktiver.

Besondere Schwierigkeiten macht das Bilder-Konzept deshalb, weil diese *Bilder eben keine Fakten sind*. Es sind Erfindungen, Imaginationen, es sind Mind-Entwürfe für die Zukunft. Natürlich ist das in erster Linie die Aufgabe des Top-Managements. Aber es ist eben keine rationale Aufgabe und auch keine Aufgabe, die man strategisch-planerisch vollziehen kann. Hier handelt es sich um das, was ich in diesem Buch unter »*Mind Design*« vorstellen werde.

Aber so neu es auch ist, so logisch ist es aber auch. Und die ersten Trend-Impulse zeigen, daß dieser Impuls besonders in den USA aufgegriffen und verstanden worden ist. Wie FORTUNE kürzlich schrieb, beginnen die ersten US-Unternehmen damit, sich dem neuen Bewußtseins-Paradigma zu stellen. In diesem Zusammenhang wurden die ersten Initiativen bei AT&T, Procter & Gamble und Du Pont genannt. Dort werden bereits die ersten Seminare durchgeführt, die *personelles Wachstum mit Bewußtseins-Wachstum* verbinden. Und genau das ist der Weg, den dieses Buch ebenfalls zu beschreiben versucht.

Die amerikanischen Trainer, unter anderen Michael Murphy, der Gründer des Esalen-Instituts, gehen davon aus, daß Geist eine Qualität ist, die durch *vernetzte Beziehungen* entsteht, und daß innerhalb dieser Beziehungen *Mind-Forming* betrieben wird. Dementsprechend übt man in den ersten Pionier-Unternehmen in den USA bereits das neue Weltbild, das davon ausgeht, daß es nie mehr eine absolute Realität geben wird. Realität wird zum Ergebnis von Bewußtseins-Vermittlung. »Realität ist nur noch ein Nebenprodukt des menschlichen Bewußtseins« (FORTUNE).

Sie sehen, Bewußtsein rückt also in den Mittelpunkt der neuen Führung. Denn ohne Bewußtseins-Erfindung und Bewußtseins-Vermittlung kann die innere Kinetik der Unternehmen nicht gemanagt werden:

Das Ziel lautet also, das innere Bewußtsein so neu und so schnell zu machen, wie es die Welt und der Markt bereits sind.

Die innere Kinetik der Unternehmen verlangt also vom Top-Management, eine Lern-Aufgabe zu übernehmen. In RADAR für TRENDS habe ich darüber wie folgt geschrieben:

Warum das Top-Management lernen sollte, wie man das Lernen lehrt

Bisher war der Faktor »Lernen« relativ weit weg von den Perspektiven und Aufgaben der Bosse und Unternehmer. Zwar kennt man in allen Unternehmen die Abteilung »Fortbildung und Training«, aber das delegierte man an seine Experten. Und die wiederum beauftragten sehr häufig externe Trainer oder schickten Mitarbeiter zu allgemeinen Seminaren.

Das Lernen war deshalb kein Vorstands-Thema, weil der Vorstand selbst nicht in die Lern-Prozesse integriert war. Nur ganz selten sieht man heute Unternehmer und Vorstände in Seminaren. Meistens wird das Middle-Management geschult . . . und das richtig intensiv!

Nun gibt es aber einen neuen Trend, der die Unternehmer und Top-Manager verpflichtet, so etwas wie *Lehrer zu werden.* Weil man begriffen hat, daß in einer Welt, die immer fragmentierter und zugleich kurz-rhythmischer wird, *Lernen und Ent-lernen* entscheidende Erfolgs-Parameter werden.

Man beginnt in den oberen Etagen zu begreifen, daß es so etwas wie den *kollektiven Geist* eines Unternehmens gibt. Die globale Intelligenz, das intellektuelle Potential aller Mitarbeiter ... *Global Brain.*

Dementsprechend lautet der neue Trend: mehr Erfolg durch die Qualifizierung des Global Brain ... mehr Erfolg durch bessere Strategien des Lernens und durch neue Strategien des Entlernens.

Fazit:

Der Chef als Stratege des Bewußtseins.

In der Zeitschrift QUALITY PROGRESS wurde im letzten Jahr folgendes beschrieben: Eine Gruppe amerikanischer Industrieller reiste nach Japan, um unter anderem den Matsushita-Konzern zu besichtigen.

Die Gruppe wurde von Konosuke Matsushita persönlich empfangen. Und zu ihrem Erstaunen sagte er ihnen: »Wir werden gewinnen. Und der industrielle Westen wird verlieren; da können Sie gar nicht viel dagegen tun, weil *der Grund des Versagens in euch selber liegt.*

Nicht bloß eure Firmen sind nach dem Taylorschen Modell gebaut, sondern – und das ist viel schlimmer – auch eure Köpfe.

Wenn eure Bosse das Denken besorgen und eure Mitarbeiter die Werkzeuge schwingen, so seid ihr im tiefsten Inneren überzeugt, dies sei der einzig richtige Weg, ein Unternehmen zu betreiben. Für euch besteht Management darin, die Ideen aus den Köpfen der Manager in die Köpfe der Mitarbeiter zu bringen.
Wir hingegen sind jenseits des Taylorismus. Wir wissen, daß das wirtschaftliche Umfeld heute so komplex und schwierig, zunehmend unvorhersagbar und gefährlich ist, daß das Überleben des Unternehmens letztlich von der alltäglichen Aktivierung des letzten Gramms von Intelligenz abhängen wird.

Nur unter Ausnutzung der kombinierten Denkleistung aller Mitarbeiter kann sich ein Unternehmen den Turbulenzen und Zwängen erfolgreich stellen und überleben. Für uns besteht Management exakt in der Kunst, *das intellektuelle Potential aller Mitarbeiter des Unternehmens zu mobili-*

sieren und zusammenzubringen« (zitiert nach TECHNISCHE RUND-
SCHAU 16/90, Heinrich Wolf).

Nun, das ist bis auf das Vokabular fast das gleiche, was ich seit langer Zeit
an dieser Stelle immer wieder schreibe und prognostiziere: Wir müssen
weg von der *kartesianischen Auffassung* des Managements.

Das bedeutet: Wir müssen weg von einer Auffassung, die den Kopf kennt
und die davon abgetrennte Maschine, getreu dem Modell: Oben wird
gedacht, alle anderen handeln danach.

Natürlich denkt heute kein Unternehmer und Manager im reinsten Sinne
kartesianisch. Alle wissen inzwischen, daß die Intelligenz nicht nur oben
plaziert ist, sondern überall da, wo Prozesse gesteuert werden und wo
sich *Erfahrungs-Intelligenz* ansammelt. Dennoch: Die Trend-Signale zeigen doch auch, wie schwer sich gerade Deutschland mit Innovations-Cir-
cles und *Quality-Circles* tut, eine Idee, die aus Japan kam.

In Frankreich hat sich die Idee der Circles viel schneller und auch viel
breiter durchgesetzt als bei uns. Bei uns ist trotz des technologischen
Modernismus eine *unterbewußte Barriere* da . . . die Barriere, die da
lautet: Im Zweifel denken die Bosse besser.

Das mag ja sogar in vielen Aspekten stimmen, aber es ist dennoch der
falsche Ansatz. Denn es ist die *Taylorisierung des Kopfes*, wie es Matsushita so plastisch nannte. Wer Denken und Handeln in dieser Form
separiert, kann mit dem neuen Erfolgsfaktor »Lernen und Ent-lernen«
nicht richtig umgehen. Wer Denken und Handeln in dieser elitären Form
trennt, kann die *konzertierte Intelligenz*, die in jedem Unternehmen ruht,
nicht nutzen. Und wer Denken und Handeln so gegeneinander ausspielt,
kann den Weg zu einem methodischen *kollektiven Ent-lernen* nicht finden.

Genau das aber ist nötig in einer Wirtschaft, die immer deutlicher gekennzeichnet ist durch *Wachstum an Komplexität* bei gleichzeitigem
Wachstum des Tempos.

Fazit:

**Man muß immer häufiger und immer schneller handeln, während
man immer weniger genau weiß, was man eigentlich wissen müßte.**

Deshalb werden Lernen und Ent-lernen hochkarätige Funktionen des
Top-Managements.

Irgendwann wird die Zeit kommen, in der es ein Vorstands-Mitglied geben wird, das zuständig ist für »kollektives Bewußtsein«. Und es wird verantwortlich sein für alle Prozesse des Lernens und des Ent-lernens. So wie es heute ganz selbstverständlich einen Vorstand für die materielle Seite des Business gibt, zum Beispiel den Vorstand für Produktion, so wird es morgen ebenso selbstverständlich einen Vorstand für die geistige Seite des Business geben: *den Vorstand für Bewußtsein.* Man wird erkennen, daß das normale Tempo der Köpfe zu langsam ist für das Tempo der Märkte.

Natürlich gibt es das aktuelle Bewußtseins-Problem schon heute. Der Trend ist ja eigentlich nicht neu. Und deshalb ist es interessant, einmal zu analysieren, was denn die Unternehmen tun, um sich schon heute einigermaßen geschickt an diese *Wissens-Turbulenz,* die ja zugleich auch eine permanente *Wissens-Entwertung* ist, anzupassen.

Die Amerikaner mit ihrem *Hire-and-fire-Prinzip* machen sich die Sache ganz offensichtlich besonders leicht: In immer kürzeren Intervallen besetzen dort neue Führungskräfte die alten Stühle. *Ent-lernen durch Personal-Austausch.*

Korn/Ferry haben auf Basis einer Analyse von 750 internationalen Unternehmen herausgefiltert, daß dieser Trend gegen Ende 1989 so richtig begann. Man verstärkt ganz offensichtlich die Suche nach Top-Führungskräften und nach Middle-Managern.

Und man besetzt die Posten immer häufiger durch neue Köpfe. Statt neue Lern-Strategien zu finden . . . neue Leute suchen. »Obwohl es der Wunsch fast jedes Unternehmens ist, in den eigenen Reihen qualifizierte Führungskräfte zu finden, gehen mehr und mehr Firmen dazu über, neue Talente außerhalb der eigenen Firmen zu suchen. Dies ist übrigens auch ein deutlich sichtbarer Trend in Europa und speziell in Deutschland«, sagt Frederik Walterscheid von Korn/Ferry.

Man wechselt also auch in Deutschland die Menschen häufiger als je zuvor aus, weil der Erfolgsdruck wächst und die Marktbedingungen schwieriger werden. Dieser *Austausch der Menschen* vollzieht sich immer schneller und in kürzeren Abständen als in der Vergangenheit. Ganz offensichtlich operiert man nach dem falschen Motto: *Fehler werden immer weniger verziehen.*

In Deutschland speziell setzt man in den letzten Monaten immer konsequenter auf den *Nachwuchs.* Die Trend-Signale sind auch hier ganz eindeutig: Immer häufiger kommen Jung-Manager, zum Teil kaum dreißig Jahre alt, in die Führungsspitze mittlerer und großer Unternehmen. Bei fast allen Suchanzeigen steht die Jugend (»bis 35 Jahre«) an prononcierter Stelle. Man will den *jungen Geist des Nachwuchs*. Man will die mentale Flexibilität durch die neuen Menschen einkaufen. Man will die fluktuierenden Märkte bedienen durch die Fluktuation des Führungs-Personals.

Das scheint mir eine sehr problematische und auch tendenziell falsche Strategie zu sein. Natürlich spricht nichts dagegen, jungen Managern früher eine Chance zu geben, als das bisher üblich war. Allein schon wegen der drohenden »*Auszehrung beim Nachwuchs*« (MANAGEMENT WISSEN) wird das aus pragmatischen Gründen nötig sein.

Betrachtet man die Statistik der demographischen Entwicklung im Lager des Nachwuchses (25- bis 35jährige), so wird klar, daß wir ab 1995 einen *dramatischen Abfall des Volumens* (Männer und Frauen) bekommen werden. Bis weit hinein in das nächste Jahrtausend wird es nie wieder soviel freie Wahl unter Managern geben, wie es das in den siebziger und achtziger Jahren gegeben hat.

Der demographische Trend ist also ganz eindeutig: Bis zum Jahre 2030 fällt das Nachwuchs-Reservoir in Stufen um 50 Prozent zusammen. Man wird also Schwierigkeiten haben, Mitarbeiter langfristig zu binden, weil besonders im Middle- und im Top-Management viel zu wenige gute Kräfte da sind. Und die besten von ihnen können frei wählen, gepaart mit einer *großen Bandbreite von Erpressung*.

Man wird auch in den neunziger Jahren beginnen müssen, immer jüngere Manager einzusetzen, weil sich die »*alte Garde der Manager*« (die Elite der grauen Schläfen) jetzt im breiten Umfang von den Sesseln der Macht verabschiedet.

Fazit:

In den nächsten zehn bis zwanzig Jahren wird der Bedarf der jungen Manager schlagartig immer größer werden. Zugleich wird es immer schwieriger, wirklich gute Nachwuchs-Manager zu bekommen, weil die Jugend immer knapper wird.

Was bedeuten diese Trend-Daten? Man wird in den neunziger Jahren – zumindest in Deutschland – das Spiel der Amerikaner nicht mitspielen können, nämlich in immer kürzeren Intervallen immer wieder neue Menschen auf die gleichen Stühle zu setzen.

Hire and fire ist kein Weg mehr. Man wird sich etwas einfallen lassen müssen, um den Nachwuchs:

① besser und langfristiger zu binden,

② früher zu dem Erfahrungs-Potential zu führen, das die Jugend noch nicht haben kann.

Damit stellt sich die Frage der Lernens und des Ent-lernens mit einer ungeheuren Brisanz. Man wird in Deutschland das *fluktuierende Lernen*, um das es schließlich geht, nicht mehr managen können durch *personelle Fluktuation*.

Deshalb wird das Thema »systematische Qualifizierung der kollektiven Intelligenz« ein Pflicht-Thema werden für die Eliten des Managements . . . für die Machtinhaber in den Unternehmen.

Die ersten Vordenker haben diesen neuen Trend auch konsequent erkannt, so zum Beispiel Günter Hartwich, Vorstandsmitglied der Volkswagen AG und zuständig für die Produktion. Er hat in einem Beitrag für die WIRTSCHAFTSWOCHE (27.4.1990) darauf hingewiesen, daß der Manager der Zukunft in einzigartiger Weise eine Art »*Team-Coach*« werden muß. Er wird zum *Trainer der Team-Intelligenz*. Er kann damit das Thema Fortbildung nicht mehr so bequem wegdelegieren wie bisher. Das Wachstum der Team-Intelligenz wird zum Bestandteil seiner täglichen Arbeit.

Wie Hartwich richtig schreibt, betreiben erfolgreiche Unternehmen seit einiger Zeit ganz bewußt deshalb »eine Veränderung *von der Disziplin-Kultur zur Selbst-Kultur*«. Nur im Rahmen einer offenen Selbst-Kultur können nämlich die kreativen Potentiale der Mitarbeiter gefördert werden.

VW hat deshalb »verschiedene Formen von Gruppenarbeit« getestet mit zum Teil sensationell gutem Ergebnis, was die Produktivität betrifft. Wenn man mit modernen Coaching-Methoden führt und parallel dazu die richtige Unternehmens- oder Team-Kultur aufbaut, dann kann man *ohne Investitionen zu Leistungssteigerungen kommen*, die zwischen 10 und 20 Prozent bringen, beschreibt Hartwich.

Damit wird eine deutliche Trendwende sichtbar: von der »heute dominierenden Orientierung an Finanzdaten« (Hartwich) zu der kommenden Orientierung in Richtung Sozial-Energie.

50

Kurz:

vom Geld zur Energie.

Das ist ein wichtiger Schritt, weil die »Sozial-Energie«, die ja zum Konzept des *Soft-Managements* gehört, vorrangig durch Geist und kollektives Bewußtsein gefördert wird.

Das Gesetz lautet:

Bewußtsein steuert Selbst-Motivation . . . Bewußtsein gestaltet Selbstorganisation.

Wenn man also – wie es VW derzeit versucht – auf »Selbst-Kultur« umschalten möchte, dann ist man zugleich auch gezwungen, auf *Bewußtseins-Coaching* umzuschalten.

Diese Verzahnung wird meistens nicht gesehen und auch in den Büchern, die über Unternehmenskultur schreiben, immer wieder extrem vernachlässigt.

Aber es gilt nun einmal: Wer auf Selbstorganisation setzt, muß ein besonders gutes Bewußtseins-Management aufbauen.

Und dieses Bewußtseins-Management ist *Sache der Chefs,* der Unternehmer und der Vorstände. Da das »Neuland des Wissens« (Walter Kroy) immer größer wird, wird das methodische Managen des Ent-lernens und des Neu-Lernens eine neuartige Kompetenz für die Führungskräfte.

In den achtziger Jahren gab es den Trend zur sozialen Kompetenz. In den neunziger Jahren kommt eine weitere Kompetenz dazu, *die mentale Kompetenz*: die Steuerung des kollektiven Geistes.

Viele Manager glauben, daß diese neue mentale Kompetenz etwas zu tun hätte mit der »*Qualifizierung der Information*«. Motto: Je mehr Information die Mitarbeiter bekommen, um so mehr und besser lernen sie. Die bisherigen Analysen zeigen aber, daß in fast allen Branchen geklagt wird über *mangelnde Ziel-Transparenz*. Die Mitarbeiter bekommen zu viele Informationen und leiden zugleich unter einem Mangel an strukturiertem Bewußtsein.

Kurz:

Information ist nicht Bewußtsein.

Deshalb ist die neue mentale Kompetenz der Manager viel mehr als das alte Spiel der Information. Es ist ein Summativ aus folgenden Fähigkeiten:

① die Erfindung von kollektivem Bewußtsein durch Mind (= persönlicher Geist),

② die Formung von kollektivem Bewußtsein durch neuartige Techniken wie zum Beispiel Sozio-NLP (emotionales Verankern von Bewußtseins-Strukturen und Handlungs-Programmen),

③ die Entwicklung von Meta-Mustern, das heißt von Wirklichkeits-Konstruktionen, die über den turbulenten Informationen ein hohes Maß an Orientierungs-Stabilität geben (zum Beispiel Kontexte),

④ die Auflösung von kollektivem Bewußtsein durch spezielle Techniken der Re-Programmierung oder De-Programmierung.

Natürlich ist die hier beschriebene mentale Kompetenz, die in der amerikanischen Literatur bereits auch die »spirituelle Kompetenz« genannt wird, noch ganz am Anfang ihrer Entwicklung. Es handelt sich hier also um einen sehr frühen Trend-Hinweis.

Aber dennoch kann ich schon heute mit hoher Zuverlässigkeit prognostizieren, daß die deutsche Wirtschaft bald in Schwierigkeiten kommen wird, wenn sie nicht endgültig Schluß macht mit der Taylorisierung des Geistes. Sie wird Schwierigkeiten im internationalen turbulenten Wettbewerb bekommen, weil dieser Wettbewerb zwei neuartige Herausforderungen gebracht hat:

① **Man wird den Bewußtseinswandel bewußt managen müssen** (Stichwort: Wegwerf-Geist).

② **Man wird bewußt widersprüchliche Bewußtseins-Inhalte pflegen müssen** (Stichwort: polyvalente Logik/Multi-Mind).

Der KI-Experte Marvin Minsky (Mentopolis, Stuttgart 1990) weist darauf hin, daß *Wissens-Überlegenheit* nur dadurch aufgebaut werden kann, daß man das »mentale Management« qualifiziert:

»Es genügt nicht, vieles zu lernen, man muß das Gelernte managen.« Man muß aus Lern-Inhalten *fließendes Bewußtsein* machen.

Bitte glauben Sie nicht, daß man diese neuartigen Herausforderungen quasi mit der linken Hand managen kann. Dazu ist mehr erforderlich. Ich empfehle deshalb, sich schon bald auf die Reise zu begeben . . . sie führt ganz eindeutig in mentale Gefilde.

Die Führenden werden auch im Bewußtsein führend sein müssen.

Auch in der neurophysiologischen Forschung erkennt man neuerdings den Wert der Bilder für das Fließen des Bewußtseins. Man trennt sich von dem allzu naiven Glauben von der Wirksamkeit der Fakten und der Informationen. Wie Clément Rosset in seinem Beitrag über die Postmodernität (erschienen in Peter Sloterdijk: »Vor der Jahrtausendwende«) zeigen die neuesten Untersuchungen auf dem Gebiet der Neurophysiologie, daß es zu einer Verschiebung im Status der mentalen Bilderwelt gekommen ist. *Je kinetischer die Zeiten werden, um so wichtiger werden die Bilder.* Und man spricht dann auch nicht mehr von Bildern, sondern man nennt sie – wie es zum Beispiel J. P. Changeux tut – »mentale Objekte«.

Je schneller sich die Welt verändert, um so wichtiger werden diese mentalen Objekte, um wieder Augen zu bekommen für das, was vor unseren Augen abläuft. Man geht nicht mehr von der Objektivität der Vorstellungsbilder aus, sondern von ihrer *Aktualität*. Die Aktualität ist wichtiger als die Objektivität, weil die Welt, in der wir leben, immer virtueller wird. Und je virtueller und kinetischer unsere Welt wird, um so mehr wird der faktische Charakter der Information paradox.

Um trotzdem noch möglichst viel sehen zu können und insbesondere Muster und Zukunfts-Ordnungen sehen zu können (und die herzustellen ist ja die vornehmste Aufgabe des Top-Managements), verlagert sich die Führung ins Geistige. Und die Produktion von mentalen Objekten und die Erfindung von neuen Zukunfts-Bildern wird eine herausragende Leistung des zukünftigen Managements sein müssen.

Kommen wir nun zum zweiten Teil dieses Buches: Management und Zeit.

Die Rolle der Zeit in einer kinetischen Welt liegt darin begründet, daß sie den Geist provoziert. Je schneller unsere Zeit wird, um so mehr Geist wird gebraucht. Je dominanter der Geist wird, um so schneller muß er werden. Die Kinetik in unseren Märkten verlangt also einen schnelleren Geist, verlangt die Selbst-Beschleunigung des Geistes.

Und von hier aus ergibt sich sofort die Brücke zum Spirit und zum Meta-Bewußtsein. Denn man kann seinen Geist nur dann zum Galoppieren bringen, wenn man außerhalb seiner eigenen Mind-Prozesse ist . . . wenn man sein Bewußtsein in der spirituellen Ebene über dem persönlichen Geist plaziert hat.

Mit anderen Worten: Die kommende neue Elite wird in erster Linie *eine Mind-Elite sein*, denn man kann neues Bewußtsein nur dann erfinden, wenn man nicht im blinden Fleck des alten Bewußtseins hängengeblieben ist. Und man kann den Geist nur dann schnell machen, wenn man sich vom alten Geist trennen kann. Und man kann sich wiederum nur vom alten Geist trennen, wenn man auf einer höheren geistigen Ebene, die *Meta-Bewußtsein* genannt wird, seinen eigenen Geist manipulieren und umformen kann. Die Kinetik der Märkte verlangt vom Manager, seinen Mind professionell managen zu können.

Mit der Kinetik der Märkte verändert sich natürlich auch unser *ideologisches Konzept von Zeit.* Es ist auffällig, daß in der letzten Zeit so viele Fachartikel und Bücher zu Zeit und Zeit-Ideologie veröffentlicht worden sind. Der übereinstimmende Tenor dieser neuen Betrachtung von Zeit lautet: Die Zeit fließt nicht mehr . . . sie springt.

Die springende Zeit, das verlangt vom Bewußtsein eine A-Logik. Denn was springt, ist nicht logisch. Was springt, vollzieht sich nicht linear, sondern paradox.

Damit kommt der Begriff »*Kairos*« wieder ins Spiel, ein Begriff, der lange Zeit völlig in Vergessenheit geraten war. Kairos ist die richtige Zeit, die »günstige Zeit für das Handeln«. Kairos bestimmt also die interne Zeit von Prozessen und legt die optimale Zeit für bedeutsame Handlungen fest.

Nun hat die Betriebswirtschaftslehre ausschließlich das chronologische Zeitbild zur Basis und nicht das Kairos-Zeitbild. Wir müssen also erst mühsam lernen, die unterschiedlichen Zeitlichkeiten in den unterschiedlichen Prozessen zu erfühlen. Dieser Aspekt wird in der neueren Literatur »*Zeit-Intelligenz*« genannt. Und es ist wichtig, daß sich das Management frühzeitig mit dieser neuartigen Form von Intelligenz beschäftigt. Wer die internen Zeiten, also den Kairos, nicht spüren kann, kann auch die innere Kinetik der Unternehmen nicht führen.

Wie Hanspeter Weiß vom Institut für Lern-Psychologie, St. Gallen, in der TECHNISCHEN RUNDSCHAU 20/90 schreibt, hängen Komplexität und Zeit ebenfalls zusammen. Je komplexer die Situation wird, um so unbefriedigender wird unser lineares, relativ statisches Zeitmodell, das wir alle in den Köpfen haben. Hanspeter Weiß dazu: »Als ganz besonderer Fallstrick erweist sich in diesem Zusammenhang unser Umgang mit der Zeit. Alles in allem erleben wir die Zeit als etwas relativ Gleichförmiges und sind es auch gewohnt, daß sich in dieser gleichförmige Dinge gleichförmig entwickeln. Das führt dann in komplexen Situationen zum Fehlschluß, daß vergangene und zukünftige Zeitläufe einander analog sind. Man tut sich sehr schwer mit der Vorstellung, daß sich die Dinge auch nach nichtgleichförmigen Zeitläufen entwickeln können.«

Mit anderen Worten:

Je komplexer die Situation, um so überraschender wird die Zeit.

Die Zeit wird springend. Die Zeit wird überraschender. Aber sie wird auch in sich selbst schneller, weil immer mehr Technologien erfunden werden, die hauptsächlich darauf ausgerichtet sind, die Beschleunigung des Wandels zu erhöhen.

Wie Theo Lutz, der Sprecher für Öffentlichkeitsarbeit und Zukunfts-Prognosen der IBM Deutschland, vor einigen Jahren sagte, »sind wir heute nicht mehr in der Lage, vorherzusehen, was wir in fünf Jahren produzieren können, weil mit Hilfe der neuen Technologie ganz neue Prozesse in Gang gesetzt werden. Die Entwicklungs-Geschwindigkeit nimmt auf diesem Sektor unglaublich zu.« Genau das entspricht dem Offenen Werden. Und dahinter verbirgt sich die Annahme, daß die Selbstbeschleunigung der Zeit so stark wird, daß es keine Pfade und Ziel-Horizonte mehr gibt, sondern nur noch Offenheit. Wenn alles ganz schnell wird, kann es nur ein Offenes Werden sein.

Damit verlagert sich der Wettbewerb immer mehr zu einem *Tempo-Wettbewerb*. Es ist schon richtig, was John F. Welch, CEO von General Electric, in diesem Zusammenhang formulierte: »Das Tempo der Veränderung in den neunziger Jahren läßt die achtziger Jahre wie ein Picknick, wie einen Spaziergang im Park erscheinen.« Wenn die Märkte immer kinetischer werden, verliert auch die traditionelle Unterscheidung von kurz-, mittel- und langfristig mehr und mehr an Bedeutung. Je mehr Offenheit, um so weniger stimmt der traditionelle Zeit-Rhythmus noch.

Die Kinetik wird zum normalen Taktgeber unseres Zeitbewußtseins. Wie Georg Frank in seinem Beitrag »Die zeitliche Differenz von Natur und Geist« schreibt, ist Kinetik gerade dadurch gekennzeichnet, daß »die Stellen, die in ferner Zukunft liegen, weniger künftig geworden sind, während die, die schon vergangen sind, noch mehr vergangen sind«.

Dadurch verschmelzen das Jetzt und das Morgen zu einer historisch einzigartigen Gemeinsamkeit. Sein und Werden verzahnen sich so ineinander, daß das permanente Werden unser eigentliches Sein ist. Und damit kündigt sich auch im wissenschaftlichen Bereich ein radikaler Umbruch der Zeit-Theorien an. Es ist besonders die Theorie und die Schule von

Ilya Prigogine, die diese Wandlung unserer Zeit-Ideologie vorbereitet hat. Ich werde im Teil 2 ausführlich auf diese neuen Zeit-Modelle eingehen, weil sie die Basis für ein neues Zeit-Management sind.

Die üblichen Formulierungen, die von Unternehmensberatern und Managern besonders auf Foren und in öffentlichen Workshops vorgetragen werden, helfen da nicht weiter. Da verlangt man, daß die Manager »als Vordenker mit Visionen verbrauchte Traditionen brechen sollen«. Da wird »mehr geistige Mobilität und mehr Flexibilität« verlangt. Da wird »mehr Informations-Toleranz« gefordert, um schneller handeln zu können . . . das alles ist irgendwie richtig, aber es handelt sich um Elemente von Sonntagsreden. *Sie verwechseln flexible Informationen mit fließendem Bewußtsein.* Sie basieren immer noch auf einem statischen Zeit-Konzept, das in der Wissenschaft aber inzwischen längst überwunden ist.

Erst wenn das Management eine neue Zeit-Intelligenz entwickelt hat, kann der Ruf nach »mehr Flexibilität« mehr sein als eine idealistische Formulierung. Ohne ein neues Zeit-Bewußtsein können die internen kinetischen Prozesse nicht richtig organisiert und gemanagt werden. Und dieses neue Zeitbewußtsein verlangt im Kern, daß die Manager »die *Eigenzeitlichkeit* hochgradig instabiler Prozesse« emotional bejahen und intellektuell erkennen können.

Prigogine selbst glaubt, daß die Wandlung unserer Zeit-Theorien in sich »die Chancen einer wissenschaftlichen Revolution« birgt. Und er sieht auch den Zusammenhang zwischen *Tempo und Zeit* einerseits und *Bewußtsein und Spirit* andererseits. Ganz offensichtlich kann man die Beschleunigung der Zeit nur dann geistig und instrumentell verarbeiten, wenn man in der Lage ist, alles wieder in einer »*höheren Zeit-Geometrie*« zusammenzuführen. Und diese »höhere Zeit-Geometrie« ist das, was Spirit genannt wird, also unser Meta-Bewußtsein. Und darauf werde ich im dritten Teil besonders eingehen.

Peter Sloterdijk nennt die neue Zeit, wie sie sich jetzt langsam in der Wissenschaft konturiert, eine »*fliehende Zeit*«. Das wird gestützt durch die Verkürzung der Lebens-Zyklen in unseren Märkten. Qualls hat hierzu eine Untersuchung vorgelegt, hauptsächlich konzentriert auf die Einführungs- und Wachstums-Phasen bei Haushaltsgeräten in drei Perioden des 20. Jahrhunderts. Und dabei hat er eine dramatische Verkürzung der Lebens-Zyklen festgestellt.

In der Periode von 1922 bis 1942 dauerte zum Beispiel die durchschnittliche Einführungs-Phase im Mittel genau 12,5 Jahre und die Wachstums-

Phase 33,8 Jahre. In der Periode von 1965 bis 1979 hat sich die Einführungs-Phase auf zwei Jahre und die Wachstums-Phase auf 6,8 Jahre verkürzt.

Der Trend ist also eindeutig: Die Verkürzung der Markt- und Lebens-Zyklen beweist die fliehende Zeit. Oder anders ausgedrückt: Sie beweist, daß die interne Zeit in unseren Zeiten immer schneller wird. Deshalb fordert man besonders im amerikanischen Wirtschaftsraum neue Management-Modelle. Man spricht von Change-Management und neuerdings auch von *High-Speed-Management*. Und auch die deutsche Wirtschaft entdeckt die dramatische Rolle der Zeit. Hierzu schrieb ich in RADAR für TRENDS:

Die deutsche Wirtschaft entdeckt die dramatische Rolle der Zeit

Alle Trend-Signale zeigen, daß sich die Wirtschaft derzeit transformiert zugunsten eines neuartigen *Tempo-Wettbewerbs*. Am Anfang haben viele Unternehmer und Manager diese Entwicklung eher abwartend beobachtet, viele haben auch geglaubt, der *wachsende Zeitdruck* wäre nur eine vorübergehende Etappe.

Aber nun zeigt sich, daß der Trend zum Tempo-Management tatsächlich dabei ist durchzukommen. Immer mehr Manager und Unternehmer stellen deshalb ihr Denken um:

Der Zeit-Vorsprung wird ebenso wichtig wie die Qualität der Produkte.

Damit wird der Tempo-Vorsprung zu einer neuartigen Kategorie des Markt-Angebotes. Hieß es früher »Komme nie zu früh«, so heißt es heute »Komme nie zu spät«.

Dieser Trend ist auch in den USA in breiter Front beobachtbar. Denn überall versuchen die Top-Manager, die *Zeit-Zyklen zu verkürzen* und die *»Totzeiten«* drastisch zu reduzieren.

Es gibt auch ein wichtiges Buch dazu (»Competing against Time«) von Georg Stalk. Er beschreibt, daß es immer wichtiger wird, das *gesamte* Unternehmen auf Zeit-Verkürzung zu steuern. Der Erfolgsfaktor »Zeit« ist inzwischen nämlich so wichtig geworden, daß es nicht mehr ausreicht, nur noch in einem einzigen Bereich, zum Beispiel der Logistik, schneller zu sein, also *just-in-time*.

Inzwischen hat sich auch der Konkurrenzkampf global gewandelt: vom Kampf um Qualität zum *Kampf um Zeit-Vorsprung* auf dem Markt. Und dieser Zeit-Vorsprung geht verloren, wenn nur eine einzige Facette des Managements auf Tempo ausgerichtet wird. Deshalb überlegen immer mehr Unternehmen, wie man *sämtliche operativen Säulen* des Managements auf Tempo umorganisieren kann.

Man macht zum Beispiel *Reverse-Marketing:* schnellere Beschaffung durch eine neuartige Kooperations-Kultur. Man betreibt Interfusion: fließendes Verschmelzen mit dem Zeitgeist. Man denkt an schnellere Distribution (time-to-market): zum Beispiel Aufbau einer speziellen Vertriebs-Mannschaft für spontane Handlungen. Und man organisiert die Beschleunigung der Produkt-Entwicklung, genannt *Simultaneous Engineering* (SE).

Was ist SE? Simultaneous Engineering ist auf dem Sprung, CIM abzulösen bzw. zu ergänzen. SE ist eine deutsche Entwicklung. Und es ist erstaunlich, wie schnell sie sich im internationalen Management durchgesetzt hat. Das ist ein weiterer Beleg dafür, daß es nun wirklich Zeit ist, voll auf Tempo-Management umzuschalten.

Typisch für dieses neue Zeit-Bewußtsein ist zum Beispiel Ford. Dort praktiziert man SE bereits und hat die Entwicklungszeit neuer Pkw-Modelle von bisher 68 Monaten auf 48 Monate reduzieren können. VW ist inzwischen sogar bei nur 40 Monaten Entwicklungszeit angelangt. Aber die japanische Konkurrenz, die früher auf Tempo-Wettbewerb umgeschaltet hat, liegt noch bei nur 36 Monaten.

Durch die Simultaneität der Entwicklungs-Prozesse reduzieren sich zum Beispiel die Design-Zeiten drastisch, aber auch die Erprobungs-Zeiten und die Horizonte für die Serien-Optimierung. Bei Porsche hat das zum Beispiel dazu geführt, daß ein neuentwickelter Motorblock gleich beim ersten Lauf auf dem Prüfstand die volle Leistung brachte. »Das hat es noch nie gegeben«, so Entwicklungs-Vorstand Dr. Ulrich Bez.

Diese stolze Leistung wurde möglich durch die Simulation der Verbrennungs-Vorgänge mittels eines Computers, aber auch durch *simultanes Zusammenwirken* aller Beteiligten, so zum Beispiel der externen Gießerei.

Simultaneous Engineering ist damit prototypisch für eine neue Denkrichtung im Management: *das virtuelle Denken.* Man denkt nicht mehr linear und plant nicht mehr sukzessiv, sondern an der Grenze von chaotisch, das heißt, man läßt *parallele Prozesse mit offenen Zielsetzungen* laufen, ohne sie vorher auf eine konkrete Ziel-Logik zu justieren. Mit anderen Worten: Es ist eine a-logische, von Simultaneität und Zufall getragene Handlungs-Strategie, praktiziert auf der Basis intensiver Kooperationen.

Damit wird für das kommende Tempo-Management eines klar: Die *Computer*, zum Beispiel CAE und CAD, bringen sehr wenig Tempo-Gewinn, wenn nicht zugleich zwei neue Dimensionen in das Management einziehen:

① **Vom linearen Denken zum virtuellen Denken,**

② **Von repressiven Beziehungen (zum Beispiel zu Lieferanten) zu stabilen Vertrauens-Kooperationen.**

Das am Horizont aufgetauchte *High-Speed-Management* kann also nur funktionieren, wenn neue Denk-Kompetenzen und neue Kooperations-Kulturen praktiziert werden. Der Druck in diese Richtung wird in den nächsten zehn Jahren weiter zunehmen, weil der *Innovations-Rhythmus* inzwischen längst nicht mehr einem gemächlichen Strom gleicht, sondern einem hysterischen Wespenschwarm.

Nach einer Umfrage der Internationalen Arbeitsorganisation IAO in Genf hat sich die durchschnittliche Lebensdauer der Produkte zwischen 1974 und 1989 von knapp zwölf Jahren auf nur 6,5 Jahre reduziert, also fast um die Hälfte.

Parallel dazu hat sich die Produktentwicklungs-Zeit von nur knapp drei Jahren auf rund zwei Jahre verkürzt. Man sieht, wie wichtig das Tempo-Management in Zukunft sein wird, um am Markt rechtzeitig und attraktiv präsent zu sein.

In INDUSTRIEMAGAZIN 9/90 wurde über eine Studie der Beratergruppe Rademacher & Partner berichtet. Man hat 357 Führungskräfte zum Thema »Zeit« befragt. Die Bosse erwarten, daß sich morgen die Entwicklungszeiten im Durchschnitt um rund 30 Prozent verkürzen werden, während parallel die Vermarktungsdauer im gleichen Maße schrumpfen wird. Damit wird die High-Speed-Dramatik deutlich sichtbar: Wer ein bis zwei Jahre zu spät kommt, schließt sich selbst aus dem Wettbewerb aus. Ganz abgesehen davon, daß inzwischen die *Preis-Dynamik* ebenfalls voll auf diesen Tempo-Wettbewerb umschaltet. Die höheren Preise werden nur in der Anfangs-Phase realisiert. Wer also immer etwas zu spät kommt, kassiert bei gleichen Entwicklungskosten immer zuwenig.

Die Berater von Rademacher & Partner haben dazu ein plastisches

Beispiel: Wenn die Lebensdauer eines neuen Produktes auf fünf Jahre geschätzt wird, dann ist schon eine sechsmonatige Zeitverzögerung in der Entwicklung die Ursache für Verluste beim kumulierten Netto-Ergebnis um 30 Prozent. Wenn dagegen ein Crash-Programm dafür sorgt, daß das Produkt *just in time* auf den Markt kommt, lohnen sich sogar um 50 Prozent höhere Entwicklungskosten, weil dadurch das Gesamtergebnis über die Jahre nur um 5 Prozent absinkt.

Also: mehr Tempo managen! An dieser Stelle sei gleich eine Warnung angebracht. Viele Unternehmer und Manager akzeptieren zwar, daß der Wettkampf heute auf dem Feld der Zeit stattfindet, aber sie wollen dennoch mit dem *alten, linearen Denken* »besser in der Zeit« sein. Sie glauben – das zeigt auch die Befragung von Rademacher & Partner –, daß man schneller sein könnte, wenn man besser plant, strategischer plant und besser kontrolliert. Also mehr Disziplin und mehr Ratio in der Projekt-Planung.

Aber genau das ist falsch, wie die Japaner von Honda bis Sony beweisen. Das Simultaneous Engineering (SE) benötigt die *Organisation von offenen Verläufen* (virtuelle Dynamik) und nicht etwa die Organisation von zielfixierten, das heißt geschlossenen Verläufen. Viele Unternehmer und Manager begreifen zwar den Trend, aber werden unweigerlich *in mehr Bürokratie landen*, wenn sie das Tempo mit den klassischen linearen und strategischen Methoden managen wollen.

Die Konsequenz:

Das High-Speed-Management kann nur gelingen, wenn man von linearer Organisation umschaltet auf offene Selbstorganisation.

Der bekannte Management-Guru Peter F. Drucker geht noch einen Schritt weiter. Für ihn ist es nicht nur wichtig, daß der neue Tempo-Wettbewerb möglichst alle relevanten Säulen des Managements integriert, sondern daß zugleich *auch die Kostenrechnung* auf den neuen Super-Faktor »Zeit« umgestellt wird. Er kritisiert die heute praktizierte Kostenrechnung, weil sie im Prinzip informationell gegen den Trend zum Tempo-Wettbewerb läuft. Die Unternehmen ordnen die entstandenen Kosten nach verschiedenen Schlüsseln auf die zurechenbaren Löhne um. Drucker fordert, daß eine neuartige Kostenrechnung dieses Verfahren ablöst. Die Basis dafür wäre durchgängig der Zeitaufwand. Somit würde das gesamte Zahlenwerk *auf Zeit ausgerichtet* werden und nicht auf die üblichen Lohnkosten.

In der deutschen Business-Szene ist im Moment ziemlich viel Unsicherheit und Ratlosigkeit zu beobachten in Sachen »Umsteigen auf Tempo-Wettbewerb«. Das hat zwei Gründe:

① *Die meisten Manager denken nicht in komplexen Systemen, sondern in kausalen Kategorien.* Man kann den neuen Tempo-Wettbewerb aber nur dann steuern, wenn man von der linearen Logik wegkommt. Zeit-Management ist komplexes Management, bezogen auf simultane und offene Prozesse. Dafür ist eine spezifische Mental-Kompetenz erforderlich, also ein Stück Weltbild-Korrektur, wie ich sie an dieser Stelle des öfteren empfohlen habe. Stichwort: das neue Weltbild des *Offenen Werdens.*

② *Die meisten Manager haben noch nicht den praktikablen Weg gefunden, um Selbstorganisation organisieren zu können.* Selbstorganisation ist aber für virtuelle und simultane Prozesse die absolut zwingende Voraussetzung. Selbstorganisation beinhaltet aber neue Sozial-Strategien im Unternehmen und neue Führungs-Konzepte. Stichwort: *Management by Love.*

Gelingen diese beiden Neuorientierungen, also »Neues Weltbild« und »Management by Love« nicht, läuft das sogenannte Tempo-Management sehr leicht in die Gefahr, lediglich *mehr Zeitstress bei mehr Bürokratie* zu verursachen.

Die springende und die fliehende Zeit stehen in direktem Zusammenhang mit der *Erfindung des Bewußtseins,* also dem, was ich in diesem Buch das »Kontext-Management« nenne. Paul Virilio hat in seinem Beitrag über »Die Automatisierung der Wahrnehmung« geschrieben, daß wir zu einer neuen Aufgabe kommen, nämlich der »*Logistik der Wahrnehmung*«. Darunter ist zu verstehen, daß wir die Wahrnehmungs-Prozesse beschleunigen müssen, weil wir unsere Welt inzwischen zu schnell für unsere Wahrnehmung gemacht haben. Geschwindigkeit wird aus seiner Sicht zu einer Relation zwischen Phänomenen und ist keine eigenständige Realität mehr.

Hier wird also Beobachtungs-Distanz gekennzeichnet. Und Virilio erkennt sehr deutlich, daß der Ruf nach »mehr Tempo und mehr Flexibilität« im Grunde der Ruf nach einer anderen »geistigen und instrumentalen Wahrnehmungs-Energie« ist. Mit anderen Worten: Wer immer nach »mehr Flexibilität« ruft, muß eigentlich auch nach einer anderen Wahrnehmungs-Logistik und einer anderen Wahrnehmungs-Energie rufen. Wer das nicht tut, landet im naiven Mythos der Information.

Warum naiv? Wenn die Realitäten komplexer als unser Wahrnehmungs-Vermögen werden, wird die Zeit immer knapper. Das beobachtbare Wachstum an Komplexität zwingt uns zu einer Neu-Orientierung in Sachen Zeit. Ohne eine neue Zeit-Intelligenz »kann die Zukunft nicht beginnen« (Niklas Luhmann).

Es ist nun interessant, daß gerade dieser »Zeit-Strudel« (Sloterdijk) immer mehr Denker und Manager veranlaßt, aus der Kinetik mental auszusteigen. Alfred Herrhausen hat gesagt: »Die meiste Zeit geht dadurch verloren, daß man nicht zu Ende denkt.« Dahinter steht ein Weltbild, das auf *Gründlichkeit* und beherrschende *Ruhe* ausgerichtet ist. Ganz im Gegensatz zum neuen, kinetischen Weltbild, das vom Offenen Werden ausgeht. Wenn man diesem neuen Weltbild folgt, muß man genau das Gegenteil postulieren: Die meiste Zeit verliert man dadurch, daß man nicht dem Tempo der Zeiten folgt.

Jean Marais hat sich in einem anderen Zusammenhang sehr kritisch über den *Zeitgeist* ausgesprochen. Auch viele Unternehmer und Manager gefallen sich darin, den Zeitgeist als etwas Unseriöses nur deshalb abzuqualifizieren, weil er zu schnell ist. Was zu schnell ist, ist unseriös. Marais wörtlich: »Es gibt auch so etwas wie geistiges Asthma. Man bekommt es, wenn man hinter jedem Trend herrennt.«

Ganz offensichtlich ist unser Umgang mit Zeit und Selbstbeschleunigung auch abhängig von unseren Werten und unserem inneren Ordnungs-System, das wir im Kopf haben. Aber hier beginnt bereits ein deutlicher Wandel, ein *Wertewandel in Sachen Zeit.* Ich habe ihn den kinetischen Wertewandel genannt. Und ich schrieb in RADAR für TRENDS darüber folgendes:

Ein Neuer Wertewandel beginnt . . .
Der Kinetische Wertewandel

Die meisten Manager haben inzwischen akzeptiert, daß es so etwas gibt wie einen Wertewandel. Das war nicht immer so. Als ich vor rund sieben Jahren begann, an dieser Stelle die Dynamik des Wertewandels zu beschreiben, kam mir überall viel Skepsis und auch Aggression entgegen. Die Wirtschaft hat sich sehr schwer getan mit der Akzeptanz des Wertewandels.

Inzwischen liest man das Wort derart häufig, daß man schon fast von einem Modewort sprechen kann. Alle steigen um auf Wertewandel. Aber die meisten wissen trotzdem nicht genau die Richtung und Struktur dieses Wandels. Deshalb wissen sie auch nicht, daß es längst zwei Wertewandel in Deutschland gegeben hat und daß nun ein dritter dabei ist, unsere soziale Wirklichkeit weiter zu verändern.

Zwischen 1965 und 1979 fand der erste Wertewandel statt, der – wie der Werte-Forscher Klages beschreibt – in erster Linie für eine Verschiebung der Werte-Prioritäten gesorgt hat:

von den Disziplin-Werten zu den Werten der Selbstentfaltung.

Wenn heute von Wertewandel gesprochen wird, dann meinen die meisten genau diese Werte-Verschiebung. Deshalb ist jetzt im Business soviel zu hören von »Selbstentfaltungs-Arbeit«. Und deshalb hat man im Marketing auch den »Selbstentfaltungs-Konsum« entdeckt. Nach diesem ersten Werteschub, der rund vierzehn Jahre dauerte, kam dann in der zweiten Hälfte der achtziger Jahre der zweite Wertewandel ins Spiel:

von der Selbstentfaltung zur Bewußtseins-Entfaltung.

Dieser Wertewandel hat unter anderem dafür gesorgt, daß es eine enorme Zuwendung zu esoterischen und spirituellen Themen gegeben hat, weil besonders die *Jugend-Szene* glaubt, daß die Entfaltung des neuen Bewußtseins eine spirituelle Komponente sei. Dieser zweite Wertewandel wurde flankiert von zwei völlig neuartigen Werte-Dimensionen, die bisher im Business übersehen oder vernachlässigt worden sind:

● **vom Individualismus zum kreativen Altruismus,**

● **vom Nur-so zum Sowohl-Als-auch.**

Diese neuen Werte sind derzeit dabei, das soziale Klima in unserem Land radikaler umzuformen, als es der erste Wertewandel vermocht hat. Warum?

Der *kreative Altruismus* besagt in etwa: Es ist gut für meinen egoistischen Vorteil, wenn ich der Gesellschaft als Ganzes helfe. Das ist also kein altmodischer Altruismus mehr, der eine Mischung aus Frömmelei, Verzicht und Romantizismus war, sondern ein sehr aktiver und – wenn man so will – auch sehr egoistischer Altruismus: Man hilft dem Ganzen, weil man weiß, wie sehr man vom Ganzen abhängig ist. Das wird auch »*großer Egoismus*« genannt.

Ein Teil der derzeitigen Ethik-Trends segelt unter diesem neuen Wert. Denn die aktuelle Ethik-Debatte resultiert nicht nur aus unseren ökologischen Problemen, sondern auch aus diesem Aufkeimen eines neuartigen Altruismus. Die zweite Dimension, vom Nur-so zum *Sowohl-Als-*

auch, ist für das Management genauso wichtig. Ganz offensichtlich trainiert unsere Gesellschaft, sich von Dualität und Wahrheit zugunsten einer multiplen Auffassung von Wahrheit zu entfernen.

Hier findet eine epochale Achsenverlagerung statt, nämlich die *von der Dualität zur Polarität*. Bei Dualität gibt es immer »richtig« und »falsch« oder »gut« und »böse«, weil es nur durch diese Gegensätze Wahrheit geben kann.

Bei der Polarität sind *viele Wahrheiten möglich*. Deshalb gibt es keine endgültigen Wertungen und Wahrheiten mehr (»gut« oder »böse«), sondern nur noch die Gleichzeitigkeit unterschiedlicher Akzeptanzen. Motto: Alles, was ist, ist in sich wahr und gut.

Die neue Sowohl-Als-auch-Dimension verändert unser Werte-Spektrum gewaltig. Es ist der erste Wertewandel, der die *Integration* vorbereitet, die unsere Gesellschaft, die sich immer mehr fragmentiert, so dringend braucht. Durch die Auflösung der endgültigen Wahrheit nähert sich unsere Gesellschaft dem Credo derjenigen Wissenschaftler, die dem Konstruktivismus folgen:

»Es gibt keine Wahrheiten, sondern nur Brauchbarkeiten.«

Diese neue Sowohl-Als-auch-Dimension wird das Business verändern, weil unsere Gesellschaft dadurch fähig wird, *Paradoxa* auszuhalten. Und ein Paradoxon ist nur deshalb wahr, weil das Gegenteil genauso wahr ist. Und diese neue Werte-Dimension, die gegen Ende der achtziger Jahre zur Entfaltung kam, wurde nötig, um die Gesellschaft frühzeitig für die jetzt aktuellen Trends »*Chaos*« und »*virtuelle Realität*« vorzubereiten. Man erkennt an dieser Stelle, daß der Wertewandel in Deutschland ausgesprochen frühzeitig stattfindet. Im Prinzip sind die Werte kurz vor den eigentlichen Veränderungen da. Für das kommende Management ergeben sich daraus drei Konsequenzen:

① *Es genügt nicht mehr, Arbeit und Konsum auf Selbstentfaltung auszurichten.* Das neue soziale Bedürfnis heißt Bewußtseins-Entfaltung. Das wird auch die Informations-Konzepte der Unternehmen radikal verändern. Stichwort: vom Informations-Management zum Bewußtseins-Management.

② *Es wird Zeit, sich von den alten ethischen Modellen zu trennen.* Der kreative Altruismus bringt eine andere, »höhere Form der Ethik« mit sich. Individualismus und Egoismus verbinden sich immer mehr mit globaler Verantwortlichkeit. Der weinerliche und lasche Altruismus der Vergangenheit, der sich hauptsächlich in dem derzeitigen »ethischen Gesäusel« (Maucher) niederschlägt, ist meilenweit entfernt von der evolutionären Kraft des kreativen Altruismus.

③ *Paradoxa werden das Management steuern . . . Abschied von Ratio.* Durch die Sowohl-Als-auch-Werte wird unsere Gesellschaft fit, die Paradoxie des Lebens zu akzeptieren. Damit verflüchtigen sich so heroische Dimensionen wie »Wahrheit« und »Vernunft«. Das wird besonders das Marketing und die Personalentwicklung entscheidend verändern, weil jetzt ein neues Klima der Oberflächlichkeit, der Gleichgültigkeit und des Spiels tonangebend wird. Die klassische Ratio-Vernunft wird dadurch als sehr »autoritär« erlebt und wirkt kontraproduktiv.

Soweit zum zweiten Wertewandel. Das eigentlich Interessante ist nun die Tatsache, daß ein dritter Wertewandel beginnt, sich parallel zum zweiten Wertewandel zu entfalten, beobachtbar seit 1989/90: der *Kinetische Wertewandel.* Die ersten Analysen zeigen, daß der Kinetische Wertewandel im Prinzip eine komplexe Antwort darstellt auf den bisherigen ersten und zweiten Wertewandel. Das beweist, daß die *»stille Werte-Revolution«* (Ronald Inglehart in seinem Buch »Kultureller Umbruch«, Frankfurt 1989) nach wie vor am Laufen ist. Es kann also keine Entwarnung gegeben werden, sondern genau das Gegenteil:

Die Werte-Dynamik verschärft ihr Tempo und forciert ihre Veränderungs-Kraft. Die eigentlichen Werte-Kriege beginnen erst.

Der Kinetische Wertewandel ist eine Art Synthese als Reaktion auf die vorherigen Werte-Verschiebungen. Das Zentrum des Wandels liegt in der *Art der Logik.* Die europäische *Vernunfts-Logik* programmierte unsere Gesellschaft auf Rationalität, Solidität und Tiefe. Der Kinetische Wertewandel beginnt eine Art

Meta-Logik

auszubilden, gekennzeichnet durch eine Paradoxa-Kultur, Fluktuation und positive Oberflächlichkeit (Gleich-Gültigkeit). Der Kinetische Wertewandel bewirkt damit viel mehr, als es der erste oder zweite Wertewandel vermochte. Er ist die motorische Kraft für eine entscheidende *Achsenverlagerung* in unserer Kultur:

**Von der Angst vor Schicksal
zur Selbststeuerung.**

Unter Selbststeuerung (Stichwort: Autopoiesis) verstehen die Wissenschaftler die wachsende Bereitschaft der Menschheit, zur »Ursache des eigenen Schicksals« zu werden. Das ist der Grund dafür, daß alle Facetten, die mit »Selbst« zu tun haben, im Moment so aktuell sind. Der Kinetische Wertewandel programmiert unsere Gesellschaft ganz offensichtlich um: von der Schicksals-Steuerung zur Selbst-Steuerung.

Durch den Kinetischen Wertewandel, der die neunziger Jahre mit Sicherheit massiv beeinflussen wird, kommt es auch zu einer Verlagerung von drei relevanten Leit-Orientierungen:

- **von der Materie zum Geist,**
- **von der Realität zur Hyper-Realität,**
- **von der Vernunft zum Spiel.**

Der erste Wertewandel brachte in erster Linie nur Werte-Verschiebungen. Es verschoben sich die Rang-Positionen der Werte. Es blieb aber bei den gleichen Werten. Die sogenannten Akzeptanz- und Disziplin-Werte rutschten lediglich in den Keller. Aber immerhin . . . sie blieben bestehen. Das ist wohl der Grund dafür, weshalb so viele Manager mit dem ersten Wertewandel jetzt plötzlich so gut klarkommen. Kürzlich hat ein prominenter Manager, der noch vor einigen Jahren in einer Fachzeitschrift schrieb: »Es gibt gar keinen Wertewandel«, ein großes Loblied auf den aktuellen Wertewandel gesungen. Man erkennt daran, daß dieser erste Wertewandel ganz offensichtlich so zahm war, daß er jetzt auch betont konservativen Geistern allmählich schmeckt.

Nach einer ganz aktuellen Studie vom IFO-Institut (ABSATZWIRTSCHAFT, Oktober 1990) sind 42 Prozent der Industrie-Unternehmen deutlich der Meinung, daß sie der Wertewandel in Zukunft intensiv beeinflussen wird. Allerdings glaubt mehr als die Hälfte davon, daß der Wertewandel ein »Risiko« darstellt und nicht etwa eine Chance. Fazit: Der unbewußte Kampf gegen den Wertewandel findet immer noch statt.

Besonders heftige Probleme hat das Business mit dem zweiten Wertewandel, weil dieser zum erstenmal seit vielen Jahrhunderten *neuartige Werte* forciert, die so gar nicht mit dem konservativen Habitus zusammengehen . . . Bewußtseinsentfaltung, kreativer Altruismus und Sowohl-Als-auch-Kultur.

Aber es hilft nichts: Genau diese drei neuen Dimensionen sind es, die jetzt das Marketing und die Personalpolitik vehement umzuformen beginnen. Und wer dem Wertewandel nicht wieder hoffnungslos hinterherlaufen möchte, sollte diese drei neuen Dimensionen jetzt bald mental aufarbeiten. Sie sind nämlich die notwendige Basis, um den jetzt laufenden Kinetischen Wertewandel überhaupt verstehen zu können. Und der wird das Business noch entscheidender verändern als alle Werte-Verschiebungen der letzten dreißig Jahre. Warum?

Es entsteht durch den Kinetischen Wertewandel eine *stimulative Kultur* mit einer *modernen Ekstatik* und zugleich auch eine neue Form von Realität, genannt *Hyper-Realität*, mit einer modernen Form von *Schamanismus*.

Das ist ein Quantensprung. Das sind keine kleinen Werte-Verschiebungen mehr, auf die man lässig nebenbei reagieren kann. Das sind kulturelle Brüche, die man nur konstruktiv nutzen kann, wenn man bereit ist, auch sich selbst zu verändern. Was ist nun der Kinetische Wertewandel? Was will er, und was besagt er?

Zuerst einmal muß gesagt werden, daß das Wort »*Kinetik*« von Sloterdijk kommt, einem in Deutschland populären Philosophen (»Euro-Taoismus; Zur Kritik der politischen Kinetik«, Frankfurt 1989). Kinetik bedeutet in diesem Zusammenhang, daß die Gesellschaft diejenigen neuen Werte erfindet und favorisiert, die unsere Gesellschaft fit machen für die jetzt kommende Phase der

dynamischen Komplexität.

Dynamische Komplexität ist nichts anderes als die Definition von Chaos. Also kann man sagen, daß der Kinetische Wertewandel unsere Gesellschaft auf die kommende Chaotik vorbereitet, die wiederum dadurch entsteht, daß die Veränderungs-Rate und Innovations-Kraft der Gesellschaft größer sind als die Adaptions- und Ordnungskraft der Gesellschaft.

Die Formel des Kinetischen Wertewandels lautet dementsprechend:

Die neuen Werte sind darauf ausgerichtet, daß sie selbst zum Motor unserer Beschleunigung werden.

Der Kinetische Wertewandel wird somit zu dem sozialen Rahmen, durch den die Gesellschaft ein anderes Verhältnis zu Zeit, Tempo und Beschleunigung erhält. Es sind Werte, die ganz eindeutig auf Selbst-Beschleunigung ausgerichtet sind. Und genau hier ergibt sich die Schnittstelle zum modernen Management: Das kommende Change-Management und die derzeit laufende Diskussion um das *High-Speed-Management* werden nur dann relevant, wenn die Gesellschaft und die Manager den Kinetischen Wertewandel annehmen und konstruktiv nutzen können.

Ohne Kinetischen Wertewandel kämpft man unbewußt gegen die Beschleunigung der Zeit. Ohne Kinetischen Wertewandel sind alle Just-in-time-Strategien überwiegend Lippenbekenntnis. Ohne Kinetischen Wertewandel kann man sich nicht auf das neue Fließ-Paradigma unserer Kultur »*Alles ist Offenes Werden*« einlassen.

Der Kinetische Wertewandel ist deshalb ein sehr nützliches Instrument für Unternehmer und Manager. Er hat nur einen einzigen Nachteil: Er paßt so gar nicht zu den bisherigen Werten. Die Werte der Selbstentfaltung (erster Wertewandel) passen irgendwie zu jedem Menschen. Da ist viel christliches Denken enthalten und auch viel *abendländische Sinnsuche* und Vernunfts-Philosophie. Motto: Der Mensch wird erst dann zum wahren Menschen, wenn er sich selbst findet. Selbstfindung und Selbsttreue sind im Prinzip nämlich sehr klassische und auch konservative Werte.

Der kinetische Wertewandel dagegen bringt revolutionäre Werte ins Spiel:

von der Selbstentfaltung zur Selbst-Erfindung.

Selbst-Erfindung – das bedeutet die Auflösung unserer klassischen Auffassung von Identität, Seele und Selbst. Es ist ein riesiger Sprung, der besonders in der Jugend-Kultur bereits deutlich vollzogen wird, nämlich der Sprung von der Selbst-Treue zur *spielerischen Erfindung unterschiedlicher Identitäten.*

Erfundene Realitäten – das ist der Dreh- und Angelpunkt. Der Kinetische Wertewandel bereitet damit eine Epoche der Erfindungen vor: *vom Sein zum Werden.* Das Werden will erfunden werden. Das Sein will gefunden werden. Diese eminent wichtige Verlagerung unseres gesellschaftlichen Fokus vollzieht sich derzeit auch in den Wissenschaften. Besonders in der Biologie, Chemie, Physik und Kosmologie.

Erfundene Identitäten – das bedeutet auch ein anderes Verhältnis zur Zeit, nämlich die Entdeckung der »*internen Zeiten*« (Prigogine) und der »*imaginären Zeiten*« (Hawking).

Durch den Kinetischen Wertewandel programmiert sich unsere Gesellschaft darauf, fit zu werden für eine neuartige Kombination von Selbstverantwortung und Erfindung. Und Erfindungen benötigen eine andere Ideologie von Zeit:

»von der fließenden Zeit zur springenden Zeit« (Flusser).

Der Kinetische Wertewandel ist deshalb fähig, die Selbst-Beschleunigung unserer Kultur zu fördern, weil er das Urmodell der Zeit endgültig auflöst zugunsten situativer und springender Zeiten. Und diese »internen Zeiten« sind wiederum die Basis für die neue Leit-Dimension der Erfindung: Man kann nur dann erfinden, *wenn man die Zeit zum Erfinder macht* . . . so das neue Credo der kommenden gesellschaftlichen Kinetik.

Unterstützt wird diese Werte-Entwicklung durch eine zweite Linie:

von den endlichen Spielen zu den unendlichen Spielen.

Die »unendlichen Spiele« (James P. Carse: »Endliche und unendliche Spiele«, Stuttgart 1987) sind eine wichtige Voraussetzung, um das Erfinden qualifizieren zu können. Wer in bitterem Ernst tunnelt, kann nicht mutig erfinden. Man sieht das derzeit bei den Grünen. Da sie todernst sind (»Die Welt steht kurz vor ihrem Untergang«), wird ihr Geist nicht frei für *innovative Quantensprünge*. So gut die Grünen als Warner tauglich waren, so infantil und naiv sind sie als Erfinder und Macher. Wenn der Geist im »Ernst der endlichen Spiele« verankert ist, taugt er höchstens für Reparatur-Konzepte, nicht aber für epochale Innovationen. Erst wenn der Geist in der »*Heiterkeit der unendlichen Spiele*« verankert ist, wird er fähig zur Kombination von Innovation und Komplexität.

Der Kinetische Wertewandel bringt deshalb das Spiel in unsere Gesellschaft als ein neuartiges Instrument zur Bewältigung von Problemen . . . von Problemen der Komplexität . . . von Problemen der Zeitlichkeit. Nur durch dieses Konzept der »unendlichen Spiele« kann unsere Gesellschaft umschalten von der ihr jetzt innewohnenden Verherrlichung der Statik (Sicherheit und Ordnung) zugunsten des Offenen Werdens. Und dieses offene Werden folgt dem Credo: Dort, wo alles fließt, ist Ruhe. Dort, wo es fließt, ist Sicherheit.

Man sieht an dieser Stelle, daß hier eine ganz grundsätzliche *Umwertung klassischer Ideologien* stattfindet. Der Kinetische Wertewandel bereitet unsere Gesellschaft darauf vor, daß wir offensichtlich nie wieder eine ruhige und geordnete Gesellschaft werden. Der Kinetische Wertewandel trainiert unsere Gesellschaft, aus dem »chaotischen Fließen« diejenige Kraft herauszuholen, die in diesem Fließen steckt.

Das ist ganz wichtig für Manager und Unternehmer. Wer den Kinetischen Wertewandel nicht verinnerlicht hat, bemüht sich automatisch nur um eine »Anpassung an die wachsende Turbulenz. Aber diese Anpassung reicht in Zukunft nicht. Sie wird immer zu spät und zu schwach sein.

Wer den Kinetischen Wertewandel zu lieben gelernt hat, wird aus den Brüchen und Fluktuationen die Kraft der Evolution herausholen. Er paßt sich nicht resignativ an, sondern energetisiert sich durch die Wirklichkeit. Das ist der evolutionäre Manager, wie er jetzt in ersten Ansätzen auch in der Betriebswirtschaftslehre erkannt und auch beschrieben worden ist (Fredmund F. Malik, »Strategie des Managements komplexer Systeme«, Bern 1989; Thomas Dyllick, »Gesellschaftliche Instabilität und Unternehmensführung«, Bern 1982).

Der Kinetische Wertewandel wird damit zum geistigen Fundament für den *evolutionären Manager.* Und der parallellaufende zweite Wertewandel ist die Basis für das *mentale Management,* das derzeit in der ersten Phase seiner Durchsetzung steht. Die folgende Übersicht zeigt noch einmal die wichtigsten Werte-Dimensionen für die nächsten zwei Jahrzehnte:

Die Werte der Zukunft
Zweiter Wertewandel und Kinetischer Wertewandel
1 Bewußtseins-Entfaltung (Meta-Bewußtsein)
2 Kreativer Altruismus (»Der große Egoismus«)
3 Paradoxa-Realität (Sowohl-Als-auch-Kultur)
4 Interne Zeiten (springende Zeit)
5 Fließen ist Ruhe (unendliches Spiel)
6 Selbst-Erfindung (Multi-Mind-Persönlichkeit)

Wandel und Zeit werden synonym

Hierzu hat Roland Staudinger in seinem Buch »Management des Wandels« (Linz 1990) eine nette Anekdote beigesteuert:

»Ein japanischer und ein amerikanischer Geschäftsmann durchqueren gemeinsam die Steppe, als vor ihnen ein riesiger Löwe auftaucht und auf die beiden zuläuft. Daraufhin ergreifen diese die Flucht und laufen davon. Plötzlich bleibt der Japaner stehen und zieht seine Schuhe aus, worauf der Amerikaner weinerlich meint: ›Das hat nun auch keinen Sinn, wir können nicht schneller als der Löwe laufen.‹ Darauf gibt ihm der Japaner zur Antwort: ›Ich muß nicht schneller als der Löwe laufen. Ich muß nur schneller laufen als du!‹ «

Tempo ist das Kennzeichen des kommenden Wettbewerbs. Und Tempo kann nur gemanagt werden durch die Kombination von schnellem Geist und neuem Geist.

Nun stellt sich aber die Frage, wie man den Geist schneller und das Bewußtsein neuer machen kann. Mit Sicherheit hat das nichts mit »intelligenter Informations-Verarbeitung« zu tun. Und es kann auch – wie ich in diesem Buch weiter ausführen werde – nicht mit Computer-Intelligenz allein gemanagt werden. Ganz im Gegenteil. Hierzu ist eine neue mentale Kompetenz erforderlich: das Meta-Bewußtsein.

Das Meta-Bewußtsein ist das Ergebnis einer *Spiritualisierung des Persönlichkeits-Konzeptes.* Wir alle haben ein Identitäts-Konzept, durch das wir den Fokus unserer Selbst-Wahrnehmung steuern. Wenn es nun gelingt, diesen Fokus zu verändern – wenn man also ein neues Selbst entwickeln kann –, kann man aus seinem eigenen »blinden Fleck« heraustreten. Jedes Bewußtsein produziert automatisch diesen blinden Fleck. Deshalb gilt der Satz: Das Auge kann das Sehen nicht sehen.

Wenn man also das Bewußtsein schneller und neuer machen möchte, muß man sozusagen eine »höhere Ebene« des Bewußtseins betreten können. Aber man kann diese Meta-Ebene des Bewußtseins nicht durch geschicktes Informations-Management betreten, sondern nur durch persönliches Wachsen im Rahmen eines spirituellen Prozesses.

Deshalb lautet das dritte Element für High-Speed-Management und neue Führung: Spirit. Das ist auch der dritte Teil dieses Buches: Management und Spirit.

Die ersten Unternehmen spüren bereits, daß wir in eine geistige Phase des Managements hineinwandern. Wie kürzlich der McKinsey-Chef Henzler in einem Interview berichtete, hat man zum Beispiel bei AT&T herausgefunden, daß »Geisteswissenschaftler in der Unternehmensführung oft erfolgreicher sind als Spezialisten mit Wirtschafts- oder Technik-Ausbildung. Besonders in der Menschenführung, im Wettbewerbs-Verhalten und als Rollen-Modelle kommt ihnen offenbar zugute, daß sie sich mit mehr Dimensionen des menschlichen Lebens auseinandergesetzt haben.«

Der Geisteswissenschaftler als Big Boss . . . das ist neu. Aber es zeigt auch, wohin die Reise geht: Geist wird immer wichtiger. Und nur derjenige kann den Geist schneller machen und neuen Geist erfinden, der die Prinzipien erkannt hat, *wie der Geist arbeitet.* Und diese Prinzipien kann man nur erkennen durch einen spirituellen Prozeß.

Dieser Prozeß beinhaltet die Neu-Konzeptionierung des eigenen Selbst. Und das ist ein eminent spirituelles Unterfangen. Insofern geht es um *das Bewußtmachen des Bewußtseins.* Das Bewußtsein wird als Licht und als Spirit erlebt.

Der Nobelpreisträger John C. Eccles hat in seinem Buch »Die Psyche des Menschen« darauf hingewiesen, daß unsere Modelle von Spirit und Geist ganz offensichtlich viel zu mechanistisch sind. Für ihn gibt es einen »selbst-bewußten Geist«, also einen Geist, der zwischen dem Geistigen und unserem Geist (Mind) vermitteln kann. Jedes Selbstbewußtsein wird aus der Sicht von Eccles immer das Ergebnis eines selbstbewußten Geistes. Unser Selbstbewußtsein formt unser Selbstbild, unser Selbstbild unsere Identität. Wenn wir unsere Identität durch unseren eigenen Mind verändern, können wir einen anderen Geist sehen, weil Geist prinzipiell bewußt werden kann. Und wir bekommen auch eine andere Umgangs-Intelligenz in Sachen Geist: Wir können den Geist besser managen . . . schneller machen . . . schneller neu machen.

Der dritte Teil handelt deshalb vom *Light Age.* Das ist eine neue soziale Bewegung, die noch ganz am Anfang ist. Ich bin nicht sicher, ob der Begriff »Light Age« im allgemeinen öffentlichen Diskurs überleben wird. Vielleicht wird man diese kommende Epoche auch »Bewußtseins-Epoche« nennen, vielleicht auch »Mind Age« . . . wie auch immer, eines ist sichtbar geworden: Das Zeitalter, in dem der Geist beginnt, die materielle Welt zu steuern, dieses Zeitalter wird als Traum bereits geträumt, und diese Träume werden – wenn sie sich gesellschaftlich immer mehr durchsetzen – auch ein Stück weit unsere Wirklichkeit beeinflussen. Die Verschmelzung von Spirit (= Licht) und Fortschritt ist der Kern der Light-Age-Ideen. Und es ist besonders für die Manager wichtig, sich mit diesen Gedanken frühzeitig vertraut zu machen, weil hier zwei wichtige Impulse für eine neue Führung darauf warten, genutzt zu werden:

● *Licht als Bewußtseins-Fortschritt*

Hier geht es darum, daß Spirit und Mind in einer neuen Form miteinander interagieren. Der Geist des Menschen transformiert sich und erreicht die Höhe des Meta-Bewußtseins. Nur von der Ebene des Meta-Bewußtseins kann unser Geist (Mind) bewußt den Geist (Spirit) formen. Wenn man also ein schnelleres und ein neueres Bewußtsein fordert, kann man dieses nur von der Ebene des Meta-Bewußtseins aus managen.

● *Licht als Licht-Technologie*

Parallel zu der Spirit-Diskussion vollzieht sich eine Zuwendung der Technologie in Richtung Licht-Technologie. Der»Fortschritt des Fortschritts« wird immer mehr beeinflußt davon, ob es der Wissenschaft und der Industrie gelingt, ein breites Spektrum neuer Licht-Technologien zu entwickeln: von der Solar-Technologie zum Licht-Chip.

Wir sehen: Das Light Age ist in doppelter Form wichtig für die evolutionären Verbesserungen des Managements. Die spirituelle Entwicklung vernetzt sich mit der technologischen Entwicklung.

Dieses Buch konzentriert sich hauptsächlich auf das Bewußtsein, also das, was unser Mind in der reinsten Essenz als Licht erlebt. Thorpe plaziert das Bewußtsein in die Ebene des Lichtes. Licht ist für ihn das, was»der Existenz primär gegeben ist«. Es kann nicht völlig oder endgültig definiert werden, man kann es nur subjektiv erleben. Das Bewußtsein ist immer da, aber es kann nur auf den höheren»Stufen der Evolutions-Skala« bewußt zu Bewußtsein werden. Anders ausgedrückt: Man kann nur auf der Meta-Ebene das Bewußtsein klar sehen. Nur das, was man klar sehen kann, kann man auch gestalten. Auf den niedrigeren Stufen – so Thorpe – ist es sozusagen»unstrukturiert«. Und was unstrukturiert ist, ist im»blinden Fleck«. Und was im blinden Fleck ist, kann man nicht managen.

Das bedeutet: Wenn man den internen Geist der Unternehmen schneller neu machen möchte, muß man als Manager sein Bewußtsein auf die höchste Evolutions-Skala bringen können. Die Konsequenz: Man sollte einen spirituellen Weg gehen, der dazu führt, daß die persönliche Identität im Meta-Bewußtsein seine Heimat findet. Insofern ist die Führung des Geistes abhängig vom spirituellen Wachstum des Managers.

Man kann den kollektiven Geist eines Unternehmens nur führen, wenn man über dem kollektiven Geist steht. Und man steht nur dann über dem kollektiven Geist, wenn man den Spirit versteht.

Teil 1

Management und Kontext

Der Weg
zum neuen Geist

**Wer den
Kontext
erfindet,
führt,
ohne zu
führen**

»Manager machen die Dinge richtig.
Führungspersönlichkeiten machen die richtigen Dinge.«
Warren Bennis, Burt Nanus

Es war ein Workshop wie so viele. Und das Thema war auch ganz normal. Es ging um die *Multi-Options-Gesellschaft* und die zunehmende Fragmentierung in unserer Gesellschaft. Also ganz gängige Themen, die jeder Marketing-Mann im Grunde sehr schnell begreift.

Anwesend waren Werbeleiter, Werbeassistenten und sechs leitende Mitarbeiter aus der zentralen Marketing-Abteilung. Also alles Profis in Sachen Markt und Vermarktung.

Am Nachmittag kamen wir auf die entscheidende These. Und die lautete: Wenn sich die Gesellschaft weiterhin so fragmentiert, wie sie es allem Anschein nach tut, *dann koppelt sich das Konsum-Verhalten immer mehr von den sozialen Gruppierungen ab.* Oder anders ausgedrückt: Die sozialen Gruppen formieren sich immer unschärfer, und das konsumtive Verhalten wird immer sprunghafter und paradoxer. Die Konsequenz daraus: Im Grunde *gibt es keine Zielgruppen mehr.*

Da war sie nun formuliert, die alles entscheidende Behauptung: Es gibt keine Zielgruppen mehr. Ein Sturm der Entrüstung fegte plötzlich durch den Seminar-Raum. Und die Profis schüttelten energisch den Kopf. Die Diskussion wurde heftig und dauerte bis zum Schluß des Seminars.

Die Experten beharrten darauf, daß es Zielgruppen gibt. Schon allein deshalb, weil man als Marketing-Planer schließlich auf irgend etwas zielen müsse. Ungezieltes Verhalten sei ineffizientes Verhalten.

Und jede Strategie, so wurde argumentiert, benötige als Ausgangspunkt ein klares Ziel. Also müsse es auch klare Zielgruppen geben.

Meine Argumentation dagegen: Diese Zielgruppen existieren natürlich, aber sie existieren nur im Kopf der Planer, es handelt sich also um *abstrakte Kategorien.* Deshalb nennt man in der Soziologie diese Zielgruppen auch *kategoriale Zielgruppen,* das heißt, sie werden durch eine

Nomenklatur beschrieben: Sie bilden deshalb nicht das ab, was an tatsächlicher sozialer Dynamik in der Gesellschaft vorhanden ist.

Die Diskussion wurde bissiger. Ein zentrales Glaubens-Muster war verletzt worden. Dadurch war das Seminar nicht mehr zu retten. Die Stimmung war so, als hätte ein Torpedo ein U-Boot gerammt: geistige Panik auf allen Seiten.

Der Kontext entscheidet über die subjektive Wahrheit

Einige Wochen später hatte ich Gelegenheit, mit einigen der Seminar-Teilnehmer noch einmal in einer entspannteren Atmosphäre über die Streitfrage »Gibt es nun Zielgruppen, oder gibt es sie nicht?« zu diskutieren. Und diesmal kamen wir uns ein Stück näher.

Wir erkannten in der längeren, offenen Aussprache, daß alles nur eine Frage des Kontextes ist. Wenn man für das Marketing den *Kontext der Macht* im Kopf hat, dann muß man natürlich Ziele haben, also auch Zielgruppen. Dann muß man auf irgend jemanden kommunikativ zielen, so als müsse man schießen. Dann sind die Zielgruppen wichtig, weil man sonst nicht handeln kann. Das ist der klassische Kontext. Und der hängt auch mit dem Selbstbild des Marketing-Experten zusammen. Wenn er sich als überlegenen Manipulateur sieht, wenn er sich als Agierenden sieht, dann muß er sich einseitig aktiv sehen, und dann benötigt er für dieses Wirklichkeits-Bild (Kontext genannt) natürlich so etwas wie eine passive Gruppe, auf die man zielen kann. Wenn er dominiert, muß es Reagierende geben.

Aber man kann das alles auch ganz anders sehen: Wenn man Marketing in einem anderen Kontext sieht, zum Beispiel in dem Kontext »*Alle beeinflussen alle*« (das ist der *Kontext der Co-Evolution*), dann gibt es überhaupt keine passiven Zielgruppen mehr, sondern nur noch Aktivisten, die auf unterschiedlichem Level zu unterschiedlichen Zeitpunkten mit unterschiedlichen Inhalten kommunizieren. Dann wird das gesamte soziale Geschehen der Meinungsbildung ein intensiv verflochtenes Band von Aktion und Interaktion. Dann manipulieren sich sozusagen alle immerzu.

Die Konsequenz daraus: Hat man diesen *Kontext der vernetzten Multi-Aktion* im Kopf, dann kann man spielend leicht Abschied nehmen von dem Bedürfnis, immer eine Zielgruppe vor sich haben zu müssen. Dann braucht man nicht mehr die Unterteilung zwischen Jäger und Gejagtem oder Sender und Empfänger.

Dann ist man in der Lage, die Fragmentierung der Gesellschaft und die zunehmende Auflösung einer starren, formierten Gesellschaft zugunsten einer *Netzwerk-Gesellschaft* voll zu akzeptieren.

Nach einer aufgeschlossenen, mehrstündigen Diskussion kamen wir dann zu folgendem Resümee: Wir erkannten, daß der Kontext der Macht (»Ich bezahle die Kommunikation, also bestimme ich auch Inhalt und Richtung«) die eigentliche Ursache für das große Unbehagen bei dem Seminar war. Und wir erkannten, daß es oft wichtig ist, die Kontexte zu analysieren, die Menschen und Unternehmen haben, weil wir alle nur im Rahmen unserer Kontexte fühlen lernen und akzeptieren können.

Durch das Gespräch wurde uns klar, daß ein falscher Kontext gleichbedeutend ist mit *»Wirklichkeit nicht wirklich sehen können«*. Und so formulierten wir als Ergebnis: Offensichtlich können soziale Gruppen sich nur dann schnell und effizient auf neue Bedingungen einstellen, wenn sie in der Lage sind, ihre eigenen Kontexte zu verändern.

Der Kontext ist der Vater der Veränderung.

Wenn zum Beispiel ein Unternehmen diese kontinuierliche *Kontext-Transformation* nicht bewältigt, dann kann man ihm noch so viele gute Strategien und neue Fakten präsentieren: *Es wird das Neue nicht glauben können.* Selbst die beste Marktforschung erzeugt dann keine Verhaltens-Änderung, wenn sie dem Kontext zuwiderläuft. Offensichtlich ist der Kontext das Nadelöhr, das darüber entscheidet, ob etwas wahrgenommen und geglaubt werden kann . . . der Kontext entscheidet, ob man passiv reagiert (verdrängt) oder ob man in der Lage ist, sein Verhalten aktiv zu ändern.

Fazit:

Der Kontext formt Verhalten. Der Kontext verändert Verhalten.

Den Kontext gestalten . . .
die neue Aufgabe für Top-Manager

Ich will in diesem Buch auf die wichtige Rolle des Kontext-Managements hinweisen, weil sich hier ein neuer Trend entwickelt hat, der in der wissenschaftlichen Literatur deutlich beobachtbar ist und der jetzt gerade beginnt, die Marketing- und Management-Praxis zu beeinflussen. Und dieser Trend lautet: Es gibt eine neue Aufgabe für das Top-Management ... *die Produktion von Kontexten.*

Lassen Sie uns zuerst mit dem Unterschied zwischen Kontext und Information beschäftigen, bevor wir auf die Methoden des Kontext-Managements kommen können.

Informationen bleiben Informationen ... sie bilden keinen Kontext

In den meisten Köpfen der Manager steckt eine irrationale und überholte Einstellung zu Informationen. Sie glauben, daß die Informationen, die wir sammeln und verarbeiten, automatisch das jeweils richtige Bild der Wirklichkeit entwickeln werden. Ja, die meisten Manager haben eine ziemlich *naive Einstellung zur Information,* indem sie postulieren: Jeder Mensch ist ein informationsverarbeitendes Lebewesen. Je qualifizierter die Informationen sind, die er verarbeitet, um so qualifizierter ist sein Handeln. Das ist der *Mythos der Information.* Dazu gibt es einiges zu sagen.

Zuerst einmal sind Informationen im weitesten Sinne nur *potentielle Informationen.* Nach einer Untersuchung des Instituts für Konsum- und Verhaltensforschung, Universität Saarbrücken, kommen zum Beispiel von den täglichen Informationen in Zeitungen, Zeitschriften, Rundfunk, Fernsehen sowie Postwurf-Sendungen nur 2 Prozent wirklich an. Das, was wir Informationen nennen, drückt nur die technische Wahrscheinlichkeit aus, daß daraus eine Information werden könnte. Es gibt mediale Probleme, es gibt zeitliche Probleme beim Decodieren, und ... es gibt eine Unzahl von sozialpsychologischen Barrieren und mentalen Verfälschungen.

Nun kommt dazu, daß sich die Anzahl der Informationen seit Jahren sprunghaft vermehrt. Alle fünf Jahre verdoppelt sich das Wissen bzw. entwertet sich das bisher gespeicherte Wissen. Der *Wissens-Umschlag,* dem sich Experten und Profis in verschiedenen Branchen gegenübersehen, wird immer größer.

Damit verschärft sich das Problem: Es wird immer schwieriger, aus der wachsenden Summe der Informationen diejenigen Informationen herauszufiltern, die relevant sind. Und da sich der Mensch – was die Informations-Verarbeitung betrifft – permanent wie ein grober Filter verhält, wird es immer schwieriger, aus den einzelnen Informationen eine stimmige Welt-Konstruktion zu erarbeiten. Fazit: *Es wird immer schwieriger, die Wirklichkeit zu sehen.*

Aber die heutige Welt, die immer zappeliger, fließender und paradoxer wird, kümmert sich nicht um unsere Informations-Probleme. Sie fließt munter weiter und verändert permanent ihr Aussehen: wie ein Chamäleon. Das führt zu folgender Situation: Durch die Informations-Explosion wird unser Umfeld immer mehr zu einer »kinetischen Fiktion«, die sich immer schneller im Aussehen verändert.

Es wird immer schwieriger, den Sinn des Wissens zu entdecken

Durch die Informations-Explosion sind wir immer weniger in der Lage, die wachsenden Veränderungen in variablen Kontexten wahrzunehmen, das heißt, wir verarbeiten immer mehr Informationen, die immer weniger einen komplexen Sinn ergeben. *Die Sinn-Muster zerbrechen* durch das Wachstum an »richtiger Information«. Dadurch bremsen die Informationen die Selbstorganisation von Veränderung.

Dieses aktuelle Informations-Problem wird vom Top-Management sehr gern abgeschoben auf intelligente Stäbe oder auf Experten der Marktforschung. Für sich selbst glaubt man, die wirklich relevanten Informationen jederzeit verfügbar zu haben. Die Elite geht davon aus, daß sie auch beim Informations-Verarbeiten automatisch die Elite ist.

Aber die Untersuchungen zu diesem Thema ergeben ein völlig anderes Bild. Die Beratungsgruppe von Arthur D. Little hat zum Beispiel frühzeitig darauf hingewiesen, daß die Zeit zu Ende geht, in der Manager automatisch die besseren und wichtigeren Informationen im Kopf haben. Zwar würden die meisten Spitzen-Manager durchaus akzeptieren, daß im kommenden *Knowledge-Age* (Zeitalter des Wissens) das Wissen eine Ressource ist, die einem nicht passiv zufällt (indem man die üblichen Fachzeitschriften oder das Fernsehen beobachtet), sondern daß die Ressource Wissen sehr professionell geplant, organisiert und auch entsprechend den modernen Netzwerk-Erkenntnissen gemanagt bzw. verteilt und interpretiert werden muß.

Neue Kontexte
statt richtiger Information

Die Experten von Little berichten, daß deshalb jetzt ein Umdenken beginnt: Die ersten Unternehmen begreifen, daß es nicht auf gute Informations-Sammlung ankommt, sondern auf die *Umwandlung von Informationen zu Kontexten,* das heißt zu einem erklärenden Rahmen. Schon heute gelten diejenigen Unternehmen als fortschrittlich, die erkennen, daß die Mitarbeiter im Unternehmen nur so gut planen und handeln können, wie es die Kontexte, die sie in ihrem Kopf gespeichert haben, zulassen.

Der neue Trend heißt deshalb:

Kreatives Kontext-Management coacht die Arbeit der Mitarbeiter.

Arthur D. Little betont in seiner Analyse auch, daß die technischen Möglichkeiten vorhanden sind, um aus fragmentarischen Informationen kontextgerechtes Wissen zu machen. Wir haben Computer und Bildplatten, das heißt, wir können Informationen besser als je zuvor speichern. Und es gibt Software-Systeme, die über Stichwort-Hierarchien alle Informationen so ordnen können, daß sie einen pragmatischen Erklärungs-Charakter bekommen.

Aber das eigentliche Problem – so Arthur D. Little – liegt wohl im *Selbstbild der Manager.* Diejenigen Top-Manager, die heute in der Hierarchie ganz oben sind, haben überwiegend eine altmodische und mythische Auffassung von Information. Und die Experten von Little schätzen, daß es wohl noch fünf Jahre dauern wird, bis eine jüngere Manager-Generation kommt, die an den Universitäten mit modernen Informations-Technologien aufgewachsen ist und die begreift, wieviel *Selbst-Blockaden* das derzeitige Wissens-Management verursacht. Im Grunde kann man sagen, daß die meisten Top-Manager noch nicht begriffen haben, wie wichtig die permanente *Produktion von Weltbildern und Kontexten* ist, und zwar für alle: für die Führenden selbst, aber auch für alle anderen Mitarbeiter im Unternehmen.

Für die meisten Top-Manager existiert das Problem überhaupt nicht, obwohl die entsprechenden Analysen und Untersuchungen frappierend deutlich zeigen, daß die Planungs-Qualität und Handlungs-Effizienz der Unternehmen direkt abhängig ist von der fließenden, das heißt prozessualen Veränderung der Kontexte. Warum?

Wenn unsere Umwelt immer turbulenter, kinetischer und instabiler wird, wenn sich also unser Umfeld wie ein Chamäleon verändert, dann müssen sich die Kontexte ebenfalls immer schneller transformieren und wandeln. Aus starren Kontexten müssen *prozessuale Kontexte* werden. Dasjenige Unternehmen wird in Zukunft *Wettbewerbs-Vorteile* haben, das diese Kontext-Arbeit besser organisieren kann. Das fließende Kontext-Management ersetzt die alte Informations-Praxis. Wir stehen deshalb vor einer Phase, in der das Top-Management zwei neue Aufgaben bekommt: die permanente Produktion neuer, der aktuellen Realität angepaßter Kontexte und die Qualitäts-Kontrolle des Wissens.

Neue Wege, um Informationen besser zu managen

Blicken wir in die USA, weil man dort zumindest im Ansatz versucht, den Kontext-Trend auch organisatorisch in den Griff zu bekommen. BUSINESS WEEK schrieb, daß es im Lager der Manager einen neuen Star gibt, nämlich den CIO, den *Chief Information Officer*. Was verbirgt sich dahinter?

Besonders die großen Konzerne haben die wachsende *Bedeutung der Information* für Strategie und Rendite entdeckt. Und die ersten Unternehmen geben auch zu, daß ihr Informations-Verhalten sprunghaft und sehr subjektivistisch ist (»Ich weiß schon, welche Informationen ich benötige« . . . so als könnte man wissen, was man nicht weiß) und daß trotz hoher Informations-Kosten sehr häufig ein großes Wissens-Defizit herrscht: *Wenn die Kontexte fehlen, werden Informationen oft destruktiv.*

Die Analysen haben ergeben, daß der übliche *Info-Dschungel* sehr oft dazu führt, daß die alten, tradierten Muster bevorzugt werden. Wenn die neuen Informationen ungeordnet oder lückenhaft sind, entsteht im Kopf eine schlechte Definition von aktueller Wirklichkeit. Es entwickelt sich dann wegen der Widersprüchlichkeit so etwas wie verunsichernder Nebel: Die rationale Information verbindet sich mit unbewußten Ängsten. *Information wird somit kontraproduktiv.* Wenn dieser Nebel erst einmal da ist, schlagen die gewohnten Muster und die alten Paradigmen voll durch. Man glaubt dann das, was man gestern geglaubt hat, weil es vertrauter und angeblich bewährter ist.

Fazit:

Ein fehlendes Kontext-Management macht Unternehmen im Geist konservativ.

Dieser Konservativismus macht Firmen im Wettbewerb so müde. Und genau an diesem Punkt setzt deshalb die Aufgabe des CIO an: Seine Aufgabe ist es, aus verstreuten und widersprüchlichen Informationen *geistige Instrumente* für Strategie, Wettbewerb und Innovation zu machen.

Interessant ist, daß die neue Rolle des CIO in allen Unterlagen, die es darüber gibt, ganz bewußt als aktiver Wettbewerbs-Faktor definiert wird. Da geht es also nicht um ein retrospektives Sammeln von Informationen (Daten-Buchhaltung), sondern hier geht es um die *vorausschauende Produktion von besserem Wissen* für frühe Innovationen und überlegene Wettbewerbs-Offensiven.

Aber die Amerikaner sehen den CIO im Grunde noch viel zu technisch. Sie meinen, daß er die Kluft zwischen den nichttechnischen Leuten in den Chef-Etagen und den Experten in der Computer-Abteilung überwinden soll.

Deshalb soll der CIO kontinuierlich Brücken schlagen zwischen den globalen Business-Strategien (die zum Beispiel der Vorstand entwickelt) und den Informations-Potentialen, die in der Datenverarbeitung liegen. Weitere Aufgaben des CIO sind die Reduzierung der Informations-Kosten, die Verbesserung der *Info-Produktivität* (auch das gibt es schon!) und die Entwicklung langfristiger Informations-Strategien, durch die Einkaufs-Qualifizierung von Information.

Jeder CIO soll hauptsächlich drei Funktionen ausüben:

① Er überblickt die Info-Technologie des Unternehmens.

② Er berichtet unmittelbar einem hochrangigen Vertreter der Geschäftsleitung.

③ Er konzentriert sich auf langfristige Info-Strategien . . . indem er versucht, aus Informationen Wissen zu machen.

Die meisten CIOs befinden sich in den größeren amerikanischen Unternehmen. Eine durchgeführte Analyse zeigt, daß über 40 Prozent der Großkonzerne bereits eine CIO-Abteilung aufweisen.

Man nimmt an, daß die Funktion des CIO, aus Informationen Wissen und Kontexte zu erarbeiten, in den nächsten Jahren immer mehr wertgeschätzt wird, so daß sich die Anzahl der CIOs in den nächsten Jahren deutlich vermehren wird. Besonders im Bank- und Finanzwesen, in Fluggesellschaften und Versicherungen, also in allen Branchen, in denen ein kinetischer Wettbewerb herrscht, in denen der Faktor Zeit wichtig ist. Ebenso in allen Branchen, die stark von Informationen abhängig sind, wie zum Beispiel die Computer-Industrie.

Die Analyse der CIO zeigt, daß sie keine klassischen Computer-Typen sind. Weniger als die Hälfte haben umfassende technische, das heißt EDV-Kenntnisse. Sie sollten aber so viel von der Computerei verstehen, daß sie in der Lage sind, Datenbanken zu konzeptionieren und Informationsverarbeitungs-Prozesse so zu organisieren, daß aus fragmentarischen Informationen ganzheitlich erklärende Kontexte entstehen. Zugleich müssen sie etwas vom Business und von der Branche verstehen, in der sie operieren, damit sie die Informationen so designen können, daß sie für die Branche und für die spezifische Wettbewerbs-Situation nützlich werden.

Der erste Schritt zur Wissens-Organisation

Soweit der *neue Trend-Beruf des CIO* in den USA. Sicherlich ist hier noch vieles in der Entwicklung. Und einiges scheint auch problematisch zu sein. So unterscheidet man zum Beispiel nicht zwischen Information, Kontext und Bewußtsein. Man huldigt auch in den USA dem Mythos der »besseren Information« und kennt noch keine pragmatischen Wege, um zu »*besserem Bewußtsein*« zu kommen. Aber eines ist sicher: Die amerikanischen Großunternehmen haben immerhin begriffen, daß man umschalten muß von der subjektiv, das heißt privat gesammelten, Information zu einem professionellen *Knowledge-Management*, wie man es drüben nennt.

Interessant ist, daß die aktuelle Bereitschaft, das Wissensproblem anzugehen, in den USA sehr stark unter dem Rubrum »Verlust von Rationalität« läuft. Man hat Angst, irrational zu handeln, weil die Informationen nicht mehr rational genug sind.

Typisch dafür sind zum Beispiel die Analysen von Ray Jackson (»Rationality Under Infoglut«; WORLD FUTURE SOCIETY BULLETIN). Rationales Handeln wird von den meisten Managern mehr oder weniger präzise definiert als das bewußte Bedenken aller Alternativen und ihrer Konsequenzen und das anschließende Analysieren im Hinblick auf Ziele, Wünsche und Prinzipien, um auf dieser Grundlage die beste Wahl zu treffen oder sich für die beste Strategie zu entscheiden.

Es ist inzwischen den meisten Managern klar, daß hiermit ein sehr idealistisches Bild vom rationalen Manager-Verhalten beschrieben wird und daß in der Praxis dieses Ideal kaum anzutreffen ist. Sei es aus Zeit-Gründen, aus Personal-Gründen, aus Finanzmangel oder aufgrund mangelnder geistiger Fähigkeiten.

Das Info-Wachstum zerstört die Rationalität der Planung

Ray Jackson hat nun festgestellt, daß das, was von Michael Marien »Infoglut« genannt worden ist, nämlich die Verdoppelung der relevanten Veröffentlichungen für Entscheidungs-Eliten seit 1975, dazu geführt hat, daß die meisten Top-Manager unbewußt der Meinung sind, daß ihre *Rationalität* aufgrund der enormen Informations-Flut verlorengeht. Die kontinuierliche Vermehrung relevanter Information macht sie entsprechend ihrem eigenen Selbstverständnis irrationaler, unlogischer und auch unqualifizierter.

Je rationaler das Selbstbild eines Managers, um so mehr muß er darunter leiden, wenn die Informationsflut die ohnehin schon sehr selten anzutreffende »optimale Rationalität beim Entscheiden« vollends zerstört. Wer rational sein will, kann Irrationalität nicht aushalten.

Die normale Privatperson kann sich in einem solchen Fall relativ leicht aus der Affäre ziehen, indem sie Selektionen vornimmt. Sie gliedert Informationen aus, die widersprüchlich oder unlogisch erscheinen, und zwar aufgrund von Gefühlen, spontanen Impulsen und Verdrängungs-Prozessen.

Die Berufsrolle, die ein Top-Manager jedoch verinnerlicht hat, läßt dieses selektive Verhalten nur begrenzt zu. Obwohl die meisten Manager in der jetzigen Phase der »Infoglut« gar nicht umhinkommen, ebenfalls permanent *emotionale Selektion* zu betreiben (sich also informationell irrational zu verhalten), leiden sie darunter, daß sie dadurch ihr Ratio-Ideal zerstören.

Die Wissenschaftler, die ja das gleiche Problem haben, haben seit Ende der fünfziger Jahre weltweit auf diese Info-Überflutung anders reagiert. Sie haben sich extrem spezialisiert.

Das führte zu einer *reduktionistischen Weltsicht* und zu einer extremen Fragmentierung des Wissens. Das merkt man bei öffentlichen Hearings und bei Kolloquien: Im Grunde verstehen sich die Experten immer weniger, und je profilierter sie sind, um so dogmatischer und *enger wird ihr Weltbild.* Auf der anderen Seite kann man heute im wissenschaftlichen Betrieb nicht mehr vorn sein, wenn man sich nicht extrem spezialisiert.

Manager werden Generalisten . . .
der Informations-Bedarf wandelt sich

Top-Manager jedoch dürfen und wollen sich nicht spezialisieren, im Gegenteil: Die aktuellen Management-Trends laufen auf vermehrte *Interdisziplinarität* und auf vernetzte Team-Techniken hinaus. Das zwingt die Vorstände und Direktoren, ihr Wissen immer breiter zu entwickeln. Insofern gibt es für die Business-Elite die Verpflichtung, *Spezialist und Generalist in einer Person* zu sein.

Generalisten benötigen aber nicht nur ein *breites Wissen,* sondern auch ein gutes, das heißt aktuelles und relevantes Wissen. Für das Top-Management ergibt sich deshalb ein wachsendes Informations-Problem: Je turbulenter und komplexer unsere Welt wird, um so generalistischer muß das Wissen werden. Je komplexer und turbulenter die Welt wird, um so schwieriger wird es aber auch, generalistisches und zugleich relevantes Wissen zu erhalten.

Lange Zeit hatte man geglaubt, daß sich diese wachsenden Informations-Probleme über externe Berater und Gutachter lösen lassen. Das führte sogar dazu, daß viele Politiker oder Top-Manager echte »Berater-Neurosen« (Ray Jackson) aufwiesen. Ohne Berater keine gute Entscheidung, so lautete das Motto. Aber die meisten Top-Manager haben inzwischen erkannt, daß die Berater in der Regel auch nur Spezialisten sind und daß die Addition von unterschiedlichen Spezialisten zwar sehr wertvolle Impulse bringen kann, aber in der Regel nicht den gewünschten Kontext.

Fazit:

Die Vermehrung von Spezial-Wissen führt nicht automatisch zu guten Kontexten.

Interessant ist, wie sich nun Manager, die kontinuierlich wichtige Entscheidungen fällen müssen, aufgrund dieser ungelösten Kontext-Probleme verhalten. Der größte Teil setzt auf die Reduzierungs-Taktik, das heißt auf die *Reduzierung von unerwünschten Informationen.* Das ist eine sehr gefährliche Strategie, weil sie im Prinzip auf »Einstellungs-Verstärkung« hinausläuft. Man sammelt dann nur noch diejenigen Informationen, die das aktuelle Weltbild (Kontext) zu bestätigen scheinen. Man verfestigt dann im Grunde die Überzeugung von gestern und lernt von den neuen Informationen nur diejenigen, die nicht mehr neu sind. Man glaubt seinem Glauben von gestern.

Natürlich war diese Reduzierungs-Taktik schon immer ein Fehler, aber in turbulenten Zeiten wird sie massiv gefährlich. Unsere Wirklichkeit entwickelt sich zur »kinetischen Fiktion«, wodurch alles zu einem großen Tanz paradoxer Erfindungen wird. Alles löst sich sozusagen auf, weil alles möglich ist. Die Reduzierungs-Taktik gaukelt dem Manager aber Souveränität und Entscheidungs-Festigkeit vor, die er nicht mehr hat. Aber diese Taktik disqualifiziert den Manager auch, weil er die Welt künstlich ruhiger und älter macht, als sie es wirklich ist ... eine *Selbsttäuschung zur Selbst-Stärkung*. Man fühlt sich stark, während man falsch managt.

Eine andere Taktik, um mit der Informations-Flut fertig zu werden, ist die *bewußte Vereinfachung der Welt*. Dies wird hauptsächlich unter dem Credo »Ich bin und bleibe ein Praktiker« vollzogen. Man setzt dann auf den *»gesunden Menschenverstand«* und bevorzugt klare Wenn-dann-Gesetze (lineare Modelle). Diese sind meistens ausgesprochen plausibel. Aber sie werden der paradoxen und vernetzten Welt, in der wir heute nun einmal leben, keineswegs gerecht.

Die Konsequenz: Manager, die auf Simplifizierung setzen, tendieren in der Regel zu *autoritären Mustern*. Diese Muster sind für Unternehmen sehr problematisch. Besonders dann, wenn das Unternehmen vor einer wichtigen Transformation (Selbstüberwindung) steht. Manager mit Simplifizierungs-Taktik mögen zwar gut sein in verwaltungsorientieren Phasen (Konsolidierungen), sie sind aber ausgesprochen ineffizient bis schädlich, wenn es darum geht, mutige Innovationen und geistige Umgestaltungen zu managen.

Der Computer wird das Info-Problem nicht lösen können

Eine dritte Info-Taktik, die bisher im Zusammenhang mit der Info-Flut beobachtet worden ist, ist der intensive bis massive *Einsatz von Computern*. Große Hoffnungen werden auf die Computer der fünften Generation gesetzt, weil man glaubt, daß sie eventuell ähnlich wie Menschen denken könnten. Man glaubt, daß sie die Muster über den einzelnen Informationen erkennen können. Aber dazu wäre erforderlich, daß die

Computer »*Wert-Komponenten*« operativ verarbeiten können. Denn Kontext und Musterbildung beinhalten auch immer Werte. Aber der Computer allein kann diese Wert-Komponenten nicht entwickeln, also wird er wohl trotz enormer Chip-Fortschritte (Verbesserung der Speicher-Kapazität und der Verarbeitungs-Geschwindigkeit) kaum in der Lage sein können, aus einer Vielzahl von Informationen diejenigen Kontexte zu entwickeln, die Manager geistig überlegen machen.

Was jedoch in zunehmendem Maße funktionieren wird, das sind »*Index-Methoden durch Schlüsselbegriffe*«, wie sie von John B. Calhoun entwickelt worden sind. Hier geht es darum, informationelle Netzwerke in den Computer einzuspeisen, um zumindest zu jedem Zeitpunkt, an dem man »weiß, daß man nicht genug weiß«, schnell *ergänzende Informationen* abrufen zu können. So qualifiziert man die Information, schafft aber auch keine Kontexte im Sinne von *Meta-Information*.

Die Untersuchungen, die dazu bisher durchgeführt worden sind, zeigen, daß auch computergestützte Informations-Verarbeitung immer eine emotionale Komponente aufweist und daß es sehr schwierig ist, die Emotionalität und Rationalität der Informations-Verarbeitung so zu kombinieren, daß man Informationen zuläßt, die man emotional nicht aushalten kann. Was zur Information wird, hängt ab von der Struktur der Werte und Emotionen. Der Computer kann *das emotionale Problem* der Informations-Verarbeitung nicht lösen. Der Computer versagt also gerade da, wo die Probleme liegen.

Der Ausweg lautet: Kontext-Intelligenz

Die Computer bringen es nicht. Die Simplifizierung führt zu falscher Autorität und die Reduzierung zum schädlichen Konservativismus. Wie lautet nun der Ausweg? Er heißt: Top-Manager, Eliten und Entscheidungs-Personen kommen nicht umhin, sich fit zu machen für eine neue Aufgabe, für eine *neue Intelligenz*, die man die Kontext-Intelligenz nennt.

Und das ist das, was schon heute in Fachartikeln die »*Intuition des 21. Jahrhunderts*« genannt wird. Und es hängt sehr stark zusammen mit dem »Denken mit dem ganzen Gehirn«. Man vermutet ohnehin, daß bis zu 99 Prozent der kognitiven Aktivitäten unbewußt verlaufen.

Das würde bedeuten, daß in der *linken Gehirnhälfte*, die ja eher linear und analytisch operiert, auch nur diejenigen Prozesse verarbeitet werden, die von der rechten Gehirnhälfte (ganzheitlich-integrativ und mustererkennend) zugelassen werden.

Fazit:

Die emotionalen Muster steuern die kognitiven Prozesse. Die Logik ist eine »Affekt-Logik« (Ciompi). Wer die Affekt-Logik beherrscht, bewältigt das Info-Problem.

Der Schlüssel zur Kontext-Intelligenz liegt bei den »*unbewußten kognitiven Aktivitäten*«. Das sind wertende und betont affektive Aspekte, die in der rechten Gehirnhälfte organisiert sind. Und diese eher unbewußten Aktivitäten beeinflussen die Arbeit der linken Gehirnhälfte, die eher rational, linear und analytisch ist.

Fazit:

Wer mit Informationen rationaler umgehen will, muß deshalb lernen, mit Affekten bewußter umzugehen.

Kontext-Intelligenz verlangt, die rechte Gehirnhälfte zu optimieren

Die moderne Brain-Forschung erkennt, daß die Rationalität nicht nur eine Funktion der linken Gehirnhälfte ist, sondern daß die »linke Rationalität« nur dann optimiert werden kann, wenn auch die unbewußten kognitiven Aktivitäten der rechten Gehirn-Hemisphäre qualifiziert werden können, weil die rechte Gehirnhälfte die analytische Informations-Verarbeitung der linken Hemisphäre vorsteuert. In der rechten Gehirn-Hemisphäre sitzt, wenn man so will, der *Vor-Denker des Denkers.*

Wie kann man nun diese Funktion der rechten Gehirn-Hemisphäre verbessern? Hauptsächlich durch die Entwicklung eines höheren *Tao-Bewußtseins,* auf das wir in diesem Buch noch des öfteren kommen werden. Das ist ein *Meta-Weltbild,* das betont fließend und paradox ist und durch das permanente Chamäleon-Spiel der Informations-Verarbeitung ohne emotionale Störungen und ohne persönliche Krisen und Blockaden möglich wird.

Im Grunde bedeutet es, unter dem Rubrum »*Alles ist nur ein Spiel*« eine neue informationelle Souveränität zu gewinnen (und damit eine emotionale Stabilität) bei gleichzeitiger Fähigkeit, alles permanent als »Schnee von gestern« zu begreifen. Durch das Tao-Bewußtsein gelangt der Manager zu dem, was v. Bülow den »*Wegwerf-Geist*« nennt. Dann wird der

Geist des Managers genauso schnell wie die schnelle Umwelt und genauso paradox wie die paradoxe Realität.

Die Kontext-Intelligenz, die von immer mehr Top-Managern unbewußt angestrebt wird, ist abhängig vom Paradigma des Managers. Wenn dieses Paradigma in Richtung Tao (»Der fließende Widerspruch ist das einzig Logische«) entwickelt werden kann, dann kann die kontinuierliche Kontext-Arbeit mit Präzision und ohne emotionale Blockade geleistet werden.

Lassen Sie uns an dieser Stelle eine erste Zusammenfassung formulieren:

Im Business wird jetzt das akute Informations-Problem erkannt. Die meisten Experten und Manager wissen auch, daß sie in Zukunft mit der Information nicht mehr so umgehen können wie noch vor einigen Jahren. Es gibt so viele Informationen, daß die Information reduziert wird. Die Informations-Flut wird immer destruktiver, und die Anzahl sich widersprechender und paradoxer Informationen nimmt sprunghaft zu.

Zugleich erkennt das Business aber auch an, daß die Info-Flut nichts anderes ist als ein Indikator dafür, daß sich die Welt, in der wir leben, immer mehr in Richtung »Paradoxa und Turbulenzen« entwickelt. Die Realität wird dadurch zur kinetischen Fiktion.

Da man diese Realität nicht »ruhiger und langsamer« machen kann, muß das Business mit dem Tempo der Veränderung mitgehen: Die bewußte Beschleunigung der Informations-Entwertung wird damit zu einem Anliegen des Top-Managements. Die wichtigste Technik hierfür ist die permanente Produktion von Kontexten, wobei das Top-Management die Aufgabe bekommt, diese Kontexte transformativ aufzufassen, das heißt, jeder Kontext überwindet den vorherigen.

Diese Aufgabe kann nicht mit klassischen Info-Strategien oder Computer-Prozessen durchgeführt werden. Info-Prozesse sind nicht automatisch Kontext-Prozesse. Das Business hat auf diese neuen Herausforderungen bisher nur mit einigen Organisations-Maßnahmen reagiert, zum Beispiel mit CIO und mit Computer-Modellen. Es ist inzwischen aber sichtbar geworden, daß diese ersten Schritte in Richtung eines Knowledge-Managements nicht ausreichen. Offensichtlich wird man die Probleme nicht allein technokratisch und organisatorisch lösen können.

Das Top-Management ist gefordert, sein eigenes Bewußtsein zur Disposition zu stellen bzw. zu erkennen, daß ein Tao-Bewußtsein nötig sein wird, um die paradoxe und fließende Kontext-Arbeit leisten zu können. Das Bewußtsein der Manager ist der »zentrale Ordner« (Haken) für das Management von Kontexten. Die Aufgabe heißt nicht rationale Info-Qualifizierung, sondern persönliche Bewußtseins-Qualifizierung.

Das Tao-Bewußtsein ist das Instrument zur Qualifizierung der »Affekt-Logik«. Wer die Affekt-Logik beherrscht, beherrscht die Kontexte-Intelligenz im Unternehmen.

Ohne Kontext-Management gibt es keinen echten Wandel

Inzwischen sind immer mehr Unternehmen vom Gedanken der festen Strategie abgegangen zugunsten eines *Change-Managements*. Das obere Management versteht sich dann in erster Linie als Produzent von Wandlungs-Fähigkeit. Stichworte dazu:»Das Top-Management muß lernen, radikal Neues zu denken« (Bodo F. Holz) oder »Gut führt, wer Wandel schafft« (Thomas J. Peters).

Der Hintergrund ist klar. Das Business selbst ist Ursache der permanenten *Entwertung von Werten* und der permanenten Zerstörung tradierter Standards. Durch die großen Innovations-Sprünge (Computerei, Roboterisierung, Tele-Kommunikation, Gen-Technologie etc.) kommt es zu sich vernetzenden *Entwicklungs-Brüchen*, und die Risiken und Unwägbarkeiten werden in den meisten Märkten so groß, daß das Top-Management in den meisten Branchen im Grunde permanent im geistigen Neuland agiert.

Professor Earl C. Joseph hat vorausgesagt, daß in den nächsten fünfzehn Jahren Entwicklungen stattfinden, die wir kürzlich noch in hundert Jahren für möglich hielten. Die *Kinetik* wird damit zum Mittelpunkt des Business, und das bedeutet: Wir alle managen täglich die *Selbst-Beschleunigung* unseres Systems.

Und eine andere Prognose besagt, daß originäre Entscheidungen (Schicksals-Entscheidungen), die bisher von einem Unternehmen höchstens ein- bis zweimal in einer Generation zu fällen waren, von den jetzigen Unternehmern und Top-Managern im Grunde alle fünf Jahre einmal zu fällen sind.

Das bedeutet im Klartext:

Das Risiko der Entscheidungen wächst bei wachsender Komplexität und Sprunghaftigkeit des Umfeldes. Man muß also immer schwerwiegendere Entscheidungen bei immer mehr Ungewißheit fällen. Mehr Mut bei mehr Risiko.

In der Regel tendieren Menschen in solchen Situationen dazu, sich auf Verläßlichkeit, Festigkeit und Überschaubarkeit zurückzuziehen. Das würde aber bedeuten, daß man im aktuellen *Tempo-Wettbewerb* zurückfällt, weil man den Wandel nicht mehr mitgestaltet, sondern weil man dem Wandel lediglich mit Verspätung nachfolgt. Man setzt dann immer auf das, was sich schon durchgesetzt hat. Aber genau das reduziert die Überlebens-Chance von Unternehmen.

Brian Arthur hat diese neue, *kinetische Markt-Dynamik* als erster beschrieben. Sie besagt: Je später man agiert, um so härter wird man bestraft. Die Märkte folgen damit einem neuartigen Muster, nämlich dem der »*zunehmenden Erträge*« (Arthur): Je früher man agiert, um so größer die Renditen. Das ist das neue Gesetz der Kinetik in den Märkten. Dadurch werden Wandel und *kollektives Entlernen* ebenso wichtig wie die neuen Erfolgsfaktoren Mut, Risiko und Glück.

Man kann die Kinetik gut an der Chip-Produktion darstellen. Heute haben die Chip-Produzenten im Durchschnitt fünf Jahre Zeit, um einigermaßen gut zu verdienen. Dann sind die Preise verdorben, weil neue Chip-Generationen auf dem Markt sind. Auf der anderen Seite weiß niemand, ob die nächste Generation der Chips tatsächlich möglich ist oder ob sie nur ein Hirngespinst der Entwicklungs-Ingenieure ist. Man denke nur an den Bio-Chip, für den bereits viele Millionen Dollar investiert werden, obwohl niemand vorhersagen kann, ob es den Bio-Chip wirklich einmal geben wird.

Man muß also radikal Neues denken im Feld der Unmöglichkeiten. Und man muß mit viel Geld das Unsichere finanzieren, damit man dabei ist, wenn das Undenkbare Wirklichkeit wird. Wenn ein Chip-Produzent auch nur zwei bis drei Jahre verschläft, weil er erst dann investiert, wenn die Sache machbar ist, dann kommt er kaum noch auf seine Kosten. Die Entwicklungs-Kosten sind in etwa immer die gleichen, egal, wie früh man startet. Die Returns on Investments dagegen betragen einen Bruchteil dessen, was die frühen Pioniere verdienen. Das ist das »Gesetz der zunehmenden Erträge«.

Die Aufgabe der Zukunft:
das Bewußtsein schneller verändern

Die Kinetik der Märkte zeigt, daß es eine wichtige Herausforderung gibt, die auf das Top-Management zukommt, nämlich die Aufgabe, Wandel nicht nur reaktiv zu beantworten, sondern *Wandel proaktiv zu erzeugen.* Und genau an diesem Punkt kommen wir wieder zum Problem des Kontextes. Nur durch permanente Kontext-Transformation kann das Unternehmen die kinetische Herausforderung der neunziger Jahre bewältigen. Die Kernfragen lauten: Wie schaffen wir es, uns schneller zu verändern? Was müssen wir tun, um uns früher zu überholen?

Es geht darum, daß sich das Unternehmen hinsichtlich seiner Selbst-Definition, seiner Handlungs-Tradition und seiner Umfeld-Erkenntnisse schneller »häutet«, als das natürlicherweise der Fall ist. Damit wird *Selbst-Evolution* wichtiger als rationale Strategie. Damit wird Kontext-Wandel wichtiger als Info-Qualifizierung. Deshalb versagen in Zukunft die klassischen Methoden der Information und der internen Kommunikation. Wer heute noch »mehr Information« fordert oder gar »bessere Kommunikation«, hat noch nicht begriffen, wie schädlich die Rationalität der Information wird, wenn sich die Märkte zur Kinetik verlagern.

Es wird die vornehmste Aufgabe des Top-Managements sein, diese geistigen »Häutungs-Prozesse« methodisch und gezielt zu beschleunigen. Das Tempo des Bewußtseins-Flusses wird zum Faktor der Überlegenheit. Der neue Trend heißt: »*Flexibilisierung des Geistes*«.

Halten wir an dieser Stelle fest:

In den meisten Branchen ist die Zeit vorbei, in der man im Sinne einer langsamen Souveränität auf Strömungen in angemessenen Zeiten reagieren konnte. Die meisten Unternehmen müssen umschalten vom konservativen Reagieren auf aggressives Zukunfts-Gestalten. Das Top-Management reagiert dann nicht auf Wandel, sondern schafft ihn selbst durch die Kombination von Mut, Risiko und Glück.

Das bedingt aber ein grundsätzliches Umdenken im Selbstbild und Informations-Verhalten des Top-Managements. Der entscheidende Schlüssel hierzu ist der »fließende Kontext«. Er beschreibt umfassend die Wirklichkeit, die man entworfen hat und an die man derzeitig glaubt.

Meistens verstecken sich aber Kontexte im Windschatten der Selbstwahrnehmung, das heißt, man merkt nicht, an was man gerade glaubt. Deshalb verzichtet man darauf, sein eigenes Bewußtsein zu evolvieren.

Derjenige Top-Manager wird in Zukunft besonders gut sein, der in der Lage ist, seine eigenen Kontexte permanent zu entdecken und gezielt zu verwandeln. Dazu muß er sich »wie von außen« beobachten können, damit er rechtzeitig erfahren kann, wann seine Kontexte für das Unternehmen schädlich werden (= Selbst-Transzendenz).

Je turbulenter und kinetischer die Märkte werden, um so mehr wird es zur Aufgabe des Top-Managements, die eigene Kontext-Transformation zu beschleunigen. Die üblichen Transformations-Rhythmen (zwischen fünf und zehn Jahren für eine grundsätzliche Korrektur der aktuellen Wirklichkeit) reichen in Zukunft nicht mehr aus. Das Top-Management muß sich qualifizieren für einen Kontext-Galopp: Es muß fähig werden, das Bewußtsein von heute schneller zu überwinden.

Dieser Kontext-Galopp wird aber nur möglich sein, wenn ein Meta-Bewußtsein vorhanden ist, das es dem Top-Manager erlaubt, ohne emotionale und mentale Barrieren »die Glaubensbekenntnisse von heute über Bord zu schmeißen«. Ohne Meta-Bewußtsein gelingt es nicht, die Kontexte so schnell zu machen, wie es das Umfeld bereits ist. Der angestrebte »schnelle Geist« verlangt aber ein Mind-Programm, das auf »Spiel« und »Wegwerf-Glaube« ausgerichtet ist . . . das Tao-Bewußtsein.

Kontext und die Krise in den Märkten

Wir haben bisher Märkte analysiert, die in Turbulenz geraten sind, das heißt Märkte, in denen die aktuelle Innovations-Rate höher ist als die Adaptions-Rate. Aber in vielen Märkten und Branchen herrscht nicht nur eine Turbulenz, sondern im Grunde eine *Dauer-Krise* aufgrund des verschärften internationalen Wettbewerbs.

Im Business spricht man immer dann von einer Krise, wenn eines der folgenden vier Risiken auftritt:

① Intensivierung der Situation (Innovations-Druck, Wettbewerbs-Aggression oder Komplexitäts-Wachstum),

② anklagende Durchleuchtung der Organisation durch Medien, Regierung oder Gegner im öffentlichen Feld (bei Umwelt-Skandalen etc.)

③ Störung der Normal-Funktionen (Ausfälle durch Streik, Unglück etc.),

④ Schädigung des Rufs der Firma, des Unternehmers oder eines Top-Managers durch brancheninterne Ereignisse (Produkt-Versagen)

Wie Stafford Beer schreibt, sind derartige Krisen-Zeiten gekennzeichnet durch »*machtlose Macht*«. Es herrscht dann das Paradoxon des guten Willens. Man muß dann *in kürzester Zeit* diejenigen grundsätzlichen Korrektur-Maßnahmen durchsetzen, die besonders viel Zeit benötigen. Je größer aber die Krise ist, um so komplexer ist die Situation. Und das Management tendiert dann dazu, in Krisen auf die »subjektive Strategie des Reduktionismus« zu setzen.

Für Beer liegt darin ohnehin eine der Wurzeln, weshalb Manager, die in Krisen-Zeiten operieren, entweder total versagen oder als Helden gefeiert werden. Es gibt da kaum ein Mittelmaß. Warum? »Reduktionismus ist definiert als ein Problemlösungs-Ansatz, der ganzheitliche Systeme in kleine Teile zerlegt, ein Verständnis für jedes Teil ausarbeitet und eine Minimal-Annahme darüber erstellt, wie diese kleinen Teile zueinander in Beziehung stehen. Auf diese Weise funktioniert unsere gesamte Zivilisation . . . oder eben nicht.«

Der Reduktionismus versucht immer dann, wenn sich eine Organisation in einer Krise beschleunigt verändern muß, mit *Kausal-Modellen* zu arbeiten, um die allzu komplexe Realität wieder auf die gewohnten Ursache-Wirkungs-Mechanismen zu reduzieren.

Im Grunde geht es darum, daß das Krisen-Management durch den Reduktionismus versucht, *die Machbarkeit wiederherzustellen.* Ist jedoch ein Unternehmen in einer Krise, so müßte das Management umschalten von einer kausalen Wirkungs-Strategie auf *eine prozessuale Strategie des Lernens.* Man müßte umschalten vom beherrschenden Machen auf das *offene, prozessuale Verschmelzen.*

Nehmen wir nun einmal an, diese Abkehr von der kausalen Strategie wäre für einen Manager, der in turbulenten Krisen-Zeiten operieren muß, machbar. Er würde begreifen, daß er seinen kartesianischen Habitus (»Die Welt ist eine Maschine, die man durch lineare Operationen steuern muß«) geistig überwinden muß. Trotzdem wäre er noch nicht am Ziel.

Denn nun kommt es zu dem, was Wissenschaftler immer häufiger als die »*Krise der Wahrnehmung*« beschreiben. Und diese Krise der Wahrnehmung hängt mit dem Weltbild und mit dem Kontext zusammen, um den es in diesem Buch hier geht.

William Exton jun. hat in einem Beitrag über die »Zukunft von Krisen-Kontrolle und Konfliktlösung« geschrieben, daß jede Krisen-Situation automatisch auch eine Wahrnehmungs-Krise produziert. Man kann Brüche nämlich nur wahrnehmen, wenn man selbst turbulent und brüchig wird. Und man kann diese Wahrnehmungs-Krise nur auflösen, wenn der Wille da ist, *sich vor dem Wandel selbst zu wandeln.* Man muß also fähig sein, Wandlungen selbst zu erzeugen, sobald sie möglich sind, weil man dann die zukünftige Wirklichkeit aus seinem privaten Kontext heraus schafft und nicht mit einem veralteten Kontext auf bereits veränderte Wirklichkeiten reagieren muß.

Mit anderen Worten:

In Phasen der Dauer-Krise ist die Kontext-Erfindung das probate Mittel und nicht das übliche harte Turnaround-Management.

Wenn ein Unternehmen durch Mißmanagement in eine situative Krise gerät, ist Turnaround-Management nach wie vor angesagt. Wenn aber eine Branche oder ein Markt in die Krise gerät, ist das Turnaround-Management außerordentlich schädlich . . . es verschlimmert die Krise!

Da aber immer mehr Branchen abdriften in *High Speed* und *Tempo-Wettbewerb,* versagen in Zukunft immer öfter die harten Krisen-Manager und die Sanierer.

Das klingt alles furchtbar abstrakt, aber es ist trotzdem ein sehr praktischer Prozeß. Versuchen wir, ihn konkreter zu beschreiben:

Change-Management braucht
die Bildung von Kontexten

Wenn ein Unternehmer oder Manager ein *Tao-Bewußtsein* aufgebaut hat (»Das einzig Konstante ist das Fließende«), dann ist er in der Lage, seinen Job zu verstehen als die Produktion permanenten Wandels. Er hört auf, auf Wandlungen von außen zu reagieren, weil er selbst »*Schöpfer des Wandels*« wird.

Dieses wird von den Amerikanern *Change-Management* genannt. Und es wird auch in Deutschland zusehends wichtiger genommen. Immer mehr Top-Manager spüren, daß sich ihre elitäre Aufgabe eminent verändert. Es geht nicht mehr darum, Probleme linear, das heißt reduktionistisch, zu beplanen, sondern es geht darum, *Wollens-Bilder* (also Visionen und Kontexte) zu erschaffen und im Unternehmen durchzusetzen. Durch das Wollen-Bewußtsein wird das Unternehmen fähig, den erdachten Wandel eigeninitiativ zu erzeugen, und zwar möglichst vor dem Bedarf und *vor der Konkurrenz*, weil in Zukunft dasjenige Unternehmen besonders erfolgreich ist, das umschalten kann vom Reagieren auf das Agieren.

Das bedeutet:

Die Erfindung von Kontexten ist die neue schöpferische Aufgabe für die Männer an der Spitze.

Wer nur auf Krisen und Veränderungen reagiert, rutscht von einer *Wahrnehmungs-Krise* in die andere, weil Menschen mit Reaktions-Habitus keine Kontext-Arbeit leisten können. Sie organisieren die Wahrnehmung der Welt und des Markt-Umfeldes so, daß sie überwiegend nur Bestätigung bekommen. Da alle Informationen immer intersubjektiv verarbeitet werden (wir konstruieren uns buchstäblich die Welt, die wir uns wünschen und die wir seelisch aushalten können), werden reaktiv orientierte Manager in der Regel die Produzenten ihrer eigenen Malaise sein, weil sie warnende Signale nicht oder zu spät wahrhaben und Chancen nicht als Chancen erleben.

Also reagiert jeder Mensch im Prinzip entsprechend dem, was die Kommunikations-Theoretiker *Re-Inforcement* nennen. Das ist die Interpretation von Informationen im Sinne der Weltbild-Verstärkung (Bestätigungs-Lernen). Man kann dieser Fallgrube nur entgehen, indem man als Top-Manager Meta-Bewußtsein entwickelt, das gekennzeichnet ist durch die Kompetenz, neue Kontexte wie aus dem Nichts zu erschaffen:

Das Schöpferische des Top-Managers liegt deshalb im Kontext und nicht in der Qualität der Strategie.

Voraussetzung dafür ist aber eine tief verankerte Zukunfts-Orientierung. William Exton jr. unterscheidet zum Beispiel zwischen:

● distanter Zukunftszeit-Orientierung und
● naher Zukunftszeit-Orientierung.

Welche Zukunft hat man im Kopf?

Exton hat eine Untersuchung bei 269 US-Top-Managern durchgeführt. Das Ergebnis war, daß die Manager mit distanter Orientierung wesentlich längere Planungs-Horizonte bevorzugen und Menschen mit naher Orientierung kürzere Planungs-Horizonte.

Diejenigen Manager, die eine zu nahe Zukunfts-Orientierung hatten, besaßen die für Kontext-Erfindung nötige Kreativität nur in geringem Maße. Im Grunde kann nur derjenige Zukünfte planen, der eine distante Zukunftszeit-Orientierung aufweist.

Nun könnte man argumentieren, daß die Manager mit einer nahen Zukunftszeit-Orientierung eher taktisch orientiert sind, also das, worum es hier geht, nämlich die permanente Wandlung, viel besser praktizieren könnten.

Aber das stimmt nicht: Manager mit naher Zukunftszeit-Orientierung sind überwiegend pragmatisch ausgerichtet und haben tendenziell Zukunfts-Angst und damit auch Angst vor abstrakten Modellen und paradoxen Paradigmen. Sie sind deshalb in der Regel im Denken sehr konservativ. Und genau dieser *mentale Konservativismus* hindert sie daran, sich selbst permanent zu überwinden nach dem Motto:»Was kümmert mich meine Planung von gestern.« Wer also in kurzen Zeit-Horizonten und pragmatisch denkt, ist trotzdem für die tägliche Turbulenz nicht prädestiniert.

Es wäre also zu fordern, daß sich die Führenden weiterentwickeln zu Kontext-Schöpfern. Das Top-Management entfernt sich dadurch vom strategischen Planen und nähert sich dem methodischen *Produzieren von Bewußtsein:*

Der Kontext ist wichtiger als die Strategie, denn er plaziert die Strategie in die Wirklichkeit.

Der Manager kann nur sehen, was er ist

Fassen wir an dieser Stelle zusammen: Es ist sichtbar geworden, daß in turbulenten Märkten nur diejenigen Top-Manager ein wirklich gutes High-Speed-Management leisten können, die über zwei Charakteristika verfügen:

① eine distante Zukunftszeit-Orientierung,

② eine schöpferische Kontext-Arbeit.

Durch diese beiden Merkmale kann die zukünftige Gefahr, die auf alle Manager wartet, nämlich Opfer einer »Krise der Wahrnehmung« zu werden, begegnet werden. Alle noch so aufwendigen technokratischen Informations-Verarbeitungs-Systeme (MIS, Datenbanken etc.) lösen das eigentliche Problem nicht. Die Vermehrung der Information schafft keinen besseren Wahrnehmungs-Kontext. Und die Verbesserung der Kommunikation führt nicht zur besseren Kompetenz, Kontexte erfinden zu können. Vertrauen Sie deshalb nicht dem jetzt üblichen Gerede von »mehr Information«. Fordern Sie statt dessen ein *Trainings-Programm für Kontext-Management.*

Allein die *mentale Programmierung* des Managers entscheidet über die Qualität seiner Wahrnehmung. Und die Qualität der Wahrnehmung steuert die Verarbeitung von Informationen. Was man nicht wahrnehmen kann, kann man informationell nicht verarbeiten. Mögen die Datenbanken noch so voll sein, und mögen die Stabs-Abteilungen noch so kluge Modelle entwickeln, *der Manager kann nur sehen, was er mental ist.*

Die Konstruktion der Welt und die Rolle des Kontextes

Damit stoßen wir zu dem Thema des *Konstruktivismus.* Es erscheinen in letzter Zeit immer häufiger Fachartikel über den Konstruktivismus, so zum Beispiel von Gilbert J. B. Probst ein Beitrag in DELFIN über »Management als Konstruktion von Wirklichkeiten« oder das auch vielbeachtete Buch von Paul Watzlawick *»Die erfundene Wirklichkeit«* (München 1988).

Immer mehr – zumeist jüngere – Manager erkennen oder ahnen, daß die objektive Wirklichkeit *immer ein subjektiver Entwurf* ist und daß man als Manager um so besser wird, je mehr man dieses Spiel der »objektiven

Illusionen« durchschauen und zugleich mitspielen kann. Das Bewußtsein wird damit zum Erfolgs-Instrument des Managers.

Einen interessanten Beitrag dazu hat Prof. Israel M. Kirzner vorgelegt. Er analysiert den *Unterschied zwischen Manager und Unternehmer.* Und er definiert den Unternehmer als »Finder von Beruf«, weil der unternehmerische Geist mehr leistet als nur effiziente Problemlösung.

Was macht nun den Unternehmer aus? »Die Fähigkeit, bereits vorhandene Informationen und Gelegenheiten kreativ zu erkennen und zu nutzen.« Auch hier wieder das Problem des Auffindens vorhandener informationeller Ressourcen. Auch hier wieder der Hinweis, daß die Qualität des Handelns *abhängig ist von der Qualität seiner Wahrnehmung.* Und es muß für den Unternehmer und Manager deshalb wichtig sein, durch seine Kontext-Arbeit sowohl Wahrnehmungs-Krisen zu verhindern als auch gleichzeitig das Wahrnehmbare möglichst früh und möglichst optimal wahrnehmen zu können. In den Worten von Kirzner: »Die Aufgabe des Unternehmers besteht darin, etwas zu entdecken, das bereits kostenlos vorhanden ist.« Aber man kann nur entdecken, was man zuvor erfunden hat.

Die klassische Wirtschafts-Theorie kann das Arbeiten mit Kontexten und Wahrnehmungs-Krisen nicht in ihr zumeist mathematisch-statistisches Modell integrieren. Kirzner sagt, daß in der typischen Betriebswirtschafts-lehre der Entscheidungsträger immer *nur als reagierendes Subjekt* vorhanden ist, aber nicht als aktiver Konstrukteur von Wirklichkeiten. Das geistige Erfinden wird dadurch als »nicht rational« ausgegrenzt. Kirzner geht sogar so weit, zu behaupten, daß die meisten Manager im Grunde keinen riesigen Informations-Apparat benötigen, um früher und besser zu wissen, was andere noch längst nicht wissen. Es bedarf auch keines großartigen finanziellen Aufwandes (zum Beispiel computergestützte Datenbanken, teure Marktforschung etc.). Es bedarf nur einer erhöhten »Wachsamkeit, die bereits vorhandenen Gegebenheiten zu erkennen«.

Es ist also eine mentale Erfindungs-Kompetenz, die den meisten Managern fehlt. Es fehlt ihnen nicht so sehr an Daten. Diese sind zumeist überreichlich, wenn auch oft chaotisch strukturiert vorhanden.

Das bedeutet:

Das Informations-Problem der Manager muß also nicht bei der Information gelöst werden, sondern bei ihren mentalen Programmen.

Da man nur das sieht, was man ist, um einem beliebten Bonmot der Konstruktivisten zu folgen, muß man *sein eigenes Sein verändern,* um besser sehen zu können. Damit wird die Kontext-Kompetenz abhängig von der Persönlichkeit.

Durch Kontext-Management zur kreativen Aggressivität

Wie Probst schreibt, ist jedes Managen nicht nur ein Anpassen an Gegebenheiten, sondern immer – und in Zukunft vermehrt – ein »*Etwas-Erschaffen*«. Und Kirzner bestätigt das, indem er schreibt, daß die vornehmste Aufgabe des Unternehmers sei, Märkte und Situationen *ins Ungleichgewicht zu bringen.* Immer dann, wenn Ruhe, Ordnung und Gleichgewichtigkeit hergestellt sind, schlägt die Stunde des Unternehmers. Und genau dann versagen so häufig effizienzorientierte (und deshalb konservative) Manager. Warum?

Weil rationale Manager darauf getrimmt sind, die Dinge richtig zu machen, nicht aber, die richtigen Dinge zu machen. Nur durch bewußte Kontext-Veränderung kann man *verhindern, daß man die falschen Dinge richtig macht.*

Unternehmertum und kreatives Management sind aus dieser Sicht immer auch die mentale Erfindung von Realitäten. Es entstehen somit plastische Vorab-Wirklichkeiten im Kopf. *Unternehmen ist Erfinden.*

Kinetisches Management, das in den neunziger Jahren zur Pflicht werden wird, basiert deshalb auf *Imaginationen,* die wiederum die Basis für Visionen bilden. Dabei ist die Qualität der Imaginationen abhängig von Kontexten, das heißt von der subjektiv konstruierten Wirklichkeit, wobei diese *Kontexte nicht automatisch* durch die täglich verarbeiteten Informationen entsteht.

Der Kontext ist nicht das passive Summen-Ergebnis der privaten Informations-Verarbeitung. Kontexte müssen *aktiv und kreativ gestaltet* werden und – was schwieriger ist – aggressiv und permanent überwunden werden.

Hat man als Manager Angst vor dieser kreativen Zerstörung privater Kontexte, so wird die persönliche Informations-Verarbeitung immer nur den alten und zumeist falschen Kontext verstärken. Das angeblich Richtige wird dann richtiger, und das angeblich Klare wird noch klarer. Genau das aber macht jenes aggressiv-innovative Handeln unmöglich, das Kirzner definiert hat als die *bewußte Herbeiführung von Ungleichgewicht.*

Wenn es die vornehmste Aufgabe des Top-Managements ist, das Neue möglich zu machen, dann geht in Zukunft kein Weg am Kontext-Management vorbei:

Nur durch den Kontext wird man wieder fähig zur *kreativen Aggressivität*.

Die Konstruktivisten – für die alle Wirklichkeiten, und seien sie noch so real, immer subjektiv erfunden sind – gehen davon aus, daß überlegenes Management immer abhängig ist von der Qualität des aktuell erfundenen Kontextes.

Probst und ähnlich argumentierende Experten sehen das kommende Management deshalb auch als Handeln auf Basis *fließender Konstruktionen von fließenden Wirklichkeiten,* wobei die Wirklichkeit, auf die man im Moment mit Plänen und Handlungen zielt, immer nur eine von vielen anderen Möglichkeiten darstellt.

Dieser Konstruktivismus führt den Manager dazu, kognitiv, aber auch emotional davon auszugehen, daß es überhaupt nie eine objektive Wirklichkeit im Management gibt und daß es auch *keine objektiven Probleme* gibt, sondern daß es sich hierbei immer nur um Erfindungen und Imaginationen handelt. Und weil die eben nicht wirklich sind . . . deshalb sind sie auch nicht fest. Und derjenige Manager ist der beste, der die fließende Umwelt-Konstruktion einigermaßen in Einklang bringen kann mit seiner fließenden Innenwelt-Konstruktion.

Und derjenige Manager und Unternehmer wird morgen erfolgreich sein, der dann auch noch in der Lage ist, diese »*Fließ-Wirklichkeiten*« zu sozialisieren, das heißt, sie seinen engsten Team-Partnern und möglichst vielen Mitarbeitern im Unternehmen so nahezubringen, daß man daran glauben kann.

Halten wir an dieser Stelle fest: Wenn die Welt, die wir als objektiv erkennen, in Wirklichkeit nur eine *subjektive Konstruktion* ist, dann wird derjenige Unternehmer und Manager besonders erfolgreich sein, dem es gelingt, für sich und seine Mitarbeiter diejenige Wirklichkeit zu konstruieren, die im Moment besonders viel Mitfließen erzeugt.

Der Wegwerf-Charakter
von Wirklichkeiten

Der Wissenschaftler Heinz von Foerster empfiehlt den Entscheidern, sich vom *Modell der echten Wahrheit* zu trennen, weil sie zu statisch ist. Statt dessen empfiehlt er, *parallele Wirklichkeiten zu erfinden.* Er bevorzugt dafür den Begriff »viable« (= brauchbar). Dadurch gibt es keine richtige oder falsche Wirklichkeit mehr, sondern nur noch Wirklichkeiten von unterschiedlichem Brauchbarkeitsgrad.

Das ist genau das, was die *Taoisten* ebenfalls erkannt haben: Jede Wirklichkeit ist immer nur eine *kurzfristig brauchbare Konstruktion.* Und man muß sich von ihr trennen können, sobald sie beginnt, unbrauchbar zu werden. Der *Wegwerf-Charakter von Wirklichkeiten . . .* das ist die geistige Basis für das qualifizierte Top-Management auf dem Wege zum Jahre 2000.

Heinz von Foerster hat dazu einmal gesagt: »Die Umwelt, so wie wir sie wahrnehmen, ist unsere Erfindung.« Da es nun aber im modernen Management nicht mehr auf Reaktion oder gar Restauration ankommt, sondern darauf, diejenigen Wirklichkeiten zu konstruieren, die kreatives Ungleichgewicht und positive Veränderungs-Aggression erzeugen, muß es im modernen Management darauf ankommen, »möglichst immer *neue Problemstellungen zu konstruieren.* Es handelt sich geradezu um eine Notwendigkeit, anderen verschiedenartige Betrachtungsweisen derselben Situation anzubieten, um den Gefahren einer reduktiven, eindimensionalen Erfassung von Management-Prozessen entgegenzuwirken« (Probst).

Hier präsentiert sich ein völlig anderes Denken. Es werden nicht mehr endgültige Modelle und pragmatische Konzepte gesucht, sondern hier wird der Schwerpunkt auf fließende und *alternative Kontexte* gelegt.

Die Konsequenz:

Derjenige kann die Zukunft am besten konstruieren, der möglichst viele und widersprüchliche Wirklichkeiten konstruieren kann.

In turbulenten und kinetischen Phasen ist nicht derjenige Manager der beste, der die eindeutigsten Überzeugungen im Kopf hat, sondern derjenige, der die meisten Wirklichkeiten konstruieren kann . . . zur freien Auswahl, wenn man so will.

Aus diesen Erkenntnissen des Konstruktivismus entspringt für das Top-Management auch eine *neuartige Verantwortung*, nämlich die, sich als permanenter Produzent neuartiger Perspektiven und ungewohnter Sinn-Zusammenhänge zu sehen. Das Top-Management muß also *permanent aus Denk-Traditionen* ausbrechen. Und gerade die oberste Elite tendiert in der Regel aufgrund ihres Selbstbildes dazu, das Bewahren wichtiger zu nehmen als das aggressive Verändern. Dazu kommt, daß das klassische Programm des Managements nach wie vor auf Optimierung ausgerichtet ist und nicht auf prozessuales Lernen und Erfinden. Wir bekommen also ein anderes Rollenbild für den Top-Manager von morgen:

Er ist der Produzent paradoxer Perspektiven. Er erzeugt ungewohnte und deshalb »falsche« Sinn-Zusammenhänge. Und er muß fähig sein, diese in sein verbales System zu übertragen, damit sie mittelbar werden. Und er muß auf der Basis seiner sozialen Intelligenz ebenfalls fähig werden, sie zu vermitteln und im Unternehmen als glaubwürdig zu diffundieren.

Er muß seine mentalen Erfindungen zum sozialen Glauben machen können.

Diese schwierige geistige Aufgabe kann der Top-Manager aber nur bewältigen, wenn er sein *Selbstbild verändert.* In den Worten von Probst: »Damit wäre es weniger eine Aufgabe von Führungskräften, Komplexität durch eine Reduktion der Möglichkeiten zu bewältigen, als vielmehr einen Kontext zu schaffen, in dem neue Wirklichkeiten erfunden oder generiert werden können.« Also ganz im Sinne eines typischen Imperativs der Konstruktivisten: »Handle stets so, daß weitere Möglichkeiten entstehen.«

Als Zwischen-Bilanz:

Die meisten Manager arbeiten mit einem Rollenkonzept, das darauf ausgerichtet ist, durch intelligente Strategien die tatsächliche Komplexität zu reduzieren. Strategien dienen dann der Selbsttäuschung.

Sehr häufig erlebt man, daß das Top-Management versucht, komplexe Situationen bewußt zu vereinfachen, um rational handlungsfähig zu werden (»Klarheit schaffen«). Das ist das rationale und tradierte Denkmuster des Top-Managements, das bisher auch sehr erfolgreich war, besonders in Aufbauzeiten und in Zeiten der ruhigen Märkte.

In Krisen-Märkten und in Turbulenz-Zeiten ist dieser rationale Weg, Komplexität zu reduzieren, in zunehmendem Maße kontraproduktiv. In kinetischen Konstellationen muß das Management das Gegenteil schaffen: nicht Reduktion, sondern Vermehrung der Wirklichkeiten, nicht Einengung durch Reduktion, sondern Vermehrung durch Kontext-Erfindung.

Kinetische Märkte verlangen einen kinetischen Geist... einen Geist, der genauso schnell, paradox und komplex ist wie der Geist in den Märkten.

Deshalb verlagert sich das Rollen-Konzept des Managements: von der strategischen Rationalität zum kreativen Erfinden von fließenden Kontexten.

Kreatives Kontext-Management wird deshalb immer wichtiger werden, zumal die »*neue Unübersichtlichkeit*« (Habermas) immer typischer wird für die meisten Märkte. Man weiß dann immer weniger, was morgen auf uns zukommt, so daß man immer häufiger neu entscheiden muß. Handeln wird zur Dauer-Entscheidung. Alles wird zur »*methodischen Improvisation*« (Kade). *Das versuchsweise Fließen löst damit das Feldherren-Pathos ab.* Für das Top-Management kann man daraus folgende Thesen ableiten:

① Die von uns wahrgenommenen Wirklichkeiten sind erfunden. Wir sind damit für die Wirklichkeiten, die wir sehen und die wir schaffen, verantwortlich.

② Wollen wir die zu gestaltenden und lenkenden Systeme verstehen, so müssen wir erst lernen zu handeln. Ohne Handlung kann man nicht erkennen.

③ Unsere Handlungen sollten stets darauf gerichtet sein, daß weitere Wirklichkeiten geschaffen werden können. Die Menschen eines Systems sollen ihre eigenen und divergenten Wirklichkeiten konstruieren können.

④ Die Kontext-Erfindung des Top-Managements dient also dazu, Mitarbeiter zu befähigen, mental autonomer und flexibler zu werden.

⑤ Die Kontext-Arbeit ist dann besonders erforderlich, wenn man das *Kader-System* aufgibt und umschaltet von der alten Anordnungs-Organisation auf moderne Selbst-Organisation. Kontext-Management gehört zum »Management by Love« (Düsseldorf 1990).

⑥ Wer erkannt hat, daß seine Welt die eigene Erfindung ist, billigt dies auch den Weltbildern seiner Mitmenschen zu und etabliert eine echte Toleranz. Das ist gerade im Bereich des Top-Managements ratsam. In Zukunft wird die Herstellung des *Inneren Friedens* immer wichtiger, um ein erhöhtes Maß an Konsens und Kohärenz für die Steigerung der *Sozial-Energie* herzustellen. Toleranz ist die Basis gesteigerter Sozial-Energie. Die typischen Positions-Kämpfe, die fast überall im Top-Management stattfinden, lassen sich leichter reduzieren auf der Basis dieser Toleranz, die der gemeinsamen Konstruktion alternativer Weltbilder entspringt. Man kämpft dann nicht mehr für seine Überzeugung, weil alle sehr viele Überzeugungen haben, an die man sein Ego nicht mehr sklavisch festmacht. Oder anders ausgedrückt: Überzeugen heißt dann nicht mehr, den anderen zu besiegen.

Die Vermittlung von Wirklichkeiten anstelle von Strategien

Das ist ein zentraler Aspekt. Das Top-Management glaubte bisher, so etwas wie der *oberste Chef-Stratege* sein zu müssen. Oben war die größte Intelligenz versammelt und das profundeste Reservoir an Erfahrung. Die Chefs waren deshalb prädestiniert für die großen langfristigen Entscheidungen. Nach dem Motto: *Ganz oben sitzt das beste Gehirn.*

Dieses Bild ist nicht ganz falsch, aber in kinetischen und krisenhaften Zeiten kommt für das Top-Management eine zusätzliche Aufgabe hinzu, die wesentlich schöpferischer ist:

Die Chefs müssen lernen, Wirklichkeiten zu konstruieren und diese erfundenen Wirklichkeiten zu vermitteln.

Die Führungskräfte stehen, wie Probst schreibt,»gewissermaßen an der Nahtstelle zwischen dem substantiellen (materiellen) und dem symbolischen (geistigen) Handlungs- und Verhaltensfeld«. Sie sind also Erfinder und Macher zugleich.

Natürlich bleiben sie die klassischen Langfrist-Entscheider. In diesem Sinne steuern sie globale Prozesse. Aber sie müssen parallel dazu auch etwas Neues können: Wirklichkeiten erfinden, die andere noch nicht gefunden haben. Sie müssen also Kontexte entwickeln können, die anderen Menschen helfen, Ziele zu entdecken, die sie vorher noch nicht entdeckt haben. Sie müssen Kontexte entwickeln, durch die Chancen sichtbar werden, die vorher nicht erkannt werden konnten. Sie müssen bewußtmachen, was anderen noch nicht bewußt ist. Sie müssen»*Unternehmer des Bewußtseins*« werden. Dies ist eine eminent geistige Arbeit und wesentlich schöpferischer als die klassische Strategie-Planung.

In der derzeit aufgeflammten Diskussion wird diese neue Funktion sehr häufig und unscharf als»Charisma« oder als»*unternehmerischer Geist*« (Intrapreneurship) gekennzeichnet. Viele Theoretiker und Praktiker spüren wieder den Unterschied zwischen dem machenden Manager und dem schöpferischen Unternehmer. Aber das alles greift zu kurz und ist oft oberflächlich. Vielleicht kann der Konstruktivismus besser genau sagen, worum es geht:

① **Der unternehmerische Top-Manager entwickelt eigenaktiv und originär Bewußtsein auf der Basis seiner Imagination. Er erfindet Bewußtsein.**

② **Er ist in der Lage, aus diesem Bewußtsein Kontexte herzustellen, das heißt neuartige Wirklichkeits-Beschreibungen, und diese so lebendig zu machen, daß sie auch von anderen emotional nacherlebt werden können.**

③ **Der Top-Manager hat die Aufgabe und Fähigkeit, die von ihm konstruierten Wirklichkeiten für andere Menschen glaubhaft zu machen, so daß aus seiner subjektiven Realität eine neue kollektive Realität wird. Er formt den kollektiven Glauben an Realität.**

Erst danach kommt das Management mit seinen rationalen Instrumenten (Ziel-Definition, Entscheidungs-Optimierung etc.) zum Tragen.

Alles in allem:

Auf den Top-Manager von morgen wartet eine neuartige schöpferische Aufgabe ... das Erfinden von Bewußtsein und das Konstruieren von Kontexten, die es vorher nicht gab.

Manager müssen zunächst das, was als Wirklichkeit aufgefaßt werden soll, erzeugen. Und je situationsbrauchbarer (viable) diese Wirklichkeit ist, um so besser ist der Manager. Die Qualität der Kontexte formt die soziale Energie für die Qualität späterer Strategien und Handlungen.

Die Kontexte formen die spätere Selbstorganisation. Die kinetischen Märkte verlangen das Umschalten von Organisation auf Selbstorganisation. Aber diese Selbstorganisation braucht eine andere Führung. Laotse hat sie in seinem Tao-Buch bereits beschrieben:»Der wahre Führer geht hinter seinen Leuten.« Die Organisation brauchte noch den Vor-Reiter ... die Selbstorganisation braucht den Coach. Aber diese Coaching-Führung wird erst dann gelingen, wenn man begriffen hat, wie man die flexible Handlungs-Freiheit (Selbstorganisation) verbinden kann mit Konsens und mentaler Kohärenz.

Es ist der Geist, der Freiheit kombiniert mit Stringenz ... der Geist, der Offenheit mit Geschlossenheit verbindet.

Dieser Geist ist erfundener Geist, vermittelt durch Kontexte. Deshalb ist Kontext-Management die Führung, ohne zu führen.

Aus dem einseitig rationalen Management wird ein polares Management, das Kontext-Erfindung, also eine imaginäre mentale Aufgabe, als *vorgelagerte Qualifizierung* erkennt.

In den Worten von Dyllick:»Management wird deshalb zur Manipulation sprachlich und symbolhaft vermittelter Strukturen, zur Manipulation von Mythen, Symbolen und Etiketten von Denk-, Sprach- und Interpretations-Mustern.«

Kontext-Management . . .
die Basis für Durchbrüche im Markt

Ranganath Nayak und John Ketteringham haben ein Buch geschrieben mit dem Titel »Senkrecht-Starter«, (Düsseldorf 1989), ein Buch also, das von echten Durchbrüchen im Markt handelt.

Man hat zwölf kommerzielle Stars, die tatsächlich Durchbrüche durchgesetzt haben, gründlich analysiert. Dazu gehören solche erfolgreichen Offensiven wie die des Video-Recorders, des Walkmans, der Mikrowellenherde, der Chem-Lawn-Rasenpflege, Leichtlaufschuhe usw.

Die beiden Autoren sind durch ihre Analysen zu der Erkenntnis gekommen, daß man unterscheiden muß zwischen *Innovation und Durchbruch.* »Innovation«, so sagen sie, »ist die Kunst, dasselbe zu tun, was die meisten tun, nur besser.« Ein Durchbruch aber sei etwas anderes, nämlich die Fähigkeit, ». . . etwas Neues so völlig anders zu machen, *daß man es nicht vergleichen kann* mit irgendeiner bestehenden Praxis oder Vorstellung«. Durchbrüche sind aus dieser Sicht »Augenblicke der Geschichte«. Sie verursachen manifeste und lang anhaltende Umstrukturierungen und *die gewollten Ungleichgewichte,* von denen Kirzner bereits sprach. Sie verändern die Realität, weil hinter ihnen eine erfundene neue Realität steht.

Wie kommt es zu solchen Durchbrüchen, und welche psychologischen und sozialen Faktoren waren dafür maßgebend? Die Analyse der beiden Autoren ergibt ein interessantes Ergebnis:

Zuerst erfindet man Probleme . . .
erst dann kommt das Marketing

Die meisten Durchbrüche sind nicht entstanden, weil man einen Markt bearbeiten oder ausbeuten wollte. Die meisten Durchbrüche sind entstanden aufgrund einer leidenschaftlichen Anstrengung, irgendein erkanntes Problem zu lösen, wobei das neue Produkt das spätere Ergebnis des »*neu konstruierten Problems*« war. Zuerst erfindet man das Problem, erst dann die Problemlösung. Das ist das Profil des Entrepreneurship in kinetischen Märkten.

An Markt und Marketing haben die Stars meistens erst sehr viel später gedacht. In der Regel sind die Champions, die diese Durchbrüche verursacht haben, sogar von den »*Verwaltern des Marktes*« gebremst oder bekämpft worden. Gerade vom Top-Management ist sehr häufig Widerstand entwickelt worden, weil in der Regel das Top-Management – wie wir erkannt und beschrieben haben – zu sehr auf rationale Optimierung und – zumindest unbewußt – Stabilität ausgerichtet ist. Man könnte sogar so weit gehen und sagen, daß allein der Wunsch, Ziele zu optimieren, dazu führen muß, daß man konservativ denkt, weil Ziele, die in sich selbst reversibel und fluktuierend sind, niemals optimiert werden können. Da die meisten Top-Manager diesen *unbewußten Konservativismus* pflegen, sind sie kaum in der Lage, mögliche Durchbrüche zu erkennen oder zu fördern. Die Analysen ergeben deshalb, daß die Durchbrüche überwiegend »gegen den Willen und gegen die Förderung des Top-Managements durchgesetzt worden sind«. Basis sind meistens Teams, die bis zur *Verschworenheit* eine Dennoch-Motivation aufweisen. Und trotz der Widerstände und Ablehnungen halten sie durch, weil sie ein intensives emotionales Interesse an dem neuartigen Problem und der möglichen Problemlösung haben.

Die wichtigste Erkenntnis der beiden Autoren: Ohne die »*emotionale Intensität*« wären die meisten Durchbruch-Objekte keine Durchbrüche im Markt geworden.

Natürlich kann man dieses Spiel ewig spielen. Bei Peters' und Watermans Bestseller »Auf der Suche nach Spitzenleistungen« wird dieses Spiel ja auch gut beschrieben: Das Top-Management sieht sich eher als Bewahrer von Kontinuität und läßt »Verrücktheiten« im Prinzip nicht zu. Erst wenn bestimmte Champions mit intensiver Leidenschaft es dennoch schaffen, erst dann wird eine Innovation zugelassen. Und erst dann können Durchbrüche entstehen . . . sehr selten eben.

Weg vom Darwinismus der Elite

Dahinter steckt ein darwinistisches Bild, das man wie folgt beschreiben könnte: Nur diejenigen Neuerungen können wir zulassen, die sich gegen unsere Bremsen und Hindernisse durchgesetzt haben.

Dieses Filter-Modell mag in der Vergangenheit nützlich und auch zum Teil effizient gewesen sein (Auslese durch Widerstand). Aber in turbulenten Zeiten, in denen flexible Innovationen und schnelle Durchbrüche schicksalsentscheidend für Branchen und Unternehmen sein können, wird es nicht mehr die Aufgabe des Top-Managements sein können, diese Erschwernis-Politik à la Darwin zu betreiben.

Das Spiel muß genau andersherum gespielt werden: Gerade das Top-Management muß umschalten auf die geistige Arbeit der kreativen Kontext-Erfindung, durch die die Mitarbeiter in der mittleren und unteren Ebene permanent gezwungen werden, *Probleme zu sehen, die sie vorher nicht sahen,* und Möglichkeiten zu erkennen, die sie vorher noch nicht für möglich gehalten haben:

Das Top-Management wird zum Schöpfer von Bewußtsein. Das Top-Management wird zum Erfinder von Problemen.

Die angestrebte *geistige Instabilität* müßte ganz oben angesiedelt werden und nicht, wie es jetzt nachweislich der Fall ist (siehe auch die Untersuchungen von Peters und Waterman), im Mittelbau der Hierarchie und bei den Außenseitern.

Die »darwinistischen« Bewährungsproben würden also eher in der Mitte und unten plaziert sein . . . dort, wo man näher am Markt ist oder dichter an der konkreten Produktion.

Dies wäre die *Umkehrung des Mutes* und damit eine neue Balance im Spiel zwischen oben, Mitte und unten.

Wichtig für die kinetischen Märkte . . . den Weg zum Angriff finden

Wie wichtig die Arbeit mit dem *fließenden Tao-Kontext* für das Top-Management ist (verstanden als die permanente Überwindung des gestern Richtigen), zeigt auch eine Analyse von Richard Foster, niedergelegt in seinem Buch »Innovation: The Attackers Advantage«. Darin beschreibt er die Vorteile des Angreifers.

Ihn hat interessiert, warum viele erfolgreiche Organisationen so schnell ihren Wettbewerbs-Vorteil *an Neulinge verlieren* und warum es gerade immer wieder Neulinge sind, die so viele überraschende und zum Teil auch blitzschnelle Erfolge erzielen können, wenngleich sie diese dann selten wiederholen oder verlängern können. Und das Geheimnis – so Foster – ist der *Angriff.*

Offensichtlich sind Angriffs-Offensiven für die meisten Manager mental nur selten denkbar, sozusagen *nur als Ausnahme.* Ist der Angriff erfolgreich gewesen, schaltet man psychisch und mental um auf Optimierung und Erfolgs-Verlängerung. Es entsteht dann im Kopf automatisch eine heimliche »*Verwaltungs-Mentalität*«.

112

Diese verfestigt sich dann, weil das Top-Management nicht geschult ist, neue und fließende Tao-Kontexte zu entwickeln. Nur durch diese kann man permanent im Angriff bleiben. Denn man kann nur dann permanent »geistig angreifen«, wenn man im Grunde *immer gegen sich selbst kämpft.*

Genau dieses aber ist das, was als modernes Kontext-Management derzeit im Trend ist. Es ist nämlich die Beantwortung der Frage: »Was muß ich mental tun, um mich immer wieder selbst überwinden zu können? Ich selbst (genauer gesagt: mein Denken von gestern) bin mein Feind von heute und meine Niederlage von morgen.« Der Angriff muß zum Dauer-Angriff werden. Das gelingt aber nur durch das Tao-Bewußtsein . . . durch die mentale Kompetenz, Bewußtsein fließend erfinden zu können. Verstehen Sie jetzt, warum der »Wegwerf-Geist« so wichtig ist?

Der genetische Code zum Überleben

Das führt uns zu der Frage, ob es für Unternehmen auch so etwas geben kann wie einen *genetischen Code* für Überleben und Evolution.

Und es ist interessant, daß die beiden renommierten Berater Dr. Roswita Königswieser und Christian Lutz bereits 1987 in GDI IMPULS unter der Überschrift »Systemorientierte Zukunftsarbeit im Unternehmen« darauf hingewiesen haben, daß es tatsächlich so etwas gibt wie einen genetischen Code, der die Unternehmen unterschiedlich gut und viele Unternehmen gar nicht überleben läßt. Die *Evolutions-Fähigkeit* rückt damit in den Mittelpunkt der Aufgaben des Top-Managements. Prüfen wir einige Aussagen von Königswieser und Lutz:

① *Die Umwelt ist ständig im Fluß*

Sie ist hoch komplex und in sich widersprüchlich. Wenn ein Unternehmen seine Evolutions-Fähigkeit behalten will, dann muß das Top-Management dafür sorgen, daß das Unternehmen ebenfalls komplex, widersprüchlich und ständig im Wandel ist.

② *Die Gefahr liegt beim Wahrnehmungs-Filter*

Jedes Unternehmen, besonders wenn es groß und kompliziert strukturiert ist, kann nur auf Basis gewaltiger Anstrengungen für die »Reduktion von Komplexität« handeln. Wenn man auf jeden kinetischen Impuls reagiert, reagiert man im Grunde überhaupt nicht mehr. Man muß sich also entscheiden, um nicht ständig vom Hundertsten ins Tausendste zu geraten. Dafür benötigt man einen *Code*, das heißt einen *Wahrnehmungs-Filter.*

Erst dieser Wahrnehmungs-Filter ermöglicht operatives Handeln. Auf der anderen Seite verhindert er effizientes und erfolgreiches Handeln ... immer dann nämlich, wenn dieser »genetische Code« sich verabsolutiert und sich zu einer stabilen und »engen« Innen-Kultur entwickelt. Der genetische Code des Unternehmens muß deshalb offen und *evolutionsfähig* bleiben, sonst »wartet die Sackgasse«. Nur der *offene Code* garantiert das Überleben in kinetischen Märkten.

Interessant sind hierzu die Nachuntersuchungen zu den besonders exzellenten Firmen, die von Peters und Waterman in ihrem Bestseller »Auf der Suche nach Spitzenleistungen« vorgestellt worden sind. Wenige Monate nachdem dieses Buch erschien, waren viele dieser besonders erfolgreich geführten Unternehmen bereits in einer akuten Krise. Und eine der Haupt-Ursachen, so zeigten die Nachuntersuchungen, war die Tatsache, daß diese Unternehmen zwar über eine lebendige und kräftige Firmenkultur verfügten, aber daß es sich hier um eine *abgeschottete, geschlossene Binnen-Kultur* handelte, die sich zu irgendeinem Zeitpunkt von der Außen-Wirklichkeit abgekoppelt hatte. Die Turbulenz außen fand dann im Inneren kein Spiegelbild mehr. Von da an handelten die Unternehmen trotz bravouröser Firmenkultur ineffizient, weil an der Kinetik des Marktes vorbei.

③ *Um den genetischen Code evolutionsfähig zu halten, muß die Zukunfts-Arbeit zum Instrument des Top-Managements werden*

Die *Erfindung von Zukunft* ist deshalb nichts, was man nur ab und zu machen kann, getreu dem Motto: »Lassen Sie uns mal wieder etwas Marktforschung betreiben«. Und sie ist auch nicht das, was quasi automatisch funktioniert (»Jeder Top-Manager weiß genau über sein Gebiet Bescheid, sonst wäre er ja nicht top«). Erst durch kreative und kontinuierliche Kontext-Arbeit, die *im Vorstand als Team-Arbeit organisiert* werden sollte, kann die Evolutions-Fähigkeit garantiert werden. Der genetische Code benötigt systematische und kontinuierliche *Zukunfts-Workshops* auf oberster Ebene.

Wenn man jedoch die normale Arbeitsweise der Vorstände betrachtet, so erkennt man, daß eine *gemeinsame Kontext-Erfindung* so gut wie nie durchgeführt wird. Meistens handelt es sich bei den Vorständen um ein lockeres Team von Solisten auf der Basis eines ambivalenten Beziehungs-Systems, das zwischen versteckter Karriere-Aggression und taktischer Freundschaft operiert.

Wie müßte die Kontext-Arbeit im Vorstand durchgeführt werden?

① *Die gemeinsame Erfindung von Kontexten müßte als hochrangige Arbeit angesehen werden*
Das ist bei den meisten Unternehmen nicht der Fall, weil sie sich nur ab und zu den Luxus erlauben,»in die Zukunft zu schauen«. Oft wird das dann auch noch an die Stäbe delegiert. Die Elite delegiert die Elite-Aufgabe nach unten.

② *Das entscheidende Kriterium ist die Selbst-Diagnose*
Durch sie beantwortet sich kontinuierlich die Frage:»Woran glauben wir derzeit?« Es ist die Fähigkeit, die unternehmensinternen Mythen zu durchschauen, um sie dann überwinden zu können. Mythen werden in der wissenschaftlichen Forschung gekennzeichnet als Glaubens-Pakete, an die man glaubt, ohne daß man weiß, daß man an sie glaubt. In diesem Sinne geht es also darum, den jeweiligen ideologischen blinden Fleck zu erkennen.

Es ist aber klar, daß eine derartige Diagnose einen Vorstand benötigt, der»High Trust« aufweist. Nur im freundschaftlichen Vertrauens-Klima kann *die Evolution des Geistes* organisiert werden.

③ *Der neue Kontext muß an der Bewußtseins-Grenze entstehen*
Auf dieser Basis müßte der Vorstand – wie Königswieser und Lutz schreiben – am eigenen Bewußtsein arbeiten. Die Produktion eines anderen Bewußtseins ist damit eine genauso wichtige Aufgabe wie zum Beispiel die Einführung von CIM oder die Öffnung neuer Export-Märkte. Und diese kontinuierliche Bewußtseins-Arbeit muß an der jeweiligen System-Grenze (leading edge) stattfinden, also da, wo es psychisch oft weh tut.

④ *Der Kontext ist der Spiegel der Umwelt*
Diese Bewußtseins-Arbeit benötigt nicht nur eine Pipeline ins Unternehmen selbst (Innen-Dimension), sondern auch eine Brücke zu den turbulenten, komplexen, widersprüchlichen und wandlungsoffenen Umwelten. Dieses ist nur möglich durch *Monitoring-System* und durch *Dialog-Netzwerke* mit Gruppierungen und Szenen von draußen. Es

handelt sich um Gruppierungen, die es schon gibt oder die vom Vorstand selbst formiert werden, um mit ihnen kontinuierlich diskutieren zu können (Management by walking outside).

Aufgrund meiner Erfahrung kann gesagt werden, daß die meisten Vorstände gerade dieser Außen-Dialoge nicht methodisch durchführen und nur in den allerseltensten Fällen auch als vereinheitlichtes Team.

Jeder Vorstand hat für sich gewisse, zumeist private Außen-Kontakte, aber in der Regel operiert man hier nicht als kohärentes Elite-Team. Und analysiert man diese vereinzelten Sozial-Kontakte, so ist man oft erstaunt, wie inzüchtig sie sind . . . das reicht vom Lions Club bis zum Fachverband. Aber darüber hinausgehende kulturelle oder soziale *Dialog-Pipelines* existieren nur sehr selten.

Eine kontinuierliche und kohärente Kontext-Arbeit, gemeinsam vom Vorstand durchgeführt, ist gleichbedeutend mit dem genetischen Überlebens-Code des Unternehmens.

Zukunfts-Optimismus entsteht durch Kontext-Bildung

In der letzten Zeit häufen sich die wissenschaftlichen Beiträge zum Thema »Wirklichkeits-Konstruktion und Kontext«. Besonders in Amerika ist hier eine intensive Debatte zu beobachten. Typisch dafür sind zum Beispiel die Projekte von Werner Erhard. Werner Erhard hat mit seinem international operierenden Team sehr früh auf die zentrale Rolle des Kontextes hingewiesen.

Er erklärt *die Kraft des Kontextes* am Beispiel von John F. Kennedy. Am 25. Mai 1961 hat John F. Kennedy für ganz Amerika einen Kontext geschaffen, und zwar wie aus dem Nichts, als er dem amerikanischen Kongreß folgende Vision vorschlug:

»Unsere Nation sollte sich dem Ziel verpflichten, daß noch vor dem Ende dieses Jahrzehnts ein Mensch auf dem Mond landen und wieder sicher zur Erde zurückkehren wird.« Sein Kontext »einen Menschen auf den Mond bringen« hat dafür gesorgt, daß die Raumfahrt von einer lediglich guten Idee, die bisher trotz beachtlicher Versuche keinen großen Erfolg gehabt hatte, deren Durchführbarkeit immer angezweifelt worden war, die immer umstritten war und viel diskutiert wurde, zu einer Idee umgewandelt wurde, *deren Zeit nun gekommen war.*

Wir erkennen hieran den *energetischen Charakter* des Kontextes:

Kontext bündelt Energien und sorgt dafür, daß sie auf die Zeitachse der Dringlichkeit kommen. Aus nebulösen Vorsätzen und aus idealistischem Wollen wird damit eine konkrete Handlungs-Wirklichkeit. Der Kontext wandelt also ideatives Wollen um in konkrete Handlungen.

Gute Kontext-Arbeit ist deshalb so wichtig, weil sie dafür sorgt, daß eine blasse Idee umgewandelt wird zu einer Idee, »deren Zeit jetzt gekommen ist«. Der Kontext wirkt deshalb wie ein Prozeß, der die unterschiedlichen Kräfte bündeln kann und der auch gegnerische und zweifelnde Kräfte umwandeln kann. Ein starker Kontext bündelt also alle Kräfte und sorgt für die *Dynamik des wirklichen Wollens*.

Werner Erhard, durch das internationale Hunger-Projekt in der Kontext-Arbeit sehr erfahren, weist darauf hin, daß in einem neugeschaffenen Kontext die Position »Das ist nicht machbar« im Grunde eine der nützlichsten Positionen ist.

Denn wenn ein konkretes Wollen auf einen konkreten Zweifel stößt, dann ergibt sich die Chance, Energien zu produzieren, indem *aus latentem Desinteresse* eine aktuelle emotionale Diskussion wird. Es muß sich jetzt praktisch jeder damit befassen. Dadurch gebiert der Kontext soziale Energie.

Jeder, der schon einmal im öffentlichen Raum oder in einem Unternehmen einen Kontext durchgesetzt hat, weiß um diese *magische Qualität des Kontextes*. Auch wenn es plötzlich viele Gegner gibt und wenn sie alle sagen: »Das geht nicht. . .«, je mehr sie das sagen und je intensiver sie das sagen, um so mehr Energie wird erzeugt. Wenn die Kontext-Arbeit schlecht oder mangelhaft ist, gibt es überhaupt keine Diskussion. Und das, was man per Diskussion nicht wahrnimmt, kann auch nicht verwirklicht werden.

Bei John F. Kennedy war es genau das gleiche. Denn sein Kontext »ein Mensch auf dem Mond in zehn Jahren« hat nachweislich viele *Zyniker und Skeptiker* auf den Plan gerufen, und zwar auch renommierte Gegner. Aber sie haben alle innerhalb des Kennedy-Kontextes argumentiert, das heißt, sie haben gesagt, die Sache mit dem Mond ist nicht machbar. Sie haben keinen anderen Kontext angeboten, der die Energien hätte ablenken können. Deshalb haben sie das Ziel »ein Mensch auf dem Mond in zehn Jahren« im Grunde immer mehr gestärkt und es immer mehr in die

Zone der Ziel-Erreichung geschoben. Der neue Kontext erschuf so seine eigene Energie.

Die »Es-ist-nicht-machbar«-Leute wurden durch die lang anhaltende und emotionale Diskussion in den USA immer mehr auf den Kontext hin ausgerichtet. Und ihre Befürchtungen und Gegen-Attacken erzeugten wissenschaftliche und technologische Durchbrüche, die vorher unvorstellbar gewesen waren.

Aber – wie gesagt – entscheidend war nicht die Intelligenz der Forscher und der Technokraten. Entscheidend waren auch nicht die Hürden der Zyniker und die Blockaden der »Das-klappt-nicht«-Menschen. Entscheidend war die *Glaubens-Kraft*, die in dem Kontext von Kennedy verankert war.

Und genau das wird in Zukunft die Aufgabe des Top-Managements sein: nicht mehr die rationalen Entscheidungen fällen . . . nicht mehr in den Details herumfummeln . . . nicht mehr alles steuern und kontrollieren wollen . . . nicht mehr alles besser kennen und können . . . sondern *früher als die Konkurrenz* begeisterungsfähige Kontexte zu produzieren und diese wiederum rechtzeitig zu überwinden, wenn die Außen-Turbulenz es erforderlich macht. Das ist der Top-Manager als Produzent fließenden Bewußtseins (Tao-Kontext).

Durch Kontext-Management kommt es zur geistigen Flexibilisierung

Der Trend zum Kontext-Management ist gedanklich besonders gut vorgedacht worden von Stanley M. Davis.

Für ihn ist die Herstellung von neuen Kontexten der *Schlüssel zur permanenten Transformation* von Unternehmen. Aus seiner Sicht kann ein Unternehmen nur dann die geistige Chamäleon-Flexibilität gewinnen, wenn das Top-Management in der Lage ist, systematische Kontext-Arbeit zu leisten. Der kinetische Geist ist das Kind fließender Kontexte.

Natürlich setzen inzwischen alle Unternehmen auf Flexibilisierung, kennen alle den *Tempo-Faktor*. Und alle Manager wissen, daß wir heute schon schneller reagieren müssen als in der Vergangenheit und daß wir in Zukunft noch schneller reagieren müssen. Der Tempo-Faktor wird deshalb allseits anerkannt. Auch die Flexibilisierung ist inzwischen unstrittig. Das Zeitalter der »starren Panzer-Strategien« ist endgültig vorbei. Alles wird flexibler, alles wird prozessualer, alles wird kurz rhythmischer. So weit, so gut.

Aber die meisten Unternehmen sehen das Heil hauptsächlich in *CIM und Roboter-Flexibilität.* Natürlich kann man durch Elektronik sehr viel mehr Flexibilität in die Produktion bringen. Und man kann auch in kürzeren Zeiten differenzierter produzieren. Aber das ist nur die *technokratische Seite.* Was fehlt, ist die geistige Seite.

Wie kann man ein Unternehmen, besonders, wenn es groß und multistrukturiert ist, schneller zum Kontext-Galopp bringen? Da reicht CIM-Roboterisierung als Antwort nicht aus. Hier sind völlig *neue soziale Lern-Strategien* erforderlich.

Es stellt sich also die Frage: Wie kann ein Unternehmen *umschalten vom Optimieren auf das Ent-lernen?* Eine andere Frage: Wie kann man die Ideologie-Traditionen, die in allen Unternehmen vorhanden sind, schneller auflösen? Oder: Wie können wir unsere »blinden Flecken« früher erkennen?

Stanley Davis gibt ein nettes Beispiel dafür, was Kontext in diesem Zusammenhang bedeuten kann:

»Gibt es irgendeinen anderen Punkt, auf den Sie mich aufmerksam machen wollen?«
»Auf den seltsamen Zwischenfall mit dem Hund während der Nacht.«
»Der Hund hat während der Nacht nichts getan.«
»Das war der seltsame Zwischenfall«, bemerkte Sherlock Holmes.
Arthur Conan Doyle aus dem Buch »The Adventure of Silver Blaze«.

Die Wichtigkeit dessen, was wir nicht wissen

Offensichtlich ist *das, was wir nicht wissen,* besonders wichtig. Und das, was wir nicht bemerken und was wir nicht wahrnehmen, kann von besonderer, ja sogar lebensbedrohender Wichtigkeit sein.

Davis zitiert dazu einen Vizepräsidenten, der verantwortlich für die Zukunfts-Entwicklung eines sehr großen Unternehmens ist. Ihn hatte man einmal gefragt, worüber er sich bei seiner Arbeit am meisten den Kopf zerbrechen würde.

Und die Antwort war verblüffend: »Ich zerbreche mir den Kopf am meisten darüber, daß meine Leute nicht wissen, was sie nicht wissen. Was sie wissen, daß sie es nicht wissen, daran können sie arbeiten, und dafür können sie Antworten finden. Aber das können sie nicht tun, wenn sie nicht wissen, daß sie es nicht wissen.«

Damit wird die Stoßrichtung der Kontext-Arbeit deutlich definiert: Das Top-Management ist in Zukunft aufgerufen, dafür zu sorgen, daß die Menschen in die Lage kommen, *zu wissen, was sie noch nicht wissen,* damit sie sich dann auf der Basis von Selbst-Motivation, Selbst-Organisation und Selbst-Kontrolle (das ist ja das neue Triumvirat der modernen Organisations-Philosophie) autonom und erfolgreich verhalten können.

Wenn man nicht weiß, daß man nicht weiß, dann ist man – so Davis – in gewisser Weise in dem Zustand *»Ignoranz ist Seligkeit«*. Erst wenn man ein Problem identifiziert und definiert hat, kann man darangehen, es zu lösen. Und die kontinuierliche Kontext-Arbeit produziert die Probleme, die man anschließend lösen kann. Im Grunde ist die Kontext-Arbeit, die das Top-Management leistet, nichts anderes als die *geistige Produktion von Problemen.*

Wenn der Vorstand diese Kontext-Arbeit gut (das heißt früher als die Konkurrenz) meistert, dann befindet sich das Unternehmen automatisch immer an der Leading Edge, das heißt an der *vordersten Frontlinie der Chancen*, dort, wo die Innovationen und die Durchbrüche wirklich geboren werden. Nur so ist es fähig, vom *reaktiven Habitus* umzuschalten auf den *kreativ-aggressiven Habitus.* Man reagiert dann nicht mehr auf die Kinetik der Märkte, sondern man selbst wird zur Herausforderung, indem man den Wandel aktiv schafft. Man ist der Angreifer.

Die Analysen von Davis haben ergeben, daß sich die meisten Menschen und Organisationen damit beschäftigen, Wissen zu sammeln für *das Wissen, von dem man weiß, daß man es nicht hat.* Das ist auch die Basis für die meisten Management-Informations-Systeme und für die meisten Stabs-Arbeiten. Man weiß, was man nicht weiß, und beauftragt bestimmte Experten, dieses Wissen zu liefern.

Natürlich ist das eine wichtige Sache, aber es gibt eine viel wichtigere Aufgabe, zumindest für das Top-Management. Und die beginnt bei dem *Nicht-Wissen, daß man nicht weiß,* indem man es umwandelt in ein Wissen, daß man nicht weiß.

Fazit:

Kontext ist nichts anderes als der Schritt vom Nicht-Wissen, daß man nicht weiß, zum Wissen, daß man nicht weiß. Und genau hier liegt die Kraft der Transformation. Hier liegt das Geheimnis der Chamäleon-Anpassung von besonders erfolgreichen Unternehmen in kinetischen Märkten.

Betrachten wir einige typische Kontext-Transformationen:

● *Ein Beispiel aus der Physik:*

Als Einstein die These aufstellte, daß Masse und Energie identisch, nur unterschiedlich ausgedrückt sind ($E = mc^2$), transformierte er den Kontext, in dem wir Realität verstehen. Masse und Energie sind Inhalt, die Beziehung, ausgedrückt durch die Gleichung, ist Kontext.

● *Ein Beispiel aus der Psychologie:*

Freuds Arbeit über das Unbewußte transformierte den Kontext, in dem man Verstand untersuchen muß. Was im Unbewußten vor sich geht, ist jetzt Teil des Inhaltes des Verstandes. Das war es vorher nicht. Dadurch entstanden viele fruchtbare neue Erkenntnisse.

● *Ein Beispiel aus der Wirtschaftswissenschaft:*

Finanzielle Zwischenhändler transformieren die Verbindlichkeiten, die Investoren eingehen sollen, in Guthaben für Sparer. Finanzieller Zwischenhandel ist eine Transformation des Kontextes. Alle Produkte und Dienstleistungen von Banken, Versicherungen, Trusts und Versicherungs-Agenten sind Inhalt.

Versuchen wir eine Definition:

Kontexte sind nicht hinterfragte Annahmen, durch die alle Erfahrungen gefiltert werden.

Kontext hat keinen Sinn, aber er liefert den Seinsgrund, aus dem sich Inhalte ableiten.

Kontext selbst besitzt keinen Sinn ... das Wort ist nicht das Ding. Macht man aber das Wort – so schreibt Davis – zum Ding, behandelt man eine Abstraktion, als hätte sie substantielle Existenz, obwohl das nicht der Fall ist.

Kontext erschafft Realität. Und die Realität, die er schafft, ist der Inhalt.

Vom Inhalt zum Kontext . . .
die Achsenverlagerung der Zukunft

Die meisten Manager managen nur den Inhalt, und nur während einer bedeutenden strategischen Wandlung sind sie in der Lage, auch einmal den Kontext mit ins Spiel zu bringen. *In der Regel wird der Kontext nicht gemanagt, sondern nur die Inhalte innerhalb eines Kontextes.* Man plant dann eine Strategie oder eine Werbe-Konzeption, stellt einen Haushaltsplan oder einen Fünf-Jahres-Entwicklungsplan auf.

Aber wenn man langfristig plant (distante Zukunfts-Orientierung), dann plant man auf zehn oder zwanzig Jahre. Und dann ist man als Top-Manager zwingend gefordert, auch den Kontext zu planen. Die Führungsspitze eines Unternehmens müßte im Grunde Kontexte produzieren und nicht Inhalte managen . . . *also neue Wirklichkeiten erzeugen und nicht Strategien planen.* Strategien erzeugen keine Kontexte. Aber Kontexte qualifizieren Strategien.

Auf Top-Manager wartet eine neue Elite-Aufgabe

Die Unterscheidung zwischen Inhalt und Kontext führt uns zur *Unterscheidung zwischen Effektivität und Effizienz.* In den Worten von Davis: »Manager sollten Kontext managen. Manager, die den Inhalt managen, können nur die Effizienz der Organisation verbessern; sie können sie nie effektiver machen.« Man kann also zwischen Effektivität einerseits und Effizienz andererseits sehr deutlich und sehr klar unterscheiden: Effektivität kann man als das Tun der richtigen Dinge sehen. Und Effizienz ist es, diese Dinge richtig zu tun. Wenn also ein Manager den Inhalt managt, dann erhöht er die Effizienz einer Organisation, und zwar im vorgegebenen Rahmen. Aber er kann die Organisation selbst nie effektiver machen. Dazu müßte er Kontext-Arbeit leisten.

Die neue Richtung im Management und in der Führung lautet nun aber *Selbst-Organisation* und auch »*Führung von unten*«. Stichworte hierzu: Flexibilisierung, Partizipation und Autonomisierung. Dadurch kommt es zu einer *starken Reduzierung der Hierarchien* und zur Bildung von autonomen oder teilautonomen Gruppen. Die klassische *Interaktion von oben und unten* zerbricht, besonders dann, wenn zusätzlich Computer-Informations-Netzwerke installiert werden.

Nun könnte man erwarten, daß in Zukunft alle Beteiligten in etwa die gleiche Arbeit machen, nur in unterschiedlichen Positionen. Aber das wird nicht der Fall sein. Je mehr Demokratisierungs- und Partizipations-Kultur, um so zwingender wird *eine Elite gebraucht,* weil sie für die Kontexte verantwortlich ist, aber nicht mehr für die einzelnen Prozesse und Inhalte. Das machen die autonomen Gruppen. Sie sorgen dafür, daß das, was gemacht werden kann, so gut wie möglich gemacht wird. Sie sorgen also für die situative Effizienz. Aber Effizienz heißt immer, *das zu Machende besser machen.* Es ist ein Optimierungs- und Zielerfüllungs-Prozeß.

Das Top-Management dagegen ist *zuständig für die Effektivität.* Und diese Effektivität wird hergestellt durch den erfundenen, formulierten und in der Organisation durchgesetzten Kontext. Die eigentliche Kontext-Arbeit ist also darauf ausgerichtet, vorab zu entscheiden, in welchem Rahmen sich Effizienz überhaupt entwickeln sollte. Der Kontext definiert die Welt, die man will.

Etwas vereinfacht dargestellt ergibt sich daraus folgende Formel:

Top-Management		
Effektivität durch Kontext	= Was ist zu tun?	= Mentalismus
Middle-Management		
Effizienz durch Optimierung	= Wie ist es zu tun?	= Rationalismus

Die Kontext-Arbeit ist eine elitäre Arbeit, gekennzeichnet durch *kreative Aggressivität.* Durch sie werden Wirklichkeiten, die bisher nicht wirklich waren, real. Auf sie kann man sich dann einigen. Kontexte produzieren Probleme und öffnen Schleusentore, hinter denen viele wichtige Fragen lauern. Kontext-Arbeit ist also immer »die Ziehung einer Grenze« oder die Definition eines Rahmens. Und alles, was innerhalb dieses begrenzenden Rahmens stattfindet, wird zum Inhalt.

Und wenn sich die Demokratisierung in den Unternehmen weiter durchsetzt, dann werden immer mehr Gruppen und Menschen auf selbstbestimmte Art und Weise ihren Inhalt planen und ihren Inhalt eigeninitiativ steuern. Sie werden zum Chef für ihre Inhalte. Aber die eigentlichen Chefs sind die, die die Kontexte entwickeln.

Das bedeutet:

Durch Kontext-Management führt man die, die sich selbst führen.

Der Trend ist damit ganz klar: Die Effizienz wandert also von der bisherigen oberen Führungs-Ebene in das ganze Unternehmen (Selbst-Organisation und Selbst-Kontrolle). Aber der Rahmen für diese Effizienz wandert wieder ganz nach oben. Das ist die eigentliche, neue Elite-Aufgabe für das Management . . . für die neunziger Jahre . . . für kinetische Märkte.

Die jetzigen Trend-Signale belegen das eindeutig. Und wenn sich die Märkte in Zukunft weiterhin so turbulent verhalten und wenn die Weltwirtschaft zu einer weiteren Wettbewerbs-Vernetzung führt, dann werden die *Instabilitäten größer,* und zugleich *wächst die Komplexität.* In den meisten Branchen werden die Unternehmen deshalb gezwungen sein, auf *permanentes Change-Management* umzuschalten. Und immer dann, wenn Change-Management wichtiger ist als Optimierungs-Management . . . immer dann schlägt die Stunde des Kontextes:

Durch den Kontext wird fließendes Bewußtsein geschaffen, denn der Kontext ist das Ergebnis von neuem Bewußtsein.

In demokratisierten Unternehmen führt man durch den Kontext

Dieses fließende Bewußtsein entwickelt sich aus den Fragen, die der Kontext provoziert. Was sich außerhalb der Grenze der Fragen befindet, das ist tatsächlich das, was wir nicht wissen, daß wir es nicht wissen, und dem wir deshalb keine Aufmerksamkeit schenken und für das wir auch keine Energie frei machen können. Durch Kontext kann man richtige und falsche Fragen produzieren, man kann wertvolle und überflüssige Probleme entwickeln.

Das heißt:

Derjenige, der den Kontext durchsetzt, steuert deshalb die Selbst-Organisation und die Selbst-Führung der Mitarbeiter.

Um es noch einmal deutlich zu sagen: Die Trends sind eindeutig auf Selbst-Organisation, Selbst-Motivation und Selbst-Kontrolle ausgerichtet. An diesen Trends geht kein Weg vorbei. Und das kommende Management wird die *partizipativen* und autonomen Tendenzen stärker als je zuvor berücksichtigen, um die Leistung der Mitarbeiter zu fördern. Es wird deshalb auch den üblichen *Kader-Zwang aufgeben* (siehe Gerd Gerken, »Management by Love«, Düsseldorf 1990).

Und trotzdem wird es *eine neue Elite* geben. Und diese Elite ist das Top-Management, wenn es einen Kontext erschafft, der eine Wirklichkeit definiert, in der die Selbst-Organisations-Prozesse ablaufen können. Wenn man also gefragt wird, wie man trotz wachsender Demokratisierung kraftvoll führen kann, dann lautet die Antwort: durch die Fähigkeit, Bewußtsein zu produzieren. Und das Instrument dazu ist Kontext-Management.

Als Zusammenfassung:

Die Unternehmen werden gezwungen sein, die Hierarchien abzuflachen und die Autonomisierung des Handelns zu fördern. Stichwort: Selbst-Organisation

Wenn sich jedoch immer mehr Menschen und Teams in den Unternehmen selbst organisieren (Demokratisierungs-Tendenz), dann gibt es zugleich die Notwendigkeit zu zentralisieren, das heißt zu vereinheitlichen.

Diese Vereinheitlichung ist gekennzeichnet durch den Trend zur geistigen Kohärenz. Erst wenn diese Kohärenz hergestellt wird, handelt das Unternehmen synergetisch. Diese Kohärenz steht auf drei Säulen:

① Unternehmens-Kultur: das Wir-Konzept,
② Vision: der Fix-Stern des Wollens,
③ Kontext-Management ... der Tao-Weg des Geistes.

Die neue Kunst:
aus dem Morgen ein Heute machen

Interessant ist nun das Verhältnis zwischen Strategien und Plänen einerseits und dem Kontext andererseits. Ein Kontext ist mehr als eine Strategie. Und eine Strategie besteht aus vielen Plänen. Das ist den meisten Managern sehr wohl bekannt. Aber es blieb bisher immer im dunkeln, daß die Qualität von Strategien und die Effizienz von Plänen abhängig ist von der Qualität der Kontexte.

Arthur Schutz hat in dem Buch von Karl E. Weick »Social Psychology of Organizing« dazu inhaltlich folgendes ausgeführt:

● Der Top-Manager als Kontext-Planer projiziert Handlungen, als wären sie bereits beendet und abgeschlossen. Und derjenige, der Kontexte entwickeln kann, erlebt diese von ihm entworfenen und projizierten Handlungen so, als wären sie bereits konkrete Vergangenheit, als wären sie wirklich faktisch abgeschlossen.

Je kontextbegabter ein Manager ist, um so plastischer und lebendiger ist dieses *Imaginations-Verhalten*. Er kann die Zukunft von morgen emotional so erleben, als sei sie jetzt gerade wirklich da ... für ihn sind die geplanten Handlungen Gegenwart und Vergangenheit.

Und je besser der Kontext-Planer seinen Wirklichkeits-Entwurf vom Morgen *zum emotionalen Heute* umformen kann, um so mehr Energie entströmt diesen Entwürfen. Das hängt – wie Ken Wilber beschrieben hat – damit zusammen, daß das Ich eines jeden Menschen sich sehr schlecht an die Zukunft anbinden kann. Das Ich benötigt Worte und möglichst Vergangenheit, um sich einnisten und wohl fühlen zu können. Das bedeutet konkret:

Wenn man als Top-Manager seine Mitarbeiter für eine Zukunft begeistern möchte, die für die anderen noch gar nicht sichtbar ist, dann muß man in der Lage sein, *diese Zukunft zu einer emotionalen Vergangenheit umzuformen*. Das theoretisch Zukünftige wird dann zu einem vergangenen Erlebnis. Und damit wird es für das Ich der Mitarbeiter ebenfalls zu einer heutigen Wirklichkeit, mit der sie sich emotional identifizieren können und für die sie sich einsetzen können.

Das klingt sehr abstrakt, aber es ist psychologisch tatsächlich so, daß die großen Kontext-Planer und die begabten Visionäre im Grunde ihren Mitarbeitern keine »Zukünfte verkaufen«, sondern ihre eigenen glänzenden Augen und ihre engagierten Symbol-Handlungen, die wiederum das Ergebnis von privaten emotionalen Erlebnissen von gestern sind.

Der große Visionär macht aus der Zukunft eine erlebbare und fixierbare Vergangenheit.

● Kontext und Strategie werden von einem begabten Kontext-Planer in der zweiten Zukunft (Futurum exactum) plaziert. Und bei der Umsetzung einer Strategie entwickelt sich ebenfalls das Zeit-Erlebnis der zweiten Zukunft. So wird »die Gegenwart die Vergangenheit der Zukunft«.

Und von dieser Perspektive aus ist der soziale Sinn, den die Mitarbeiter für ihre Selbst-Motivation brauchen, ebenfalls retrospektiv. Wie Bateson und andere frühzeitig erkannt haben, wird Sinn ohnehin nicht erfunden, sondern entdeckt. Und die Entdeckung ist immer ein retrospektiver Akt.

Halten wir an dieser Stelle fest:

- Der Top-Manager ist zuständig für die Kontext-Produktion. Je besser er Kontexte erfinden und gestalten kann, um so mehr gelingt es ihm, aus einer nebulösen Zukunft eine Vergangenheit zu machen, die von den Ichheiten der Mitarbeiter emotional und energetisch besetzt werden kann. Das Ego-Involvement und die Selbst-Motivation der Mitarbeiter sind das Ergebnis geglaubter Kontexte.

An dieser Stelle wird auch deutlich, wie trivial unsere Vorstellungen von »Motivation« sind. Dieser Mythos geistert in den Chef-Etagen überall herum, aber niemand will sehen, daß Motivation letztlich immer Selbst-Motivation ist. Da wir die Quelle der Selbst-Motivation (= Kontext/Geist) nicht kennen, vergewaltigen wir das Konzept der Motivation.

Auch der in der Management-Literatur in den letzten Jahren so heftig geforderte »Aufbruch zum visionären Management« kann ohne Kontext-Arbeit überhaupt nicht funktionieren. Die meisten Autoren verwechseln schlichtweg Charisma mit Kontext. Der große visionäre Unternehmer hat natürlich in der Regel ein starkes Charisma. Aber mit Charisma allein kann man kritische und emanzipierte Mitarbeiter heute nicht mehr in für sie unbekannte Zukünfte führen. Dazu benötigt der Manager von morgen wesentlich mehr, zum Beispiel die Vermittlung von erlebten Zukünften, die man bisher persönlich nicht erleben konnte.

Und deshalb gibt es den Trend zum Kontext-Management:

> **Der Visions-Manager ist in der Lage, die unsichtbare Zukunft durch Kontexte in ein lebendiges Heute umzuformen.**

Die besondere Bedeutung der Imagination für das kommende Kontext-Management

Die bisherigen theoretischen und praktischen Erkenntnisse im Umgang mit der Kontext-Arbeit zeigen, wie wichtig es ist, das »abgeschlossene Handeln« im Kopf so visualisieren zu können, daß es zur plastischen

Gegenwart wird. Und diese Visualisierung benötigt als Instrument die *Imagination.*

Gerade in der New-Age-Szene und in der Psycho-Szene erschienen in den vergangenen Jahren sehr viele Bücher, Methoden und Workshops zum Thema *»aktive Imagination«*. Stichwort dazu: *Mental-Training für Imagination.*

Bei der Imagination ist es wichtig, daß der Top-Manager nicht nur Teile der Zukunft sieht, sondern *den Plan in seiner Ganzheit.* Wie Davis schreibt, entwickelt sich die *»Durchbruchs-Qualität eines Planes«* überwiegend durch die Tatsache, daß die Zukunft ganzheitlich gesehen wird.

Auch in der Kognitions-Forschung hat man sich jetzt den Problemen des Kontextes genähert, besonders in den letzten Jahren und vor allem in den USA. Wie Ernst P. Fischer in seinem Buch *»Die zwei Gesichter der Wahrheit«* (München 1990) schreibt, hat man sich der *epistemischen Kognition* genähert und dabei den Aspekt der Komplementarität erkundet. Man erkennt in der Wissenschaft das Auseinanderbrechen von *»wahrer Wahrheit«* in unterschiedliche Erfindungen von Wahrheit. Und dabei kommt es zu einer Übertragung der physikalischen Komplementariats-Theorie von Niels Bohr auf die Bewußtseins-Ebene.

In der Schweiz – so berichtet Ernst P. Fischer – wird dieser Aspekt für die Forscher immer wichtiger. Die Psychologen Fritz Oser und K. Helmut Reich vom Pädagogischen Institut der Universität Fribourg haben zum Beispiel die Hypothese entwickelt, daß sich das *»Denken in Komplementarität«* entwickelt.

Was bedeutet das für das Kontext-Management? Bisher hatte man geglaubt, hauptsächlich ausgehend von den Forschungen von Piaget, daß das Denken ein Entwicklungs-Prozeß ist, der beim Kleinkind zwischen null und zwei Jahren beginnt (sensomotorische Periode) und sich dann immer mehr über konkrete und operationale Ebenen bis zur abstrakten Ebene entfaltet. Diese formal-operationale Ebene solle zwischen zwölf und sechszehn Jahren vollständig entwickelt werden.

Die Forschungen von Oser und Reich zeigen aber, daß es über die bisherigen drei Kognitions-Perioden nach Piaget nunmehr zwei weitere Kognitions-Niveaus gibt. Drei der neuen Kognitions-Niveaus stimmen durchaus mit dem bekannten Entwicklungs-Schema von Piaget überein. Aber es gibt zwei Stufen der intellektuellen Entwicklung, die deutlich darüber liegen. Und es ist interessant, welche Niveaus das sind. Es sind diejenigen kognitiven Entwicklungs-Niveaus, die für *Paradoxa und Ki-*

netik wichtig sind. Oser und Reich haben diese Zusammenhänge in folgender Tabelle präsentiert:

Niveau (nach Oser und Reich)	Periode (nach Piaget)	Leistung
1.	präope-rational	Die beiden Theorien werden für sich allein betrachtet; eine ist richtig, die andere ist falsch; eine Entscheidung fällt spontan und wird höchstens extern begründet.
2.	konkret-opera-tional	Die Möglichkeit wird erwogen, daß beide Theorien richtig sind; kein Versuch, die eine auf die andere zu beziehen; Begründungen mit selbständig formulierten externen Argumenten.
3.	formal-opera-tional	Die Negation der beiden Theorien zeigt, daß keine vollständig ist; beide sind notwendig; als Begründung werden (verallgemeinerte) eigene Erfahrungen herangezogen.
4.	–	Beide Theorien werden bewußt zusammengebracht; eine (beide) umfassende Erklärung wird versucht; eine Relation zwischen den Theorien wird intern begründet.
5.	–	Komplementarität ist selbstverständlich geworden; die Relation zwischen beiden Theorien ist verstanden; wissenschaftliche Argumente und persönliche Erfahrung finden sich zusammen. Eine umfassende »Supertheorie« entsteht.

Was sagt diese Tabelle im einzelnen? Erst im vierten Kognitions-Niveau werden Menschen fähig, unterschiedliche Relationen zwischen unterschiedlichen Theorien zu erkennen und auch begründen zu können. Das ist die erste Stufe, um *Komplexität* und *Paradoxa* wahrnehmen und emotional aushalten zu können. Mit der fünften Stufe entwickelt sich eine intellektuelle Fähigkeit, die ganz typisch werden wird für die kommende, kinetische Epoche mit ihrer »komplexen Dynamik«. Der Intellekt ist dann fähig, eine Art Super-Theorie für Widersprüche und Komplementarität auszuarbeiten. Der Intellekt geht also nicht mehr von wirklicher Wirklichkeit und wahrer Wahrheit aus, sondern durchschaut die Widersprüche der komplexen Realität so, daß die Widersprüche zur brauchbaren Wirklichkeit werden.

Diese »supertheoretische Intelligenz« ist es, die die Business-Eliten von morgen brauchen werden, um Kontext-Management in einer kinetischen, paradoxen Umwelt betreiben zu können. Mit anderen Worten: Die klassischen Ausbildungs-Programme für Top-Manager sorgen ebensowenig wie die tägliche Erfahrungs-Praxis automatisch dafür, daß die Kontext-Intelligenz entwickelt wird.

Die Kontext-Intelligenz braucht ein eigenständiges mentales Training.

Ein anderer Aspekt, der für das Kontext-Management wichtig wird, ist »*die neue Sicht der Sprache*«, wie sie unter anderem von Hansjacob Seiler von der Forschungsgruppe Unityp an der Universität Köln vorgelegt worden ist. Diese völlig andere Auffassung von Sprache folgt ebenfalls der Entwicklung unseres Kognitions-Niveaus in Richtung Komplementarität und Komplexität. Wenn alles paradoxer und komplexer wird, dann wird offensichtlich nicht nur unser Modell von Intelligenz paradoxer und komplexer, sondern auch unsere Sprache.

Bisher war die Sprache sehr konkret und ausdrücklich darauf ausgerichtet, dinghafte Vorstellungen zu provozieren und zu transportieren. Neuerdings begreift man Sprache in der Forschung anders, nämlich als einen Prozeß, der bei der Lösung eines Problems hilft. Man bespricht also nicht mehr die Dinge, sondern man provoziert durch Sprach-Systeme *das Erfinden von Welten*. Die Sprachforschung zeigt, daß sich das Schwergewicht unserer Sprache verändert, und zwar in Richtung der Konzeptualisierung durch Sprache.

Das bedeutet für das Business: Das Kontext-Management braucht eine besondere Form von Sprache. Die bisherigen Vorstellungen über einen »guten Redner« tendierten dahin, daß derjenige gut sei, der möglichst plastisch und emotional sprechen kann. Beim Kontext-Management muß die Sprache eine andere Zielrichtung haben. Sie muß eine »*erweckende Sprache*« sein. Sie muß innere Prozesse auslösen, also mentale Prozesse der Selbst-Überwindung.

Das bedeutet:

Die Kontext-Sprache ist eine Konzept-Sprache und keine An-schaulichkeits-Sprache.

Die Kontext-Sprache provoziert die innere Eigendynamik des Ent-lernens beim Rezipienten.

Kontexte kann man nicht schrittweise imaginieren. Und die Teilhandlungen und Schritte, die der einzelne Mitarbeiter bei der Durchführung eines Planes unternimmt, werden unsicher und energiearm, wenn die zukünftige Zukunft nicht ganzheitlich-plastisch im Geist entwickelt worden ist.

Gerade aber die neuen Führungs-Modelle, die sich jetzt ganz langsam durchsetzen, nämlich Selbst-Organisation und autonomes Handeln, benötigen dringend eine gute Kontext-Arbeit von oben nach unten. Warum?

Kontext . . . die Meta-Strategie für autonomes Arbeiten

Je mehr der einzelne Mitarbeiter oder das einzelne Team autonom handeln soll (um die Organisation flexibler und situativ effizienter zu machen), um so richtiger müssen die Pläne sein im Sinne des gewollten Kontextes, ohne daß das Top-Management die Strategie und Pläne vorgibt. *Die Richtigkeit der Pläne* entwickelt sich nicht mehr durch eine hierarchische Kommunikation von oben nach unten (in turbulenten Zeiten kann das Top-Management diesen klassischen Weg ohnehin kaum perfekt beschreiten), sondern entwickelt sich durch die Autonomie der einzelnen Teams. Das neue Credo für kinetische Märkte lautet: *Derjenige, der handelt, plant seine Handlung.*

Um aber trotzdem zu Kohärenz und Energie zu kommen, müssen die Pläne irgendwie aufeinander abgestimmt werden, ohne daß es umfangreiche Abstimmungs-Prozesse gibt, das heißt zähe Konferenzen, nervende Meetings und ermüdende Diskussionen. Wenn man Demokratisierung, Partizipation und Autonomisierung verbindet mit permanenten Zwischen-Abstimmungen, dann bekommt man das, was in der Studentenbewegung der sechziger Jahre so frustrierend war: Eine Abstimmungs-Konferenz jagte die andere, und die Demokratisierung verschlingt mehr Zeit- und Psycho-Kosten, als sie auf der anderen Seite wieder einbringt.

In kinetischen Zeiten können sich nicht alle beteiligten Mitarbeiter und Teams kontinuierlich über alle Details abstimmen. Deshalb ist es der Kontext, der diese Abstimmungen erzeugt. Und zwar ohne direkte Kommunikations-Prozesse. Es ist dann »wie von selbst klar«, was zu tun ist. Man könnte sagen, daß der Kontext eine Art *Meta-Strategie* ist, die alle anderen Strategien formt, ohne daß diese Formung in irgendeiner Form real organisiert werden muß.

Unternehmenskultur . . . das alleine reicht nicht

An dieser Stelle wird auch deutlich, daß die aktuellen Diskussionen über Unternehmenskultur einen wichtigen Aspekt des modernen Managements übersehen haben. Firmenkulturen allein sind nicht in der Lage, diese Meta-Ebene zu gestalten, das heißt die Strategie über der Strategie zu formen. Sie sind in erster Linie ideal für die *Identität von Organisationen* und Unternehmen, also für das Wir-Konzept. Und sie sind ideal für das *Lebendigmachen der Werte*. Firmenkulturen sagen, wer man ist und was man gut findet.

Kurz:

Unternehmenskulturen definieren die Spielregeln, nicht aber die Intentionen.

Die große Weichenstellung, die im Management jetzt zu beobachten ist, *vom harten Ratio-Management zum weichen Kultur-Management*, ist zwar im Ansatz richtig, aber benötigt dringend eine Ergänzung: Zur sozialen Kultur gehört das mentale Kontext-Management. *Das Soziale braucht das Mentale.*

Wichtig dabei ist, daß die Unternehmenskultur überwiegend von den Mitarbeitern zu gestalten ist. Im Idealfall entwickelt sich die Kultur von unten nach oben (was meistens genau andersherum gesehen wird), während die Kontext-Arbeit wirklich eine echte Elite-Aufgabe ist. Sie bleibt die Aufgabe der Vorstände, Unternehmer und Chefs.

Neu: die Anerkennung
von Unvereinbarkeiten

Es gibt etwas Wichtiges zur Technik des Kontext-Managements zu sagen: *Kontexte sind paradox* und leben von These und Anti-These. Die Erfahrungen von Stanley Davis haben gezeigt, daß Kontexte nur von denjenigen glaubwürdig formuliert und in einem Unternehmen durchgesetzt werden können, die in der Lage sind,»*sich mit widersprüchlichen Formulierungen wohl zu fühlen*«. Das ist der einzige Weg, um eine unsichere Zukunft (die ja im Prinzip widersprüchlich, verlaufsoffen und voller Konflikte und Überraschungen ist) zu einer Synthese zu führen, die alle akzeptieren können.

Organisations-Theoretiker wie Karl E. Weick gehen deshalb davon aus, daß Kontexte ganz anders sind als Strategien. Strategien benötigen Reduktionen und sind im Grunde eine *Vergewaltigung der wirklichen Welt*. Kontexte schaffen aber eine künstliche Welt durch kreative Imaginations-Arbeit. Sie müssen deshalb soweit wie möglich den kinetischen Welten angenähert sein ... also müssen sie fließend und widersprüchlich sein und die Komplexität widerspiegeln, die das wirkliche Leben nun einmal in sich birgt.

Das führt zu dem Weickschen Postulat:»*Ein Manager muß Unvereinbarkeiten anerkennen.*« Nur durch die Fähigkeit, Paradoxa und krasse Widersprüche psychisch aushalten zu können, bekommt der Kontext die notwendige Komplexität.

Weick weist darauf hin, daß hier eine *direkte Beziehung zur Weisheit* besteht. Menschen, die wir als weise erleben, haben eine breite Toleranz-Basis und verstehen auch Dinge, die andere nicht verstehen. Sie sind in der Lage, die Unstimmigkeiten als höhere Stimmigkeiten darzustellen. Kontext-Management verlangt deshalb eine praktische Portion Weisheit.

Fassen wir zusammen:

Nur derjenige kann ein Unternehmen mit den vielfältigen Subkulturen und den zum Teil heftig rivalisierenden Gruppen-Normen zu Kohärenz und Synthese führen, der Weisheit in seiner Person repräsentiert, also Widersprüche und Unvereinbarkeiten in sich selbst harmonisch repräsentieren kann.

Die Intelligenz wird paradox

Damit wird deutlich, was auf das Top-Management zukommt, wenn es Kontexte entwickeln will: Das ist mit der normalen, rationalen Intelligenz nicht zu machen.

Das bedeutet auch die Abkehr vom klassischen Zahlen-Modell der Strategie. Ein Satz wie »In den nächsten drei Jahren müssen wir 5 Prozent mehr Marktanteil erringen« ist heute nicht mehr in der Lage, bei den Mitarbeitern soziale Energien freizusetzen und die gewünschte Synthese der unterschiedlichen Abteilungs-Kulturen herzustellen.

In den Worten von Stanley Davis: »Die Einleitung zu einer Synthese und das Auftauchen einer einheitlichen Kultur, die der neuen Strategie entspricht, wird nur dann geschehen, *wenn man das Paradoxe erlaubt.* Führungskräfte müssen diese Methode konsequent anwenden, obwohl es im Anfangs-Stadium viel Verwirrung stiften wird.«

Und das bedeutet auch, daß sich das Top-Management vom *paramilitärischen Modell* endgültig entfernen muß. Das paramilitärische Modell, das in den oberen Etagen zu fast 100 Prozent verbreitet ist (wenn auch oft subtil getarnt), geht immer von *Reduktion der Komplexität* aus. Die Chefs glauben, die Welt nur dann durch *Zielvorgabe* führen zu können, wenn sie (künstliche) Klarheit schaffen. Und diese Klarheit ist genau das Gegenteil von »bewußt akzeptierter Unvereinbarkeit« (Weick).

Aber es kommt noch etwas hinzu: Wenn die Zeiten krisenanfällig und die Märkte kinetisch werden, dann tendieren klassische Manager, die dem paramilitärischen Modell folgen, mit der natürlichen Tendenz zu noch mehr Reduktionismus, verbunden mit Rückkehr zu Hierarchie und Befehl. Dadurch werden dann alle Grau-Schattierungen eliminiert. Und die Welt wird noch mehr in Schwarzweißmanier gemalt. Das erzeugt eine *Pseudo-Dynamik*, die die Wirklichkeit mißachtet und zu neuen Turbulenzen und Krisen führt.

Die Konsequenz:

Der starke Manager, der im falschen Kontext hart führt, wird zum Erzeuger derjenigen Krisen, gegen die er kämpft.

In kinetischen Zeiten gilt:
je mehr Ordnung, um so weniger Ordnung

Der paramilitärisch orientierte Manager vermehrt die Probleme, statt sie zu lösen. Der kluge strategische Kopf erzeugt seine eigenen Krisen. Weick dazu:»Die Unfähigkeit von Leuten in Organisationen, mehrdeutige Verarbeitungs-Weisen zu ertragen, scheint einer der wichtigsten Gründe dafür zu sein, daß sie Schwierigkeiten haben.

Es ist das Fehlen der Bereitschaft, Mehrdeutigkeit in mehrdeutiger Weise anzupacken, was Scheitern, Nichtanpassung, Autismus, Isolierung von der Realität, psychologische Kosten usw. verursacht. Es ist ironischerweise *das Fehlen der Bereitschaft, Ordnung zu zerbrechen, das der Organisation das Schaffen von Ordnung unmöglich macht.*

Ordnung besteht aus Daten, deren Mehrdeutigkeit unterdrückt worden ist.

Aber Mehrdeutigkeit kann nur unterdrückt werden, wenn sie zuvor in Prozessen registriert worden ist. Korrektes Registrieren setzt voraus, daß die Prozesse den Merkmalen ihrer Inputs entsprechen. Wenn die Leute das Eindeutige schätzen, aber nicht bereit sind, sich auf das Mehrdeutige einzulassen, dann wird ihr Überleben problematisch.«

Fassen wir an dieser Stelle zusammen:

①Mit hoher Wahrscheinlichkeit wird sich das Kontext-Management in den nächsten Jahren in Deutschland immer mehr durchsetzen. Zuerst wird man darüber nur diskutieren, später werden die ersten Trainings-Programme kommen. Und es ist zu erwarten, daß noch in diesem Jahrzehnt das Kontext-Management beginnt, eine wichtige Säule des sogenannten *sanften Managements* (Soft-Management) zu werden.

②Es ist zu erwarten, daß das Kontext-Management die neue *Domäne jüngerer Top-Manager* werden wird, wenn der Generationen-Wechsel, der sich jetzt zu vollziehen beginnt, weiter vorangeschritten ist. Unternehmer, Vorstände und Direktoren, die die 68er Studentenrevolte aktiv oder passiv miterlebt haben, können sich leichter vom paramilitärischen Paradigma, das derzeit noch herrscht, trennen und sind auch kompetent, um die üblichen Kader-Systeme zu überwinden. Sie werden deshalb auf den Trend setzen: *führen, ohne direkt zu führen.*

③Ein wesentliches Element dieser »Führung ohne Führung« ist die *geistige Schöpfung* und die soziale Durchsetzung von Kontexten im Unternehmen. Hier entsteht *eine moderne Elite-Aufgabe.* Anders ausgedrückt: Je mehr Demokratisierung, Dezentralisierung und Autonomisierung, um so drängender wird der Ruf nach einer neuen Elite, die die Kontext-Arbeit beherrscht.

④ Wenn Manager Kontexte managen wollen, müssen sie fit sein in der *mentalen Dimension* des Managens. Sie benötigen zum Beispiel ein Training, um gezielt und aktiv imaginieren zu können. Es kann vorhergesagt werden, daß viele Techniken der Psycho-Welt und New-Age-Bewegung (Imagination, Meditation, Chakren-Training etc.) unter dem Rubrum »Inner-Management und Mental-Training« vor einem großen Boom stehen.

⑤ Wenn Manager Kontexte managen wollen, müssen sie sich wandeln von der Ratio-Cleverness zu einer *kraftvollen Weisheit*, um in der sozialen Organisation des Unternehmens Synthesen herstellen zu können, und zwar durch die *Harmonisierung von Unvereinbarkeiten*. Es kann vorhergesagt werden, daß bei wachsender Autonomisierung und Emanzipation der Mitarbeiter diese kraftvolle Form der Weisheit zu einem wesentlichen Gestaltungs-Element des Managers wird. Weisheit wird die klassische Form von Autorität ersetzen, die auf Status und Angst beruht.

Kontexte sind immer Sprünge ...
sie wandeln sich nicht allmählich

Das allgemeine Wissen über Kontext-Bildung ist im Management zur Zeit noch sehr unklar. Ich habe wiederholt Gespräche über Kontext-Management geführt und dabei festgestellt, daß die meisten Top-Manager nur eine dumpfe Ahnung davon haben, daß sie es selbst sind, die die Welt erzeugen, indem sie geistig Welten konstruieren. Und das ist ja auch der klassische Ansatz der sogenannten Konstruktivisten mit ihrer Kern-These: »*Jede Wirklichkeit ist eine erfundene Wirklichkeit*«.

Viele Manager haben mir bestätigt, daß sie irgendwie ahnen, wie sehr die *Qualität ihres Bewußtseins* der entscheidende Faktor dafür ist, wie gut man zukünftige Wirklichkeiten gestalten kann. Sie ahnen, daß die Welt von morgen abhängig ist von dem Bewußtsein von heute.

Viele Top-Manager wissen auch, daß hier die eigentliche Elite-Aufgabe für die Männer und Frauen an der Spitze wartet. Aber die meisten glauben doch, daß Kontexte sich ganz allmählich entwickeln, so nach dem Motto: Jede Information verändert das Bewußtsein. Genau das stimmt aber nicht.

Die Analysen zeigen, daß Kontexte immer einen *geistigen Quantensprung* darstellen. Kontexte wandeln sich schnell und abrupt. Sie verschieben sich nicht, und es gibt auch kein langsames Driften. *Kontexte springen.*

Wenn das stimmt, dann muß ein Kontext-Manager ein anderes Informations-Verhalten haben als ein normaler Manager. Der normale Manager kann davon ausgehen, daß er jeden Tag neue Informationen bekommt und daß er dadurch immer einigermaßen Bescheid weiß.

Wer Kontexte gestalten und verändern will, muß sein eigenes Informations-Verhalten radikal verändern. Er muß sich zwingen, das normale *Verstärkungs-Lernen zu durchbrechen.* Er muß Informationen so sammeln und so verarbeiten, daß er sie nicht mißbraucht, um sein Weltbild von gestern zu bestätigen.

Er muß die Informationen gegen sich selbst sammeln und verarbeiten.

Zur Praxis
des Kontext-Managements

Meine Erfahrungen haben gezeigt, daß das Herstellen neuer Kontexte am besten funktioniert, wenn man ein kleineres Team formt, das sich im Sinne eines festen Ritus regelmäßig trifft (zum Beispiel alle drei Monate), um einen einzigen Tagesordnungspunkt zu erfüllen: Kontext-Arbeit und Kontext-Fortschritt. Nach jedem Kontext-Workshop sollte die Welt anders aussehen. Das wichtigste informationelle Instrumentarium hierfür dürfte das *Umfeld-Monitoring* sein.

Ideal wären also rhythmisch vereinbarte *Kontext-Workshops*, die folgendes Aussehen haben könnten:

● Man trifft sich einen Tag ganz bewußt *außerhalb der normalen Büroräume*, zum Beispiel in Seminar-Zentralen, Hotels etc.

● Vier Stunden präsentiert man sich wechselseitig die *Ergebnisse des Umfeld-Monitorings* (das kann ein externer Experte machen, das können interne Experten machen ... wie auch immer: Das Monitoring muß nur methodisch und kontinuierlich durchgeführt werden).

- Dann beginnt man einen verlaufsoffenen Mini-Workshop, der nur eine einzige Zielsetzung hat: Wie können wir aufgrund der Daten unser *Weltbild von gestern verändern*?

- Es wird noch am selben Tag das jeweils aktuelle *Kontext-Manifest* formuliert. Möglichst nicht länger als eine DIN-A4-Seite, in knappen, sloganhaften Sätzen.

- Dieses Manifest wird auf Basis von *High Trust* und in einer *entspannten Atmosphäre* (es gibt Unternehmen, die das nach einer kleinen Gruppen-Meditation durchführen) emotional und imaginativ verarbeitet, so daß es umgewandelt wird von der Papier-Qualität zu einer persönlichen Emotional-Qualität. (Danach sollte man sich als Team richtig feiern!)

Wie wir gesehen haben, sind Kontexte »*blitzartige Einsichten*«. Davis vergleicht sie mit Erleuchtungen, wenn auch profaner Art. Und er argumentiert, daß man zwar mehr oder weniger gebildet oder informiert sein kann, daß man aber nicht mehr oder weniger erleuchtet sein kann. Entweder sieht man eine Wirklichkeit, oder man sieht sie nicht.

Peter F. Drucker, der bekannte Management-Experte, sieht im Grunde alle innovativen Möglichkeiten als *noch nicht entdeckte Realität*, und er weist darauf hin, daß Techniken wie Environmental Scans, demographische Projektion und Zukunfts-Szenarien immer wichtiger werden, damit wir fähig werden, zu erkennen, was wir noch nicht erkennen. Damit wir entdecken, was als Entdeckung auf uns wartet. Der Kontext-Manager wird dadurch zu einem »*Archäologen der Zukunft*«, wie Drucker sagt.

Und diese Form der Entdeckung sollte man auch nicht mit der »Macht des positiven Denkens« verwechseln, was besonders in den USA seit längerem in Mode ist. Die Macht des positiven Denkens ist oft Illusion. Kontext ist die Entdeckung dessen, was zuvor im Kopf erfunden wurde. Deshalb ist in allen Industrienationen eine breite Zuwendung zu Szenarien und Trend-Monitoring zu beobachten.

Fassen wir zusammen:

① Wer Kontexte managen will, benötigt eine hochqualifizierte Verarbeitung von Informationen gegen sich selbst. Die übliche, zumeist zufällige Informations-Verarbeitung, die heute im Management gang und gäbe ist, reicht nicht aus. Neuartige Kontext-Workshops können weiterhelfen.

② Kontext-Management basiert nicht auf Einbildung und Illusion, sondern auf dem Entdecken von Wirklichkeiten, die man zuvor geistig erfunden hat. Die wichtigsten Instrumentarien sind alternative Szenarien und Trend-Monitoring.

③ Wer Kontexte entwickelt und durchsetzt, ist im Grunde ein Entdecker. Er wird damit zu einem völlig anderen Habitus von Planung kommen. Und wer so denkt, wird auch das Wesen der Strategie anders begreifen. Strategie ist dann nicht mehr einseitige Intention (Macht-Strategie), sondern Strategie wird als Reaktion auf eine bereits vorher vorhandene, aber erst durch den Kontext sichtbar gewordene Wirklichkeit gesehen. Alle Planungen werden zur Reaktionen auf den neuen Kontext.

Strategie wird somit reaktiv und nicht mehr aktiv. Um es mit den Worten von Stanley Davis zu sagen: Das moderne Management nähert sich dadurch einer Marketing-Orientierung für strategische Planung. Dieser Schritt wurde fällig, denn er ist der letzte Schritt zur Loslösung des Managements von der paramilitärischen Metapher (rationales Macht-Modell).

Kontext und moderne Führung ohne Befehl und Anordnung

Wenn es einem Top-Manager gelingt, einen permanent fließenden Prozeß von Kontexten zu entwickeln und in seinem Unternehmen sozial durchzusetzen, dann bewirkt er ohne Befehl, Zwang und die üblichen Manipulationen (Zuckerbrot und Peitsche) außerordentlich *effiziente Effekte im Gehirn* seiner Mitarbeiter.

Die Bio-Feedback-Forschung liefert hierzu eindrucksvolle Beweise. Ein Beispiel kommt von Professor Niels Birbaumer von der Uni in Tübingen. Er ist ein führender Mann der *Bio-Feedback-Forschung* und arbeitet in der Abteilung für klinische und physiologische Psychologie. Er und sein Team versuchen, kranken Versuchspersonen beizubringen, die Potential-Schwankungen des Gehirns bewußt zu kontrollieren.

Beim Training sitzen die Versuchspersonen in bequemer, entspannter Haltung vor einem Bildschirm, der an einen Computer angeschlossen ist. Am Kopf sitzen mehrere Elektroden, und über einen Kopfhörer hört die Versuchsperson in zufälliger Reihenfolge einen hohen oder tiefen Ton. Auf dem Bildschirm sind rechts eine kleine Rakete und links zwei Tore plaziert.

Die Aufgabe der Versuchsperson ist es, beim Hören des tiefen Tones die Rakete in das obere Tor zu lenken und beim Erklingen des hohen Tones die Rakete in das untere Tor zu schießen. Was treibt nun die Rakete an? Ausschließlich die elektrischen Gehirn-Aktivitäten der Versuchsperson, die vom Computer in Form der Raketenbahn auf den Bildschirm projiziert werden. Eine negative Verschiebung der langsamen Hirn-Potentiale lenkt die Rakete in das untere Tor (hoher Ton). Wird die Großhirnrinde dagegen positiv, fliegt die Rakete in das obere Tor. Denkt der Patient falsch, das heißt unkoordiniert, bekommt er Minus-Punkte, denkt er koordiniert und richtig, bekommt er Pluspunkte, weil er die Rakete der Aufgabe entsprechend in das obere Tor gelenkt hat.

Kontexte konditionieren das Gehirn der Mitarbeiter

Das Team um Prof. Birbaumer hat nun nicht nur kranke Personen in dieser Form trainiert, sondern auch viele gesunde Personen. Und man hat dadurch die Regeln des »operanten Lernens«, auch *operantes Konditionieren* genannt, erkannt. Und diese Regeln haben viel mit mentalem Management zu tun. Sie sagen nämlich, daß » . . . die meisten unserer Verhaltensweisen durch ihre unmittelbaren Konsequenzen, das heißt *durch Verstärker gelernt* werden« (BILD DER WISSENSCHAFT).

Nun stellt sich natürlich die interessante Frage: Was sind diese optimalen Verstärker? Zuerst einmal kann es Geld sein, aber das ist es immer weniger allein. Die vielfältigen sozialen Forschungen haben gezeigt, daß die meisten Mitarbeiter vorrangig nicht mehr durch Geld zu motivieren sind. Lob gehört natürlich dazu. Aber Lob zu verteilen hat auch etwas sehr Patriarchalisches, und je dezentralisierter und autonomer gearbeitet wird, um so seltener gibt es das glanzvolle Lob von oben.

Ein sehr wichtiger Verstärker, den Prof. Birbaumer bei seinen Forschungen erkannt hat, sind *positive Vorstellungen.* Auf dem Computer-Bildschirm wurde das immer wieder deutlich sichtbar: Man kann sich durch positive Vorstellungen, also durch Kontexte, außerordentlich motivieren und damit seinen gesamten Organismus und seine Handlungen selbst optimieren und stimulieren. Der Sinn der Kontexte liegt in ihrer energetischen Verstärker-Funktion.

Auf das Management bezogen bedeutet das: Derjenige Manager, der durch Kontext-Bildung *emotional attraktive Zukunfts-Vorstellungen* in der Organisation verankern kann, steuert indirekt die Gehirn-Arbeit und damit die emotionale Selbst-Regulation seiner Mitarbeiter.

Hier liegt auch der Ansatzpunkt für das, was in der Literatur immer häufiger »*Handlungs-Optimismus*« oder »winning spirit« genannt wird. Ein professionelles Kontext-Management ist in der Lage, die nötige »Chemie des Optimismus« im Unternehmen zu erzeugen. Diese Optimismus-Energie kann man nicht rational planen und schon gar nicht per Aktennotiz befehlen.

Man hat sich oft gefragt, warum es Unternehmen gibt, die eine eigenartige Mattigkeit und Müdigkeit aufweisen, während es andere Unternehmen gibt, die vor Optimismus und Selbstsicherheit geradezu strotzen.

In den letzten Monaten haben viele Wissenschaftler und Experten dieses Phänomen ausschließlich auf die »unbekannten Effekte der Unternehmens-Kultur« geschoben, aber jetzt wissen wir, was der eigentliche Grund ist: Die Kontexte sind es.

Professionelles Kontext-Management – so hatten wir gesagt – macht aus einer nebulösen Zukunft eine emotional positive Gegenwart. Dadurch kommt es zu einer lang anhaltenden *positiven Selbst-Regulation.*

Das Fazit:

Ein sozial durchgesetzter Kontext wirkt wie ein kontinuierlich präsenter Konditionierer im Gehirn.

Welche spezielle Intelligenz braucht die Kontext-Arbeit?

Interessant ist in diesem Zusammenhang auch, was der Psychologie-Professor Robert J. Sternberg von der Yale-Universität dazu ermittelt hat. Er ist ein international anerkannter Experte für Intelligenz-Forschung.

Und er geht davon aus, daß es mehr als nur eine Intelligenz gibt. Nach dem Motto »Drei Köpfe sind besser als einer« hat er eine *triarchische Theorie der Intelligenz* entwickelt.

In seinem 1985 erschienenen Buch »Beyond IQ« beschreibt Sternberg, daß unser Verhalten von drei Intelligenz-Arten gesteuert wird: *der komponentialen, der experimentellen und der kontextualen Intelligenz.* Offensichtlich gibt es also auch eine spezielle Intelligenz für die Kontext-Seite. Aber betrachten wir das im einzelnen:

● *Der komponentiale Aspekt der Intelligenz*

Er mißt im Grunde unser *kritisches Denkvermögen.* Das ist das, was man normalerweise als IQ bezeichnet. Wer hier Spitzenwerte entwikkelt, ist besonders gut im Analysieren. Aber das ist oftmals weit entfernt von der Produktion guter Ideen.

● *Der experimentelle Aspekt der Intelligenz*

Er betont *Einsicht.* Es gibt viele Menschen, die ausgesprochen intelligent analysieren können, aber eben nur das, was man kennt. Sie sehen nur das, was das Gehirn bereits als vorhanden »abgebucht« hat.

Einsicht ist mehr. Einsicht schließt die Fähigkeit ein, eine alte Sache auf neue Art zu sehen oder eine neue Sache auf alte Art. Und dieser experimentelle Aspekt der Intelligenz ist dringend erforderlich für *Kontext-Arbeit.*

Es hat sich gezeigt, daß die meisten Menschen viel zu einseitig auf die klassische, das heißt komponentiale oder analytische, Intelligenz getrimmt sind und daß sie die Fähigkeit zum »Neusehen« nicht entwickelt bzw. trainiert haben.

Interessant ist, daß Sternberg Wege gefunden hat, um die wichtige Einsichts-Intelligenz *systematisch zu fördern.* Er hat hier zum Beispiel mit Kindern gearbeitet. Das Ergebnis: Man kann diese spezifische Form der Kontext-Intelligenz so trainieren, daß die Zugewinne dauerhaft und transferierbar sind. Die experimentellen Fähigkeiten waren bei den trainierten Kindern noch nach einem Jahr vorhanden.

Die Kinder konnten diese neuerworbene Kontext-Fähigkeit auch anwenden auf Einsichts-Probleme, die niemals im Trainings-Programm aufgetaucht waren (Transfer).

Dieser Befund ist wichtig, weil die meisten Spitzen-Manager in den vielfältigen Gesprächen und Analysen, die ich durchgeführt habe, immer wieder betonen, daß Managen eine Kunst sei und daß *das Wesentliche nicht vermittelt* oder gar trainiert werden könne. Man sei entweder kreativ oder man sei es nicht. Man habe Charisma oder man habe es nicht. Man könne Probleme entdecken, die andere nicht entdecken . . . oder man könne es nicht. Dieses mag partiell stimmen . . . aber es stimmt auch wieder nicht. Die Untersuchungen von Sternberg beweisen zu deutlich, daß die für Elite-Aufgaben wichtige Kontext-Intelligenz sehr wohl trainiert werden kann und daß sie zugleich transferierbar und stabil ist.

- *Der kontextuale Aspekt der Intelligenz*

  Er betont die Adaption. Es handelt sich also um eine spezifische Form der *praktischen Intelligenz*, die Menschen in die Lage versetzt, besser mit einem Umfeld zurechtzukommen. Eine *Umfeld-Intelligenz*. Sternberg nennt es das»*schweigende Wissen*«oder das»dritte Feld der Übereinstimmungen«. Das, worum es geht, ist impliziert oder angedeutet, aber nicht konkret ausgedrückt, und es wird auch nicht gelehrt. Die Resultate von Sternbergs Untersuchungen zeigten, daß das schweigende Wissen ein wichtiger Maßstab ist, der ausdrückt, wie gut Leute an ihre Umgebung angepaßt sind. Sie wissen, wann sie sich wo in welcher Form anpassen sollen und wann sie sich nicht anpassen sollen. Es handelt sich hierbei um die *Meta-Intelligenz* für andere Intelligenz-Formen.

  Dieser kontextuale Aspekt der Intelligenz ist die Basis für das»Selbst-Management« der Manager und wichtig für die Kontext-Arbeit, um die Kontexte im Unternehmen sozial durchsetzen zu können.

Halten wir fest:

Für das Kontext-Management sind Intelligenz-Bereiche wichtig, die mehr leisten als die übliche rationale Intelligenz (komponentiale Intelligenz).

Dazu gehört zum Beispiel die Fähigkeit zur kreativen Sicht von neuen Dingen (Einsichts- oder experimentelle Intelligenz) und die Fähigkeit, sich den unterschiedlichen Situationen jeweils adäquat anpassen oder entziehen zu können (kontextuale Intelligenz).

Wichtig ist dabei, daß die für ein professionelles Kontext-Management erforderliche Zusatz-Intelligenz in außerordentlich effizienter Form trainiert werden kann.

Das Kontext-Management kann durch Training entwickelt und verbessert werden. Neben Studium und Praxis benötigt der kom-

mende Top-Manager ein Mental-Training für Meta-Intelligenz und Meta-Bewußtsein.

Die wichtige Rolle des Weltbildes . . .
können Sie Krisen lieben?

Wir haben erkannt, daß es bestimmte Intelligenz-Aspekte gibt, die für das Kontext-Management wichtig sind. Aber etwas anderes ist ebenso wichtig: *das bessere Weltbild.*

Hierzu hat Hans Rudolf Arm in GDI IMPULS vor einiger Zeit unter der Überschrift »Wie kann man neue Denkweisen in der konkreten Handlungs-Ebene umsetzen?« wichtige Anstöße vorgelegt, die weitestgehend mit meinen Diagnosen übereinstimmen.

Um ein guter Kontext-Manager zu werden, muß man eine andere Einstellung zu Veränderungen haben. Wandlungen, Turbulenzen und Krisen müssen als positive Chance gesehen werden und *nicht als destruktive Störung.* Aber wie kann man derartig negative Aspekte wie Turbulenzen und Krisen positiv sehen oder gar lieben? Das geht nur, wenn man umschalten kann vom strukturorientierten Weltbild auf ein prozeßorientiertes Weltbild.

Hin zu einem prozeßorientierten Weltbild . . .
das Tao läßt grüßen

Das strukturorientierte Weltbild geht von einem Gleichgewichts-System aus. Insofern ist es konservativ. Es sucht die *verführerische Harmonie des Gleichgewichts.*

Es will die Struktur erhalten, stabil machen. Menschen mit einem derartigen Weltbild versuchen deshalb immer, Geschlossenheit herzustellen. Sie tendieren zu Optimierungs-Konzepten auf Basis überschaubarer Situationen und Ziele.

Dahinter steckt ein typisches Bündel von Motiven, die gekennzeichnet sind durch Beherrschbarkeit, Steuerungsfähigkeit und Kontrolle. Genau diese Werte sind auch die Basis-Werte des rationalen oder autoritären Top-Managers . . . es sind die Werte der *militärischen Metapher.*

Betrachten wir nunmehr das *prozeßorientierte Weltbild.* Es ist dem Wandel verpflichtet, bevorzugt die Instabilität und sieht in der Instabilität und im offenen Ungleichgewicht im Grunde die einzige Chance, um besser zu werden. Man will also nicht die Optimierung auf Basis einer stabilen Situation, sondern man will die Optimierung durch das *Herstellen von Fließen* ... durch die *Schöpfung von Auflösung.*

Erich Jantsch hat diese beiden Positionen anschaulich beschrieben: Für die Struktur-Orientierung wählt er als Beispiel einen Menschen, der am Ufer auf dem Trockenen steht und den vorbeifließenden Strom beurteilt und interpretiert. Das nennt er lineare Weltsicht oder *linear-kausales Denken.*

Damit meint Jantsch erstens den Glauben an die Analysierbarkeit und damit implizit verbunden den Gedanken der *Beherrschbarkeit des Systems* sowie zweitens die Bedeutung des Festhaltens von vorhandenen Strukturen, also die Überzeugung, in der besten aller möglichen Welten zu leben, wie es einmal Leibniz ausgedrückt hat.

Als polaren Gegensatz dazu beschreibt Jantsch die prozeßorientierte Haltung mit der Vorstellung, daß wir selbst Teil dieses Stromes sind, und zwar nicht als Schiffer, der die Fluten beherrscht, sondern analog den Wasser-Molekülen, die zwar den Strom bilden, aber dennoch immer nur Teil davon sind.

Das prozeßorientierte Weltbild ist stark von östlichen Religions-Formen, vor allem vom *Taoismus*, geprägt, weshalb es den klassischen und konservativen Managern oft außerordentlich suspekt ist. Das alles riecht ihnen zu sehr nach Sektentum, New Age und »Zurück zu überwundenen Mythen«.

Aber wie Hans Rudolf Arm schreibt, ist es gerade die buddhistische Tugend des »*Nichtfesthaltens,* das Doing by non-doing, die die Essenz des prozeßorientierten Weltbildes ausmacht. Dieses Nichtfesthalten wird von klassischen Managern der alten Schule mit »*Passivität* oder Nicht-Engagement« verwechselt.

Sie können die kraftvolle Dynamik des Doing by non-doing nicht erkennen, weil sie *auf Machen und Macht ausgerichtet sind* und weil sie zum Beispiel Strategie als eine einseitig intentionale Handlung auffassen. Deshalb können sie die »*Dynamik des Werdens«,* deren Realität in der Entfaltung liegt, wo es keine strukturelle Wirklichkeit gibt, sondern nur Geschehen und Entwicklung«, nicht erkennen und pflegen.

Aber betrachtet man die Trend-Szene genauer, so wird doch sichtbar, daß sich in den USA und in Deutschland das *taoistische Weltbild* jetzt verstärkt durchsetzt. Die Kinetik der Märkte führt uns zur Kinetik des Tao.

Ein für den Taoismus typisches Zitat von Laotse zeigt die Essenz dieser Prozeßorientierung:

»Alle Dinge sind zusammen in Aktion. Doch ich schaue ihre Nicht-Aktion, denn die Dinge sind stets in Bewegung, ruhelos, und doch kehrt ein jedes zurück in seinen Ursprung. Zum Ursprung zurückkehren, das ist Stille. Stille heißt für sich sein. Für sich sein ist das ewig wandelnde Unveränderliche. Das sich ewig wandelnde Unverändliche zu verstehen heißt, erleuchtet zu sein.«

Arm kommentiert das folgendermaßen:»Es gibt keine Trennung gegensätzlicher Aspekte der Realität. Es gibt nur Komplementarität, in der sich Gegensätze einschließen. Der Hintergrund aller Werte im prozeßorientierten System ist also die Einheit aller Dinge, das Zusammenbringen von Gegensätzen, das engagierte Geschehenlassen im permanenten Wandel, im permanenten Ungleichgewicht.«

Das Management, das werden läßt, ist kreative Aggressivität

Hier wird deutlich, daß das Kontext-Management, das ja nur funktionieren kann auf Basis eines prozeßorientierten Weltbildes, eine völlig *andere Auffassung von Macht hat.*

Aus dem machenden Management wird das Management, das werden läßt. Und der Witz dabei: Durch dieses Umschalten vom Machen-Management auf das fließende Werden des Kontext-Managements gewinnt man in Turbulenz-Phasen die kreative Aggressivität zurück, die in so vielen Unternehmen so sehr fehlt. Der sanfte Tao-Weg *öffnet die Tür zur positiven Aggressivität.*

Und noch ein Tao-Aspekt ist wichtig:»Der Wert des Tao liegt in seiner Kraft, Gegensätze auf einer höheren Ebene des Bewußtseins vereinen zu können . . . die Polaritäten in Einklang zu bringen, um ein ausgeglichenes Leben und eine höhere Integration zu entwickeln.«

Das hat Chang Chung-Yuan gesagt, und hier wird wiederum deutlich, wie wichtig das taoistische, prozeßorientierte Weltbild ist, wenn man als Manager Kontexte entwickeln und durchsetzen will. Man braucht dazu – wie wir bereits erkannt haben – die Fähigkeit, *Synthesen herzustellen auf der Basis von Weisheit.* Und diese Weisheit ist mehr als normale Cleverness und Intelligenz. Sie liegt in der Fähigkeit, Polaritäten zu harmonisieren. Die Basis für diese Weisheit ist eine Art *wesentliches Tao.* Hans Rudolf Arm nennt auch die persönlichen Voraussetzungen für ein modernes Tao-Weltbild:

● Akzeptanz von Gegensätzen und Polaritäten,

● ganzheitliche Betrachtungsweisen,

● eigenständiges Denken (gegen sich selbst denken),

● Vertrauen in uns selbst und andere,

● Kommunikations-Fähigkeit als Basis zwischenmenschlicher Beziehungen,

● Flexibilität, weniger in der schnellen Anpassung der Struktur an Veränderungen, wie zum Beispiel Kundenwünsche, sondern im Sinne von Gestaltung von Wandel,

● Offenheit im Sinne eines »vielschichtigen Bewußtseins« (Jantsch); das heißt *Offenheit gegenüber Neuem im weitesten Sinne.*

Diese Voraussetzungen *zielen auf die Persönlichkeit,* weniger auf die Methoden, auf das Wissen und auf das praktische Können von Managern. Arm weist ganz deutlich darauf hin, daß der Umgang mit Komplexität abhängig ist von diesen Voraussetzungen, aber daß diese Voraussetzungen eben nicht instrumentell »eingekauft« werden können, sondern daß sie direkt abhängig sind vom Wachstum der Persönlichkeit.

Zum wiederholten Male wird damit sichtbar, daß die permanente *persönliche Transformation* im Sinne eines persönlichen Wachstums die wichtigste Voraussetzung ist, um als Top-Manager brillant arbeiten zu können . . . mindestens so wichtig wie das akademische Studium und die Branchen- und Berufs-Erfahrung. Die *mentale Reife* des Managers wird zu einer wichtigen Vorbedingung für das Kontext-Management. Aber diese Reife ist nicht zu verwechseln mit »Berufserfahrung«. *Die mentale Reife muß mental trainiert werden.*

Lassen Sie mich an dieser Stelle einige Empfehlungen und Konsequenzen formulieren:

Das Kontext-Management scheint auf den ersten Blick reichlich abstrakt, weil es sich schließlich um das Erfinden von Bewußtsein

handelt. Und solange man dieses Bewußtsein nicht hat, klingt alles wie graue Theorie.

Ich empfehle dennoch, diesen Bereich im Top-Management ernsthaft zu diskutieren und – wenn möglich – frühzeitig mit Trainings-Programmen für Tao-Bewußtsein und Kontext-Kompetenz zu beginnen. Warum?

Die Kontext-Arbeit ist die eigentliche Quelle, um zu einer positiven und kreativen Aggression zurückzufinden. In vielen Unternehmen, besonders den großen, werden aufgrund der extremen Fluktuationen, Störungen und Turbulenzen immer häufiger Probleme nur verwaltet, statt Wandel aktiv herbeizuführen. Es herrscht überall »strategische Bürokratie« statt Change-Management.

Es stellt sich für viele Top-Manager deshalb die Frage, wo ihr spezieller autonomer Gestaltungs-Beitrag liegt, besonders dann, wenn sich die Entscheidungen aufgrund der allgemeinen Flexibilisierung und der CIM-Technologie immer mehr dorthin verlagern, wo die konkreten Prozesse laufen . . . also ins Middle-Management, zu den autonomen Teams und zu den dezentralen Einheiten.

Es hat sich herausgestellt, daß die Kombination von Entscheidungs-Delegation nach unten mit der üblichen »strategischen Bürokratie« die Unternehmen fehlprogrammiert. Man reagiert dann in optimaler Form auf Probleme, die von außen kommen, statt Welten zu erfinden, die man selbst will. Man wird zum Gefangenen der Reaktion und verzichtet darauf, seine eigenen Realitäten zu entwickeln:

Die Aggression der Marktgestaltung fehlt. Die Angriffs-Kraft versiegt, und durch die permanente Optimierung von Reaktionen wird man – trotz aller Dynamik – von außen fremdbestimmt. Man wird zum Opfer der Kinetik.

Um die autonome Angriffs-Kraft geht es. Wer kann als erster das Ungleichgewicht im Markt durchsetzen? Das ist die zentrale Kategorie für kinetische Märkte. Das bedeutet, umschalten zu können auf kreative Aggressivität. Das ist der Unterschied zwischen Probleme richtig lösen (reaktives Management) und neue Probleme erzeugen (kreativ-aggressives Management).

Der internationale Trend zur Kontext-Arbeit ist deshalb besonders für Vorstände, Direktoren und Geschäftsführer wichtig. Sie sind aufgerufen, diejenige mentale Arbeit zu leisten, durch die die

Unternehmen fähig werden, die richtigen Dinge zu machen, anstatt nur die Dinge richtig zu machen. Sie sind aufgerufen, den besseren Geist zu schaffen.

Im Grunde ist die in vielen Fach-Publikationen ausgesprochene Sehnsucht nach einem neuen Unternehmertum nichts anderes als der Ruf nach einem professionellen Kontext-Management. Wer Kontext erschaffen kann, gewinnt das Primat der Aktion zurück. Er kann sich von der reaktiven Aggressivität befreien, die nur dem Muster »Alle prügeln sich im gleichen Markt um den gleichen Kuchen« folgt.

Durch Kontext-Management kann man durchstoßen zur autonomen und kreativen Aggressivität. Sie ist proaktiv und futuristisch, weil sie diejenigen Probleme erzeugt, auf die sie die besseren Antworten weiß.

Zu empfehlen ist deshalb das Training einer mentalen Aggressivität, um dadurch einen kinetischen Vorsprung zu erzielen.

Das Kontext-Management ist eine Elite-Aufgabe, weil hier auch die eigentlichen geistigen Ressourcen liegen für die Wiederbelebung der Innovations-Politik eines jeden Unternehmens.

Wenn der Vorstand eine gute Kontext-Arbeit leisten kann, dann produziert er dasjenige neue Bewußtsein, das bisher im Unternehmen nicht vorhanden war, und generiert dadurch Impulse, Perspektiven und auch Energien für Innovationen, die sonst nicht machbar gewesen wären. Kontexte öffnen geistige Räume.

Der neue Trend zum Kontext-Management gilt im Grunde für alle Bereiche, die im Vorstand vertreten sind, also von der Verwaltung über die Produktion bis zum Marketing. Denn es handelt sich bei der Kontext-Arbeit um die Neuschöpfung von Wissen, das man vorher noch nicht hatte. Dementsprechend handelt es sich um eine Aufgabe, die Vorstände möglichst gemeinsam (kohärent) lösen sollten.

Die Kontext-Arbeit ist die geistige Antwort auf die Flexibilisierung, die als Mega-Trend jetzt überall in der Wirtschaft zu beobachten ist. Diese Flexibilisierung wird bisher aber nur organisatorisch (Flexibilisierung der Arbeitszeit) und technologisch (CIM etc.) angegangen. Der geistige Bereich blieb bisher unterbelichtet. Nun geht es im Grunde darum, daß der Vorstand die Geistigkeit des

Unternehmens ebenfalls flexibilisiert, damit der interne Geist ebenso kinetisch wird wie der Geist des Marktes.

Flexible Strategien versagen . . . wenn das Bewußtsein nicht flexibler wird.

Beim Kontext-Management handelt es sich um die Fähigkeit der obersten Etage, die eigenen Überzeugungen und versteckten Ideologien methodischer und schneller zu entwerten als je zuvor (Selbst-Überwindung). Nur so kann der Geist eines Unternehmens das gleiche Tempo gewinnen, wie es die Märkte inzwischen aufweisen. Kontext-Management ist die Antwort auf den Tempo-Faktor des Wettbewerbs.

Wir empfehlen denjenigen Unternehmen, die auf Unternehmenskultur gesetzt haben, sich ebenfalls der Kontext-Arbeit zuzuwenden, weil die Optimierung der Kultur allein nicht ausreicht, um das kinetische Management zu praktizieren. Zwar spricht jetzt alle Welt von Firmenkultur, aber dennoch muß gesehen werden, daß das Top-Management in Zukunft drei mentale Bausteine managen sollte, die zusammen wichtig sind für die geistige Führung:

1. Unternehmens-Kultur . . . schafft Identität.

2. Zukunfts-Intuition . . . schafft die Vision.

3. Kontext . . . schafft die flexiblen Wirklichkeiten auf dem prozessualen Weg zur Vision.

Es ist wichtig, zu erkennen, daß das Kontext-Management nicht rein rational und instrumentell gehandhabt werden kann. Es basiert auf Kräften der »aktiven Imagination« und wird von Experten wie Karl E. Weick als »Gestaltung der self-fulfilling prophecy« beschrieben.

Es geht darum, daß sich die Unternehmer und Top-Manager diejenige »Innenwelt« gestalten, die eine für sie ideale Außenwelt möglich macht. Das eigene Bewußtsein wird dabei als Quelle für eine positive Aggressiviät entdeckt, durch die neue Durchbrüche und Offensiven gelingen können.

Voraussetzung dafür ist aber das Tao-Weltbild, das in der Berufs-Praxis nicht wie von selbst entsteht. Tao . . . das bedeutet: Der Manager läßt zu, daß seine Überzeugungen nicht mehr wahr sind, sondern prozessual-variabel werden. Die Welt wird zum Tanz vieler erfundener Wirklichkeiten.

150

Eine weitere Voraussetzung ist die Abkehr von der Philosophie der Macht, wie sie sich in der Militär-Metapher des Business verfestigt hat.

Ebenfalls Voraussetzung ist die Gewinnung des »fünften Schaltkreises« im Kopf, was wiederum eine neue Brain-Dominanz erforderlich macht: von der linken Ratio-Hemisphäre über die rechte Hemisphäre zum Multi-Mind. Das Kontext-Management benötigt ein spezielles mentales Programm auf der Meta-Ebene des Bewußtseins. Und dieses Programm befähigt zum Erfinden von Bewußtsein durch MIND DESIGN.

All diese Voraussetzungen zeigen zusammengefaßt, daß das Kontext-Management sehr stark abhängig ist von einer bewußten Persönlichkeits-Entwicklung. Genau das kann man an den Universitäten und in der Praxis kaum lernen.

Ich empfehle deshalb denjenigen Unternehmen, die frühzeitig auf Kontext-Arbeit umschalten wollen, spezielle Trainings-Camps für diese Mental-Qualitäten aufzubauen. Wie ich geschrieben habe, ist es sehr wohl möglich, die erforderlichen mentalen Qualitäten zu trainieren, und zwar mit bleibendem und wachsendem Erfolg. Hier empfiehlt sich eine hochkarätige Fortbildung der Eliten.

Darüber hinaus empfehle ich, die Informations-Konzepte für den Vorstand einer kritischen Prüfung zu unterziehen. Die überall vertretene Zufalls-Information wird für eine aktive Kontext-Politik nicht ausreichen. Wir empfehlen deshalb den Aufbau von Monitoring-Systemen und die Einrichtung von Kontext-Workshops.

Auf dieser Basis kann eine wirksame Kontext-Arbeit durchgeführt werden . . . mit dem Effekt, das Unternehmen zu einer kinetischen Aggressivität zu führen.

Kontexte brauchen das weiche Denken

An dieser Stelle ist es wichtig, auf einen neuen Trend im Management hinzuweisen, die Hinwendung zum *weichen System-Denken*. Das ist ein flankierender Aspekt für das Kontext-Management. Er paßt also zu dem, was ich bisher ausführlich dokumentierte: Das weiche Denken ist *die intellektuelle Basis für das kommende Kontext-Management*.

Peter B. Checkland, ein anerkannter Experte für »weiche System-Methodik«, glaubt, daß dieses Denken »absolut notwendig ist für die neunziger Jahre« (DIE UNTERNEHMUNG 2/87).

Was ist eigentlich weiches System-Denken? Zuerst sollten wir einmal die Assoziationen und die Gefühle prüfen, die beim Lesen des Begriffes »weich« auftauchen. Wir sind alle gewohnt, *Weichheit als Schwäche* zu deuten. Weiches System-Denken scheint im Grunde eher ein Rückschritt als ein Fortschritt zu sein. Man denkt an »Verweichlichen«. Und gerade das, was wir unter System-Denken im weitesten Sinne verstehen, das sollte in der Regel doch klar, eindeutig und fest sein. Weichheit paßt irgendwie nicht dazu.

Dennoch gibt es diesen Trend, der international aufgeblüht ist, nämlich die Verabschiedung von der harten Tradition des Management-Denkens. Hin zum sanften oder weichen Management.

Peter Checkland und andere definieren die harte Denk-Tradition als Denken, das konsequent nur auf »*Ziel-Orientierung*« aufgebaut ist. Es entspricht also der paramilitärischen Metapher. Hartes System-Denken ist immer ein Denken, das klare, feste Zielvorgaben hat. Die Problemlösung ist deshalb immer ein *Optimierungs-Prozeß*. Man optimiert auf ein gegebenes Ziel hin. Das ist die harte Tradition, die hauptsächlich von dem international renommierten Wissenschaftler H. A. Simon in die Betriebswirtschaftslehre eingeführt worden ist.

Von der Optimierung zum Lernen durch Auflösung

Die weichen Vorstellungen sind ganz anders. Da gibt es keine Ziel-Orientierung. Ziele sind – wenn sie überhaupt da sind – prozessuale Ziele, die höchstens als »versuchsweise Ziele« vorhanden sind, so daß man auch keine Optimierungs-Prozesse ansetzen kann.

Optimierung ist immer nur dann möglich, wenn das Ziel fest und stabil ist. Denn Optimierung bedeutet eine sich langsam entwickelnde, annähernde Verbesserung der Ziel-Erreichung. Wenn aber das Ziel selbst fließend, also kinetisch ist, dann muß man die Vorstellung von Optimierung aufgeben. Und welche Vorstellung kann es dann geben? *Die Vorstellung des Lernens.*

Typisch dafür sind die methodischen Entwicklungen von G. Vickers. In der betriebswirtschaftlichen Diskussion ist im Grunde seit einiger Zeit ein Kampf zwischen dem Vickersschen Denken und dem traditionellen Denken à la Simon zu beobachten. Die harte Tradition kämpft gegen die neue Weichheit im System-Denken.

Wenn man als Top-Manager auf Kontext-Entwicklung umschalten möchte, dann kommt man nicht umhin, sich dem weichen System-Denken zuzuwenden. Mit der »harten Kiste« kann man Kontexte weder entwickeln noch sozial durchsetzen. Ohne das weiche Denken und ohne sanfte Diffusions-Konzepte funktioniert das Kontext-Management einfach nicht.

Das weiche System-Denken ist zur Zeit sogar im Operational Research in der Diskussion. Bisher galt das als eine Domäne der harten Denk-Methoden. Hier war viel Mathematik und viel Computerei im Spiel. Operational Research wird definiert als ein Komplex von Theorie und Praxis, dessen Gegenstand als ein »vernunftgeleitetes Eingreifen in den Human-Bereich« charakterisiert wird.

Das Operational Research hat jahrelang viel Furore gemacht und ist in den letzten Jahren – wenn man so will – etwas aus der Mode gekommen, weil man erkannt hat, daß wir uns alle einer sehr viel komplexeren Situation gegenübergestellt sehen als zum Beispiel Naturwissenschaftler. Die sehen sich mit relativ unveränderbaren Phänomenen der Natur konfrontiert. Manager jedoch haben eine doppelte Problematik zu bewältigen: Einerseits wird das Umfeld immer komplexer und immer turbulenter, andererseits ist der Mensch ein ewig unkalkulierbares Wesen, weil der Mensch durch Eigendynamik zum Menschen wird.

Außen haben wir also die *kinetische Umfeld-Zappeligkeit*, und innen haben wir die *Unkalkulierbarkeit des Menschen*. Eine doppelte Instabilität also – und aus diesem Grunde funktioniert das harte System-Denken nur in den Büchern und nicht in den Unternehmen.

Die Effizienz des Fließens und des Lernens

Trotzdem sind fast alle klassischen Manager mehr oder weniger bewußt auf die »harte Kiste« ausgerichtet (paramilitärisches Axiom). Man glaubt dem Harten, obwohl man meistens weicher handelt.

Erst in den letzten ein bis zwei Jahren kann man international den Trend beobachten (spätestens seit Peters' und Watermans Bestseller »Auf der

Suche nach Spitzenleistungen«), daß die Theoretiker und Praktiker versuchen, von der harten Kiste wegzukommen . . . weil sie einfach nicht funktioniert. Im Grunde ist hier ein globaler Kontext-Wandel im Gang, den man wie folgt beschreiben könnte: vom militärischen Kontext zum Tao-Kontext . . . von der Ziel-Optimierung zur *Effizienz des Fließens und des Lernens in der Auflösung.* Betrachten wir das im einzelnen:

Das harte System-Denken basiert auf dem kartesianischen Paradigma

Dieses Paradigma wurde gerade in den letzten Jahren immer mehr durch Bewegungen der neuen Optimisten (New-Age-Bewegung) angegriffen und zum Teil auch aufgelöst. Es hat seinen Höhepunkt im Zweiten Weltkrieg in Bereichen militärischer Organisationen gehabt. Interessanterweise ist dieses harte Denken durch die Kybernetik der sechziger und siebziger Jahre plötzlich noch einmal en vogue geworden.

Aber der aktuelle Business-Trend zeigt doch deutlich, daß das harte System-Denken auf dem Rückzug ist, denn es steht für Optimierung von System-Struktur und System-Verhalten und damit für die Bewahrung dieses Zustandes. Es ist ein konservatives, letztendlich auf Stabilität ausgerichtetes Denk- und Handlungs-Schema, das mit der wachsenden Kinetik und Komplexität immer weniger fertig wird. Die Business-Szene beginnt deshalb umzuschalten auf Veränderung . . . Wandel statt Bewahrung. *Und für Wandel braucht man weiches Denken.*

Typisch für die harte Kiste ist die 1957 von Ackoff eingebrachte Formel: »Alle Probleme lassen sich letztlich auf die Evaluation der Effizienz alternativer Mittel zur Erreichung einer bestimmten Ziel-Kombination reduzieren.«

Die hier ausgedrückte Überzeugung ist der Kern der harten Tradition. Und man erkennt klar die prägnante *Ziel-Orientierung*: Je besser das Ziel, um so besser das Ergebnis. Alle Prozesse sind ineffizient oder sogar chaotisch, wenn den Prozessen nicht ein Ziel vorangeht. Das Ziel ist der Steuermann. Das Ziel ist der Sollwertgeber für alle Handlungen. *Das Ziel ist der König.*

Natürlich haben auch die harten System-Denker in den letzten Jahren erkannt, daß dieses maschinenhafte Modell irgendwie nicht mehr so ganz funktioniert. Simon und March haben darauf hingewiesen, daß man vielleicht aufhören müsse, nach Optimal-Lösungen zu streben, »sondern nach einer in der betrachteten Situation für ausreichend erachteten Lösung« (Checkland). Aus »optimal« wurde »brauchbar«. Das Taugliche ersetzt das Optimale.

Aber das ist nur ein Interims-Schritt gewesen. Jetzt kommt der nächste Trend-Schritt dazu: das grundsätzliche Verabschieden vom Zieldenken, *hin zum Lerndenken.* Warum?

Zuerst einmal erkennen immer mehr Experten, daß in den harten Denk-Traditionen alle Problemlösungen im Grunde immer ein *Streben nach einem endgültigen Resultat* sind. Man will ein Endresultat und keine Fließ-Prozesse. Das hat mit Macht und einem starken Sicherheits-Streben zu tun. Endresultate bringen Stabilität und Sicherheit. *Fließ-Prozesse* dagegen scheinen permanente Gefahr und damit Unsicherheit zu bringen.

Ein anderer Aspekt ist die unübersehbare *»Zentralität«* des harten Denkens. Das harte Management-Denken geht immer von Zielen aus. Deshalb gibt es den Vorstand, der für die zentrale Langfrist-Strategie zuständig ist. Er setzt die obersten Ziele. Das harte Denken glaubt: Wer die Ziele vorgibt, richtet das Verhalten aller anderen aus. Wer das Verhalten aller anderen ausrichtet, steht im Mittelpunkt der Macht, besitzt Macht, ordnet Macht und nutzt Macht. Vielleicht ist die Schwierigkeit, die viele Manager mit der Empfehlung von Checkland und anderen (»gebt das zielgerichtete Verhalten auf!«) haben, damit zu erklären, daß man im Grunde seine Macht nicht aufgeben möchte. Auch hier wieder ein Kontext-Problem. Warum?

Solange der *Militär-Kontext* für das Management prägend ist, so lange muß das weiche Denken als Machtverlust erlebt werden. Erst wenn das Top-Management einen anderen Kontext gefunden und verinnerlicht hat (Tao-Kontext: Derjenige hat Macht, der das Fließen erzeugt, indem er Kontexte erfindet), erst dann kann sich das weiche Denken wirklich durchsetzen. Es ist dann kein minderwertiges Denken, sondern ein *Denken auf einer höheren Meta-Ebene.*

Beziehungen ersetzen die Ziele

Das weiche Denken will die alte Macht-Zentralität auflösen zugunsten *offener Fließ-Prozesse.* Das weiche Denken will die Fixierung auf Ziel-Optimierung auflösen. Das provoziert natürlich die Frage, was denn die

Ziele ersetzen soll. Vickers und andere schlagen vor, Ziele durch »*das Konzept des Erhaltens von Beziehungen*« zu ersetzen.

Wenn das Management der neunziger Jahre nichts anderes ist als das Verursachen von Wandel und das Reagieren auf ständige kinetische Veränderungen, dann ist Ziel-Optimierung nicht nur ineffizient, sondern geradezu töricht. Es wäre das gleiche, als wenn man auf einen abfahrenden Zug nicht aufspringt, obwohl man weiß, daß er der letzte ist.

Wenn aber alles in permanenter Veränderung begriffen ist, dann ist ».. . die Stabilität von Beziehungen das einzige, was wichtig ist«. Damit signalisiert das weiche Denken auch die drei wichtigsten Bausteine:

① *Netzwerke* statt hierarchischer Ordnung,

② Kommunikation und Interaktion mit freiem Verlauf, also *Interfusion* (siehe hierzu Gerd Gerken, »Abschied vom Marketing«, Düsseldorf 1990),

③ Produktion von Sozialenergie (siehe hierzu Gerd Gerken, »Management by Love«, Düsseldorf 1990).

Das harte Denken basiert auf der Annahme, daß es eindeutige und nichtparadoxe Situationen gibt. Deshalb die unübersehbare Vorliebe für Strategien und klare Zielvorgaben. Das weiche Denken dagegen geht davon aus, daß die sozial-kulturelle Welt nie eindeutig und auch nie endgültig begreifbar ist. Deshalb setzen die weichen Denker anstelle der Ziele und Strategien sogenannte »Beurteilungs-Systeme«. Was ist das?

Beurteilungs-Systeme ersetzen die Strategien

Beurteilungs-Systeme gehen davon aus, daß wir soziale Welten (zum Beispiel Märkte, Konsumenten-Gruppierungen etc.) nie richtig erkennen können und daß ihr Verhalten sprunghaft, überraschend und jederzeit a-logisch sein kann. Deshalb kann man sie nie als Mikro-System komplett verstehen und wie eine Maschine durch Ziele steuern, sondern man kann immer nur versuchen, mit ihnen *mitzuschwimmen*, das heißt, mit ihnen soweit wie möglich zu *verschmelzen*, indem man in erster Linie die Beziehungen pflegt.

Wenn man sich von der linearen Ziel-Optimierung trennen kann und sich darauf konzentriert, soziale Beziehungen zu erhalten, dann hat man

Märkte und Konsumenten zwar nicht mehr im Griff (als Macht-Paradigma), aber man verliert ihre Nähe und damit seine eigene Flexibilität nicht mehr. Wer aber in kinetischen Märkten auf Macht setzt, verliert die Nähe. *Wer die Nähe verliert, verliert an Macht.* Das ist das Credo für kinetische Märkte.

Flexible Nähe . . . das ist es, was im Moment unter CIM-Marketing überall diskutiert wird und wo die Japaner in vielen Bereichen offensichtlich besser sind als die westlichen Manager. Sie verstehen *das Konzept der Verschmelzung* aufgrund ihres asiatischen Habitus (Tao-Kontext) besser als westliche Manager, die dem maschinenhaften, kartesianischen Denken stärker verhaftet sind.

Das, was Vickers und andere ein Beurteilungs-System nennen, ist ein »kultureller Mechanismus, der erwünschte Beziehungen bewahrt und unerwünschte vermeidet« (Checkland). Zu einem solchen Beurteilungs-System gehören nach Vickers folgende Überzeugungen:

① *»Das Paradigma der Ziel-Orientierung erweist sich als inadäquat«*

Es funktioniert immer dann nicht, wenn es darum geht, menschliche Tätigkeiten zu beschreiben und zu beeinflussen. Regulierendes Handeln in der Politik oder im Management besteht deshalb darin, erwünschte Beziehungen herzustellen und über die Zeit zu bewahren, unerwünschte aber zu verändern oder zu vermeiden.

② *»Das kybernetische Paradigma ist gleichermaßen inadäquat«*

Die Kybernetik arbeitet mit dem Modell des Steuermanns, das heißt mit einem einzigen, dem System von außen vorgegebenen Kurs. Kinetische Gesellschaften sind aber so instabil strukturiert und auch so stark fragmentiert, daß es keinen von außen vorgegebenen Kurs mehr geben kann. Dieser »Kurs« ist immer fremd und künstlich, und je künstlicher die Ziele, um so größer die Gefahr, die Realität nicht anzutreffen, obwohl sie da ist.

Das ist ja gerade das Problem, das Werbung und Marketing derzeit haben: Je stärker die Macht der Konsumenten und je undurchschaubarer ihr Verhalten wird, um so gefährlicher sind die von außen vorgegebenen Zielsetzungen. Im Grunde kann nur der gut werblich manipulieren und das Konsum-Verhalten steuern, der die autonomen Ziele der Konsumenten zu seiner Zielsetzung umwandelt. *Je weniger Eigen-Intention, um so mehr Manipulation.*

③ *»In turbulenten Situationen werden die Beziehungen wichtiger als die klaren Gesetze«*

Klare Gesetze und eindeutige Zielvorgaben zielen immer auf System-Stabilität. Wenn aber System-Leistungen in multiplen und sich verändernden Konstellationen erbracht werden müssen (das typische Problem des aktuellen Marketings), dann muß man umschalten können vom »Maschinen-Denken« auf ein Denken, das in Richtung *Mentalismus* geht.

Dieser Mentalismus heißt, die jeweiligen Ideologien, die im Kopf vorhanden sind, zu durchschauen (Ego-Transzendenz), um nicht Opfer seines Denkens von gestern zu werden. Je mehr Regelmäßigkeit angestrebt wird (optimierendes Denken), um so altmodischer wird man. Je mehr man versucht, durch Planung Klarheit und Eindeutigkeit herzustellen, um so gefährdeter wird die eigene Position, weil die Karawane längst woanders ist, während man immer noch an der gleichen Stelle optimiert.

In kinetischen Märkten muß man seinen eigenen Normen und Werte jederzeit durchschauen und sterben lassen können. Es geht um die neue Fähigkeit, eine *Flexibilität des Geistes* herzustellen durch MIND DESIGN . . . also durch die Formung und Auflösung von geistigen Welten.

Zwei Wege führen dorthin:

● im Top-Management das Umschalten vom Strategie-Management auf das Kontext-Management,

● im Middle-Management die Einführung des CIM-Marketings (siehe mein Buch »Die Trends für das Jahr 2000«, Düsseldorf 1989, Seite 343 ff.).

④ *»Wenn man die Ziele aufgibt, kommt man zum Beurteilen«*

Wenn man akzeptiert, daß es keine klaren Ziele mehr geben kann, weil die Konstellationen unklar sind, und wenn man akzeptiert, daß man seine eigenen Normen und Werte ebenfalls permanent überwinden muß, um sich den fließenden Realitäten anpassen zu können, dann muß man sich von der *Fiktion, es gäbe gute strategische Ziele,* trennen.

Man kommt somit zum Konzept des Beurteilens. Beurteilung ist ein geistiger evaluativer Akt, durch den widersprüchliche Werte und Normen bestimmt werden. Man beurteilt dann nur noch die *Qualität von Beziehungen* und formuliert keine prägnanten Zielvorgaben mehr.

Vereinfacht ausgedrückt könnte man sich das so vorstellen: Es ist so, als ob in einem schnellfließenden Strom zwei kleine Boote von jeweils einer Person gesteuert werden. Es muß das Ziel des Managers sein, sein Boot so zu steuern, daß er immer möglichst nahe am Boot des anderen bleibt. Der einzige Maßstab dabei ist die Qualität dieser Beziehung, das heißt die Nähe zum anderen. Kommt es zu einer großen Distanz (das ist zum Beispiel bei der Werbung seit Jahren zu beobachten: ständig fallende Akzeptanz-Werte, weil die psychokulturelle Distanz der Endverbraucher zur Werbung immer größer wird), dann ist man dabei, ineffizient zu werden oder zu versagen.

Ist die Beziehung zwar nah, aber schlecht (indem man sich zum Beispiel von Boot zu Boot bekämpft), dann muß die Beziehung inhaltlich verbessert werden. (Das ist in der Praxis jetzt gerade der Fall zwischen dem Top-Management und dem Middle-Management bzw. zwischen Managern und normalen Mitarbeitern. Hier wächst seit Jahren die innere Kündigung. Man arbeitet zwar täglich gemeinsam, aber die Beziehung wird, hinter einer Höflichkeits-Maske versteckt, immer schlechter.)

Die Beispiele zeigen: Überall gibt es Beziehungen. Und statt Ziele (also Intentionen) vorzugeben, versucht man, die Beziehungen zu verbessern.

Fassen wir an dieser Stelle zusammen:

In einer multiplen, widersprüchlichen und allseits fließenden Konstellation, wie sie derzeit typisch für das Business und Management ist, gibt es keine festen Ziele mehr, sondern nur noch Beziehungen zwischen Sendern und Empfängern, Agierenden und Reagierenden, wobei diese Rollen permanent getauscht werden: Der Agierende kann in jeder Sekunde zum Reagierenden werden, der Sender kann zum Empfänger werden etc.

Wenn der Agierende und der Reagierende im gleichen Fließstrom operieren, dann kann keiner mehr das ganze Spiel von außen steuern. Das heroische Paradigma der Ziel-Orientierung wird damit obsolet.

Das einzige, was bleibt, ist der Versuch, die Beziehungen in diesem gemeinsamen Fließ-Prozeß permanent zu erhalten, das heißt, den Inhalt der Beziehungen zu verbessern (von unerwünscht zu er-

wünscht, von negativ zu positiv) und die Beziehungen so zu pflege, daß eine prozessuale Verschmelzung jederzeit möglich wird.

Das weiche Denken, das typisch ist für die neunziger Jahre, bekommt deshalb folgenden Zuschnitt: von der linearen Ziel-Optimierung (altes Management-Denken) zur fließenden Beziehungs-Pflege (Co-Evolution/Interfusion).

Und hier betreten wir die Brücke zum modernen Kontext-Management. Der Stratege, der das gesamte Spiel wie von außen steuern und manipulieren möchte, geht wie selbstverständlich davon aus, daß er das ganze Spiel durchschaut. Das nennt man in der Strategie-Theorie das »*synoptische Ideal*«. Der, der auf dem Feldherren-Hügel steht und nicht im Getümmel des Kampfes integriert ist, hat die Summe aller Informationen und kann sich das alles durchschauende Bild machen. Das mag im Mittelalter bei kleinen Scharmützeln funktioniert haben, aber nicht mehr in einer turbulenten Weltwirtschaft und in kinetischen Märkten, in denen die Informations-Explosion und die überraschenden Effekte der technologischen Innovationen *mehr Veränderung als Stabilisierung* erzeugen. Deshalb heißt es Abschied nehmen vom *heimlichen Überlegenheits-Modell*, das immer mit Strategie und Ziel-Steuerung verbunden ist.

Aber was tritt an die Stelle der Strategie? Kontexte. Und diese Kontexte sind Welten, von denen wir wissen, daß sie subjektiv konstruiert sind und daß sie keine Wirklichkeit sind. Das entspricht der These von Paul Watzlawick und anderen, daß alle Wirklichkeiten im Grunde immer erfundene Wirklichkeiten sind. Ist man erst einmal in der Lage, das als richtig zu akzeptieren, dann hat man automatisch den Zugang zu dem, was wir *prozessuale Verschmelzung* (Mimesis) nennen. Niemand weiß, was die wirkliche Wirklichkeit ist. Man konstruiert sich diejenige Wirklichkeit, die im Moment nützlich und brauchbar (viable) ist.

Das Ziel: die Welt schneller erfinden

Und hier verbinden sich Kontext-Management und weiches Denken. Das weiche Denken geht davon aus, daß die Strategien abgelöst werden sollten durch Beurteilungs-Systeme, um mit dem Fließen mitfließen zu können. Und die Beurteilungs-Systeme – so argumentiert zum Beispiel Checkland – »schaffen für uns alle unsere Wahrnehmungs-Welt«. Da es »die richtige und stabile Welt« nie mehr geben wird, muß man sein

Beurteilungs-System pflegen, damit man das Fließen der Wirklichkeit besser erfahren kann.

Da Wirklichkeit immer erfunden und konstruiert ist, geht es darum, daß die modernen Manager fähig werden, die Welt in ihrer Psyche so zu konstruieren, daß sie *flexibler und schneller erfunden wird.* Dadurch entsteht die Flexibilität des Geistes. Und das ist das Pendant zu den eher technologischen Bemühungen um mehr Flexibilität à la CIM.

In allen Industrienationen gibt es diesen Mega-Trend, den Trend zur Flexibilisierung: Die Arbeit und die Produktion werden flexibilisiert. Aber im Geist sind wir nach wie vor der Meinung, alles steuern, manipulieren und vorbestimmen zu können. Deshalb Strategie, deshalb hartes System-Denken.

Will man aber als Top-Manager seine Organisation wirklich flexibel gestalten, dann muß man nicht nur Roboter einsetzen (CIM-Flexibilisierung), sondern auch das Bewußtsein der eigenen Organisation flexibilisieren. *Man muß fähig werden, den schnellen Geist herzustellen.*

Keine Angst vor der Ziellosigkeit . . . durch ein anderes Zeit-Bewußtsein

Voraussetzung dazu ist das weiche, fließende Denken, also das Tao-Denken. Es führt zum Kontext-Management. Dazu sollte man sich von der paramilitärischen Metapher trennen. Und das kann man durch ein *umfassendes Mental-Training* erreichen, weil man dadurch fähig wird, Ziellosigkeit nicht mit *Chaos-Gefühlen und ängstlicher Unsicherheit* zu beantworten.

Der Hintergrund ist ein Wechsel der Weltanschauung, das heißt die Veränderung unserer Grundannahmen über die Wirklichkeit. Ein wichtiges Element dabei ist *ein anderes Zeit-Modell*: die Verabschiedung vom linearen (westlichen) Zeit-Modell, das immer auf Endziel-Optimierung ausgerichtet ist, zugunsten eines *prozessualen Zeitmodells*. Hierüber werde ich im zweiten Teil berichten.

Alles in allem: Das weiche Denken verabschiedet sich von der Ziel-Optimierung zugunsten eines niemals zum Stillstand kommenden Lernprozesses. Der Manager der neunziger Jahre, so argumentiert auch Checkland, wird kein Optimierer mehr sein, sondern der *Motor kollektiver Lern-Prozesse.* Und damit diese kollektiven Lern-Prozesse funktionieren können, ist das Kontext-Management wesentliche Voraussetzung. Wie Miller (»Kollektive Lernprozesse«, Frankfurt 1986) erkannt hat, »blockieren aber *Einsamkeit und Pseudo-Gemeinsamkeit* Lern-Prozesse, die zu strukturellen neuen kognitiven und sozial-kognitiven Problemlösungen führen können«.

Das bedeutet: Wenn sich Unternehmen geistig flexibilisieren wollen (und das müssen sie wohl oder übel, wenn sich die Märkte weiter kinetisch entwickeln), dann muß der Manager von morgen *kollektive Lern-Prozesse beschleunigen können*. Voraussetzung dafür ist die Überwindung von Einsamkeit und Pseudo-Gemeinsamkeit, das heißt, das sanfte Management mit seinen typischen Facetten wie Kultur, innerer Friede, High Trust und Sozial-Energie wird zur 08/15-Voraussetzung, um morgen erfolgreich managen zu können.

Zur Praxis:
Wie baut man ein Beurteilungs-System auf?

Es stellt sich nunmehr die Frage, wie man zu einem Beurteilungs-System kommt. Allgemein ausgedrückt, wird es darum gehen, *Dialog-Pipelines* aufzubauen, durch die man als Manager gezwungen wird, sich und das Umfeld permanent zu beurteilen. Das führt zu neuartigen Informations-Instrumenten, von denen einige hier kurz beschrieben werden sollen:

① *Intuitions-Gruppen*

Dieser Begriff ist in der allgemeinen Diskussion in den letzten Monaten des öfteren aufgetaucht. Es handelt sich um interdisziplinäre Gruppen, die neben ihrer funktionalen Alltags-Arbeit eine Spezial-Aufgabe zu erfüllen haben: Sie sollen den Fluß der Veränderungen entdecken. Meistens handelt es sich um Mitarbeiter, die mit einer *guten Zukunfts-Intuition* ausgestattet sind, die als überdurchschnittliche Informations-Sammler in der Lage sind, *schwache Signale* zu empfangen, die andere weder sehen noch hören.

② *Innovations-Agenten*

Das sind keine Informations-Sammler, sondern kleinere Teams, die die Aufgabe haben, *extrem Undenkbares* zu denken. Sie gelten als »gewollte Störer« und werden häufig im Rahmen der Firmenkultur-Entwicklung eingesetzt. Es wird berichtet, daß derartige Innovations-

162

Gruppen sehr gut in der Lage sind, die Kontexte, in denen die Unternehmen denken, aufzulösen oder zu verschieben.

③ *Kontext-Berater*

Hier handelt es sich in erster Linie um Futurologen, Trend-Berater, Unternehmensberater und Institute. Es sind also überwiegend externe Experten für Zukunfts-Entwürfe, die man einlädt, um mit ihnen »konstruktiv über die Zukunft zu streiten«.

④ *Netzwerk-Partner*

Hier handelt es sich um stabile Beziehungen mit Andersdenkenden in der Gesellschaft, zum Teil auch mit Gegnern (zum Beispiel Grüne) und Szenen. Meistens verbindet man sich durch ein *gemeinsames Projekt*, an dem man dann kooperativ arbeitet. Dadurch kommt es zu der Verschmelzung unterschiedlicher Welt-Bilder. Wir empfehlen diese Netzwerk-Arbeit dringend, weil sie unter anderem auch bedeutet, daß man Abschied nimmt vom *klassischen Inside-outside-Denken*, wie es typisch für Werbung und PR ist. Wenn ein Unternehmen eine geschickte Netzwerk-Politik betreibt, wird es fähiger, fremde Kontexte zu lernen, und es optimiert sein fließendes Lernen, indem man die Außen-Realität wie unter der Lupe in die Innen-Realität einschleust.

Wichtige Voraussetzung dabei ist das Wissen, daß eine seriöse und effiziente Netzwerk-Arbeit immer bedeutet, von Manipulation und Beherrschung abzusehen. Man kann Netzwerk-Partner nicht wie werbliche Zielgruppen behandeln, das heißt letztlich manipulativ, sondern man wird gezwungen sein, sie wie Geschäftspartner zu behandeln, das heißt, man muß umschalten *von Manipulation auf Co-Evolution* (die Kunst des gemeinsamen Wachsens ohne Sieger und Verlierer).

Wir sehen: Das weiche Denken wird wichtig werden für die neunziger Jahre mit ihrer Tendenz zum Wachstum der Kinetik. Es ist ein Denken, das vom Manipulieren und auch von der Wunschvorstellung, Ziele optimieren zu können, Abschied nimmt. Es ist im Grunde die Geistes-Haltung, die zu CIM-Roboterisierung und CIM-Marketing paßt. Es ist die geistige Antwort auf die jetzt überall zu beobachtenden *Trends zur Flexibilisierung im Management*, weil es auf prozessuales Lernen ausgerichtet ist. Das weiche System-Denken ist deshalb die intellektuelle Basis für das anspruchsvolle Kontext-Management.

Werfen wir noch einmal einen Übersichts-Blick auf den Unterschied zwischen dem harten und dem weichen Denken, entsprechend einer Aufstellung von Peter Checkland.

Das »harte« System-Denken der fünfziger und sechziger Jahre	Das »weiche« System-Denken der achtziger und neunziger Jahre
auf Zeitorientierung ausgerichtet	auf Lernen ausgerichtet
nimmt an, die Wirklichkeit bestehe aus gestaltbaren Systemen	nimmt an, daß die Wirklichkeit problematisch ist und mit Hilfe von Systemmodellen erforscht werden kann
nimmt an, Systemmodelle seien Modelle der Wirklichkeit (ontologischer Charakter)	nimmt an, Systemmodelle seien intellektuelle Konstrukte (epistemologischer Charakter)
spricht von »Problemen« und deren »Lösungen«	spricht von »strittigen Fragen« und »Annäherung«
Vorteile	*Vorteile*
läßt den Gebrauch schlagkräftiger Techniken zu	steht sowohl dem »Besitzer« des Problems wie auch dem professionellen Anwender zur Verfügung; bleibt in Fühlung mit der humanen Dimension der Problemsituation
Nachteile	*Nachteile*
kann unter Umständen des professionellen Anwenders bedürfen	gibt keine endgültigen Antworten
kann unter Umständen die Fühlung mit Aspekten jenseits der Logik der Problemsituation verlieren	akzeptiert das Erforschen als endlosen Prozeß

Das bedeutet:

Das weiche System-Denken wird sich in den nächsten Jahren im Management durchsetzen. Aber es wird das auf Präzision und Kontrollierbarkeit ausgerichtete harte Denken nicht ersetzen.

Es ist wichtig, zu sehen, daß beide Denk-Systeme im Grunde nebeneinander funktionieren. Allerdings wird sich auf Basis der neuen Organisations-Theorie, für die Karl E. Weick und Vickers prototypisch sind, immer mehr die Erkenntnis durchsetzen, daß ein Großteil der Probleme, die bisher hart gemanagt worden sind, morgen besser weich zu managen sind. Der weiche Anteil wächst.

Als generelle Regel dazu gilt: Wenn die Wirklichkeiten turbulenter und fließender werden, muß der Manager nicht die Ziele optimieren, sondern Strömungen managen. Vickers geht davon aus, daß der größte Teil der Management-Aufgabe ohnehin nichts anderes ist, als Ströme, Flüsse und Wandel zu managen. Sollte dies richtig sein, so ist dringend zu empfehlen, das weiche Denken in die Unternehmen zu integrieren, besonders bei Unternehmen mit starker Markt-Orientierung . . . die also auf eine erhöhte Flexibilität und Umfeld-Reagibilität angewiesen sind.

Gegen das weiche Management bestehen erhebliche mentale Vorbehalte, weil wir alle anders geschult und trainiert worden sind. So ein Satz, wie ihn C. P. Seibt formulierte, nämlich »Die einzige Gewißheit ist die Un-Gewißheit des Wandels«, erzeugt bei Managern mit harter Denk-Orientierung eher Gefühle des Chaos als Gefühle der Chancen.

Weick hat zehn Ratschläge formuliert, die dem Praktiker helfen sollen, sich dem Tao-Bewußtsein und damit dem fließenden, weichen Management zu nähern (aus »Der Prozeß des Organisierens«, Frankfurt 1985):

① Geraten Sie angesichts von Unordnung nicht in Panik!

② Sie können niemals ein Ding auf einmal vollständig erledigen.

③ Chaotisches Handeln ist geordnetem Nichthandeln vorzuziehen.

④ Die wichtigsten Entscheidungen sind oft die am wenigsten sichtbaren.

⑤ **Es gibt keine Lösung.**

⑥ **Stampfen Sie die Nützlichkeit ein!**

⑦ **Die Karte ist das Gelände.**

⑧ **Schreiben Sie das Organisationsdiagramm um!**

⑨ **Stellen Sie sich Organisationen als evolutionäre Systeme vor!**

⑩ **Verkomplizieren Sie sich!**

Interessant ist, daß weltweit immer mehr Trend-Signale beobachtbar sind, die in Richtung *Chaos-Management* gehen. Im HARVARD MANAGER erschien zum Beispiel ein Aufsatz von James Brian Quinn über Innovations-Management: das kontrollierte Chaos.

Quinn verweist auf die Politik von. Sony bei der Entwicklung des Videorecorders. Man hat zehn verschiedene Optionen verfolgt, jede mit zwei bis drei Alternativen für die Sub-Systeme, um die Ungewißheit im Entwicklungs-Prozeß zu bewältigen und um *bewußt pure Zufälle* provozieren und nutzen zu können. So managt man das Offene Werden.

Man setzte also bewußt auf trial and error und präferierte eine »Arbeit im Garagenstil«. Der eigentliche Entwicklungs-Prozeß wurde bewußt als offener Lernprozeß konstruiert und nicht als Zielerfüllungs-Prozeß.

Alles in allem:

> **Alles ist Offenes Werden.**
> **Wer dieses Werden managen will,**
> **muß fähig sein,**
> **neue Kontexte zu erfinden.**

Nun, viele neue Worte und auch reichlich fremde Konzepte. In der Tat hat die Kognitions-Forschung viele neue Perspektiven für den Umgang mit Kontexten erbracht. Und insbesondere die Neuro-Forschung hat zu Durchbrüchen geführt, wenn es darum geht, kollektives Bewußtsein zu programmieren.

Aber neue Konzepte sind noch keine Problem-Lösungen. Die Praxis braucht mehr als neue Begriffe und interessante Forschungs-Ergebnisse. Die Praxis braucht Wege, die man konkret gehen kann. Die Praxis braucht Instrumente, die geprüft sind, und Instrumente, die funktionieren. Lassen Sie uns deshalb an dieser Stelle versuchen, ein erstes Instrumentarium zu skizzieren für die Praxis:

Zuerst einmal muß man sehen, daß die Praxis des Kontext-Managements gekennzeichnet ist durch *Indirektheit.* Wir sind aber – gerade im Business – zumeist darauf ausgerichtet, direkte Strategien zu bevorzugen. Indirekte Strategien scheinen uns ein Umweg zu sein. Wir wollen das Problem dort lösen, wo das Problem liegt. Und wir wollen es mit den Techniken lösen, die das Problem scheinbar benötigt.

Wenn man aber den Geist zum Instrument machen will, benötigt man automatisch indirekte Instrumente. Deshalb ist die Synergetik, wie sie von Hermann Haken vorgelegt worden ist, die Basis für »Führung durch Geist«. Die Synergetik sagt, daß man nicht mehr die Probleme direkt löst, sondern daß man die *Ordner,* die hinter den Problemen stehen, umgestaltet. Also keine linearen Prozesse mehr, sondern synergetische Prozesse. Und der wichtigste Attraktor bei diesen indirekten Prozessen ist Geist. Und das wichtigste indirekte Instrument ist die Persönlichkeit, also der Träger des Geistes.

Das bedeutet:

Das wichtigste praktische Instrument für Kontext-Management ist die Persönlichkeit des Managers.

Wenn aber Persönlichkeit zum wichtigsten praktischen Ordner wird, dann kann es keine Checklisten geben und auch keine How-to-do-Verfahren. Checklisten und Stufen-Konzepte sind nur dort tauglich, wo Prozesse gesteuert werden jenseits von Persönlichkeit. Aber immer dann, wenn die Persönlichkeit selbst zum wichtigsten Prozeß-Attraktor wird, verändert sich schlagartig das, was wir Praxis nennen.

Das macht den Weg zur Praxis in diesem Fall sehr interessant, denn es stellt sich nunmehr die Frage: Wie kann die Persönlichkeit praxisgerechter werden . . . praxisgerechter für das Erfinden von Geist, für das Diffundieren von Geist und für das Ent-lernen von Geist?

Meine Erfahrungen in den letzten Jahren, hauptsächlich durch *Coaching-Prozesse,* zeigen, daß es sehr viele Unternehmer und Manager gibt, die über eine bereits gut ausgeformte Kontext-Praxis verfügen. In vielen Gesprächen habe ich feststellen können, daß diejenigen, die über eine gute Kontext-Praxis verfügen, oft in *Psycho-Seminaren* waren, das heißt, sie weisen eine erhöhte Zuwendung auf, sich der eigenen Persönlichkeit gegenüber kritisch und transformativ zu verhalten. Sie sind also bereit, die eigene Persönlichkeit in Frage zu stellen und das Wachstum der Persönlichkeit als Problemlösung zu akzeptieren. Insofern waren die letzten zehn bis fünfzehn Jahre, die ja unter anderem stark durch den Psycho-Boom gekennzeichnet waren, doch wohl ganz nutzbringend.

Ein anderer Schwerpunkt für die zu beobachtende Kontext-Kompetenz waren *Persönlichkeits-Krisen*, zum Teil auch »spirituelle Krisen«. Ganz offensichtlich sind diejenigen Manager, die in ihrem Selbst-Konzept krisenhafte Prozesse durchschritten haben, besser in der Lage, Bewußtsein außerhalb der eigenen Persönlichkeit zu erkennen und zu formen, als diejenigen, die über ein festes und unerschütterliches Selbst-Konzept verfügen.

Nun sind Psycho-Seminare und Persönlichkeits-Krisen sicher Wege, um zu einer guten Kontext-Kompetenz zu kommen, aber es sind doch sehr problematische und nicht unbedingt immer empfehlenswerte Wege. Ich habe deshalb in den letzten Jahren begonnen, auf der Basis der Neuro-Forschungen von John C. Lilly (»Meta-Programmierung«) andere Wege zu entwickeln, und zwar Wege aus der Praxis für die Praxis. Durch die vielfältigen Coaching-Prozesse ist es mir relativ leicht möglich gewesen, die *Glaubens-Muster* von Unternehmern und Managern zu erkennen und zu beobachten, mit welchen Tricks Manager ihre Glaubens-Muster auflösen können und durch welche Blockaden sie unfähig werden, alte Glaubens-Muster aufzulösen.

Was ich also vorschlage, ist kein Psycho-Weg und ist auch kein Weg über konstruktive Krisen, sondern ein dritter Weg, der über die Nutzung moderner Neuro-Forschung läuft.

Die Neuro-Forschung kennt einige der Prinzipien, die für *Meta-Programmierung* wichtig sind. Zum Beispiel kann man mit seinem Bewußtsein nur dann neues Bewußtsein formen, wenn man über seinem eigenen Bewußtsein steht. Man muß also immer eine Stufe höher sein, als man gerade arbeitet. Das wird auch Meta-Kompetenz genannt. Die Selbst-Programmierung des eigenen Mind ist offensichtlich nur für denjenigen ein »kinderleichtes Spiel«, *der Programme über den Programmen hat*. Deshalb ist die Meta-Programmierung sicherlich der praktikabelste, schnellste und auch verläßlichste Weg zum angestrebten Kontext-Bewußtsein.

Auf dieser wissenschaftlichen Basis habe ich, immer wieder angeregt durch vielfältige Gespräche und Coaching-Erfahrungen, das Trainings-

System MIND DESIGN entwickelt. Es ist ein Trainings-System weit weg von der Psycho-Szene. Und es hat auch nichts mit Fortbildung im klassischen Sinne zu tun. Hier werden keine Fakten gelernt. Und hier wird auch keine Seele therapiert. Hier wird der Geist trainiert, sich über sich selbst zu erhöhen, um durch diese neugewonnene Freiheit schneller und gezielter »den neuen Geist« erfinden zu können.

Der Weg zum Tao-Bewußtsein

Das Kontext-Management

Das Kontext-Management besteht aus drei Schritten

1. Bewußtsein erfinden (plazieren),

2. Bewußtsein durchsetzen (sozialisieren),

3. Bewußtsein auflösen (überwinden).

Um diese drei Schritte professionell managen zu können, benötigt der Mind eines Managers einige Spezial-Programme, die nicht automatisch durch Studium oder Praxis-Erfahrung programmiert werden. Deshalb ist ein spezielles Trainings-Konzept erforderlich. Dieses ist auf Selbst-Programmierung ausgerichtet und nicht auf Fakten-Lernen. Es nutzt die gegebene Mind-Dynamik des Gehirns, das heißt Selbstreferenz und Selbstverstärkung. Dieses Trainings-Konzept heißt:

MIND DESIGN

Für das Kontext-Management sind es hauptsächlich folgende Mind-Programme, die wichtig sind:

- Programme für Wahrheit/Glauben,
- Programme für Spiel,
- Programme für Kreativität (»das Unbekannte«),
- Programme für Gefühl.

Diese Programme befähigen den Manager, Kontexte kreativ zu erfinden. Diese Programme benötigen jedoch eine außerreale Situation beim erstmaligen Programmieren, damit die Selbst-Verstärkung dieser Programme erfolgen kann.

Diese außerreale Situation wird in einem speziellen Coaching-Prozeß hergestellt. Sie kann nicht durch die üblichen Seminar-Techniken vermittelt werden, weshalb sich eine Mischung aus Meditations-Techniken (unterstützt durch Brain-Machines) und neurolinguistischer Programmierung (NLP) besonders bewährt hat.

Weitere Informationen auf Seite 383

170

Teil 2

Management und Zeit

Der Weg
zum schnellen Geist

**Wer
die Zeit
führt,
bestimmt
die
Richtung**

*»Die Zeit respektiert nicht,
was man ohne sie unternimmt.«*
Fénelon

Unsere Welt scheint im Moment recht stabil zu sein. Da gibt es zwar
einige dicke Dauer-Konflikte wie zum Beispiel die Öko-Krise, die Ar-
muts-Krise (Dritte Welt), die Bevölkerungs-Krise (Geburten-Explosion)
und die internationale Macht-Krise (Zerfall der Abschreckungs-Balan-
ce) . . . aber insgesamt scheinen besonders die Europäer, Japaner und
Amerikaner in einem Fahrwasser von Zugewinn und Stabilität zu segeln.
Doch das scheint nur so. Aus der Perspektive der Futurologen und
Trend-Berater ist diese vordergründige Ruhe eher trügerisch, denn hinter der stabilen Fassade brodelt es. Es brodelt, weil sich die Industrienationen angewöhnt haben, die wirklichen Probleme nicht frühzeitig anzugehen, sondern so lange hinauszuschieben, wie es irgendwie geht. Und
mit dieser *Verschiebe-Taktik* funktioniert es derzeit noch einigermaßen.
Und alle hoffen, daß es zu *keinem Kollaps* kommt, obwohl von Jahr zu
Jahr immer mehr *Fluktuationen* und Destabilisierungs-Kräfte freigesetzt
werden, die Veränderungs-Quote also immer größer wird als die Adap-
tions-Quote der Gesellschaft.

Mit anderen Worten:

**Wir verändern immer schneller immer mehr, aber wir werden nicht
fähiger, diese Veränderungen immer schneller in das System, das
wir Gesellschaft nennen, einzubauen.**

Und wo brodelt es in den reichen Industrie-Ländern? Im Gesundheitswesen, das finanziell eskaliert; in der parlamentarischen Demokratie, die
immer weniger funktioniert; in der EG zum Beispiel bei den exzessiv
hohen Agrar-Ausgaben; im gesamten Schulsystem, weil wir den jungen
Menschen genau diejenigen Fähigkeiten vermitteln, die sie im turbulenten 21. Jahrhundert kaum noch nutzen können; im Sektor der Religion
und der Konfessionen, wo der alte Glaube auf wachsende Gleichgültigkeit stößt.

Es gibt viele scheinbare Systemkrisen: bei der sozialen Sicherung, also bei den Renten; beim Wirtschafts-System (alle loben die freie Marktwirtschaft, während sie von Jahr zu Jahr mehr demontiert wird); bei den Arbeitsbedingungen, die sich durch Elektronik und Roboterisierung immer schneller und immer grundlegender wandeln.

Es knirscht also an wichtigen Säulen. Und das von Frankfurt bis Tokio und von Hamburg bis New York. Also weltweit, überall dort, wo Industrienationen die *Flut von technologischen und sozialen Innovationen* mit alten Rezepturen zu beherrschen versuchen.

Die wachsende Destabilisierung ist erstmalig ein *globales Problem*. Es betrifft alle Nationen, zumindest alle Industrienationen. Damit wird es zu einem Cosmo-Problem, denn wir sind längst in einer *Weltwirtschaft* gelandet. Und das bedeutet: Die einzelnen Nationen können den einen oder anderen Veränderungs-Faktor ganz gut in den Griff bekommen. Aber das nutzt ihnen immer weniger, weil sie sich nicht abschotten können gegen die *wachsenden Fremd-Einflüsse* von außen. Die Technologie-Entwicklung wird immer internationaler und die weltwirtschaftliche Verflechtung immer enger und sensibler. Alle Erosionen beeinflussen sich deshalb immer schneller wechselseitig, und viele Destabilisierungen vernetzen sich weltweit. Das führt zu einer Selbst-Beschleunigung der Auflösungs-Kräfte, zu einer *Selbst-Verstärkung des Wandels.*

Das eigentliche Problem ist das Tempo

Aus dieser Perspektive ist schon richtig, was THE ECONOMIST schrieb: »Es ist diesmal nicht so sehr die Größe des Wandels, der die Spannung verursacht, sondern die Geschwindigkeit.« Der *Tempo-Faktor* ist es, der typisch wird für die neunziger Jahre:

Die Beschleunigung beschleunigt sich.

Das Tempo wird schärfer. Denn die neuen Veränderungskräfte, seien sie nun technologischer oder sozialer Art, haben einen eigenartigen Stachel in sich: Sie verändern die Zeit. Die modernen Innovationen gestalten die Zeit um. Die zweite Moderne dynamisiert die Zeit. Das ist epochal neu. Und es ist ein Mega-Trend, der vom Business noch nicht ausreichend beachtet wird.

Die industrielle Revolution benötigte zwei Jahrhunderte, um die Gesellschaft umzugestalten und um die Arbeitsbedingungen so zu verändern, wie wir sie heute kennen. Das Ergebnisl: 96 Prozent der Bevölkerung in den entwickelten Ländern arbeiten heute in Fabriken, Büros oder zu Hause, und nur noch 4 Prozent arbeiten in der Natur und mit der Natur, indem sie Nahrungsmittel produzieren, die wir benötigen. Aus einer *Agrar-Gesellschaft* wurde in zwei Jahrhunderten eine extrem spezialisierte *Industrie-Gesellschaft*. So langsam ging das.

Und nun sind wir auf dem Weg zu einer Informations-Industrie und *Bewußtseins-Gesellschaft*. Dafür haben wir die Elektronik erfunden und eine »Informations-Revolution« initiiert. Aber: Es ist sicher, daß der Sprung von der jetzigen Industrie-Gesellschaft zur Bewußtseins-Gesellschaft nicht wieder zwei Jahrhunderte benötigen wird.

Denn die Elektronik beschleunigt alles, sogar ihre eigene Weiterentwicklung. Die Elektronik ist nämlich eine Intelligenz-Industrie. Und das Wachstum an Intelligenz verursacht den *Tempo-Faktor*. Es ist bereits beobachtbar, daß wir in nur zwei Jahrzehnten diejenige Veränderungsrate verursachen, für die man damals rund ein Jahrhundert benötigte. Die Veränderung beschleunigte sich bisher um den Faktor 5.

Die Zukunft wird immer schneller . . .
die Epoche der Kinetik ist da

Immer mehr Menschen und Unternehmen müssen sich deshalb immer schneller und radikaler mit veränderten Erwartungen, Problemen, Lebensstilen und gewandelten Werten auseinandersetzen. Um überleben und erfolgreich handeln zu können, müssen immer früher Krisen und Risiken erkannt und Chancen entdeckt werden. *Die Zukunft selbst wird immer schneller.* Wir laufen mit großen Schritten auf eine historische Sensation zu: *Die Evolution wird zur Gegenwart.* Das ist die Kinetik.

Das Neue wird immer schneller neu

In den nächsten fünf Jahren – so schätzen Futurologen – werden vier von fünf Menschen in der industriellen Welt andere Jobs verrichten als in den vergangenen fünfzig Jahren. Bis auf wenige Technologen und Wissenschaftler müssen die Beschäftigten in der Industrie, die heute zwischen zwanzig und vierzig Jahre alt sind, in den nächsten zehn Jahren mindestens einmal, wenn nicht sogar zweimal zur Schule gehen, damit sie das

Neue, das immer schneller neu wird, lernen können. Der Tempo-Faktor rollt als neue Herausforderung auf alle zu. Das *Ent-lernen* wird wichtiger als die »solide Berufsausbildung«.

Die neuen Technologien ersetzen nicht nur Menschenkraft und fördern die informationellen Flüsse, sondern sind zugleich darauf ausgerichtet, *das Wesen der Zeit zu verändern.* Es sind Technologien und Maschinen, die die Bewegung der Zeit in historisch einzigartiger Dimension umgestalten:

Die Dinge geschehen nicht mehr in der Zeit, sondern durch die Zeit.

Das wird viel zu selten gesehen und führt bei der internationalen Debatte darüber, wie nun das neue Business aussehen soll, zu grotesken Verzerrungen. Denn . . . die wichtigste Neuerung der neuen Technologien ist ihre Umgestaltung der Zeit. Ein *neues Zeitbewußtsein* entsteht. Wieso?

Die neuen Technologien verändern unser Leben im Sinne von *Fluktuationen und Turbulenzen.* Sie schieben das ehemals relativ stabile Industrie-System in eine *permanente Instabilität,* aus der dieses System die nächsten Jahrzehnte nicht mehr herauskommen wird. Das wird das wirtschaftliche Handeln verändern. Und deshalb gibt es zwei Mega-Faktoren des Erfolgs.

① Mega-Faktor: *Lernen und Know-how*

Dazu gehört das Lernen, wie man schneller lernt. Und das Lernen, wie man besser ent-lernt. Dazu gehören die beiden neuen Faktoren »Bewußtsein« und »Kontext« (siehe Teil 1).

② Mega-Faktor: *Flexibilisierung der Zeit*

Dazu gehört der planerische Umgang mit Fluktuationen und Dauer-Turbulenzen . . . die Nutzung von Chaos. Dazu gehören die Faktoren »Offenes Werden« und »Zeit-Intelligenz«.

Abschied von der Stabilität des Seins . . .
hin zum Offenen Werden

Es gibt eine Studie von der Manpower-Services Commission, die zu dem Ergebnis kam, daß 15 Prozent des gesamten Produktions-Wachstums in den USA und Japan durch Veränderungen in der Nutzung von Arbeit verursacht wurden, 25 Prozent durch Kapital-Investitionen, aber nicht weniger als 60 Prozent durch den *technologischen Wandel.* Diese beeindruckenden Zahlen gelten für die konventionelle Produktion, also nicht für die Produktion elektronischer Geräte.

Was besagt das? Die neuen Technologien akkumulieren sich zu einer Kraft, die mit zunehmender Geschwindigkeit nicht nur Produkte produziert, sondern Wandel und Tempo, was wiederum dafür sorgt, daß schon heute *das einzig Stabile die Instabilität ist:* Der dauernde Wandel wird zur Normalität. Das »Offene Werden« wird dadurch zur täglichen Realität. Das »Offene Werden» bestimmt die Zeit. Und die Zeit wird dadurch zum *Tanz des Augenblicks in der Zeit.*

Allerdings haben wir in unserem Kopf noch immer das *klassische Zeitbewußtsein,* das linear ist und von relativer Stabilität ausgeht. Für die meisten Menschen ist die Zeit noch immer so langsam, daß sie planbar ist. Aber wir handeln längst in einer Welt, die mit verschärftem Tempo immer mehr Wandlung produziert. Trotzdem begegnen wir dieser Wandlung mit einem überholten Zeitbewußtsein. Wir beantworten die Instabilität mit den geistigen Planungs-Methoden der Stabilität.

Erst in den letzten Jahren fiel es den Management-Theoretikern und einigen Hochschul-Professoren auf, daß wir den Faktor Zeit offensichtlich übersehen haben. Seit einigen Jahren gibt es den Mega-Trend »*Flexibilisierung*«. Und das ist auch gut und richtig so. Das Business hat erkannt, daß in turbulenten Wandlungs-Zeiten nur derjenige erfolgreich sein kann, der *Flexibilität produziert* und nicht Produkte. Produkte sind nur dann Produkte, wenn sie in ihrer Zeit sind. Und Qualität ist nur dann attraktive Qualität, wenn sie just-in-time ist.

Die Flexibilisierung und die Mode

Ein typisches Beispiel hierfür ist die *Mode-Branche* mit ihrer recht schnellen, wenn auch schmerzhaften Veränderung in Richtung einer *Prontisti-Mode.* Man produziert nicht mehr entsprechend den Saisons, sondern entsprechend den quirligen *Bedürfnis-Moden.* Es gibt keine feste Zeit-Rhythmik mehr, sondern eine offen verlaufende Bedarfs-Dynamik. *Das Werden hat eine offene Zeit.*

Man produziert sprunghaft, was sprunghaft gewünscht wird. Und das jeweils Produzierte verändert das nachfolgende Bedürfnis. Das ist das, was man heute eine *endlose Schleife* von Aktion und Reaktion nennt. Da gibt es keine Stabilität mehr, keine festen Zeit-Horizonte und erst recht keine tradierte Rhythmik. Sieger in diesem Spiel ist derjenige, der möglichst dann das produziert, was gerade in diesem Augenblick benötigt wird. Man produziert nicht mehr nach Strategien, sondern nach der offenen Zeitlichkeit des Marktes.

In dieser enormen Zeit-Beschleunigung spielt auch die *Explosion der Informationen* eine entscheidende Rolle. Wir erkennen, daß Informationen unser Bewußtsein verändern und daß die neue Informations-Gesellschaft mit ihren ungeheuren und zum Teil chaotisch verlaufenden Informations-Möglichkeiten dafür sorgt, daß das Bewußtsein der Menschen immer sprunghafter, die Bedürfnisse immer unkalkulierbarer, das heißt auch *schizoider und disperser* werden.

Die Konsequenz:

Das Ende der langfristigen Kalkulierbarkeit naht und damit auch zugleich das Ende des Strategie-Mythos in der Wirtschaft.

Ewiges Lernen

Alles wird offener, fließender und *prozessualer*. Und das bereitet den Menschen und Organisationen eminente Schwierigkeiten. Der *Halbwert des menschlichen Wissens* zieht sich so schnell zusammen, daß er nunmehr fast derjenigen Zeit entspricht, die man ohnehin benötigt, um das Wissen zu erlangen. Lernen und Ent-lernen werden eins.

Ein Elektrotechniker oder Informatiker, der im Sommer 1991 seinen Abschluß machte, muß davon ausgehen, daß die Hälfte seines Wissens, das er in den letzten vier Jahren an der Universität erworben hat, bis 1995 ein alter Hut sein wird ... unbrauchbar für immer.

Man muß also prozessual oder – wie man heute so schön sagt – »lebenslang« dazulernen, um in etwa auf dem neuesten Stand zu sein. Natürlich hilft dem Menschen die Informations-Technologie bei diesem Lernen durch Computer-Datenbanken, unterstützende Software (künstliche Intelligenz), Modems-Videoapparate, CAD-Terminals, Büroautomation, Laser-Kopierer und Desktop publishing ... aber diese Hilfe trägt ein Janus-Gesicht. Man kann heute zwar schneller an bessere Informationen herankommen, aber gerade die Informations-Technologie, die das bewerkstelligt, produziert immer mehr Informationen und sorgt so für ein *verschärftes Tempo der Auflösungen*.

Inzwischen ist die Informations-Technologie in den meisten Industrienationen die derzeit am schnellsten wachsende Dienstleistungs-Industrie. Sie hat den Tourismus, das Gesundheitswesen und auch die Vermögens-Verwaltung (Geld-Markt) inzwischen hinter sich gelassen.

Auf dem Sprung zur Zeit-Intelligenz

Und dabei haben wir noch Glück, weil die *künstliche Intelligenz* (KI) noch gar nicht aus den Kinderschuhen heraus ist. Noch sind wir nicht in der Lage, Systeme anzuwenden, die das kollektive Wissen von Experten-Generationen durchschauen, erobern und elektronisch verfügbar machen.

Wenn das erst einmal geschieht, dann verbindet sich die *Wissens-Qualifizierung mit dem Tempo-Faktor.* Dann beschleunigt Intelligenz die Zeit so sehr, daß eine spezifische *»Zeit-Intelligenz«* erforderlich ist, um das »Offene Werden« erfolgreich mitgestalten zu können. Diese Zeit-Intelligenz ist eine neue Bewußtseins-Dimension, ein neues Mind-Programm für die *»Energie des Augenblicks«.*

Der Manager von morgen braucht eine spezifische Zeit-Intelligenz für den Augenblick.

Das ist die eine Perspektive. Eine zweite Perspektive kommt hinzu: der Trend zur Cosmo-Kultur und zur *Cosmo-Wirtschaft.* Die ganze Erde wird zu einem Aktions-Interaktions-System, unterstützt von elektronischen Geldflüssen und qualifiziert durch *Telekommunikation* von Land zu Land, von Firma zu Firma, von Datenbank zu Datenbank, von Mensch zu Mensch.

Für die Unternehmen bedeutet das ein radikales Umschalten auf *mentale Flexibilität,* um mit den immer kürzer werdenden Rhythmen und immer unkalkulierbarer werdenden Sprüngen mitspringen zu können. Das bedeutet aber auch: gut ausgebildete Mitarbeiter, die gelernt haben, wie man lernt, die fähig sind, schneller als je zuvor in der Geschichte der Wirtschaft Neues zu lernen. Und vom neuen Top-Management wird verlangt, daß es den Trend zur »offenen Welt« mental verkraften kann. Denn es entsteht eine neuartige Legierung, bestehend aus »offener Zeit« und »offener Welt«. Es entsteht somit eine *neue Welt über den Nationen.* Die Manager werden Geburtshelfer bei der Geburt einer *»One World Culture«,* und diese Geburt ist Offenes Werden. Niemand weiß vorher, wie die Welt-Kultur aussehen wird.

Fazit:

Der Manager von morgen braucht eine spezielle One-World-Kompetenz für die neue Weltkultur.

Das neue geistige Produkt . . . Anpassungs-Tempo

Der Tempo-Faktor erreicht also das Management. Immer mehr Manager erkennen, daß sie ein neues »geistiges Produkt« zu produzieren haben. Und das heißt »*Anpassungs-Tempo*«.

Wie hat das Management diese neuen Herausforderungen bisher angenommen? Etwas mühsam und zäh ist es bisher zu einer ersten Flexibilisierungs-Debatte gekommen. Man hat erkannt, daß Chips nicht nur für Rationalisierung gut sind (Kosteneinsparung), sondern in zunehmendem Maße auch für die Umwandlung von starren Produktions- und Handlungs-Schemata in *flexible Aktions-Schemata*.

Ein typisches Stichwort dafür, auf das wir noch kommen werden, ist *just in time*. Immer mehr Unternehmer und Manager begreifen somit den neuen, zentralen Wert von Zeit. Schon kann man in Fachzeitschriften lesen, daß der eigentliche Vorteil der Roboterisierung wohl nicht in der *Kosten-Degression* liegt, sondern in der *zeitlichen Unabhängigkeit* und in der Fähigkeit der CIM-Konzepte (die ja auch erst am Anfang ihrer Entwicklung stehen), das *Timing der Märkte* mit dem Timing der Produktion so eng wie möglich zu verbinden.

Aber die derzeitigen Flexibilisierungs-Maßnahmen sind in erster Linie technologisch. Man glaubt an die Elektronik und an die neuen Maschinen. Das ist auch gut so, aber übersehen wurde bisher *der Faktor »Geist«*.

Der Mensch ist ein informationsverarbeitendes System, ebenso wie es ein Roboter oder jede Produktions-Anlage ist. Der Mensch, als geistiges Wesen verstanden, verfügt auch über *Zeit-Programme* und ist in der Lage, höchst unterschiedlich mit dem Faktor Zeit umzugehen. Und von diesen *geistigen Zeit-Programmen* sind die technologischen Ansätze wiederum abhängig. Das Timing ist also nicht nur eine Frage der Chip-Intelligenz, die in den Produktions-Prozessen eingebaut wird, sondern auch eine Frage der geistigen Intelligenz im Umgang mit dem neuen Mega-Faktor »Zeit«.

180

Hin zur Flexibilisierung des Geistes

Um es als Formel zu sagen: Im Moment hat das Management alles auf die Karte »Techno-Flexibilisierung« gesetzt. In den neunziger Jahren wird es zusätzlich auch auf die *Flexibilisierung des Geistes* setzen. Man kann die neuen Phänomene und Chancen der Instabilität, der Turbulenz und des Wandlungs-Tempos nicht nutzen wollen, ohne *den Geist zeitlich beschleunigt zu haben.*

Deshalb will ich hier die wichtigsten Grundlagen, Strömungen und Pro-blemlösungen aufzeigen, die das Management braucht, um sich auf eine geistige Flexibilisierung einzustellen.

Dorothy Enker-Siminovitch hat bereits frühzeitig in GDI IMPULS 4/86 über »Timing – Die Kunst, im richtigen Augenblick zu handeln« geschrie-ben. Sie sieht in der Zeit nicht nur eine wichtige *Ordnungs-Funktion* (siehe zum Beispiel die inzwischen überholte Saison-Rhythmik in der Mode-Branche), sondern sie sieht in der Zeit auch einen außerordentlich aktiven Faktor für die *Gestaltung von Zukunft.* Sie versteht Zeit keines-wegs als einen linearen, ereignisunabhängigen Prozeß, sondern sieht in der Zeit aktive und spezifische Problemlösungs-Qualitäten. Die Zeit ist ein Attraktor erster Güte. Durch Zeit gestaltet man das Offene Werden.

Heute erkennt man, daß in einer turbulenten Zeit *das Timing* immer wichtiger wird und daß das optimale Timing abhängig ist von der Auffas-sung des Faktors Zeit, also vom ideologischen Modell dessen, was wir Zeit nennen. Unser Umgang mit Zeit ist abhängig von unserer Zeit-Ideo-logie. Und genau hierzu sind wichtige Veränderungen in der modernen Wissenschaft aufgetaucht.

Das neue Paradigma der Zeit

Ilya Prigogine hat in seinen Studien über Ungleichgewichts-Systeme ein *neuartiges Paradigma der Zeit* entwickelt, das – wie Enker-Siminovitch schreibt – nicht nur auf die Naturwissenschaft anzuwenden ist, sondern in hohem Maße auch auf offene Systeme und auf das, was wir soziale Entwicklung nennen.

Prigogine weist darauf hin, daß Newton alle grundlegenden Vorgänge in der Natur als einfach, deterministisch und reversibel betrachtet hat. Newtons Gesetze der *klassischen Dynamik* galten für Systeme mit unab-hängigen Teilchen, deren Eigenschaften isoliert identifiziert werden konnten. Dadurch konnte der Naturwissenschaftler oder Technologe ein Umfeld feststellen,»in welchem nur die physischen Kräfte der Natur wichtig waren, während der Aktions-Vorgang als unwichtig betrachtet wurde, das heißt der zeitliche Ablauf nicht berücksichtigt werden mußte«. Die Zeit war kein gestaltender Faktor.

Erst im 19. Jahrhundert wurde das *zweite Gesetz der Thermodynamik* formuliert, das längst auch für physische Prozesse gilt, die nicht mehr linear und reversibel waren, sondern die als irreversibel gelten. Zum Beispiel:»Wenn man einen Tropfen Tinte in einen Eimer voll Wasser gibt, dann löst er sich auf, bis der gesamte Inhalt etwas gefärbt ist. Aber dieser Tropfen kann nie wieder als Ganzes zurückgewonnen werden.«

Die irreversiblen Prozesse sind von der Zeit abhängig

Man hatte erkannt, daß es reversible Prozesse gibt, die vom Zeit-Ablauf unabhängig sind, und irreversible Prozesse, die eindeutig vom Zeitablauf abhängig sind. Die klassische Mechanik, die unser *kartesianisches Weltbild*, also unser heutiges rationales Bewußtsein, weitestgehend geprägt hat, ist sehr stark abhängig von Reversibilität, das heißt, viele Menschen glauben, ohne daß sie es merken, daß sie das meiste noch einmal wiederholen können und daß es»nicht schlimm ist, wenn man Fehler macht«.

Sie verkennen, daß sich eine immer komplexer werdende Gesellschaft längst in eine Situation hineinkatapultiert hat, in der gerade Irreversibilität zur Normalität geworden ist: Viele Öko-Schäden können nicht wieder rückgängig gemacht werden. Tierarten, die wir haben aussterben lassen, können nicht wiederbelebt werden. Klima-Veränderungen, die wir bewirkt haben, können nicht mehr rückgängig gemacht werden usw. Je größer die Gestaltungs-Kraft des Menschen, um so mehr Irreversibilität. *Je mehr Wandlungs-Intelligenz, um so wichtiger wird Zeit.*

Prigogine und ähnlich denkende Wissenschaftler betonen immer wieder, daß die irreversiblen Prozesse zu Beginn ihrer Entdeckung als seltene Ausnahmen betrachtet wurden. Descartes und Newton glaubten noch, daß die Welt überwiegend aus reversiblen Prozessen besteht. Heute ist man genau anderer Meinung: Die reversiblen Prozesse sind ausgesprochen selten. *Das meiste, was wir anstellen, ist irreversibel.* Und die immer geballter und kraftvoller wirkende Kraft moderner Technologie erzeugt immer mehr irreversible Veränderungen.

Wenn dies der Fall ist, dann sind die Auflösungs-Tendenzen stärker als die Ordnungs- und Stabilisierungs-Tendenzen. Und eine Gesellschaft, eine Nation oder ein Unternehmen rutscht dann aus dem Gleichgewicht ... hinein in eine *stabile Instabilität*. Das ist die neue Situation für das kommende Management. Stabile Instabilität ... das ist auch das zentrale Kennzeichen für kinetische Märkte.

Prigogine hat beobachtet, daß die meisten *offenen Systeme* in Wirklichkeit ohnehin weit entfernt von jeglichem Gleichgewichts-Zustand sind. Und das Gleichgewicht, das die Generationen vor uns anstrebten, weil sie es überall zu entdecken glaubten, war nur eine Illusion. Man hatte falsch geschaut. Man hatte die falsche Ideologie erforscht.

Nun erkennen wir, daß der größte Anteil unserer Handlungen irreversibler Natur ist und daß dadurch immer mehr Irreversibilität anwächst ... in der Natur, in der Gesellschaft und in den Märkten. *Gleichgewicht gibt es nicht mehr.* Die Veränderung wird immer heftiger. Das Tempo beschleunigt sich. Und selbst *kleinste Veränderungen* können sich in derartigen Phasen der Instabilität zu Vorgängen entwickeln, die möglicherweise *bedeutende strukturelle Veränderungen* herbeiführen.

Wenn Märkte zum Beispiel sehr labil werden (wie derzeit der Nahrungsmittel-Markt durch Bio-Technologie, der Computer-Markt durch neue Chip-Entwicklungen usw.), dann sind die Veränderungs-Faktoren oft *von überraschender Natur*, das heißt, man kennt sie nicht, man kann sich strategisch schlecht auf sie einstellen. Und ... oft genügen *kleinste Fluktuationen* (also Mini-Veränderungen), um große Struktur-Verschiebungen herbeizuführen.

Ein typischer Fall war die klassische *Schweizer Uhren-Industrie*, die die Elektronifizierung der Zeit viel zu spät erkannt hatte. Der kleine Chip hatte vordergründig nichts mit Uhren zu tun, und doch veränderte er die Uhren-Industrie gewaltig, und zwar ein für allemal.

Prigogine nennt derartige Veränderungs-Phasen die *Bifurcation Points*. Das sind Punkte, an denen Strukturen sich in kürzester Zeit umwandeln können. Und aus hochkompliziert organisierten Strukturen werden dann völlig neuartige, zumeist einfachere Strukturen. Gesunde offene Systeme, die instabil werden, handeln so, damit sie sich nicht im absoluten Chaos auflösen. Und dieser Quantensprung von der alten Form in eine neue Struktur ist ebenfalls ein irreversibler Schritt.

Fazit:

Das Neue im Business ist die Tatsache, daß sich die Anzahl der Quantensprünge in den Märkten immer schneller erhöht.

Um es wieder mit einem Beispiel zu veranschaulichen: Die *Zerstörung der Mode-Diktate* (früher sagte man nicht ohne Grund zum Modeschöpfer Mode-Papst) zugunsten einer computergesteuerten, kybernetisch aufgefaßten Prontisi-Mode ist ein derartiger irreversibler Schritt. Bis auf wenige Ausnahmen wird es bei der Mode im 21. Jahrhundert kein Mode-Diktat mehr geben, sondern nur noch eine wachsende Pluralität von immer differenter werdenden Stil-Prozessen. *Alles wird Offenes Werden.* Wer sich dem nicht rechtzeitig anpaßt, ist zum Scheitern verurteilt.

Wenn die Zeit wichtiger wird als die Handlungen

Und wie sieht diese Anpassung nun aus? Zuerst einmal versucht das Business, die Produktion flexibler zu machen, das heißt weg vom bequemen Schema der *großen Massenproduktion auf Lager* hin zu einer *schnellen Abruf-Produktion*, oft verbunden mit neuartigen, flexiblen Einkaufs- und Logistik-Konzepten.

Alles soll sprunghafter werden. Das neue Motto: *nur nicht festlegen*, keine großen Mengen herstellen. Im Grunde ist das die Aufgabe der klassischen Produzenten-Macht, die da postulierte:»Ich weiß, was der Markt will«, zugunsten einer ausschließlich *reaktiven Auffassung* von Produktion und Vertrieb durch folgende Formel:»Ich lass' mich durch das Wollen des Marktes führen, mein Produkt heißt Anpassungs-Tempo.«

Um diese reaktive Flexibilität in allen Bereichen eines Unternehmens etablieren zu können, benötigt das Management zuallererst eine Flexibilisierung des Geistes und eine neue Zeit-Intelligenz. Um es als Formel zu sagen: In turbulenten Zeiten mit Bifurkations-Charakter – also in Phasen mit extrem vielen wichtigen Weichenstellungen – *wird die Zeit wichtiger als die Handlung.*

Geistige Flexibilisierung
durch Beschleunigung des Wahrnehmens

In seiner Theorie beschreibt Prigogine deshalb die Notwendigkeit,»die Wandlung des Umfeldes *blitzartig zu verstehen*«. Und damit ist auch ausgesprochen, worum es bei der geistigen Flexibilisierung geht: um die *Beschleunigung der Wahrnehmung* und um die Beschleunigung der Brain-Programmierungen im Kopf des Managers. Es geht um das schnelle Bewußtsein. *Es geht um den Wegwerf-Geist.*

Denn selbst die beste Flexibilität der Chips nutzt nicht viel, wenn das Denken der Manager stabilitätsorientiert statt fluktuativ und deren Bewußtsein konservativ ist.

Märkte in Turbulenz erleben also *permanente Paradigmen-Wechsel.* Sie »häuten« sich kontinuierlich, weil sie dauernd in der Evolution sind. Und dasjenige Management ist gut, das in der Lage ist, die kommenden neuen Kontexte möglichst vor dem nächsten Paradigmen-Wechsel zu erfassen.

Wer seinen Geist flexibel machen will, muß den wandelnden Kontext vor dem eigentlichen Bewußtseins-Wechsel erfassen können, weil die Zeitspanne zwischen dem Paradigmen-Wechsel I und II oft sehr kurz ist. Der Manager von morgen benötigt deshalb folgende Mind-Programme:

DIE MIND-PROGRAMME FÜR TEMPO

① *Eine gute Zeit-Intelligenz*
Das Timing wird zum Produktiv-Faktor erster Güte
(Programme für die Energie des Augenblicks).

② *Eine offene Wahrnehmungs-Sensibilität*
Mentale Sensoren für eine wesentlich beschleunigte
Erfassung des Umfeldes von heute und morgen
(Programme für die Offenheit).

③ *Eine neuartige Kondition für ein fließendes Lernen*
Eine prozessuale Methode, um sein eigenes Gestern immer
schneller überspringen zu können
(Programme für mentale Deprogrammierung).

Prüft man diese drei Mind-Programme, dann fällt schnell auf, wie starr unsere Zeit-Ideologien sind. Wir alle haben »Zeit« falsch gelernt. Deshalb mißbrauchen wir die Zeit für unsere Bestrebungen nach Stabilität und Ordnung. Das Business von heute präferiert gewollt oder ungewollt

Zeitmodelle und Zeit-Rhythmen, die für die Kinetik der Märkte ausgesprochen schädlich und restriktiv sind:

Wir denken in Strategien, Kampagnen und Jahren statt in »springenden Zeiten« (Flusser).

Das autoritäre Zeitmodell ist überholt

Wie Enker-Siminovitch zu Recht schreibt,»besteht in Organisationen die Praxis darin, die Mitarbeiter anzuspornen, sich weit mehr dem Zeitrahmen der Organisation anzupassen, als dem einzelnen zuzugestehen, seinen eigenen Zeitrahmen zu begründen«.

Hier schimmert wieder das *autoritäre Kader-Modell* durch, das ohnehin vom kartesianischen Maschinen-Modell geprägt ist: Je ruhiger, ordentlicher und rhythmischer, das heißt, je überschaubarer die Prozesse in einem Unternehmen laufen, um so besser funktioniert das Unternehmen. Die klare Rhythmik der Handlungsphasen gilt als Voraussetzung für ein geordnetes, effizientes Verhalten.»Die Zeit ist dann der Meister, nicht der Mentor.«

Die neuartige Herausforderung an Manager lautet deshalb, diese überholte Auffassung von starrer Zeit und ruhigen Zeit-Abläufen als schädlich zu erkennen. Zugleich geht es um den schmerzlichen Prozeß, *die Nabelschnur zwischen Macht und Zeitvorgaben* zu zerschneiden, damit sich die Organisation und die in ihr arbeitenden Menschen nicht auf Arbeits- und Zeitvorgaben einstellen, sondern damit sich Technologie, Organisation und Verwaltung auf den Menschen einstellen können. Wie schwer gerade das ist, sieht man beim aktuellen Thema »*Arbeits-Zeit-Befreiung*«.

Das Zeitmodell der Selbstorganisation

Warum ist das wichtig? Weil in turbulenten Zeiten die Quelle für Flexibilität ausschließlich im Menschen selbst, das heißt bei den Mitarbeitern, liegt. *Nur Menschen* können die sich verändernden Kontexte wahrnehmen. Nur das menschliche Bewußtsein kann die Kinetik der Märkte kreativ nutzen. Nur der menschliche Mind kann die Paradigmen-Wechsel antizipieren und verstehen. Nur menschliches Bewußtsein ist in der Lage, die Brücke zwischen den äußeren Turbulenzen im Markt und den inneren Produktions-Rhythmen zu schlagen. So überraschend es klingen mag: *Je mehr Turbulenz, um so wichtiger wird der Mensch.* Viele Manager glauben aber: Je mehr Turbulenz, um so wichtiger wird die Planung. Das ist falsch. Die moderne Systemforschung zeigt: je mehr Turbulenz, um so mehr Selbstorganisation für die Menschen im Betrieb. Je mehr Selbstorganisation, um so untauglicher wird die klassische Paarung »*Macht = Zeitvorgabe*«.

Wenn alles sprunghafter und zappeliger wird, dann müssen die Organisationen mit voller Konsequenz den Menschen in den Mittelpunkt stellen, weil nur der Mensch und nicht die Elektronik in der Lage ist, die Außen-Kinetik mit einer adäquaten Innen-Kinetik zu verbinden. Alle anderen Strategien sind letztlich Macht-Strategien wie: »Wir werden die Turbulenzen des Marktes mißachten, weil wir die Kraft dazu haben!« Und je vernetzter die Weltwirtschaft wird und je größer die Anzahl der Fluktuationen und je heftiger die Veränderungskräfte werden, um so weniger Erfolg werden die alten, panzerhaften Macht-Strategien haben, *die Stärke mit Starrheit verbinden.*

Der neue Trend zu einem veränderten Zeitbewußtsein landet deshalb unweigerlich bei der Gretchenfrage »Können wir Macht abgeben?« Kann das Management die Selbstorganisation der Mitarbeiter organisieren?

Der Trend zur offenen Zukunft verlangt eine spontane Organisation

Die Entwicklung ist im Grunde auch ein *Trend zur offenen Zukunft* und zu fließenden Zeitrahmen. Gerade die großen Organisationen tun sich mit einer derartigen Auffassung von Zukunft und Zeit sehr schwer, weil sie gezwungen wären, die *Zeit-Verantwortung* an die Mitarbeiter zu delegieren, weil nur die Mitarbeiter über das richtige Timing entscheiden können und weil nur Mitarbeiter (also Teams) in der Lage sind, die Flexibilität des Umfeldes in ihren Köpfen nachzuvollziehen.

Im Grunde kommt es zu einer *dualen Auffassung von Organisation.* Da gibt es die starre Organisation mit möglichst klarer *Hierarchie*, und zugleich gibt es eine auf Flexibilität ausgerichtete *Heterarchie*, das heißt ein System von locker und spontan *kooperierenden Netzwerken.* Das letztere bedeutet aber auch das Aus für die übliche Matrix-Organisation.

Wer die Kinetik richtig managen will, braucht dazu eine »spontane Organisation«.

Und das führt unweigerlich zu neuartigen Modellen von *Circles* und autonomen Gruppen, wobei die Circles unabhängig vom Organigramm operieren . . . überwiegend gesteuert durch den neuen Management-Faktor Zeit, unabhängig also von interner Macht-Struktur. Was wir in Zukunft brauchen, ist die Selbstorganisation von Gruppen im Rahmen einer Heterarchie.

Die Tatsache, daß es die Circle-Idee und die Heterarchie-Idee in Deutschland so schwer haben, liegt darin begründet, daß die Macht-Inhaber noch immer zuviel Angst haben, mit der Zeit-Flexibilisierung auch Macht abzugeben. Aber jede Flexibilisierung braucht die *Auflösung von falscher Macht*, also die Transformation von Macht innerhalb der Organisation.

OT . . . die Transformation der Organisation

Die neue Zeit-Dynamik führt zu *Organization Transformation* (OT), einem Gedanken-Gebäude, das aus den USA kommt und das bisher in Deutschland noch keinen rechten Widerhall gefunden hat. Beispielsweise gibt es noch kein Fachbuch darüber, während in Amerika und in anderen europäischen Ländern schon einige Workshops und auch größere Kongresse stattgefunden haben.

Unter Organization Transformation versteht man *das Flüssigwerden der Organisation*, wobei sich die neuen Organisationsmuster unabhängig von der starren Organisation bilden. Und sie weisen einen *flexiblen Ad-hoc-Charakter* auf. Im Grunde verlangen die neuen Zeit-Probleme ein neuartiges Wechselspiel zwischen der starren und der fließenden Organisation. *Eine neue Interaktion zwischen Hierarchie und Heterarchie.* Darum geht es.

Das gleiche beobachten wir bei den Planungs-Systemen des Managements. Man wird nicht gänzlich auf Ziel-Planung verzichten können, also auf die harte Methode der Unternehmensführung. Aber parallel dazu entwickeln immer mehr Firmen das, was man das *sanfte Management* nennt, also Visionen und Firmenkultur. Überall das gleiche: Neben dem Festen und Harten etabliert sich das Weiche und Fließende. Warum?

Je kinetischer die Umwelt-Bewegungen, um so mehr Bifurkations-Punkte gibt es. Je mehr Bifurkations-Punkte, um so mehr Entscheidungsfindungs-Prozesse. Je mehr Entscheidungsfindungs-Prozesse, um so weniger Autoritäts-Hierarchie darf es geben, weil Hierarchien *Starrheit im Zeit-Verhalten* bedeuten.

Die Konsequenzen daraus: Das Top-Management muß den Wandel autonom erzeugen, statt mit klugen Strategien nur auf den Wandel zu reagieren. Wenn alles instabil wird, ist die Zukunft kein Faktum, das sich verbindlich der Gegenwart nähert, sondern nur eine *Potentialität*, die es zu entdecken und zu formen, also zu kreieren gibt: den Wandel erschaffen.

Es ist also ein Paradoxon, was hier auf den Manager wartet:

● Einerseits muß ein erhöhtes Maß an kurzrhythmischer Reagibilität aufgebaut werden durch eine offene *Flexibilitäts-Kultur*.

● Andererseits muß die Zukunft eigenschöpferischer gewollt und gestaltet werden durch *kraftvolle Visionen* und *aggressive Kontexte*.

Für dieses Paradoxon ist ein kinetisches Zeitbewußtsein erforderlich. Und dieses hat folgende Aspekte:

① *Die Zeit wird als fließend und sprunghaft aufgefaßt* und nicht mehr als linear-rhythmisch. Die Zeit wird unlogisch.

② *Die Zukunft wird als Potentialität aufgefaßt*, also als ungeformte Chance, die dann zur echten Chance wird, wenn man sie frühzeitig prägen und formen kann (entsprechend der These von Prigogine, daß in hochinstabilen Zeiten kleine Impulse, wenn sie zum richtigen Zeitpunkt kommen, ganze Strukturen massiv verändern können).

③ *Das Bewußtsein wird zum Gestaltungsfaktor* für neue Zeit-Strategien. Es wird darum gehen, die Realitäten von heute schneller zu überwinden zugunsten neuer Potentialitäten von morgen. Erforderlich hierfür ist ein geändertes Weltbild, ein *Tao-Bewußtsein*, und damit die Ablösung vom kartesianischen Maschinen-Weltbild, das auf Präzision, Kausalität und Reversibilität ausgerichtet ist.

Wir sehen also, daß die bisherigen Versuche der Top-Manager, das kinetische Zeitproblem vorrangig *durch technokratische Chip-Intelligenz* zu lösen, im Grunde zum Scheitern verurteilt sind, weil sie nur den materiellen Aspekt der neuen Zeit-Dynamik berücksichtigen, nicht jedoch den *geistig-mentalen Aspekt*. Es wird mit Technologie geantwortet, jedoch nicht mit einem anderen Bewußtsein. Diese Formel der Zukunft lautet aber: *Chip follows Brain.*

Das Bewußtsein steuert das flexible Handeln . . . das Beispiel Japan

Die Zukunft ist offene Potentialität. Sie verlangt deshalb eine Flexibilisierung des Bewußtseins. Das, was Manager nicht sehen, wird nicht wahr werden. Und das, was nicht im Kopf geschieht, kann auch nicht in der äußeren Wirklichkeit geschehen.

Betrachten wir unter diesem Aspekt, wie wichtig die *Mind-Programme* für flexibles Handeln sind. Die Japaner, seit jeher Weltmeister in Flexibilität und Anpassung, haben, was ihre Auto-Produktion betrifft, jahrelang ein klares Konzept gehabt: Man produzierte in Japan und vertrieb dann die Autos weltweit. Das brachte viel Erfolg, aber dann wachsende Restriktionen.

Deshalb begann man schnell umzudenken. Man produzierte auch in den Absatzländern. Zum Beispiel bauten die meisten japanischen Autohersteller eigene Fabriken in den USA auf. Später stiegen sie ins Joint-venture-Geschäft ein oder sorgten für wechselseitige Beteiligungen an amerikanischen und britischen Unternehmen.

Dann kam es zum überraschenden Höhenflug des Yen, während gleichzeitig der Dollar niedrig blieb. Entgegen allen Strategien und Traditionen begann Honda zu überlegen, ob man deshalb nicht den japanischen Markt mit japanischen Autos aus den USA beliefern sollte, weil man aufgrund der Dollar-Schwäche im Honda-Werk Marysville, Ohio, plötzlich billiger fertigen konnte als in Japan. Wie gesagt, das war nie geplant. Keiner konnte das voraussehen.

Und Honda reagierte schnell. Zuerst bei den Motorrädern. Dort produzierte man nunmehr in den USA und verschiffte die japanischen Motorräder zurück in die Heimat. Die in den USA produzierten Honda-Pkws werden inzwischen auch nach Taiwan verkauft, aber das aus einem anderen Grund: weil Taiwan bisher den Import japanischer Personenwagen untersagt hatte. Honda mußte also erst Amerikaner werden, um gleich an der asiatischen Haustür verkaufen zu können.

Wenn das keine offene Flexibilität ist! Das hört sich alles sehr abenteuerlich an, aber es handelt sich um ein seriöses Großunternehmen, nämlich

Honda. Und es geht um gigantische Beträge und um große Material-Mengen, ganz zu schweigen von den hochkomplizierten Veränderungen im Produktions-, Vertriebs- und Distributions-Bereich.

Alles in allem: Selbst bei einer so schwerbeweglichen Sache wie der Autoproduktion verhalten sich die Japaner immer situativer, immer flexibler, fast nach dem Motto »Was schert uns unsere Strategie von gestern«. Die vieldimensionale und kinetische Weltlage zwingt sie dazu. Eine derartige Flexibilität ist zuallererst ein Bewußtseins-Vorsprung. Irgend jemand muß die neuen Probleme ja wahrgenommen haben, hinter denen immer auch Chancen stehen. Irgendein Management muß die Wahrnehmungs-Fähigkeit gehabt haben, frühzeitig die neuartigen Marktbegrenzungen und die möglichen Auswege zu entdecken. Mit traditionellen Strategien und mit konventionellem Denk-Habitus wären derartige *Chamäleon-Strategien* nicht praktizierbar. Es ist eine Frage des Kopfes, und erst dann kommt die Frage der Handlungs-Intelligenz. Über allem steht die Qualität des Bewußtseins. Erst das Bewußtsein schafft die Wettbewerbs-Vorteile durch mehr Flexibilität. Deshalb ist Mind die zentrale Dimension für die Kinetik der Märkte.

Der Trend zum »Just in time«

Bleiben wir beim Automobilbau. Die Japaner haben schon gegen Ende der siebziger Jahre begonnen, *Just-in-time-Konzepte* einzuführen, um in einer immer offener werdenden Zukunft flexibler handeln zu können. Sie haben viel früher als die europäischen und besonders die deutschen Automobil-Hersteller erkannt, daß in den achtziger Jahren die *Produkt-Lebenszyklen kürzer* werden, daß der Kostendruck steigen wird, daß Bestände nicht nur unerwünscht, sondern rentabilitätszerstörend sind.

Man hat also frühzeitig ein Bewußtsein dafür aufgebaut, daß die Märkte kinetischer und unplanbarer, dabei zugleich auch internationaler werden. Dieses Bündel von Problemen führte zur Just-in-time-Strategie bei der Produktion, das heißt zu einer *engeren Zeit-Verzahnung mit wichtigen Lieferanten.* Jeder Lieferant wird intensiv an das Unternehmen angebunden, muß jederzeit lieferbereit sein und Lieferzusagen einhalten. Die Vorteile entstehen aufgrund einer Vielzahl von Leistungszielen, »die in einem inhärenten Spannungsverhältnis zueinander stehen, wie niedrigere Kosten, weniger betriebsnotwendiges Vermögen, niedrigere Bestän-

191

de, höhere Qualität, besserer Lieferservice mit kürzeren Durchlaufzeiten« (Gulas und Hebsaker).

Das Just-in-time-Prinzip der Japaner erforderte umfangreiche Änderungen: Aufbau von Kooperations-Konzepten, Veränderung der Unternehmenskultur durch einen anderen unternehmerischen Rahmen. Und auch das Marketing wurde geändert: Neuartige Marktsegmentierungs-Modelle (bei Mitsubishi zum Beispiel fließen die Mega-Trends in die Segment-Kategorien ein) wurden nötig, um eine »verursachungsgerechte Kostensegmentierung« herstellen zu können.

Insgesamt war es für die japanischen Hersteller ein mühsamer Weg. Sie mußten umstellen von Massen-Denken und Lager-Produktion auf eine sensible *Reaktions-Produktion.* Und der gesamte Liefer-Service mußte auf hohe Flexibilität (Rechtzeitigkeit) umgeschaltet werden, wobei niemand wußte, was rechtzeitig sein würde, da der Markt immer sprunghafter und unübersichtlicher wurde.

Um es genauer zu beschreiben: Im Grunde war der Markt schon viele Jahre zuvor sprunghaft und unübersichtlich gewesen, aber die japanischen Automobil-Hersteller hatten in ihrem Kopf dieses neue Turbulenz-Phänomen noch nicht wahrgenommen. So handelten sie – wie die Kybernetiker sagen – mit extremen *Totzeiten*, das heißt, sie produzierten ihre Autos auf Lager und verkauften sie anschließend via Marketing. Die dadurch entstandenen Reaktions-Totzeiten waren erheblich. Diese konnten erst verkürzt werden, als man schließlich den *Problemfaktor Zeit* erkannte. Und den konnte man erst erkennen durch Bewußtseins-Prozesse in den Köpfen der Verantwortlichen und durch Bewußtseins-Lernprozesse in den Teams.

Wie Gulas und Hebsaker in einer Analyse schreiben, konnte das Just-in-time-Prinzip erst dann harmonisch funktionieren, als es gelungen war, das Management und die Unternehmens-Kultur auf die neue Zeit-Dimension umzuschalten. Erst als der Geist auf Just-in-time programmiert war, klappte die Organisation von Just-in-time.

Die Vorteile, die in Japan mit diesem Tempo-System erreicht werden, sind beachtlich: Reduzierung der Durchlaufzeiten um 45 bis 90 Prozent, Verbesserung der Produkt-Verfügbarkeit um 20 bis 50 Prozent, Reduzierung der Bestände um 40 bis 80 Prozent, Abbau des Personaleinsatzes um 10 bis 30 Prozent, Verringerung des Flächenbedarfs in der Fertigung bis zu 50 Prozent, Verbesserung der Qualität um 75 bis 90 Prozent und der Ausbeute um 25 bis 50 Prozent.

Imponierende Zahlen, die folgendes beweisen können:

① Autoritäre, hierarchische Organisations-Systeme sind nicht in der Lage, *von Agieren auf Reagieren* umzuschalten. Weil sie dieses nicht können, erkennen sie auch nicht den neuen Produktiv-Faktor Zeit und die neue Chancen der Mind-Flexibilität.

② Wenn ein Unternehmen umschalten kann von autoritärer Vor-Produktion auf eine *moderne Nachher-Produktion* (also eine Produktion, die den sich permanent wandelnden Bedürfnissen folgt), ist es in der Lage, aus der Wandlungs-Dynamik des Marktes deutliche Wettbewerbs-Vorteile abzuleiten. Das Tempo wird zur Chance.

③ Voraussetzung dafür ist die *Flexibilisierung des Geistes*, die wiederum die Basis bildet für eine kinetische Unternehmens-Kultur (sich von außen führen lassen) und eine neuartige Management-Philosophie (Kontext-Management: Zukünfte erschaffen, siehe Teil 1).

Interessant ist in diesem Zusammenhang, wie schwerfällig sich die Just-in-time-Konzepte in Deutschland tun. Zwar gibt es die ersten Firmen, die es eingeführt haben, aber insgesamt ist es zur Zeit noch kein breiter Trend. Und in vielen Branchen wird man sich noch viel Zeit lassen, um das lineare Zeit-Management auf flexible Just-in-time-Konzepte umzustellen. Nur in den Branchen, in denen die Japaner vorgeprescht sind, wird auch bei uns just-in-time gemanagt.

Blicken wir auf die USA. Auch dort gab es am Anfang viel Ignoranz und viele Vorbehalte. Viele Unternehmensberater und Manager glaubten, daß das Just-in-time-Modell nur für die Japaner in Frage käme aufgrund der japanischen *Konsens-Mentalität*, die für die vielfältigen Kooperationen nötig ist.

Aber inzwischen hat sich das Bewußtsein auch in den USA gewandelt. Und nach dem Vorbild japanischer Unternehmen beginnt auch die amerikanische Industrie seit einigen Jahren verstärkt auf Just-in-time-Strategie umzustellen. Ähnlich wie sie jetzt auch auf die *Quality-Circle-Konzepte* umstellt, beides allerdings mit erheblicher Verspätung und – ebenso wie bei uns – eher zähneknirschend, weil es die Japaner vormachen.

Aber inzwischen sind mehr und mehr amerikanische Chefs der Meinung, daß die zunehmende Markt-Konzentration und die gleichzeitige *Verschärfung des internationalen Wettbewerbs* mit all seinen Labilitäts-Aspekten Just-in-time einfach erforderlich macht, um Produktion und

Vertrieb flexibler gestalten zu können. Wie man hört, haben deshalb in den USA bedeutende Unternehmen auf Just-in-time umgestellt.

Dazu gehören Hewlett-Packard, Black & Decker, Tennant oder Allen-Bradley. Sie melden deutlich verbesserte Bestands- und Durchlaufzeit-Reduzierungen. Aber nicht nur *der Zeitwert* wird besser, sondern auch die Service- und Qualitäts-Werte. Derzeit erwartet man in Amerika, daß die Just-in-time-Prinzipien auch in den mittelständischen Unternehmen aufblühen werden, zumindest überall da, wo in den nächsten Jahren eine Verschärfung des Wettbewerbs erwartet wird. Die Kinetik forciert das Just-in-time-Prinzip.

Alles wird schneller . . . deshalb jetzt auch Just-in-time-Design

Aber inzwischen sind die Japaner schon wieder einen Schritt weiter. Die neueste Offensive lautet *Just-in-time-Design*. Auch hier ein Stück *Selbstentmachtung*, zu beobachten wiederum im Automobil-Sektor, der für viele Management-Wandlungen in Japan eine Art Pionier darstellt.

Just-in-time-Design ist insofern Selbstentmachtung, weil nicht mehr die Designer und Manager bestimmen, wie lange ein Auto mit welchem Design angeboten und für gut befunden werden soll, sondern die Kunden. Der fragmentierte und kinetische Markt soll also mit entscheiden. Die *Erwartungs-Wandlungen* sollen stärker und schneller als je zuvor in das Auto-Design einfließen.

Auch hier wieder das gleiche Denken: Reduzierung der Totzeiten durch *Umschalten von Aktions-Strategien auf Reaktions-Flexibilität.* Und dieses Reagieren im Optimum ist nicht etwa Passivität, sondern bedeutet eine neue Qualität von Dynamik.

Just-in-time-Design bedeutet für die japanischen Automobil-Hersteller eine gute Chance, um im US-Automobilmarkt weiter nach vorn preschen zu können. Man nutzt die neuesten Chip-Technologien (zum Beispiel CAD, künstliche Intelligenz und Design-Simulatoren), um zu deutlich kürzeren Entwicklungszeiten für neue Automodell-Reihen zu kommen. Die Japaner brauchen dafür nur noch rund zwei Jahre, während die Amerikaner immer noch fünf Jahre für die Entwicklung eines neuen Modells benötigen. Aber Voraussetzung dafür war nicht CAD – derartige Techniken haben alle Automobil-Unternehmen der Welt –, sondern das Bewußtsein, das heißt *das neue Zeitbewußtsein der Leitenden.*

Inzwischen zeigt sich, daß die *kürzeren Design-Zyklen* auch zu wertvollen Kostenvorteilen führen. Nach Meinung der Markt-Beobachter sind die verkürzten Entwicklungs-Zyklen kostensparend. Und parallel dazu ist das kinetische, flexible *Mitgehen mit Design-Moden* ertragssteigernd, so daß beides der Rendite zugute kommt.

Die Japaner wollen mit dieser flexiblen Design-Strategie auf die für die neunziger Jahre zu erwartende *weltweite Überkapazität in der Automobil-Industrie* reagieren. Sie rechnen damit, daß dann nur diejenigen Firmen überleben können, »die sich schneller auf *veränderte Käufer-Präferenzen* einstellen und die den Wettbewerb in immer kleineren Marktnischen auf dem Weltmarkt aufnehmen können«.

Also im Grunde auch wieder ein Mind-Problem: Man muß zulassen können, *daß die Massenmärkte kaputtgehen.* Man muß sich technologisch fit machen für eine Produktion, die aus immer mehr kleineren und differenzierteren Serien besteht (Stichwort: *Multi-Options-Gesellschaft*). Man muß fähig werden, der heftiger werdenden Dynamik in den kleiner werdenden Fragmenten zu folgen, das heißt, die Kinetik in den Produkten widerspiegeln zu können.

Entsprechend der Theorie von Prigogine kann heute schon vorhergesagt werden, daß hier wieder eine Bifurkation mit irreversiblem Charakter vor der Tür steht: Wenn es die Japaner schaffen, die Automobil-Palette immer mehr zu segmentieren und zu differenzieren, dann setzen sie eine neue *Anti-Großserien-Norm* weltweit durch. Das Kompromiß-Auto für viele ist dann endgültig tot.

Wenn es ihnen auch gelingt, in immer kürzeren Abständen den *Zeitgeist im Automobil-Design* zu formen, dann prägen sie ein neuartiges Bedürfnis nach *Car-Fashion.* Wenn sie diese beiden Dimensionen erst einmal in die Käuferschicht eingeprägt haben, dann haben sich die *Strukturen des Bedarfs* schlagartig geändert. So wie heute immer weniger Menschen einen Massen-Wagen fahren möchten, so möchten dann plötzlich alle keinen Standard-Design-Wagen mehr fahren. Der Trend geht dann in Richtung »*Individual-Auto per Roboter*«.

Wenn es den Japanern gelingt, ein derartiges Car-Fashion-Muster durchzusetzen, kommen selbst Prestige-Hersteller wie Porsche in Bedrängnis. Dann nutzt auch das faszinierende Power-Image wenig, wenn sich die Autos zuwenig wandeln. Irgendwann in Zukunft wird Fashion wichtiger als Image.

Fassen wir noch einmal zusammen:

Wir stehen tatsächlich vor einer *kulturellen Bifurkation*. Die Gesellschaften lernen (ermöglicht durch Elektronik und durch flexibles Denken), sich für alle Zeit von starren Festigkeiten, starren Normen, starren Formen und starren Ablauf-Schemata zu trennen.

Die Industrienationen lernen *Beweglichkeit* als einen neuen optimalen Wert kennen. Noch stehen wir kurz vor dieser entscheidenden Weichenstellung (Bifurkation), aber immer mehr Unternehmen arbeiten direkt oder indirekt daran, die Gesellschaft und die Märkte *zur Fluktuation zu transformieren*: weg von Verbindlichkeit und Starrheit, hin zu Flexibilität und Kinetik.

Die kommende Multi-Options-Gesellschaft wird immer deutlicher Massen-Durchschnittlichkeit und Standard-Langweiligkeit diskriminieren und die Anbieter bestrafen, wenn sie mit der *offenen Zeitgeist-Aktualität* nicht mitgehen (siehe hierzu Gerd Gerken,»Trends für das Jahr 2000«, Düsseldorf 1989, Seite 237).

Gerade aus dem Lager konservativer Unternehmensführer hören wir immer wieder die These, daß diese *derzeitige Zeitgeist-Welle* nur eine kurzfristige Welle sei und daß sie schon bald wieder auslaufen werde. Die Menschen – so wird argumentiert – haben eine Sehnsucht nach Verläßlichkeit und Kalkulierbarkeit. Dies ist sicherlich ein Irrglaube: Noch nicht einmal im privatesten Bereich (Ehe) gibt es einen Verhaltens-Trend in Richtung Stabilität. Die nach wie vor steigenden Scheidungsraten zeigen das.

Es mag zwar in der Seele der Menschen diese Sehnsucht nach»*verbindlicher Endgültigkeit*« geben, aber größer ist die Sehnsucht nach explorativen, kreativen Werten. Unsere Kultur lernt ein neues Zeitmodell im Rahmen des neuen Paradigmas des»Offenen Werdens«. Alles bewegt sich weg *vom statischen Sein zum kinetischen Werden.*

Der Prozeß der Ent-normung beginnt

Das deckt sich mit John Naisbitts Trend-Diagnosen für die USA. Er schrieb in seinem TRENDLETTER, daß auch in den USA dieses *Aufbrechen aller Formen und Zerbrechen aller Strukturen* zu beobachten sei. Alle rigiden Regeln, alle klaren Rollen und verbindlichen Konventionen erodieren und werden von immer mehr Menschen als überflüssig oder sogar schädlich erlebt. Alles, was Stabilität stabilisiert, wird zum Gegner des dynamischen Lebens.

John Naisbitt weist darauf hin, daß deshalb immer mehr staatliche Institutionen und Unternehmen gezwungen sind, sich intensiver damit zu befassen, sich den ständig wechselnden Bedürfnissen und Wünschen anzupassen. Im Grunde ist das eine *endlose Schleife*, also ein selbstbezüglicher Prozeß: Je mehr die Firmen und Institutionen auf die Wandlungen eingehen, um so mehr Wandlungen erzeugen sie. Je mehr Wandlungen sie erzeugen, um so normaler wird das große Wandlungs-Spiel. Deshalb rutschen die Gesellschaften in die Entnormung der Formen und die Flexibilisierung der Zeit. Und Stabilität wird zur Seltenheit. Instabilität wird zur Chance. Das *Werden wird zur Pflicht.*

Interessant ist, daß die Gesellschaften hier im Grunde genau das nachvollziehen, was die Wissenschaften derzeit auch tun. Die Wissenschaft überwindet jetzt *das klassische Zeitmodell von Newton.* Man verlagert sein Denken von der reversiblen Zeitauffassung zur irreversiblen Zeitauffassung. Man entdeckt, daß alles Leben flexibel und auf offene Veränderung ausgerichtet ist. Das große Spiel des Offenen Werdens beginnt, unsere Ideologien zu prägen, in der Wissenschaft, in der Politik und auch im Management.

Die Flexibilisierung von Arbeit und Leben

Das typischste Beispiel dafür ist die Flexibilisierung der Arbeitszeit, bei der sich Gewerkschaften und Unternehmen gleichermaßen schwertun, weil sie in diesen neuen Denk-Kategorien noch nicht zu Hause sind. Aber dort, wo es Pioniere gibt (wie zum Beispiel Kaufhaus Beck in München), zeigt sich sehr schnell, daß die Mitarbeiter sehr gut in der Lage sind, ihre Arbeitszeit den tatsächlichen Markt-Bedürfnissen anzupassen und sich dabei in hohem Maße selbst zu organisieren. Das Top-Management muß nur bereit sein, die unglückselige Verbindung von Zeitvorgabe und Macht (Controlling) aufzugeben.

Mit einiger Wahrscheinlichkeit kann vorhergesagt werden, daß die Flexibilisierung der Arbeitszeit sich erst in den nächsten Jahrzehnten richtig durchsetzen wird. Im Moment gibt es zu viele Vorbehalte von allen Beteiligten. Die alten Dämme der Ideologie und der Angst halten noch. Naisbitt weist für die USA auf eine *wachsende Flut von Bürger-Petitionen* hin, die das Ziel haben, den Gesetzgeber zu zwingen, die Arbeitszeit-Regeln zu ändern und die Arbeitsgesellschaft auf Flexibilität umzuschalten. John Naisbitt nennt das einen »Trend weg von starren Systemen . . . *hin zu empfindsamen Systemen*«.

197

Diese neue *Zeit-Sensibilisierung* ist in den USA auch für die Unternehmen wichtig geworden als Antwort auf die zunehmende Kinetik der Gesellschaft. Aber auch die Schulen und die Sozial-Institutionen zeigen eine bisher nie gekannte Bereitschaft, sich dem Verbraucher und dem Markt zu nähern. Die kinetischen Prozesse werden als Herausforderung begriffen.

In den USA gibt es deshalb in vielen Städten deutlich verlängerte Öffnungszeiten für die Post. Viele Geschäftsstellen haben in einigen Städten bis Mitternacht und sogar sonntags geöffnet. Öffentliche Büchereien und Museen experimentieren damit, an einigen Abenden während der Woche geöffnet zu haben. Und im Trend-Land Florida arbeitet eine Wahl-Kommission an einem Computer-System zur Wiedererkennung von Unterschriften, damit die Wähler ihre Stimme zu Referenden (Stichwort: partizipative Demokratie) bequem per Post abgeben können. Beim letzten Referendum erschienen nur 4 Prozent der berechtigten Wähler. Und die Recherchen haben ergeben, daß das Wahl-Interesse viel höher war, aber die *rigiden Zeit-Zwänge* wurden nicht akzeptiert. Man will es flexibler und bequemer, und die *Elektronik wird das möglich machen.*

Fazit:

Der Mensch will flexible Zeiten, weil die Zeit immer wichtiger wird.

Die amerikanischen Bürger verlangen vom Staat und vom Business immer energischer, daß man schneller und offener auf ihre Wünsche reagiert. *Man verlangt mehr Tempo* und eine neue geistige Flexibilität.

Das gleiche bei den US-Schulen. Immer mehr Frauen arbeiten. Und immer weniger Frauen haben die Möglichkeit, ihre Kinder zur Schule zu fahren. Da reichen die üblichen Bus-Services, wie sie auch in Deutschland üblich sind, nicht mehr aus. Nun gibt es Programme, die den Eltern das Frühstück für die Kinder bieten und Betreuung am Nachmittag, um die Kluft zwischen Arbeits- und Unterrichts-Zeiten zu überbrücken.

An den Universitäten sind schlagartig Weekend-Colleges entstanden, weil die Menschen nicht mehr zufrieden waren mit den Abend-Vorlesungen im Rahmen der Erwachsenenbildung. Ford hat eine eigene höhere Schule für die Mitarbeiter initiiert. Der Unterricht beginnt morgens um 5 Uhr und läuft bis 19.30 Uhr, so daß die Arbeitnehmer vor oder nach der Arbeit zur Schule gehen können. Und in immer mehr Firmen gibt es Kinderhorte (Family-Trend).

Aber auch beim *Marketing* wird zunehmend mehr auf geistige Flexibilität gesetzt. Selbst McDonald's hat umgeschaltet. Man hat erkannt, daß das Interesse der Kunden an gesunder Ernährung größer war als angenommen oder erwünscht. Nun beginnt man zum Beispiel, den Fisch in Pflanzenöl statt in tierischem Fett zu fritieren. Und man bietet jetzt auch Fleisch von Tieren an, die ohne Hormone und Antibiotika großgezogen wurden. Man *öffnet seine Programmatik*, weil man erkennt, daß Offenheit mehr bringt als prinzipielle Normung.

Auch der US-Handel ist dabei, klassische Zeitrhythmen und starre Angebots-Formen zu überwinden. Auf einer spezialisierten Messe wurden neue Techniken für *Quick-Liefer-Services* vorgestellt. Einzelhändler können durch elektronische Services in kürzester Zeit auf Konsumenten-Wünsche reagieren. Man kann zum Beispiel im Juli einen Badeanzug innerhalb weniger Tage liefern. Die Konsumenten müssen nicht mehr wie bisher einige Monate vor dem Sommer kaufen, sondern erst dann, wenn sie plötzlich daran denken oder wenn sie Lust haben zu baden. Auch im Handel . . . just-in-time.

Zu diesem Bild paßt auch die in den USA schnell wachsende Anzahl von *Hauszustellungen und Hausbesuchen*. Naisbitt nennt das den Trend zu mehr entgegenkommenden Services. Und auch in der Ärzteschaft, aber auch bei Trainern und Steuerberatern gibt es eine starke Tendenz zu Hausbesuchen.

Eine Design-Firma für Inneneinrichtungen aus Indianapolis ist mit ihrem *mobilen Schauraum-Konzept* auf bis zu 300 Franchises angewachsen. Sie operieren mit One-stop shopping vans, gefüllt mit allen Teppichmustern, Stoffen und Accessoires. Diese fahren direkt zum Kunden. Alles wird dadurch leichter, bequemer und mobiler.

Auch die Banken in den USA haben begriffen, daß sie nicht mehr auf Vorschriften, interne Normen und traditionelle Abläufe pochen können. Man bietet private Budget-Planung und persönliche Vermögens-Schätzung. Eine Bank in Stanford schickt sogar Kuriere aus, um die Belege ihrer Kunden aus deren Wohnungen oder Büros abzuholen.

Parallel dazu die Entwicklungen im Gesundheits-Sektor, der in den USA ohnehin sehr marktdynamisch organisiert ist. Es entstehen immer mehr gesundheitswissenschaftliche Zentren und immer mehr medizinische Computer-Informations-Netzwerke, besonders für die ländliche Gesundheitsvorsorge, dort also, wo es bisher zuwenig Ärzte pro Kopf der Bevölkerung gab.

Eine *neue Empfindsamkeit für die Konsumenten-Bedürfnisse* ist entstanden. Und der Trend ist eindeutig. Er geht von den starren zu den flexiblen Systemen. Und je mehr es von den zeitflexiblen Systemen gibt, um so mehr werden sich die Kunden daran gewöhnen, sie als selbstverständlich ansehen und mehr davon fordern. Die *Bedürfnisse nach Entnormung* werden dadurch immer heftiger, je mehr Entnormung es gibt.

Fazit:

Der neue Bedarf heißt: Dienstleistung für Zeit und Offenheit.

In Deutschland gibt es noch sehr viele Standards, Normen und repressive Prozesse, die den Konsumenten zwingen, sich an die gewachsenen Schemata anzupassen. Erst durch die entstehende Multi-Options-Gesellschaft wird in den nächsten fünf Jahren die Rebellion gegen Normung und Starrheit immer stärker werden (siehe Arbeitszeit-Probleme, Ladenschluß-Gesetze, Schattenwirtschaft usw.).

Schon bald könnte es zur Bifurkation, das heißt zur entscheidenden Weichenstellung, kommen. Dann bricht der Damm, und unsere Gesellschaft wird das tun, was in den USA jetzt bereits zu beobachten ist: Flexibilität, Anpassung und neue Zeitkonzepte (zum Teil auf Bequemlichkeit ausgerichtet, aber überwiegend auf Zeitsparen) werden sich schlagartig durchsetzen.

Zu empfehlen ist deshalb allen Unternehmen (und nicht nur den Dienstleistern), sich frühzeitig mental, organisatorisch und technologisch darauf einzustellen. Wenn die Initialzündung zur Entnormung erst einmal da ist, wird es für größere Unternehmen zu spät sein, um da mal eben mitschwimmen zu können. Denn eines haben die japanischen, amerikanischen und auch deutschen Pionier-Beispiele gezeigt:

Flexibilität ist in erster Linie ein Bewußtseins-Problem und ein Mind-Programm, erst danach ist es ein Problem der Organisation und der Technologie. Und bis dann alles aufeinander abgestimmt und trainiert ist, vergehen mindestens drei bis fünf Jahre. Was in der zweiten Hälfte der neunziger Jahre geschehen soll, müßte jetzt in diesen Monaten diskutiert, projektiert und vom Top-Management entschieden werden. Das Umschalten auf Tempo und Offenheit braucht seine Zeit. Deshalb eilt es mit der Zeit.

Zeitsparen ... ein neues Marketing-Versprechen

Die Kinetik unserer Welt führt zu einem neuen Bequemlichkeits-Versprechen für Produzenten und Dienstleister: *Zeitsparen* ... das ist eine neue Industrie für ein bequemeres Leben. Zeitsparen wird zu einem Meta-Wert des Marketings. Die Produkte pur reichen dann nicht mehr, weil die Menschen vorrangig daran interessiert sind,»mehr Zeit« zu kaufen.

Das wird besonders den Handel und die Dienstleistungen kraftvoll beeinflussen, zum Teil sogar revolutionieren. Es wird aber auch dazu führen, daß immer mehr Unternehmen vor- oder nachgelagerte Services bieten.

Die Japaner nennen diesen Trend *Softnomics*: die Ausweitung der Produkt-Leistung in Richtung Zeit- und Bequemlichkeits-Services. In den nächsten Jahren wird in Europa und Deutschland der Anteil der *Familien mit zwei Einkommen über 50 Prozent liegen*. Und wenn beide arbeiten, wird die Zeit für Millionen von Menschen immer wertvoller. Das spricht für McDonald's und Fast food. Das spricht aber auch für ein wesentlich größeres Angebot von Fertiggerichten für den Mikrowellenherd. Die Nahrungsmittel-Industrie profitiert bereits deutlich von diesem Trend zur *subjektiven Zeit-Knappheit*. Aber es wird auch neuartige Service-Unternehmen geben, die professionell Hausarbeiten wie Rasenmähen, Autowaschen, Kinderhüten, Nachhilfe etc. übernehmen. Neuartige Franchise-Ketten werden entstehen, die hauptsächlich Zeit sparen helfen. *Zeit wird zum Nutzen.*

Zeit wird damit zum Waren-Wert. In Japan gibt es aus diesem Grund zum Beispiel eine Welle »schneller lesen«. Strebsame und wißbegierige Japaner möchten die Informationsflut, die immer größer wird, bewältigen und zugleich mehr Freizeit haben. Der einzige Ausweg: *Schnell-Lese-Seminare* und neuartige Schnell-Lese-Techniken. Ein normaler Japaner verarbeitet zwischen 600 und 1000 Schriftzeichen pro Minute. Mit westlichen Schnell-Lese-Methoden kann er die vierfache Geschwindigkeit erzielen.

Mehr ist aber nicht möglich, wenn man den Inhalt verstehen möchte, worauf es ja beim Lesen immerhin ankommt. Nun gibt es eine in Korea entwickelte Lernmethode, die von einer Lese-Gesellschaft in Yokohama (die inzwischen über 30 000 Mitglieder aller Altersstufen und Berufssparten aufweist) praktiziert wird. Auf der Basis einer Meditations-Technik kann man mit dieser Methode – einem fotografischen Vorgang vergleichbar – *ganzheitlich optisch* lesen. Man spart also wertvolle Zeit.

Fazit:

Zeitsparen wird zu einem eigenständigen Bedürfnis und eigenständigen Service-Markt.

Die Zeit-Pioniere sind da

In Deutschland werden derzeit die sogenannten *Zeit-Pioniere* wissenschaftlich erforscht (Institut für Soziologie der TH Aachen). Darunter versteht man glückliche und zufriedene Menschen, die zwischen zwanzig und dreißig Stunden in der Woche arbeiten. Es sind Menschen, die gerne arbeiten, aber die trotzdem wenig arbeiten, weil sie ihr Leben interessanter gestalten möchten.

Zeit-Pioniere organisieren ihr Leben so, daß sie größere Phasen von Freizeit erhalten, in denen sie völlig selbstbestimmt leben können. Sie möchten raus aus der ewig gleichen Mühle: fünf Tage hintereinander acht Stunden. (»Nie wieder vierzig Stunden!«) Sie verzichten, obwohl sie in ihrem Beruf meistens sehr gut sind und obwohl ihnen ihr Beruf Spaß macht, bewußt auf *Karriere*. Für sie ist Selbstentfaltung wichtiger. Selbstentfaltung im Beruf und zugleich auch Selbstentfaltung in der Freizeit.

Sie sind also keine Drückeberger und sind auch nicht vom Bazillus infiziert, den Lutz von Rosenstiel »freizeitorientierte Schonhaltung« nennt. Sie wollen eben beides intensiv genießen: die Arbeit und die Nicht-Arbeit.

Und obwohl sie deutlich weniger verdienen, verfügen sie doch – wenigstens nach eigenen Aussagen – über ein erhöhtes Maß an Lebensqualität. Denn Zeit – so sagen sie – ist in vielen Bereichen nicht durch Geld zu ersetzen. Ein neues Zeitverständnis wächst also auch in Deutschland heran.

Insgesamt erodieren unsere Zeit-Ideologien, die in der Kultur unmerklich eingewoben sind. Besonders in den westlichen Kulturen, aber auch in Japan verändern sich jetzt die Zeitbegriffe und die Zeitwerte so stark, *daß Zeit jetzt neu erfunden werden muß.*

Kultur und Zeitwerte: Zeit wird hedonistisch

In der Soziologie gibt es bekannte Ergebnisse der klassischen Zeitforschung. Einige Beispiele in Stichworten: Das Jahreseinkommen steigt mit zunehmender Zukunfts-Orientierung, und Menschen mit starkem Gegenwartsbezug haben niedrige Einkünfte. Und je weniger ein Mensch verdient, desto geringer sind seine Werte für Arbeits-Motivation und Zielstrebigkeit, für pragmatisches Handeln und für vorausschauende Zeiteinteilung. Dementsprechend ist das Gegenwarts-Bewußtsein am stärksten bei Männern mit niedrigem Einkommen vertreten.

Zukunfts-Freudigkeit, aber auch Fatalismus . . . beides ist mit dem differenten Einkommen verbunden. Und eine ausgeprägte *Zukunfts-Sensibilität* findet sich in den obersten Gehalts-Klassen.

Aber – wie gesagt – das waren die klassischen Gesetze für unser Zeitbewußtsein. Und nun ändert sich da einiges: Immer mehr hochkarätig ausgebildete Menschen der Oberschicht konvertieren zu einem hedonistischen Lebens-Muster, das sonst eher bei den Arbeitern vertreten war, und entfernen sich auch von einer Zeit-Ideologie, die Zukunft und Ausdauer miteinander verbindet (arbeitsmotivationales Zeitbewußtsein).

Bei einer älteren Befragung der amerikanischen Zeitschrift PSYCHOLOGY TODAY wurden noch *sieben unterschiedliche Zeit-Typen* im Bewußtsein festgestellt. Und man konnte sehr klar sagen, daß zum Beispiel Manager ein Zeitbild aufweisen, das sie zu einer dauernden Arbeitsmotivation veranlaßt, gepaart mit einer hohen Sensibilität gegenüber Zukunft. Die Eliten waren immer schon fleißig und zugleich zukunftsorientiert (Anstrengung und Zukunft = Elite).

Aber – wie gesagt – hier ist nun ein Bruch eingetreten. Die westliche Welt lernt, den Faktor Zeit nicht nur als unbedeutende Selbstverständlichkeit zu erfahren, sondern als eine eigenständige Voraussetzung für besseres und bewußteres Leben: *Zeit verbindet sich mit Hedonismus.* Und immer mehr Eliten verlassen deshalb diejenige Zeit-Ideologie, die mit Zielstrebigkeit und Ausdauer-Motivation verbunden ist. *Ihre Zeit-Ideologie wird hedonistischer.* Zeit wird damit zur Glücksquelle und zum Genuß-Faktor. Wenn aber das klassische Zeitgefühl erodiert, dann wird auch der Mensch tendenziell unpünktlicher.

Es gibt eine Untersuchung über den Lebensrhythmus in sechs Ländern, gemessen an der Genauigkeit der Bankuhren, der Gehgeschwindigkeit und der Handlungen in einem Postamt.

Der Lebensrhythmus in sechs Ländern			
Länder	Genauigkeit der Bankuhren	Gehge- schwindigkeit	Postamt
Japan	1	1	1
USA	2	3	2
England	4	2	3
Italien	5	4	6
Taiwan	3	5	4
Indonesien	6	6	5
(1 ist der beste Wert)			

Das Ergebnis ist eindeutig. Die Japaner scheinen wirklich noch die *asiatischen Preußen* zu sein. Dort wird die lineare Zeit disziplinarisch genau genommen. In den eher südlichen Ländern mit mehr Laisser-faire hat man ein anderes Zeitgefühl. Das beweist: Zeit ist ideologieabhängig, *Zeit wird kulturell gelernt.* Und es gibt Völker, in denen eher zyklische Zeitmodelle vorherrschen (Asiaten), aber auch Indianerstämme, in denen zum Beispiel kein eigenständiges Zeitbewußtsein existiert (man lebt außerhalb der Zeit).

Die Tatsache, daß in den Industrienationen die Zeit hedonistischer wird, dürfte schon bald die *Personalpolitik der Unternehmen* kräftig erschüttern und neue Markt-Angebote provozieren.

Alles in allem kann folgendes gesagt werden:

① Das für den Westen typische lineare Zeitmodell weicht zunehmend auf. Zeit wird hedonistischer und zugleich bedeutsamer. Zeit wird zum *Aktiv-Faktor für Problemlösungen* ebenso wie die *zentrale Quelle für Glück.* Zeit wird damit auch ein wichtiger Erlebnis-Wert für das Sinn-Streben der Menschen (wichtig für Personalpolitik) und zugleich ein wichtiger neuer Bedarfs-Faktor in den Märkten (wichtig für die Markt-Politik).

② Das ideologische System »Zeit« ist durch naturwissenschaftliche und kulturelle Veränderungen ebenfalls in der Erosion. Der für den Westen typische *Glaube an Reversibilität* geht verloren. Ein neues, globales Zeitbewußtsein entsteht zuerst auf wissenschaftlich-philosophischer Ebene, aber in den nächsten Jahren in zunehmendem Maße auch im bürgerlichen Rahmen des Alltags. Durch dieses neue Zeitbewußtsein verändert sich die Kultur. Zeit wird subjektiver. Zeit wird schneller, Zeit wird flexibler und sprunghafter. Zeit wird unlogisch.

③ Durch die wachsende Menge von Veränderungs-Innovationen (vom Roboter bis zur Genetik) erhöht sich die Summe der intelligenten *Norm-Erschütterungen.* Die modernen Kulturen schalten deshalb um auf eine erhöhte *Reagibilität.* Für die Unternehmen und für das Management bedeutet das die Abkehr von starren Organisations-Modellen, vom Kader-System und von den klassisch-rhythmischen Zeit-Planungs-Ideologien. Der Weg geht zum Just-in-time und zu spontaner, offener Anpassung.

④ Durch die Elektronik wird eine *prozessuale, offene Zeitauffassung* praktikabel. Agieren und Reagieren vernetzen sich kontinuierlich. Die Totzeiten, die man bisher für Planung und Handlungs-Vorbereitung benötigte, entfallen immer mehr (siehe das Beispiel der Prontisti-Mode). Das wird auch das Ende der Saison-Rhythmen, der Kalender-Planungen und das Ende der starren Handlungs-Schemata (zum Beispiel das Denken in Werbe-Kampagnen) sein. Die Kinetik der Märkte gestaltet dann die innere Kinetik in den Unternehmen. *Jeder Prozeß erhält seine eigene Prozeß-Zeit.*

Dadurch entwickelt sich eine neuartige Kultur des Fließens . . . fließende Weltbilder, fließendes Bewußtsein, fließende Organisationen, fließende Netzwerke, fließende Dialoge. Ein *Tao der Zukunft* entsteht. Ein offenes *Mind-Programm für ein Tao-Bewußtsein.*

⑤ Das Umschalten auf fließende Zeitmodelle wird besonders den klassischen Managern, die auf Kader-Disziplin und Ordnung ausgerichtet sind, sehr schwerfallen. Der existentielle Bruch zwischen den klassischen und neuen Managern liegt unter anderem auch in ihrer unterschiedlichen *Zeit-Intelligenz* begründet.

Für den klassischen Manager ist *Instabilität* die Ausnahme, für die kommende Generation der Manager ist *Stabilität* die Ausnahme. Für den klassischen Manager werden Strategien so geplant, daß Stabilität erreicht werden soll. Für den neuen Manager werden Prozesse so zu organisieren sein, daß möglichst viel Instabilität (also Lernen) möglich wird. Lebendigkeit ist praktizierte Labilität. Zeit-Intelligenz ist die Fähigkeit, seine Systeme immer wieder in die Instabilität steuern zu können.

Alles in allem entsteht ein neues Zeitbewußtsein. Das ist der Kinetik-Trend. Und dieser hat zwei Dimensionen:

① *Die Entwicklung einer neuen Verantwortungs-Ethik*
Erst jetzt lernt der Westen, daß die Zeit nicht linear läuft, sondern in
Sprüngen, also diskontinuierlich. Und er lernt auch, daß die *Brüche
und Sprünge* durch Irreversibilität entstehen, das heißt durch Nicht-
Wiederholbarkeit oder durch Nicht-Zurückführbarkeit.

In der Mechanik (Descartes und Newton) war die Zeit reversibel. Man
konnte die Dinge also immer wieder auf ihren Ursprung zurückführen. Man konnte Fehler wieder reparieren. Man konnte Schaden
wieder beheben. *Man konnte durch Schaden lernen.*

Heute erkennen wir, daß diese Reversibilität eine Ausnahme ist. Wir
erkennen auch, daß unsere eigenen Handlungen weitestgehend irreversibler Natur sind. Wenn wir zum Beispiel die Bio-Technologie und
die *Gen-Technologie* weiter forcieren (wofür alle Trend-Signale eindeutig sprechen), dann verändern wir die Welt, und zwar irreversibel.
Nichts kann mehr zurückgeführt werden auf die Strukturen und Qualitäten, die wir früher einmal besaßen. Und wenn wir durch die Gen-
Technologie in den nächsten fünfzig Jahren immer heftiger beginnen,
zum *Mitschöpfer der Schöpfung* zu werden, dann verändern wir unsere
Umwelt immer kräftiger.

Die Konsequenz dieses neuen Zeitbewußtseins, das in Richtung Irre-
versibilität geht: Eine neue *Verantwortungs-Ethik* blüht überall auf.
Die Zeit geht zu Ende, in der wir durch Schaden klug werden konnten.
Ebenso geht die Zeit zu Ende, in der alte Moral-Prinzipien und alte
Ethik-Dogmen die Zukunft mitgestalten können. *Eine Verantwortung
für das Offene Werden entsteht.*

② *Die Entwicklung von Mind-Programmierung*
Erst durch die jetzigen Dauer-Turbulenzen erlebt der Westen, daß die
Zeit nicht mehr linear ist, wie sie vor rund 300 Jahren von Newton
beschrieben worden ist. Die Zeit hat keine eingebaute Richtung. Die
Zukunft steht deshalb nicht fest, sondern sie wird gestaltet durch
Bifurkationen, das heißt durch entscheidende Weichenstellungen.
Und offene Systeme, wie zum Beispiel Gesellschaften und Unterneh-
men, sind in diesem Sinne sowohl nach innen als auch nach außen
offen. Aus dieser neuen Sicht der Zeit ähnelt ein Unternehmen einem
Computer, der beim Rechnen sein Software-Programm selbständig
verändert.

Es gibt also Zeit-Brüche, und die Zeit hat keinen gleichmäßigen Takt.
Die Zukunft ist deshalb nicht schon vorher da. Die Zukunft entsteht

– wie Maturana einmal sinngemäß sagte –, indem man in sie hineingeht. Alles wird durch den menschlichen Geist konstruiert, alles wird zur *totalen Selbstbezüglichkeit* (Selbstreferenz). Das, woran man geglaubt hat, gestaltet das, woran man glaubt. Dieses wiederum gestaltet den nächsten Glauben usw. . . . *endlose Schleifen* der Selbstbezüglichkeit.

Die Konsequenz daraus: Zeit wird zu einem Gummiband. Es gibt plötzlich psychologische und nicht nur objektive Zeit. Es gibt dann – wie Roger Penrose von der Oxford University schreibt – auch psychologische Zeit, esoterische Zeit, wahrscheinliche Zeit, subatomare Zeit. *Die Vervielfachung der Zeiten ist da.*

Die Konsequenz: Die Industrienationen beginnen, das Zeitmodell ihrer Planungen und Handlungen zu überdenken. Stichwort: Flexibilität als Antwort auf wachsende Turbulenz. Aber derzeit investiert man nur in technische Ansätze der Flexibilität: CIM, Just-in-time, flexible Arbeitszeit usw. In den nächsten Jahren wird *die Flexibilisierung des Geistes* hinzukommen. Stichworte: Mind-Programmierung und aktive Bewußtseins-Formung in Richtung *Meta-Bewußtsein*. Man beginnt zu begreifen, daß die *Beschleunigung der Auflösung von geistigen Formen* der zentrale Faktor ist, um die Kinetik managen zu können. Die Gesellschaft begreift, daß wir vor einer Mind-Epoche stehen. Wir müssen das Bewußtsein so komplex, so paradox und so kinetisch machen, wie wir unsere Umwelt gemacht haben.

Visionäres Management . . .
die Manipulation des eigenen Bewußtseins

Auf den ersten Blick mag das alles sehr philosophisch klingen, und man kann sich fragen: Was haben Firmenchefs mit den neuen philosophischen Zeit-Diskussionen zu tun? Die Antwort ist einfach: sehr viel. Weil uns das neue Zeitbewußtsein dazu zwingt, uns mit aller Konsequenz mit dem Thema der *Mind-Formung* und der *Bewußtseins-Selbst-Manipulation* zu beschäftigen.

Wenn die Zukunft nicht schon fertig ist, also quasi auf uns wartet, dann gibt es das, was Marilyn Ferguson den Trend zum *visionary factor* nannte: Wir selbst erfinden dann unsere Zukunft durch das, woran wir als Zukunft glauben:

Die Qualität der Zukunft ist abhängig von der Qualität ihrer Erfindung.

Derjenige Manager managt am besten, der in einer kinetischen Zeit seine Mind-Muster und sein Glaubens-System schneller und gezielter verändern kann.

Bisher hatten wir das Bewußtsein als eine passive Resultante angesehen. Man lebt, und irgendwie entsteht daraus ein Bewußtsein. Das Bewußtsein entstand also im Schlepptau des normalen Lebens. Durch die neue Zeit-Diskussion verändert sich die Einstellung zum Bewußtsein. *Das Bewußtsein wird aktiviert.* Das Bewußtsein wird eine manipulierbare Größe: formbar und gestaltbar.

Durch das aktivierte Bewußtsein wird *Wirklichkeit durch Mind Design hergestellt.* Das Bewußtsein folgt also nicht der Wirklichkeit, sondern ist Vater der Wirklichkeit. Das neue Credo: Wenn ich mein Bewußtsein vor der Wirklichkeit verändern kann, schaffe ich dadurch Wirklichkeiten, die ich erschaffen möchte.

Die Theorie des visionary factor besagt also, daß in turbulenten Zeiten nur derjenige kraftvoll führen und Wirklichkeiten gestalten kann, der sein Bewußtsein vor den kinetischen Wirklichkeiten ausformen kann.

Interessant ist, daß in der Tat in Manager-Kreisen derzeit eine erste zarte Welle zu beobachten ist, die in Richtung dieser neuen *Bewußtseins-Formung* geht. Das läuft unter dem Etikett »visionäres Management«. Manchmal wird es auch »Mental-Management« genannt.

Aber es ist in seiner ganzen Tragweite noch gar nicht richtig verstanden worden. Die meisten Autoren und Manager, die damit experimentieren, verwechseln Visionen überwiegend noch mit langfristiger oder globaler »Strategie über den Strategien«. Aber das ist eine Verkennung der Lage. In kinetischen und turbulenten Konstellationen ist eine Vision der einzige geistige Quell, durch den man neben der permanent fließenden Reaktion zu einer kraftvollen Aktion gelangen kann.

Durch die Vision kann man zur Energie gelangen, die postuliert: »Ich will!« Insofern ist visionäres Management im Sinne dieser Mind-Formung eine absolute *Eliten-Aufgabe*, also eine Aufgabe für das kommende Top-Management:

MIND DESIGN und Zeit-Intelligenz sind die neuen Instrumente der Elite.

Die schöpferische Rolle der Zeit

Blicken wir deshalb noch einmal auf die neuesten Zeit-Forschungen. Ilya Prigogine und Serge Pahaut haben in einem Aufsatz (»*Die Zeit wiederentdecken*«) betont, daß das bedeutende Ereignis unserer jetzigen Epoche die Wiederentdeckung der Zeit ist. Das deckt sich mit dem, was ich hier als Mega-Trend beschreibe: Die Eliten erkennen, *wie wichtig ihre Zeit-Intelligenz* ist. Sie entdecken, daß die Zeit keine passive Selbstverständlichkeit ist, in der Handlungen stattfinden, sondern daß *Zeit zur Handlung wird.* Oder: Zeit wird wichtiger als die Handlung.

Folgen wir den neuesten Perspektiven von Prigogine und Pahaut: Sie betonen, daß die neue Einstellung zur Zeit *mit Einstein begann.* Die alten Forscher Galilei, Kepler und Newton hatten eine eher indifferente Einstellung zur Zeit. Die Richtung der Zeit spielte für sie zum Beispiel überhaupt keine Rolle, denn sie haben ihre Wissenschaft hauptsächlich aus Bewegungs-Studien abgeleitet.

Für Galilei, Kepler und Newton, also für die Wissenschaftler, die unser heutiges Zeitbewußtsein entscheidend geprägt haben, läuft die Zeit quasi von links nach rechts in eine Richtung, *sie ist linear.* Und so trennten sich Vergangenheit, Gegenwart und Zukunft ganz plausibel und logisch.

Für Einstein aber, der sich als »gläubiger Physiker« beschrieb, besteht »eine Trennung zwischen Vergangenheit, Gegenwart und Zukunft nur scheinbar – auch wenn sie starr zu sein scheint«. Es war dann der Mathematiker Kurt Gödel, der diesen Gedanken weiterverfolgt hat. Er erkannte durch seine Berechnungen, daß der Mensch im Prinzip fähig ist, eine seiner grundlegendsten Illusionen zu beseitigen: *Es gibt keine gelenkte Zeit,* so schreibt Gödel, *und die Evolution ist nur ein Köder.*

Durch diese und von Prigogine weitergeführten Gedanken beginnen wir heute, uns mühsam ein neues Verhältnis zur Irreversibilität aufzubauen. Wenn wir anerkennen, daß das meiste von dem, was wir tun, irreversibler Natur ist, dann »beginnen wir, *die schöpferische Rolle der Zeit* wieder anzuerkennen. Von nun an scheint jeder Versuch, die Zeit in die Illusion zurückzudrängen, zum Scheitern verurteilt« (Prigogine/Pahaut). Und wenn wir die permanente Irreversibilität als etwas völlig Normales anerkennen können, dann sieht man die ganze Welt plötzlich als *eine Welt, die nie im Gleichgewicht war,* wie es zum Beispiel eine Maschine ist.

Man hört dann auf, in *Optimierungs-Strategien* zu denken. Denn das kann man nur bei Maschinen mit reversiblem Charakter, indem man so lange experimentiert, bis eine Sache wirklich hundertprozentig stimmt. Man beginnt dann, in *kinetischer Dynamik* zu denken, also mit der Dynamik des Offenen Werdens.

Optimieren kann man nur etwas, was auf einen festen Zielpunkt ausgerichtet ist. Wenn aber die Welt nichts anderes als ein irreversibler Prozeß ist, der auf einer offenen und sprunghaft verlaufenden Zeitachse stattfindet, dann gibt es nie Gleichgewicht, also auch nie Optimalität in Planung, Strategie oder Handlung.

Aus dieser neuen Bewußtseins-Essenz entsteht das, was man das *Tao der Zukunft* nennt. Und es beinhaltet im Mittelpunkt einen völlig neuen Begriff, den Begriff der »*internen Zeit*«.

Die interne Zeit . . .
die Basis für die Zeit-Intelligenz

Die *interne Zeit* ist eine neuartige Zeit-Idee, die typisch ist für Systeme, die nicht im Gleichgewicht sind, also zum Beispiel Firmen, Branchen, Weltmärkte, schlichtweg überall da, wo *Evolution und Entwicklung* stattfinden. Dort gibt es neben der chronologischen Zeit, also der Kalenderzeit, eine interne Zeit, die typisch ist für offene, instabile Systeme, die in kinetischen Umwelten operieren.

Prigogine verweist auf Brasília und Rom. Brasília ist eine klar und gut definierte Stadt – wenn man so will – aus einem Guß entstanden in einer Zeit mit einer ganz bestimmten Zielsetzung. Sie ist nicht gewachsen. Sie hat eine klare interne Zeit, während Rom, die Ewige Stadt, genau das extreme Gegenbeispiel ist. In ihr sind alle Zeiten so miteinander verschlungen, daß sie ein Zeit-Labyrinth darstellt, durch das man nicht durchkommen kann.

Die interne Zeit ist das geistige Instrument für die Kinetik des Managements. Alle Flexibilisierungs-Strategien, seien sie in der Arbeits-Organisation, seien sie in der Produktion oder seien sie beim *Kontext-Management* angesiedelt (fließende Weltbilder), sie alle beruhen auf der internen Zeit. Sie wird zwar mit Hilfe einer Uhr gemessen, »aber sie hat einen ganz anderen physikalischen Sinn. *Sie entsteht im Chaos*, da es sie nur in instabilen Systemen gibt; wir können sie nur auf einen Mittelwert der räumlichen Zeit der klassischen Dynamik einstellen« (Prigogine/Pahaut).

Die neue Zeitpolitik
denkt in Schleifen

Die Konsequenz ist *ein neues Denken in Schleifen.* Symptomatisch dafür ist das Buch von Douglas R. Hofstadter »Gödel, Escher, Bach«. Eine Art Kultbuch. Trotz eines Umfangs von rund 800 Seiten und seiner ausgesprochen schwierigen Inhalte kam es auch in Deutschland auf die Bestseller-Liste.

Und dieses Buch beschreibt das Leben im Grunde als eine *endlose Kette von Selbstbezüglichkeiten* (»Schleifen«). Nichts wiederholt sich, und alles, was man intensiv und häufig glaubt, kann Wirklichkeit werden. Und diese Wirklichkeit verändert wiederum das Bewußtsein. Und dieses veränderte Bewußtsein verändert wieder das nächste Bewußtsein.

Neu ... endlose Schleifen
managen statt Strategien

Das alles klingt sehr theoretisch, aber es ist außerordentlich praktisch, denn auch das Management wird in den nächsten Jahren die »interne Zeit« entdecken und lernen, endlose Schleifen statt Ziel-Strategien zu managen. Allein durch Telekommunikation und *elektronische Netzwerke* wird es schon bald zu einem Punkt kommen, an dem man nicht mehr in Kampagnen, in Strategieblöcken und in starren Zeit-Schemata denken kann.

Wenn alles zu einem *interaktiven Dauer-Dialog aller mit allen* wird, dann kann es keine Totzeiten mehr geben für Planung und keine Totzeiten mehr für Mono-Handlungen, also Zeiten, die für eine einzige Handlung aus einer einzigen Richtung mit einer einzigen Intention reserviert sind, was zum Beispiel typisch ist für die *Einbahn-Kommunikation von Werbung und PR* (siehe hierzu Gerd Gerken, »Abschied vom Marketing«, Düsseldorf 1990).

In Zukunft wird *Markt-Bewußtsein* zu gestalten sein, und zwar zusammen mit diversen Kommunikatoren. Alle reden mit allen, und dadurch wird das Bewußtsein immer fließender, sprunghafter und die Marktgeschehnisse immer kinetischer.

Die Konsequenz:

① Der Bedarf entsteht aus einem Tanz von vernetzten Bewußtseins-Prozessen.

② Inhalt und Richtung des Bedarfs folgen der Dynamik des Offenen Werdens . . . die verlaufsoffene Zeit gestaltet den offenen Bedarf.

③ Man kann diesen Tanz nicht mehr einseitig-linear, das heißt von außen manipulieren, sondern nur durch Teilnahme, also durch Mittanzen und Integration in die Vernetzungen.

④ Dieses Teilnehmen ersetzt die Manipulation . . . teilnehmende Verschmelzung (Interfusion) ersetzt die rationale Strategie.

⑤ Das Markt-Management der Zukunft managt deshalb selbstreferentielle Schleifen innerhalb der vernetzten Bewußtseins-Prozesse.

⑥ Wer die Zeiten des Bewußtseins führt, dominiert den Wettbewerb.

Das Beispiel der Werbung

Man könnte sagen, es gibt dann keine Öffentlichkeit mehr (Werbung oder PR) und auch keine Gegen-Öffentlichkeit, wie wir das heute auffassen, sondern es gibt dann nur fließende, sprunghafte und durch nichts zu bändigende Bewußtseins-Prozesse, die für alle öffentlich sind und für keinen allein manipulierbar, weil alle manipulieren.

Werbung wird, wenn sie sich wie gewohnt zeitstarr und geschlossen-kreativ verhält (also im Sinne kreativer Kampagnen und typischer Penetrations-Regeln), so etwas werden wie eine ziemlich uninteressante und schwer zu hörende Gegen-Öffentlichkeit. *Wer nicht mittanzt, den sieht man nicht mehr.*

Die Notwendigkeit eines Mental-Trainings

Wenn das Management die endlosen Schleifen entdeckt, wird das Bewußtsein automatisch zum zentralen Faktor. Schon Einstein hat darauf hingewiesen, daß die Überwindung unseres altmodischen Zeitmodells automatisch zu einem neuen Kommunikations-Modell führen muß. Und

Forschungen von Prigogine, Maturana und anderen zeigen, daß noch ein weiterer Punkt hinzukommt, nämlich der einer *Beschleunigung des Bewußtseins*. Wir brauchen den offenen und zugleich schnellen Geist. Wenn alles in endlosen Schleifen entwickelt wird (permanente Selbstbezüglichkeit in der Entwicklung), dann muß das Bewußtsein ebenfalls im Sinne einer endlosen Schleife permanent verändert werden können. Die *Durchlauf-Geschwindigkeit* vom alten Denken zum neuen Denken muß erhöht werden.

Wenn sich alles beschleunigt, muß sich auch der Geist beschleunigen. Wenn alles instabil wird, müssen auch die Weltbilder instabil werden. Wenn die Zeiten springen, müssen auch die Erwartungen springen. Und wenn die Zukunft nicht da ist, sondern von uns erfunden wird, dann müssen wir auch lernen, die Zukunfts-Erwartungen früher und qualifizierter zu erfinden. Dann muß die Zukunft zur Gegenwart werden.

Das alles wird für das Top-Management eine ungeheure mentale Herausforderung darstellen und einen starken Schub in Richtung *Mind-Training* mit sich bringen:

Wir müssen die Kompetenz entwickeln, früher das bessere Bewußtsein zu erfinden.

Zusammenfassung:

Lassen Sie uns an dieser Stelle noch einmal auflisten, was die kinetische Unternehmer-Dynamik mit sich bringen wird:

① **Das Management wird lernen, daß es keine lineare Zeit gibt. Das Management wird lernen, daß die *Zukunft* deshalb keineswegs schon fertig da ist, daß sie nicht auf die Zeitachse wie aus dem Nebel (als »Fertiggericht der Wirklichkeit«) auftaucht, sondern daß sie durch die Qualität des erfundenen Bewußtseins gestaltet wird. *Die Zukunft ist das Kind unserer Mind-Formung.***

② **Es wird eine wichtige neue Praxis für den *visionary factor* geben. Die neuen Unternehmer und die neuen Manager werden das *Kontext-Formen* in ihren Alltag integrieren, um zu kraftvollen Visionen fähig zu werden. *Das Erfinden von Bewußtsein ersetzt das bisherige Modell der Vision.***

③ **Die neue Unternehmer-Dynamik managt *endlose Schleifen* zur Bewältigung der komplexen Turbulenzen. Das Neue entsteht durch das vorherige Neue, und alles bezieht sich aufeinander,** im Geiste ist nichts reversibel. *Die Kinetik der Märkte prägt eine Kinetik des Geistes* . . . *den Wegwerf-Geist.*

④ Die Einstellung zu »Zeit« wird eine höchst dynamische Einstellung werden. Man wird die *interne Zeit* entdecken und dadurch fähig werden, *Bifurkationen,* also entscheidende Weichenstellungen für ein Unternehmen oder einen Markt, frühzeitig zu erkennen oder selbständig zu provozieren. *Man wird die Zeit benutzen, um vor dem Bedarf das Werden zu fördern.*

Die drei neuen Dimensionen für die Führung von Unternehmen

Aus dieser Sicht werden folgende drei Dimensionen für das kinetische Management wichtig:

① die Produktion von sozialer Energie (Gerd Gerken,»Management by Love«, Düsseldorf 1990),

② die mentale Kraft, um Visionen »aus dem Nichts«, das heißt unabhängig von der Vergangenheit, zu formen (MIND DESIGN),

③ das eigene Bewußtsein schneller zu deprogrammieren und neu zu programmieren (MIND DESIGN).

Die neue Zeit zerstört den Mythos der Rationalität: Rationalität hört auf, Gewißheit zu sein

Prigogine betont, daß diese Neukonzeptionierung von Zeit auch das, was wir *Rationalität* nennen, grundsätzlich in Frage stellen wird. »Wir kommen zu einer neuen Ebene des Verständnisses, auf der Rationalität nicht länger identifiziert wird als *Gewißheit.*« Nach der neuen Auffassung von Zeit ist das einzige, was wir wissen, daß wir alles nur immer *mit unserem Bewußtsein erfinden* und daß die Wirklichkeit ebenfalls nur eine fließende Wirklichkeit ist. *Wahrheit wird aus dieser Sicht zu fließender Lüge.*

Man erkennt schon durch diese ersten Ansätze, wohin das Ganze zu laufen beginnt: zu einem neuen *westlichen Tao,* das aus zwei wichtigen Komponenten besteht:

Auf dieser Basis entwickelt sich derzeit eine neue Bewußtseins-Etappe des Managements. Man könnte als Formel überspitzt sagen: Das Management in der Informations-Gesellschaft wird ein Bewußtseins-Management sein müssen, denn nur Bewußtsein kann die Kinetik steuern, die das Ergebnis der Info-Revolution sein wird.

Instabilität wird zum Ziel des Business

Prigogine sieht überall dort, wo Leben Wirklichkeit gestaltet, Instabilität. Die elektrischen Aktivitäten unseres Gehirns während des *Tiefschlafes* zeigen zum Beispiel ebenfalls mutierende, also fließende Muster und Strukturen. Prigogine weist darauf hin, daß das Gehirn dann, wenn es sich erholt, besonders instabil ist und daß gerade diese fließende Instabilität »die Verstärkung des sensorischen Inputs ist, den wir vollziehen, wenn wir wach sind. Offensichtlich kann die dynamische Komplexität des menschlichen Hirns nicht zufällig sein. Sie muß gewählt worden sein gerade wegen ihrer Instabilität.« *Komplexe Systeme benötigen also Instabilität.* Und das Business, das immer weltverzahnter wird, wird immer komplexer ... also muß auch das Management auf Instabilität ausgerichtet werden.

Auch die biologische Evolution ist vermutlich nichts anderes als eine *lange Geschichte der dynamischen Instabilität,* ebenso wie vermutlich die menschliche, geistige Kreativität nichts anderes ist als eine endlose Kette dynamischer Instabilitäten. Und auch die *DNS-Moleküle* – so Prigogine – sind nur Beweise für diese »gebrochene Symmetrie«. Auch hier gibt es nur *mutierende Muster.* Und die können auch nur in eine einzige Richtung gelesen werden, ebenso wie die menschliche Sprache. Auch hier also nur Irreversibilität.

Die Konsequenz daraus lautet für Prigogine: Gesunde und kraftvolle Systeme bewegen sich immer wieder zu Instabilitäten. Das deckt sich mit dem, was ich seit Jahren beobachte:

Das erfolgreiche Unternehmen provoziert seine eigene Instabilität.
Gerade die derzeitigen Innovations-Kräfte von Wissenschaft, Technologie und Wirtschaft sind es, die die vielen Fluktuationen erzeugen, durch die alles derzeit so ins Schwimmen geraten ist.

Aber Innovationen (wie zum Beispiel Chips oder Genetik) können nicht nur Instabilitäten verschärfen, sondern sie können auch durch diese Instabilitäten *gewollte Quantensprünge* erzeugen. Voraussetzungen sind *das neue Ja zum Chaos*, die Neudefinition der Zeit als aktiven Problemlösungs-Faktor (interne Zeit) und die Abkehr von Gewißheit und strategischer Optimierung zugunsten einer permanenten Formung fließender Prozesse.

Ein häufig zitierter Graffiti-Spruch lautet: »Zeit ist ein Trick, mit dem die Natur dafür sorgt, daß nicht alles auf einmal geschieht.« Entsprechend des neuen, jetzt aufflackernden Zeitbewußtseins könnte man den Spruch wie folgt fortsetzen: »Da wir aber so potent sind, immer mehr auf einmal geschehen zu lassen, funktioniert der Trick mit der linearen Zeit nicht mehr.« Deshalb der starke Mega-Trend zu einer *neuen Zeit-Kultur*.

Unternehmenskultur und das Zeitliche

Wenden wir uns jetzt der Frage zu, wie wir diese neue Zeit-Kultur in die Unternehmen einführen können. Professor Knut Bleicher hat in der Zeitschrift DIE UNTERNEHMUNG einen Aufsatz veröffentlicht mit dem Titel: Zum Zeitlichen in Unternehmenskulturen.

Bleicher weist darauf hin, daß das Management viele Jahrzehnte lang ausschließlich von den *harten Faktoren* bestimmt war und daß erst in den letzten Jahren eine »*Suche nach den weichen Faktoren* der Unternehmens-Entwicklung« zu beobachten ist.

Erst dadurch kam es auch zu einer Beschäftigung der Management-Lehre mit *evolutionären Aspekten*, also auch mit allen Aspekten der Selbstbezüglichkeit. Bleicher ist auch der vermutlich erste BWL-Professor, der auf den Zusammenhang zwischen Unternehmens-Kultur und Zeit-Ideologien hingewiesen hat.

Für ihn sind Unternehmens-Kulturen die *Erwartungs-Muster* der Mitglieder in einem sozialen System und auch deren *Präferenzen*. Diese Erwartungen und Präferenzen sind in der Regel vergangenheitsgeprägt und nur äußerst *selten zukunftsorientiert*. Wenn Unternehmenskulturen bestimmte Zukunfts-Inhalte haben, dann meistens strukturell, aber sie beinhalten sehr selten die Prozesse der Zeitbewältigung.

Die Unternehmenskultur als Programmierung des menschlichen Geistes

Auf der anderen Seite sind Kulturen per se Prozesse der Zeitbewältigung, denn sie sind – wie Bleicher richtig schreibt – *zeitgeprägt und zugleich auch zeitprägend.*

Mit Hofstadter kann man argumentieren, daß Unternehmenskulturen immer »*kollektive Programmierungen des menschlichen Denkens*« sind.

Das Wort Programmierung wird aber nicht gern gehört, weil es an Manipulation und Drittes Reich erinnert, aber dennoch muß man eindeutig davon ausgehen, daß der Mensch sein Gehirn permanent programmiert und daß die Formung von Erwartungen und Präferenzen nichts anderes ist als eine dauernde Selbstprogrammierung des Menschen durch kommunikative und interaktive Akte. *Wir alle sind Programmierer von kollektivem Mind.* Dieses geschieht meistens über ein System von Symbolen, Mythen, Zeremonien, Ritualen und Erzählungen. »Eine geprägte Unternehmens-Kultur wirkt als Auto-Pilot für die implizierte Verhaltenssteuerung im sozialen System des Unternehmens« (Bleicher).

Die unerkannten Zeitprobleme der Unternehmenskultur

Die entscheidende Variable bei der Entwicklung von Unternehmenskulturen ist die *Herstellung von gemeinsamen Erlebnissen*, was wiederum zu einer wachsenden Homogenität innerhalb der Gruppe führt. So baut sich langsam ein immer *fester werdendes Wertgefüge* auf.

Das Problem der Unternehmenskultur liegt nun darin, daß sie immer nur dann wirklich funktioniert, wenn sie wirklich über dieses feste Wertgefüge verfügt. *Je fester, um so wirksamer.* Auf der anderen Seite werden die Märkte immer turbulenter und paradoxer, und alles tendiert zu fließender, spontaner Ordnung. Die Unternehmenskulturen, so wie sie heute aufgefaßt werden, verschließen sich also »*der Evolution einer spontanen Ordnung*«.

Vermutlich wird man in den neunziger Jahren die Firmenkulturen, wie sie heute überall entwickelt und gepflegt werden, nicht mehr als»positiv« und richtig auffassen. Man wird sie»zeitlicher« und kinetischer machen wollen. Die derzeitige theoretische Basis, die hauptsächlich von Deal, Kennedy, Peters und Waterman kommt, ist im Grunde heute schon überholt und brüchig. Das Konzept der Firmenkultur stimmt nicht mehr überein mit der Realität der Kinetik in den Märkten. Deshalb kommt ein neuer Kultur-Trend. Dieser neue Trend berücksichtigt dann erstmalig die evolutionäre Zeit in der Firmenkultur.

Was bedeutet das? Es müßte möglich sein, Firmenkulturen so aufzubauen, daß *der Prozeß der kreativen Selbstzerstörung* von Anfang an eingebaut wird, so daß die Verfestigungs-Tendenzen gar nicht erst eintreten, so daß das Paradoxon möglich wird, daß klare, feste Firmenkulturen ein permanentes, fließendes Lernen und Selbstüberwinden ermöglichen. Es herrschen dann feste, verbindliche Werte der Auflösung und Kinetik. Die Kultur managt dann die Zeit als Verhalten.

Die schädliche Zeit in den Unternehmenskulturen

Diese Ansätze werden bereits diskutiert unter dem schon erwähnten Programm *Organization Transformation* (OT). Hier arbeiten Praktiker (zum Beispiel Unternehmensberater, die ein Netzwerk gebildet haben) und einige Wissenschaftler zusammen. Sie haben begriffen, daß wir auf ein neues Zeitbewußtsein zusteuern und daß sich die sozialen Systeme und die sozialen Wertgefüge auch zu einer fließenden Zeit-Konzeption verdichten müssen, weil sie sonst das fließende Handeln, das typisch sein wird für die kinetische Epoche, geradezu unmöglich machen.

Ich hatte bereits 1987 in RADAR für TRENDS über diese bisher noch nicht entdeckte»schädliche Zeit-Komponente« in den üblichen Konzepten von Unternehmenskultur berichtet. Damals schrieb ich:

»Irgendwie kommen wir mit den *Firmenkulturen* noch nicht zurecht. Die meisten Unternehmen wissen, daß so eine Kultur mindestens genauso wichtig ist wie eine sorgfältige Planung. Andererseits wird jetzt auch erkannt, wie schädlich Kulturen sein können, besonders dann, wenn sie zu statisch sind.

Und genau da steckt das Dilemma: Soll nun eine Kultur möglichst fest und verbindlich sein, oder soll sie flexibel und prozessual sein? Soll eine

Kultur durch interne Rituale gefestigt werden, oder soll sie dem wilden Lauf des Marktes folgen?

Ich bin fest davon überzeugt, daß die kommenden Zeiten so sprunghaft und prozessual werden, daß in jeder Kultur der Faktor ›Selbst-Veränderung‹ eingebaut und liebevoll gepflegt werden muß.

Die meisten Firmenkulturen sind zu geschlossen, das heißt, sie können die offene Dynamik des Marktes nur begrenzt widerspiegeln. Und bei den meisten Kulturen fehlt der Faktor »Innovation und Selbstüberwindung«, man drückt sich vor der »kreativen Zerstörung«. In diesem Sinne sind Kulturen, so wie ich sie bisher analysiert und kennengelernt habe, viel zu konservativ.

Diese Beobachtung wird gestützt durch eine neue Untersuchung der Hay Group Inc., USA. Dort hat man 58 Unternehmen analysiert im Hinblick auf die Frage: ›Insider oder Outsider?‹ Wer funktioniert also besser, fremde Manager oder der Firmen-Nachwuchs aus den eigenen Reihen?

Die Unternehmen, die ihre jährlichen Neubesetzungen im oberen Management durch Outsider vornahmen, hatten ein Durchschnitts-Wachstum von 10 Prozent. Firmen, die auf Insider setzten, hatten eine Durchschnitts-Einbuße von 5 Prozent. Lapidarer Kommentar von Hay: »Die Outsider nehmen weniger Rücksicht auf Gewachsenes. Sie setzen schneller das Neue ein. Also stimmt es mit den Firmenkulturen wirklich noch nicht. Es stimmt nicht, weil sie Traditionen und Verfestigungen pflegen und nicht den Umbruch und die Transformation. Wenn es stimmt, daß in den neunziger Jahren nur die Systemveränderung das System qualifizieren kann, dann wird der Faktor Bewußtseins-Wandel zum Rückgrat der Kultur werden müssen.«

Damit werden Mind und Bewußtsein, was die Entwicklung der offenen und kinetischen Firmenkulturen betrifft, ganz besonders wichtig. Zwei Werte müssen in Zukunft mit eingebaut werden:

• **Methodischer Bewußtseins-Wandel** • **Offenes Zeitmodell** }	**= Tao der Zukunft**

Neu: von der linearen Zeit
zur springenden Zeit

Bleicher führt in seinen Überlegungen über die Zeit aus, daß das Zeit-Erlebnis kulturabhängig, also auch Produkt der jeweils herrschenden Ideologie ist. So hat es früher eine *zyklische Zeitvorstellung* gegeben, also die kontinuierliche Wiederkehr des Gleichen. Dieses Zeitbewußtsein war typisch für die Griechen (Aristoteles).

In Mesopotamien, dem Zweistromland, herrschte eine andere, strömende Vorstellung von Zeit, nämlich die, die wir heute die *lineare Zeit* nennen. Die lineare Zeitvorstellung, wie wir sie heute automatisch in unseren Gehirnen haben, ist vollends im Judentum mit seiner im Monotheismus angelegten Hoffnung auf die Zukunft verwirklicht worden. Das ist die Zeitbasis, auf der die meisten Naturwissenschaften heute noch ruhen. Auf dieser Basis entstand der von Eddington erdachte *Zeit-Pfeil*, der unabdingbar in die Zukunft weist.

Am Ende dieses Jahrunderts überwindet die Wissenschaft nun das klassische lineare Zeitmodell und kommt zu *dissipativen Vorstellungen* (Sprunghaftigkeit der Zeit, Stichwort: Bifurkation) und auch zu *spiralförmigen Zeitmodellen*, in denen im Grunde eine permanente Transformation, also qualitative Höherentwicklung, stattfindet: Vieles von dem, was wir erleben, wiederholt sich. Aber es wiederholt sich auf einer anderen qualitativen Ebene und so lange, bis das System fähig wird, aus dieser Spirale herauszuspringen und eine neue Ordnung aufzubauen. Das alles führt zu einer *evolutionären Rolle der Zeit* im Management. Und das macht das Planungs-Problem, das die Manager ohnehin schon haben, nur noch größer. Warum?

① Das neue Zeitmodell verlangt eine *stärkere Orientierung am Augenblick*, also ein stärkeres Loslassen und die Bereitschaft, sich von außen steuern zu lassen (Selbstentmachtung zugunsten einer permanenten Reaktionsfähigkeit). Das ist das, was heute in der Mode von den Prontisti-Firmen so perfekt gemacht wird: mehr Wendigkeit durch mehr Zeit-Intelligenz.

② Andererseits muß man stärker als je zuvor die *Zukunft entwerfen*, da nichts so offen und gestaltbar ist wie gerade die Zukunft (Stichworte dazu: das Ende der Reversibilität und der visionary factor). Die Zukunft wird immer wichtiger, weil sie immer weniger fertig da ist.

③ Für das Top-Management bedeutet das zweierlei: umzuschalten auf eine erhöhte Reagibilität, und zwar sowohl technokratisch als auch geistig, und zugleich stärker als je zuvor Zukunfts-Willen zu entwickeln, und zwar im Sinne von »Selbsterfindung von Zukunft« (Visions- und Kontext-Management).

Im Grunde ein Paradoxon: *konsequenter loslassen und zugleich konsequenter wollen*. Wichtig ist nun in diesem Zusammenhang die Rolle der Firmenkultur. Die meisten Kulturen sind historisch zeitgeprägt und überwiegend von linearen Zeitvorstellungen getragen (also vom Gestern geprägt). Wir müssen erst noch lernen, Unternehmenskulturen aufzubauen, die auf einer »evolutionären Zeit« basieren.

Die Managertypen und ihre Firmenkultur

Die Firmenkulturen werden geformt – so Bleicher – von »einer Massierung von individuellen Managern«. Da gibt es – wenn man sie im Sinne einer Typologie differenzieren möchte – *den Nostalgiker*. Er baut die Kultur sehr stark auf den gestrigen Mythen auf. Dann gibt es den *Ad-hoc-Typ*. Der baut die Kultur sehr stark auf der Praxis und der Verneinung von Zukunft auf.

Dann gibt es *den Futuristen*. Er überbetont in der Regel den Faktor Zukunft. Derartige Firmenkulturen sind meistens nur gut für hochinnovative Branchen mit Durchbruchs-Charakter.

Und dann gibt es *den Evolutoriker*. Das ist derjenige, der Vergangenheit, Zukunft und Gegenwart im Sinne eines transformativen Zeitbewußtseins gleichermaßen berücksichtigen kann. Dieser Typus wird die kommende Diskussion um die Verfeinerung und Verbesserung der Firmenkultur sicherlich am meisten prägen. Das ist der Typus der Zukunft: der Manager mit *evolutionärem Weltbild*.

Zeit regelt auch den Mut der Mitarbeiter

Bleicher erkennt auch die regulierende Funktion des Faktors Zeit. Die in den Firmenkulturen eingewobene Zeit-Strategie stellt nicht nur die Basis für die unterschiedliche Planungs-Qualitäten dar, sondern auch für das *emotionale Klima* eines Unternehmens. Man könnte sagen: Das Zeitkonzept einer Firmenkultur regelt den *Mut eines Unternehmens*. Gerade dann, wenn Firmen versuchen, auf das neue, kinetische Kommunikations-Modell umzustellen (permanent fließende Netzwerk-Dialoge), gerade dann zeigt sich, ob die Firmenkultur konstruktiv oder destruktiv ist. Wenn man zum Beispiel auf *Interfusion* umschalten will, benötigt man eine *Kultur des Mutes* und eine *Kultur der Offenheit*.

Die Schwierigkeiten mit der Interfusion

Immer wieder höre ich, wie schwer es den Unternehmen fällt, sich auf *langfristige Netzwerk-Dialoge* mit gesellschaftlich relevanten Szenen einzulassen, und wie schwer es den Unternehmen fällt, Interfusion zu managen, also *Service-Clubs* und *Dialog-Foren* aufzubauen (siehe hierzu Gerd Gerken,»Abschied vom Marketing«, Düsseldorf 1990). Die Firmenkultur macht dies oft unmöglich, weil durch sie ein *kalenderrhythmisches Planen* vorgegeben ist und weil die Etat-Politik vom linearen Rhythmus-Modell der Zeit ausgeht. Bei fast jedem Unternehmen.

Ein typisches Argument für diese alte, lineare Zeitauffassung, das ich hörte, lautete:»Ich kann mich heute noch nicht festlegen, fünf bis zehn Jahre lang für einen Konsumenten-Club Geld auszugeben.« Es handelt sich um ein Welt-Unternehmen, dessen Werbe-Etat exorbitant hoch ist. Und die Manager wissen heute schon, daß sie auch in fünf Jahren in etwa den gleichen Werbe-Etat wie heute haben werden. Am Geld liegt es also nicht.

Und da es sich bei dem Club-Konzept um eine finanzielle Kleinstgröße handelte (also nur ein kleiner Dauer-Etat erforderlich war), wirkt die Ablehnung des Club-Angebots wie ein irrationales Spiel.

Das Argument»Wir können uns nicht so langfristig finanziell festlegen« ist nichts anderes als die Unfähigkeit, aus seiner eigenen Zeit-Ideologie herauszuspringen.

Aber . . . alle neuen Kommunikations-Techniken, die in den neunziger Jahren wichtig werden, so zum Beispiel:

- **Issue-Politik anstelle von taktischer PR,**

- **Partizipations-Kulturen anstelle von Human Engineering (alte Personalpolitik),**

- **Interfusion und Netzwerk-Dialoge anstelle der üblichen jährlichen Werbe-Kampagnen,** benötigen ein anderes Zeitkonzept. Alle Dialoge, die in einem herrschaftsfreien Raum stattfinden sollen, benötigen Zeit und langfristiges Engagement.

Mit anderen Worten: Nur diejenigen Unternehmen werden auf die neue Kommunikations-Wirklichkeit umschalten können, die in ihren Kulturen und in ihren Planungs-Riten den neuen *prozessualen Typ der Zeit* voll integriert haben.

Wir planen falsch . . .
wir benutzen die Planung zur Beruhigung

Wichtigste Voraussetzung dafür ist die *Reduzierung der Totzeiten* für Planungen und Handlungen. Das ist das, was Bleicher zu Recht kritisierte als die *schädliche Entkopplung vom situativen Ereignis* durch Planung. Die meisten Unternehmen planen so, als handelten sie in einem *beruhigten Raum*. Sie lassen sich relativ lange Zeit für die Planung. Und dann handeln sie. Und meistens ein halbes oder ein Jahr mit gleichem Ziel und Inhalt. Sie sind nicht bereit, den Planungs-Inhalt zu wechseln, obwohl sich vielleicht das öffentliche Bewußtsein längst durch andere Kommunikations-Prozesse verändert hat.

Das ist es, was man in der Kybernetik die Totzeit nennt. Sich in turbulenten Märkten mit derartigen Totzeit-Konzepten zu verhalten heißt, sich blind und ineffizient zu machen.

. . . es fehlt das Früh-Wissen

Ein anderer Aspekt ist die Umfeld-Sensibilität und das *Trend-Monitoring*. Die meisten Unternehmen, die ich im Hinblick auf ihr Trend-Bewußtsein beobachten konnte, gehen davon aus, daß sie die Trends schon rechtzeitig bemerken würden. Dahinter steckt ein *falsches Zeitmodell* und ein inzwischen überholtes Modell von Wirklichkeit. Es fehlt das Früh-Wissen, weil das mentale Zeitmodell zu langsam ist.

Wie Maturana und Varela schreiben, entdecken wir die Wirklichkeit nur durch unsere *internen Konstruktionen im Kopf*. Es gibt keine Wirklichkeit, die souverän auf uns zukommt und die wir rechtzeitig bemerken würden, es sei denn, wir konstruieren sie frühzeitig im Kopf. Wir entdecken nur das, was wir im Kopf vorab entwickelt haben.

Um diese frühzeitige Selbstkonstruktion kommender Wirklichkeiten geht es. Und Maturana und Varela haben sehr gut zeigen können, daß dazu ein Stück weit *Erschütterung* (»Perturbation«) und Auflösung des bisherigen Wissens und Glaubens erforderlich ist.

Der Chamäleon-Geist . . .
das Ergebnis von guter Führung

Wenn Märkte immer turbulenter, sprunghafter und überraschender werden, dann wird es darum gehen, eine kontinuierliche Erschütterung (durch Trend-Monitoring) des eigenen Wirklichkeits-Bildes herzustellen, zu dulden und zu wollen und zugleich eine kontinuierliche konstruktive Zerstörung des bisherigen Glaubens methodisch herbeizuführen. Das ist das *Chamäleon-Modell des Geistes.* Es ist zwingend erforderlich, um mit der fließenden Zeit mitfließen zu können.

Ausführlich geht Knut Bleicher auf die Führungs-Probleme bei *Turbulenzen und Erschütterungen* ein. Konservative Manager tendieren dazu, dieses als »Krise« mißzuverstehen. Unter der Annahme der Dringlichkeit des Befristeten gewinnt für sie dann zu Recht die alte, die lineare Zeit-Struktur an Dominanz. Weil sie konservativ sind, führt das dazu, daß sie auf einen *»atavistischen Führungsstil«* zurückfallen. Mit anderen Worten: je größer die Turbulenz, um so mehr Gefahr, wieder ins autoritäre Management zurückzufallen.

Rückfälle ins Autoritäre,
weil die Zeit falsch geplant wird

Das kann man in der Tat schon heute sehr stark häufig beobachten, wenn es oft auch gut getarnt wird mit pseudopartizipativen Tendenzen. Aber im Spitzen-Management herrscht sehr häufig die Meinung vor, daß man die wachsende Turbulenz nur durch *autoritäre Stringenz* bewältigen könne. Die Konsequenz ist dann die Bevorzugung des *harten Managements,* das dann als »rational« interpretiert wird. Bleicher sieht dabei sechs Dimensionen des Rückfalls:

① *Einsame Entschlüsse* statt konsensierter, aber langsamer Entscheidungen (»Wenn wir schneller reagieren müssen, haben wir keine Zeit für lange Debatten«).

② Die Beschleunigung von Entscheidungs-Prozessen durch Absenken des *Anspruchs-Niveaus* (»Wenn Turbulenzen herrschen, kann man nicht mehr alles optimal machen«).

③ *Sukzessives Behandeln* von Willensbildung und Willensdurchsetzung, da eine simultane Einbindung der Betroffenen in den Entscheidungs-Prozeß als zeitlich aufwendig erscheint (»In Phasen der Turbulenz kann man nicht mehr alles aufeinander abstimmen«).

④ *Befehle* gewinnen die Oberhand, weil sie die Willensdurchsetzung beschleunigen (»Wenn sich die Markt-Dynamik beschleunigt, muß man Wege finden, um die Durchsetzung des Gewollten zu beschleunigen«).

⑤ Schriftliche und *technische Konservierung von Informationen* statt zeitraubender »Face-to-face-Kommunikation« (»Klare und präzise schriftliche Ziele sind jetzt besser als langes Gerede«).

⑥ Standardisierte *Fremd-Kontrollen* ersetzen zeitintensives, interaktives Lernen aus gelungenen oder mißlungenen Problemlösungen (»Je größer die Unsicherheit, um so perfekter muß das Controlling sein«).

Damit wird deutlich, daß die für die neunziger Jahre erforderlichen kinetischen Planungs-Konzepte zwei Bedingungen zu erfüllen haben, um einen Rückfall in autoritäres Management zu verhindern:

① *Aufbau einer High-Trust-Organisation*

Dieser Begriff, der in der aktuellen amerikanischen Debatte immer häufiger auftaucht, umfaßt eine bewußte Ausrichtung der Firmenkultur auf Vision mit innerem Frieden und *Herz-Verbundenheit.*

② *Neudefinition der Rolle des obersten Managements*

Weg vom Ziel-Chef *hin zum Coach* für die mentale und fachliche Fitness der Manager, damit diese unter dem Paradigma »optimaler Organisation für Selbstorganisation« kinetisch und autonom handeln können.

Die kommende Bedeutung der Szenarien und Future-Circles

Knut Bleicher nennt darüber hinaus noch einen anderen Weg, um den neuen Faktor der Zeit besser bewältigen zu können, nämlich die Weiterentwicklung des Managements durch »*präsituative Entscheidungsfin-dung*«.

Darunter versteht er das Umschalten auf Szenarien, Kontext- und Vi-sions-Management, um sich bei Wahrung der situativen Flexibilität im-mer mehr distanzieren zu können von den Ad-hoc-Entscheidungen.

Die ersten Unternehmen arbeiten deshalb mit *Future-Circles*, die ähnlich wie die Quality-Circles ressortübergreifend nur eine Aufgabe haben, nämlich die, im mentalen Raum diejenigen Zukunfts-Visionen zu ver-dichten, die später Bestandteil der Firmenkultur werden könnten.

Wie ich schon im ersten Teil über Kontext-Management schrieb, kann die Unternehmensführung durch Vision und Kontext-Arbeit das Primat des Handelns wiedergewinnen und zu kreativer Markt-Aggressivität zurückkehren. Es ist nicht erforderlich, in turbulenten Zeiten immer nur reaktiv den Ereignissen hinterherzulaufen, wenn es einem gelingt, selbst zum *Urheber neuer Prozesse* zu werden. Und man wird zum Urheber dieser Prozesse, wenn man vor der Zeit handelt. Deshalb gilt: Wer die Zeit führt, bestimmt die Richtung.

Auf dem Weg zum visionären Management

Dafür reicht aber – das sei hier unmißverständlich betont – die derzeitige *Box of Instruments* für Planung und Strategie in keiner Weise aus, weil die klassische Methodik der *Langfrist-Strategie* überwiegend aus der *harten Kiste* des Managements kommt, also nicht in der Lage ist, Visionen mit Energie und diese wiederum mit der Firmenkultur zu verbinden.

Es sind deshalb drei neue Maximen, die für das sanfte, visionäre Mana-gement Gültigkeit haben könnten:

① viel Konsens bei wenig Klarheit,

② viel innerer Friede bei starker externer Dynamik (Aggressivität),

③ viel Lernen bei viel gleichzeitigem bewußtem Ent-lernen.

Das Ent-lernen lernen

Bleiben wir bei dem letzten Aspekt. Bleicher nennt es das »*Ent-lernen*«. Und er führt aus, daß gerade dann, wenn die Firmenkulturen über eine längere Zeitdauer gut funktionieren, die später einzulösende »Hypothek« darin besteht, daß man sie wieder zerstören muß (Entsorgung des Zeitlichen).

Und er fragt, ob hier nicht der tiefere Grund für die Kultur-Problematik reifer Unternehmungen liegt, daß die abzulösenden Hypotheken vergangenen Zeitgewinns durch Firmenkultur derart akkumulieren, daß das Management sich überfordert sieht, im Sinne einer »Organisations-Hygiene« die Vergangenheits-Potentiale vergangener Realitäten abzubauen.

Das deckt sich mit meinen Erfahrungen bei Unternehmen, die derzeit Firmenkulturen aufbauen oder verändern: Eine Kultur ohne den kinetischen und offenen Zeitfaktor und ohne ein gutorganisiertes Konzept des Ent-lernens kann nicht lange gut funktionieren. Und dieses Ent-lernen besteht aus zwei Aspekten, die meistens mißachtet oder übersehen werden:

① dem mentalen Aspekt des Ent-lernens,

② dem lernpsychologischen Aspekt des Ent-lernens.

Der mentale Aspekt läßt sich am besten an einem Modell darstellen. Dieses Modell geht davon aus, daß das kraftvolle *Leben eine Art fließender Strom* ist, der zwischen zwei Ufern fließt. Das eine Ufer nennt sich *Realität*, das ist das Vergangene, also die Erfolge und Mißerfolge und die Mythen und Riten von gestern, aber auch das Wissen von gestern. Alles, was sich im Strom des Lebens entwickelt, und alles, was im Wirklichkeits-Strom der Unternehmen täglich passiert, wird also automatisch Vergangenheit und kommt damit in das »*Lager der toten Realität*«.

Auf der anderen Seite des Stroms ist die *Idealität*. Das sind die Wünschbarkeiten und die Ziele, die Sehnsüchte und die Visionen . . . also auch die *neuen Kontexte*, über deren wichtige Rolle ich in Teil 1 berichtet habe.

Es geht nunmehr darum, die Anzahl der Idealitäten zu erhöhen bei gleichzeitig schnellerer Annullierung oder Deprogrammierung der toten Vergangenheit. Also ein bewußtes Wachsen der neuen Kontexte parallel zum Ent-glauben alter Kontexte.

Das klingt sehr einfach, ist aber für die meisten Manager, wie ich aus eigenen Erfahrungen (Coaching von Führungskräften) weiß, außerordentlich schwierig, weil es dazu eines *fließenden Weltbildes* bedarf (Tao der Zukunft) und eines *Mind-Programms* mit starker Zukunfts-Orientierung (Mut zum Formen).

Je größer zum Beispiel die *Urangst* eines Managers, um so stärker wird er bei aller Modernität, die er äußerlich vorgibt und auch in seinen Handlungen zeigt, im Grunde konservativ sein und sich nur schwer und schmerzhaft von den toten Realitäten von gestern verabschieden können. Das ist der Grund dafür, daß so viele Manager so schnell *Opfer der Selbstreferenz* werden, die sich in jedem Gehirn abspielt: Sie »ersticken« sozusagen an ihren eigenen Erfahrungen.

Um die Durchlaufgeschwindigkeit zwischen erfundenem Neuen (Idealität) und verwirklichtem Gestern (Realität) zu erhöhen, bedarf es also eines spezifischen *Mind-Trainings*.

Fazit:

Man muß seinen eigenen Geist führen können, um den Geist anderer auch führen zu können.

Es reicht nicht aus, jünger zu sein

Die meisten jungen und aggressiven Manager sind einige Jahre (amerikanische Planungs-Theoretiker sprechen von fünf bis zehn Jahren, mehr nicht) besser als ihre Vorgänger, weil sie mit einem *anderen Realitäts-Potential* an die Arbeit gehen. Aber sie werden dann auch schnell konservativ, passen sich dann auch immer weniger den fließenden Strömen des Wandels an, weil sie das Mind-Spiel zwischen Idealität und Realität nicht beherrschen. Sie bringen nur eine bessere Mitgift mit, weil sie jünger sind. Sie bringen aber nicht automatisch die *bessere mentale Kompetenz* mit.

Die organisatorische Voraussetzung für das Ent-lernen liegt in erster Linie in der Herstellung des »*inneren Friedens*«. Die bisher vorliegenden Untersuchungen zeigen deutlich, daß kollektives Ent-lernen in Teams und Abteilungen nur dann wirklich kontinuierlich und effizient möglich ist, wenn ein *hohes Friedensmaß* gelebt wird, das heißt bei starkem sozialen wechselseitigen Vertrauen. *Vertrauen schützt den Prozeß des Ent-lernens.*

Darüber hinaus ist das Ent-lernen nur dadurch zu organisieren, daß die Entwertung des Gestrigen zu einem Aktiv-Posten der *Fortbildungs-Planung* wird, was in den allermeisten Unternehmen derzeit noch nicht der Fall ist. Es werden Wissens-Pakete vermittelt, aber sehr selten die Kompetenz zur Deprogrammierung und Neuprogrammierung des eigenen Bewußtseins, das heißt zur *Selbst-Manipulation des eigenen Mind*. Und genau darum geht es, wenn man versucht, seine eigenen Kontexte galoppieren zu lassen.

Das Deprogrammieren beschleunigen

Wenn die Zeiten immer schneller werden, muß auch das Lernen immer schneller werden. Man kann das Lernen aber nur von sich aus beschleunigen, wenn man den Hebel gefunden hat, mit dem man das mentale Auflösen (Deprogrammieren) beschleunigen kann.

Die ersten Unternehmen, die mit Trend-Monitoring, Störer-Gruppen (externe Querdenker) und Future-Circles arbeiten, haben gute Erfahrungen gemacht. Man kann sein eigenes *Informations-System* so organisieren, daß man sich zwingt, permanent ärgerliche, unstimmige, provokante, erschütternde und verunsichernde Impulse, Fakten und Perspektiven wahrzunehmen. In der Regel ist der Mensch aber einseitig auf *Bestätigungs-Lernen* ausgerichtet. Er nimmt nur das wahr, was sein derzeitiges Weltbild bestätigt. Er rekonstruiert seine Konstruktionen. Moderne Fortbildungs-Systeme, die auf Turbulenz und auf fließende Zeit ausgerichtet sind, organisieren deshalb das Lernen anders, nämlich so, daß das Wahrnehmen auf »positive Zerstörung und konstruktive Erschütterung« ausgerichtet wird.

Ein guter Ansatzpunkt für diese *konstruktive Selbsterschütterung* (Varela und Maturana nennen es *Perturbation* im Sinne von gewollter Verstörung) dürfte NLP sein. NLP ist das Kürzel für *Neurolinguistische Programmierung*, also Mind-Programmierung durch Sprach-Anker und Bild-Anker. Das ist eine Mind-Methode, die auch als Selbstprogrammierungs-Methode funktioniert und die jetzt seit einigen Jahren auch im europäischen Management langsam Einzug hält.

Prüfen wir hier die wichtigsten Elemente dieses neuen Mind-Trainings:

NLP ist ein Master-Modell

Es wurde 1979 von den beiden Amerikanern Bandler und Grinder entwickelt. Und diese beiden haben ein weitverbreitetes Verfahren eingesetzt, nämlich das des Master-Modelling. Da geht man so vor, daß man die jeweils Besten, also zum Beispiel Spitzenverkäufer, genau analysiert und untersucht, was sie zu Stars macht, indem man dann das System ihres Verhaltens von ihrer Person extrahiert.

Und wenn man das bei vielen Verkaufs-Stars macht, dann findet man sehr schnell den *gemeinsamen Nenner für Überdurchschnittlichkeit,* der als überindividuelle Master-Kompetenz zu verstehen ist. Danach versucht man, die restlichen Verkäufer durch Training diesem Modell so nahe wie möglich zu bringen.

Das gleiche haben Bandler und Grinder gemacht, indem sie besonders erfolgreiche Therapeuten wie zum Beispiel Milton, Erickson, Satir und Perls exakt beim Arbeiten beobachtet haben. Und sie haben darauf ein generelles *System optimaler Verhaltens-Programmierung* entwickelt. Und das haben sie NLP genannt.

In den Manager-Zeitschriften findet man immer häufiger Anzeigen zum Thema *NLP-Training für Manager.* Eine gute Einführung bieten Blickhan und Ulsamer. Sie haben zusammen mit der bekannten Trainerin Vera F. Birkenbihl im Rahmen der GABAL-Schriftenreihe ein Bändchen herausgebracht mit dem Titel »Erste Hinführung zur neurolinguistischen Programmierung«. Von Bandler und Grinder kommt der Band »Kommunikation und Veränderung. Die Struktur der Magie II«, der im Paderborner Junfermann-Verlag 1984 erschienen ist. Besonders wichtig ist aber auch der erste Band der beiden Autoren mit dem Titel »Metasprache und Psychotherapie, Struktur der Magie I« (gleicher Verlag).

NLP ist wichtig für eine *Transformation des Führens* in Richtung Co-Führung (partnerschaftliches Führen). Wie Blickhan und Ulsamer schreiben, ist die entscheidende Methode dafür das sogenannte *Pacing,* das heißt In-Einklang-Bringen, also einen Einklang mit den zu Führenden zu schaffen.

Das ideale Führen (Leading) ist aus dieser Perspektive ein optimales Pacing (mit dem anderen in Einklang zu kommen und ihn gleichzeitig mitzunehmen zu den Visionen und Perspektiven, die man sieht). Nur so kann mit wenig sozialer Reibungsfläche geführt werden, das heißt mit wenig Konflikten.

NLP ist aber nicht nur für die Verbesserung der Führung gut, sondern schult und *verfeinert auch die Wahrnehmung.* NLP geht davon aus, daß unterschiedliche Leute die gleiche Welt immer unterschiedlich erleben werden. Es gibt keine objektive Welt, sondern nur *subjektive Konstruktionen.*

Und genau hier hakt NLP ein, indem man versucht, die Welt des anderen so weit zu verstehen, daß man sich in sie integrieren kann. Dafür muß man jedoch die mentale Kompetenz haben, um über die Sprache des anderen zu erkennen, welche Welt er sich aufgebaut hat. Sein Wahrnehmungs-Typ wird durch die Sprache signalisiert. Menschen verarbeiten die Welt, die um sie herum lebt, in Form von inneren Bildern, aber auch Stimmungen und Körper-Empfindungen. NLP geht nun davon aus, daß diese Bilder neurovegetativ wichtig sind. Sie können Gefühle, das heißt Aversionen oder Sympathien, erzeugen. Sie können Ängste und Blockaden erzeugen. Wenn es nun gelingt, *die Sprache als Werkzeug* zu verstehen (deshalb neurolinguistischer Ansatz) und mit der Sprache die Bilder der Menschen zu verändern, dann verändert sich ihr externes Handlungsmuster.

Die wichtigste Technik dabei ist das *kontextuelle Umdeuten*, das von den Autoren *Reframing* genannt wird. Dieses Wort hat sich in der Psycho-Szene inzwischen auch durchgesetzt. Der gedankliche Ansatz lautet: Wo liegt für den einzelnen oder für ein Team der verborgene Nutzen einer Störung? Warum hält er an Negativem fest?

Durch derartige Störungen, an denen die Menschen sehr häufig festhalten, kommt es zu *Blockaden*. Und ist ein Mensch erst einmal in einem solchen Block (Stuck State genannt) drin, dann kann er *keine Energie frei machen* für das, was er hört und sieht. Er kann sich nicht für neue Ziele begeistern. Er kann die Welt auch nicht so wahrnehmen, wie sie ihm angeboten wird. Er schneidet sich dadurch von seinen positiven Ressourcen ab, es sei denn, es gelingt ihm oder einem anderen, diese Blockade wieder zu deprogrammieren, damit er wieder Zugang findet zu seinen guten Energien und Ressourcen.

Und da paßt genau zu dem Ziel, das Ent-lernen schneller zu machen. Es geht darum, die innere Verlaufskette von Gedanken, Assoziationen und Gefühlen zu unterbrechen bzw. zu ändern. NLP hat umfangreiche Techniken entwickelt, wie man diese automatischen Assoziations- und Erwartungsketten verändern kann und wie man den einzelnen durch neurolinguistische Prozesse wieder zu seinen *eigenen Kräften* und mentalen Ressourcen führen kann. Man ändert den Rahmen (deshalb Reframing) oder den Kontext eines Erlebnisses oder einer Erwartung und kann so die Blockaden auflösen. Man führt sich so zu *positiven Imaginationen*. Und nur für positive Bilder können Menschen konstruktive Kräfte frei machen: Wertvolle Ressourcen koppeln sich dann an positive Imaginationen an.

Durch NLP zu kollektiven Imaginationen

NLP ist deshalb eine der Techniken für das Kontext-Management. Das ist wichtig für das *sanfte Management*, bei dem es darum geht, Visionen im Team erlebbar zu machen, Handlungs-Optimismus zu erzeugen oder das allgemeine Energie-Niveau (Ressourcen-Level) durch *kollektive Imagination* zu erhöhen. Dann wollen alle das gleiche, weil alle in etwa die gleiche Zukunft sehen.

Eine wichtige Technik ist dabei das »*Setzen von Erfolgs-Ankern*«, das die beiden Autoren »Anchoring« nennen. Das ist genau das, was die großen Spitzen-Therapeuten im Grunde intuitiv besonders gut beherrscht haben.

Sie haben ihren Klienten positive Vorstellungen und Bilder übermittelt und sie dann tief geankert, das heißt eine Konditionierung mit positiven Gefühlen hervorgerufen. So kann man das Gehirn programmieren und deprogrammieren. So kann man sich im Sinne der Selbstprogrammierung immer mehr *von negativen Alt-Ängsten befreien* und zu immer mehr Gefühls-Klarheit, Zukunftsmut und Charisma kommen.

Besonders wichtig ist das Ankern, wenn es darum geht, das, was die beiden Autoren »Believe-System« nennen, zu verändern, das heißt das Konzept von uns selbst. Unser Glaubens-System in bezug auf uns. Das ist das, was man in der Psychologie das *Selbstbild* nennt.

Alle Unternehmen und Teams haben ein mehr oder weniger fest konturiertes Selbstbild. Und durch NLP-Techniken kann man das Selbstbild so verbessern, daß eine *kollektive Handlungs-Energie* frei wird. Ich habe ja schon darauf hingewiesen, daß im kommenden Management der Faktor »*Sozial-Energie*« ein wichtiges Element der Führung sein wird. NLP bietet hier einen guten Zugang.

Ebenso habe ich betont, daß in den neunziger Jahren das *Kontext-Management* wichtig wird, das heißt das Erfinden von neuen Zukunfts-Wirklichkeiten. Auch hier ist NLP von großer Bedeutung, besonders wenn es darum geht, diese Zukunfts-Perspektiven positiv im Unternehmen zu verankern. Ohne Ankern geht das visionäre Management nicht.

NLP . . . die Programmierung von Optimismus

Damit wird das Grundprinzip des NLP sichtbar: Das Positive, genannt die Ressourcen, wird in die blockierenden Situationen gebracht, um die Blocks aufzulösen. Denn das Wiedererleben von Angst, Mißtrauen und negativen Erfahrungen hat an sich keinen therapeutischen Wert. Es sind nur alte, tote Emotionen. Wenn es nicht gelingt, den Gesamt-Kontext zu ändern, ist das Beschäftigen mit alten Ängsten und Schmerzen »sinnlose Quälerei«, so Berthold Ulsamer.

NLP reduziert deshalb die Blockaden und überwindet negative Selbsthemmnisse durch positive Anker.

NLP arbeitet ganz konsequent *mit dem Positiven* statt mit dem Negativen. Es schaut nicht nach hinten zu den Schwierigkeiten und zum negativen Alt-Ballast, sondern ausschließlich nach vorn zu dem Verhalten, das sich Menschen wünschen. Es hat viel mit dem, was wir hier als »Tao der Zukunft« bezeichnet haben, zu tun. Es ist die *Programmierung von Optimismus*. Es ist eine zielorientierte Umprogrammierung für eine positive Zukunft.

Durch das Ankern wirkt NLP auch auf *das Unbewußte* und sorgt dafür, daß das Bewußte und das Unbewußte immer mehr an einem Strang ziehen können, denn viele Blockaden sind nichts anderes, als daß das kollektive Unbewußte nicht daran glaubt, was der Verstand will, so daß keine Energie frei wird.

Bedenken wir in diesem Zusammenhang einmal die Wirkungs-Faktoren für das Management in den neunziger Jahren. Wir erhalten folgendes Bild:

① **Das Top-Management muß Visionen kreieren können.**

② **Es muß diese Visionen im Sinne eines nach außen gerichteten Kontext-Managements vermitteln können, damit das Unternehmen und die Mitarbeiter die Außen-Wirklichkeit so sehen können, wie sie die Elite bereits sieht.**

③ **Darüber hinaus müssen das Selbstbild und der Selbstglaube in der Organisation so verbessert werden, daß eine kraftvolle *Dauer-Energie* frei wird (Sozial-Energie).**

④ **Vision, Kontext und Selbstbild benötigen aber nicht nur Energie, sondern gleichzeitig auch – im Sinne einer Selbstverpflichtung – die Mitdefinition der *Sinn-Dimension*.**

NLP kann bei diesen vier Dimensionen moderner Unternehmensführung folgendermaßen helfen:

① Durch NLP kann das *Unbewußte* einer Organisation gestaltet, gesteuert und harmonisiert werden. Das ergibt die *Sozial-Energie*.

② Durch NLP können die Vision, der Kontext und das Selbstbild programmiert werden, und zwar im *kollektiven Bewußtsein* der Organisation.

③ Durch NLP kann das *Überbewußtsein* der Organisation geformt und aktiviert werden, das heißt die *Sinn-Vermittlung*.

Wie gesagt: NLP gehört zum Arsenal der Mind-Programmierungen, die hier beschrieben werden. Aber gerade konservative Manager haben eine Abscheu vor derartigen Programmierungs-Techniken. Für sie ist das Manipulation, die nicht sein darf, obwohl jede Kommunikation auch Manipulation ist und obwohl gerade die konservativen, autoritären Manager kontinuierlich manipulieren und sich aufgrund ihres klassischen Macht-Modells das Primat der Manipulation als selbstverständlich vorbehalten.

Sozio-NLP . . . die Zukunfts-Programmierung von Unternehmen

Die RADAR-Recherchen zeigen, daß über Mind-Programmierung eine neue Sozial-Technik entsteht, die für Management und Führung nützlich ist. Man könnte es als *Sozio-NLP* bezeichnen. Hier werden die NLP-Techniken auf Großgruppen übertragen.

Es handelt sich um ein kollektives oder soziales Lernen durch *kollektive Mind-Programme*. Die Zielsetzung lautet: die Glaubens-Systeme von Unternehmen methodisch-systematisch formen und verändern. Ausgangspunkt ist das, was Bandler und Grinder das *Future Pacing* nennen.

Das sind durch Kommunikation verursachte Imaginations-Prozesse von Großgruppen mit dem Ziel, *Erfolgsbilder für die Zukunft* zu formen, die dann wiederum über Erfolgs-Anker im Gehirn positiv verankert werden. Über Sozio-NLP gibt es derzeit noch keine Fachartikel und Bücher. Es entwickelt sich erst jetzt in der Praxis. Der Weg ist erkannt: Unternehmen funktionieren wie ein großes Gehirn. Also geht es darum, die Programme in diesem Groß-Gehirn durch Mind-Formen so zu gestalten, daß kollektive Energien und kollektives Ent-lernen verbessert werden.

Das Umdenken beginnt:
Die internen Zeiten
sollen schneller werden

Das kollektive Ent-lernen ist also das Ergebnis von Mind-Prozessen. Und das Ent-lernen ist wichtig, um in den Unternehmen *die Zeiten schneller zu machen*. Professor Cuno Pümpin sieht ebenfalls die Notwendigkeit, daß die Unternehmer und Manager eine neue Einstellung zu Zeit und Flexibilität bekommen. Auch für ihn ist *Anpassungsfähigkeit* das Credo der nächsten Jahre. Er sieht hier ein radikales Umdenken. Bisher waren alle Anstrengungen der Top-Manager darauf ausgerichtet, »die Unternehmungs- und Branchenstruktur *zu festigen*«. In guten, fetten Wachstumsjahren und in Jahren mit geringen Turbulenzen war das ein richtiges Verhalten. Je mehr Strukturfestigung, um so mehr Erfolg.

In Turbulenz-Zeiten wie heute ist genau diese Strategie der Festigung kontraproduktiv. Alle Institutionalisierungen, alle Schematisierungen, alle geistigen Verstärkungs-Prozesse, alle Festigungs-Rituale bei Denkstrukturen und Bewußtsein sind dann falsch. *Alles Feste wird zur Gefahr*, wenn Turbulenz zur Norm wird.

Pümpin sieht hier einen epochalen Bruch. Die *neue Markt-Dynamik* – so schreibt er – geht einen umgekehrten Weg: weg von der Verfestigung, Verstärkung und Insitutionalisierung, die überall in unseren Köpfen als das heimliche Patentrezept herumspukt, hin zu einer *permanenten Auflösung* von Branchen-Grenzen, von Strukturen und alten Handlungsmustern.

Das klingt eigentlich sehr plausibel, aber es ist in der persönlichen und mentalen Konsequenz nicht so leicht durchzuführen, denn für die meisten Manager erscheint dieser Aufbruch zur neuen, fließenden Ordnung und zur kontinuierlichen Flexibilität als »*Feind der Ordnung*«. Hier sitzt der Block!

Pümpin weiß um diese psychischen Konflikte, wenn wohldefinierte Strukturen in Frage gestellt werden und viel Systematik, oft mit erheblichem Aufwand konzipiert, überflüssig wird. Es fällt dann schwer, die beliebten Organigramme und Stellenbeschreibungen als »Hindernis für eine rasche Anpassung« zu erkennen. Damit kommt es zu folgendem Paradoxon:

Flexibles Agieren bedeutet weniger Risiko im Markt. Aber . . .
flexibles Agieren bedeutet auch mehr Risiko für die Psyche.

Die scheinbare Risiko-Vermeidung, zu der die meisten Manager dann neigen (zum Beispiel das Herstellen künstlicher Totzeiten oder das Wegschummeln von Stör-Impulsen im Weltbild etc.), führt zu einer *Risiko-Akkumulation*. Um dieses Paradoxon knacken zu können, sollte das Weltbild geändert werden, damit man fähig wird, die neuen Unstimmigkeiten zu akzeptieren und das neue Paradigma des zu formenden Fließens wirklich praktisch umsetzen zu können.

Interessant ist in diesem Zusammenhang eine Untersuchung von Prof. Lutz von Rosenstiel aus dem Jahre 1987, durchgeführt in Kooperation mit der Universität München. Diese Studie zeigt, daß bei dem Versuch, moderne Firmenkulturen zu entwickeln, sehr unterschiedliche Instrumente eingesetzt werden, die auch sehr unterschiedlich tauglich sind.

Als eine besonders geeignete Maßnahme beim Aufbau und bei der Pflege von Firmenkulturen gilt die»*Durchsetzung von Unternehmenszielen*«, wenn sie verzögerungsfrei transparent gestaltet werden und wenn sie den gesellschaftspolitischen Veränderungen angepaßt werden. Also ein auf Konsens ausgerichteter kommunikativer Akt. Ein Akt der *Vermittlung von gemeinsamem Zukunfts-Glauben.*

Die Schwierigkeit der Ziel-Kommunikation

Alle 48 Unternehmen, die in der Studie analysiert wurden, gaben an, daß die *zukunftsgerichtete Ziel-Kommunikation* zu einer besonders guten Unternehmenskultur führte. Gut, weil stark motivierend (Selbstmotivation als Ergebnis). Aber diese permanente *Zukunfts-Implementierung* sei »schwer zu realisieren«.

Warum? Wo liegt der Grund für diese Schwierigkeit in der Praxis? Weil das Top-Management bei zwei Aspekten oft noch unsicher ist:

① *Wie setzt man Visionen in einem Unternehmen durch?*

Dabei handelt es sich um kollektive Imaginations-Prozesse, und das technische Instrumentarium ist eine Mischung aus New-Age-Methoden und NLP, zum Beispiel Sozio-NLP und Mind-Programmierung. Diese Techniken sind aber noch zuwenig bekannt. Mit rationalen und strategischen Methoden geht es nicht. Und mit »mehr Information« erzielt man zumeist genau das Gegenteil.

② *Wie kann man den fließenden Charakter der Ziele so in das Unternehmen einbringen, daß das Fließen mitgelernt wird?*

Was muß man also tun, damit die permanente Veränderung der strategischen, taktischen und situativen Ziele nicht alles subjektiv im Chaos oder im dauernden Widerspruch auflöst (»Die da oben wissen auch nicht mehr, was sie wollen«)?

Die Techniken, um dieses Problem zu lösen, sind neuartige, *gruppendynamische Lernkonzepte* (Innovation-Circles), die das kollektive Lernen verbessern und beschleunigen. Das Management nutzt noch nicht das lernpsychologische Instrumentarium, das nötig ist, um in turbulenten Zeiten mit der Turbulenz mitgehen zu können. Man setzt naiv auf »bessere Kommunikation«, statt das soziale Lernen zu verbessern.

Die Organisation auf Lernen umorganisieren

Man weiß heute, daß Unternehmen Sozio-Systeme mit offenen Programmen sind. Sie sind wie ein Computer, der sich beim Rechnen immer wieder neu programmiert. Und noch haben die Führenden den Zugang nicht gefunden zu der *permanenten Umprogrammierung des eigenen Wollens*. So kommt es zu einer *»systematischen Ausschaltung der Lernfähigkeit«* (Friedrich Weltz in TECHNISCHE RUNDSCHAU). Aus dieser Perspektive gibt es im Grunde drei Organisationen, die in einem Unternehmen miteinander verbunden sein müßten:

① **die offizielle Organisation,**

② **die stillschweigende Organisation,**

③ **die fließende, das heißt lernende Organisation.**

Oft glauben Manager und Unternehmensberater, die für Organisation zuständig sind, daß die neue Informations-Technologie und *Büro-Elektronik* die fehlende Lernfähigkeit nachliefern könne. Es ist der Traum vom totalen Computer-Netz. Aber hier gilt nach wie vor der bekannte Spruch von IBM:»Der Computer setzt logisches Denken mechanisch um, unlogisches auch.«

Die *elektronischen Netzwerke in den Unternehmen,* die sich in den nächsten Jahren immer mehr durchsetzen werden, erhöhen zwar die Durchlaufgeschwindigkeit der Informationen und multiplizieren die Zugriffs-Möglichkeiten, damit führen sie auch zu einer deutlichen Demokratisierung der Informations-Politik, aber sie sind nicht in der Lage, *die Lernfähigkeit der Organisation* zu verbessern.

Der derzeitige Trend zu mehr Elektronik in den Büros dürfte sich also schon bald – wie Friedrich Weltz schreibt – als Zeitbombe entwickeln. Es werden zu viele *illusionäre Hoffnungen* damit verbunden.

Die Elektronik organisiert keine Lernfähigkeit

Auch der neueste Trend in der Büro-Elektronik, nämlich die »*individuelle Informatik*«, kann hier keine Rettung bringen, weil sie im Grunde dem Wachstums-Fetisch bei Informationen in naiver und platter Weise erliegt. Denn die gesamte Büro-Verarbeitung, egal, ob sie zentralistisch oder über einen PC individualistisch getätigt wird, wird eben als »*Informations-Verarbeitung*« deklariert, als sei das der Wert an sich.

Fazit:

Information ist nicht Bewußtsein, und verarbeitete Information ist noch nicht Mind-Programm.

Wie Weltz richtig schreibt, erfaßt der Begriff »Informations-Verarbeitung in keiner Weise den tatsächlichen Charakter dieser Prozesse. Das ist ungefähr so, als bezeichnete man all das, was in der Produktion passiert, lediglich als Veränderung von Materie.«

Eine konzeptuelle Hilflosigkeit gegenüber allen Fragen der neuen flexiblen, lernfähigen Organisation wird hier sichtbar. Die elektronische Beschleunigung und Vervielfältigung der Informationen kann und wird hier nur begrenzt weiterhelfen. Die teuren PCs bringen nur *Scheinlösungen.* Die Büro-Elektronik wird versagen, wenn das Top-Management nicht fähig ist, fließende und lernfähige Organisations-Strukturen (Heterarchie, Netzwerk der Netzwerke etc.) aufzubauen. Man möchte das hierarchisch-autoritäre Management wie bisher praktizieren, lediglich optimiert durch Büro-Elektronik. Genau das ist der Bumerang, der jetzt sichtbar geworden ist. Es funktioniert nicht. Er erhöht die Enttäuschungs-Rate. Frustration statt Durchbruch.

Wohin gehen nun die Trends?

① Man wird beginnen, Organisationen in erster Linie auf Sozial-Energie und fließendes Lernen umzuschalten. Die *geistige Lernfähigkeit* des Unternehmens steht vor der technokratischen Flexibilität (CIM etc.). Das ist der Trend zum *Soft-Management*.

② Man wird begreifen, daß die Elektronifizierung der Kommunikation keinen Fortschritt bringt, solange man *das alte Machtmodell des Managements* (Kaderprinzip etc.) beibehält. Die Elektronik macht jeden Unsinn mit . . . also auch falsche Macht. Das ist der Trend zur *Heterarchie*.

③ *Fehlerfreundliche Organisationen* . . . das wird ein Trend-Slogan der nächsten Jahre werden. Der Weg dafür ist die Herstellung von *High-Trust-Organisationen*, Stichwort: helles Management (siehe Gerd Gerken,»Management by Love«, Düsseldorf 1990). Ohne helles Management (in welcher Form auch immer) kann ein Unternehmen nicht auf fließendes und kontinuierliches Lernen umschalten. Das ist der Trend zur *Zeit-Intelligenz*.

④ Mit Sicherheit wird es einen Trend zu einem alternativen *Informations-Management* geben, nachdem die alten Management-Informationssysteme (MIS), die ja noch am alten Macht-Paradigma kleben, sich als untauglich erwiesen haben. Wie Wels schreibt, scheint es in Zukunft viel wichtiger, nicht die Informationsflüsse per Elektronik zu optimieren, sondern die *Informations-Bedürfnisse zu optimieren*. Das ist der Trend zum *Mind-Design*.

Der Weg zur schnellen Zeit durch Mind-Design liegt in dem begründet, was Maturana und Varela die *Perturbation* nennen. Dieser Begriff drückt aus, daß man nur durch *Verstörung oder Selbst-Erschütterung* lernen kann. Organisationen sind erst dann fähig, sich immer wieder selbst zu überwinden, wenn sie das Management so aufbauen, daß eine gezielte und kontinuierliche Erschütterung des Glaubens von heute und der Überzeugung von gestern möglich wird.

Um es zu präzisieren: Das neue Zeitproblem des Managements verlangt fließendes, schnelles Lernen. Die bisherige Antwort der Manager war eine technokratische: Büro-Elektronifizierung.

Die kommende Antwort wird eine mentale sein müssen: Permutationen aufbauen, das heißt ein Informations-Management so zu betreiben, daß die gesamte Organisation sich selbst zwingt, intensiver und schneller zu lernen . . . durch die Umprogrammierung von Geist.

Man kann zum Beispiel Veränderungen im Markt nur sehen, wenn man sie vorab in seinem Bewußtsein vorgeformt hat. Und man kann dieses Vor-Formen nur schaffen, wenn man sich erschüttern läßt. Das kommende Informations-Management wird deshalb auf mentale Verstärkung ausgerichtet sein statt auf Elektronik pur.

Warum so viele Computer-Firmen sterben

Wie wichtig diese Selbst-Erschütterung ist, zeigt eine Studie von Michael L. Tushman, Professor für Management an der Graduate School of Business der New Yorker Columbia University. Seine Beobachtungen führen zu der Erkenntnis des Lern-Kollaps und des *Umwelt-Schocks*.

Tushman hat festgestellt, daß es von den zwischen 1966 und 1971 in den USA gegründeten achtzig Hersteller-Firmen von Mini-Computern in den frühen achtziger Jahren nur noch acht gab, die als selbständige Unternehmen überlebt haben. Was hat nun diese 72 Firmen – so seine Frage –, die eindeutig scheiterten oder verkauft werden mußten, unterschieden von den acht Firmen, die mit Erfolg überleben konnten? Seine Studie kommt zu eindeutigen Ergebnissen:

Die, die überlebt haben, sind *Meister des Lernens und Meister der Selbstüberwindung*. Sie sind in der Lage, Umweltschocks zu erkennen, egal, woher sie kommen (zum Beispiel gesetzliche Änderungen, Wettbewerb aus Fernost, neue Technologien etc.). Sie machen die Augen nicht zu, sondern reißen sie immer weiter auf, um immer früher zu sehen, was an Störungen auf sie zukommt. Sie sind Meister der frühen Wahrnehmung durch konsequente Perturbation.

Erst an zweiter und dritter Stelle hängt dann das Überleben von der Qualität der Entscheidungen und von der erfolgreichen Implementierung der zu ergreifenden Schritte ab. *Bewußtsein ist also wichtiger als Strategie.*

Die Super-Firmen, die überlebt haben, waren in der Lage, schleichende oder überfallsartige Änderungen als solche zu erkennen. Sie konnten auch drastische und *diskontinuierliche Änderungen* wahrnehmen und in Selbst-Korrekturen umsetzen. Und insgesamt – das ist das Hauptargument von Tushman – haben sie sich dadurch so häufig mutiert, daß sie im Verlauf dieser Anpassungen zu Unternehmen wurden, die sich von den Ur-Unternehmen grundsätzlich unterschieden. Chamäleon läßt grüßen!

Vielleicht noch ein Blick auf die Unternehmen, die zum Konkurs gemanagt wurden oder verkauft werden mußten. Sie haben diese Umweltschocks in der Regel gar nicht oder zu spät erkannt, das heißt, sie hatten *keine Mind-Programme für das Neue*. Ein Großteil von ihnen wirkte wie gelähmt, selbst dann, wenn das Management endlich begriff, daß nun Lernen und Selbstüberwindung angesagt seien. Ein kleiner Teil der Versager hat zuviel getan. Aus Angst oder Hysterie. Sie haben sich ständig umorientiert und landeten im Dauer-Konflikt mit sich selbst oder im Chaos. Die überlebenden Unternehmen dagegen sind flexibel und zugleich zielstrebig gewesen. *Stark in der Vision . . . flexibel im Ent-lernen.* Das ist die Formel für die neunziger Jahre. Das ist die Formel für das erfolgreiche Nutzen der kinetischen Zeit.

Noch ein Detail: Die erfolgreichsten Unternehmen der Tushman-Studie waren diejenigen, in denen der Mann an der Spitze von Beginn an tätig ist (also vermutlich ein Chamäleon-Typ) und der für einen umfassenden und rechtzeitigen Wechsel im Manager-Team unter ihm gesorgt hat. An der Spitze steht also meistens ein flexibler Visionist, und das unter ihm arbeitende Management wird wie eine Partitur jeweils neu notiert . . . also ausgewechselt (was nicht gerade für die Lernfähigkeit der Mitarbeiter spricht).

Wie die springende Zeit die Wettbewerbsfähigkeit beeinflußt

Auch *Wettbewerbsfähigkeit* wird sich immer mehr mit dem Thema Zeitbewußtsein und Flexibilität verbinden. Einen ersten Ansatz dazu hat der Harvard-Professor Wickham Skinner vorgestellt. Er hat festgestellt, daß die meisten Unternehmen die Steigerung der Wettbewerbsfähigkeit immer noch *mit Kostensenken verwechseln*. Und seine Beobachtungen haben zu einer Faustregel geführt: 40 Prozent der Wettbewerbsfähigkeit eines Unternehmens basiert auf langfristigen Strukturen (die kaum flexibel sind, zum Beispiel Standort, Größe, Anlagen etc.). Weitere 40 Prozent der Wettbewerbsfähigkeit stammt aus Modernisierung bei Maschineneinsatz und bei Verfahren. Aber nur 20 Prozent der Wettbewerbsfaktoren sind beeinflußbar durch sogenannte *Produktivitäts-Programme*. Und die laufen in den meisten Unternehmen immer noch einseitig auf Kostensenken hinaus. Überall scheint eine Art schädliche Gehirnwäsche gewirkt zu haben: Wettbewerbsfähiger zu sein heißt, auf mehr Präzision umzuschalten, auf mehr Rationalisierung, auf mehr Kostensenkung. Die Faktoren Mind und Zeit übersieht man. Skinner beklagt deshalb zu Recht, daß man sich zum Beispiel fast überall nur auf die direkt zurechenbaren Lohnkosten für Produktions-Prozesse konzentriert, die aber eine immer geringere Rolle spielen, statt neue Verfahren für eine neue Auffassung von Wettbewerbsfähigkeit zu entwickeln.

Und dazu gehören viele *Zeit-Faktoren*, zum Beispiel die Einhaltung von Lieferterminen, das Herbeiführen kürzerer Lieferzeiten, die Herstellung eines schnellen, flexiblen Kundendienstes, die Verkürzung von Entwicklungszeiten und die Flexibilisierung der Produktion.

In den neunziger Jahren kommt noch ein weiterer Punkt hinzu: die *Flexibilisierung des Bewußtseins* bei den Führenden und die Beschleunigung des Ent-lernens in der Gesamt-Organisation. Also zwei Mind-Faktoren.

Alles in allem wird die neue Wettbewerbsfähigkeit immer weniger ein Kosten-Problem, sondern in erster Linie ein Zeit- und Bewußtseins-Problem.

Fazit:

Zeit-Intelligenz und Mind Design sind die neuen Instrumente für den Wettbewerb.

Wenn perfekte Ordnung schädlich wird ...

Wenden wir uns nun der Frage zu, wie Zeit und Organisation zusammenhängen. Der klassische Manager denkt überwiegend in *Präzisions-Kriterien*. Man könnte auch sagen: Wenn er an das kartesianische Weltbild glaubt (was über 90 Prozent aller deutschen Manager vermutlich tun), dann faßt er Management als ein Handeln innerhalb einer relativ *kausalen Dynamik* auf. Markt und Unternehmen werden zu relativ berechenbaren Größen, man muß nur klüger sein, sich mehr anstrengen oder eben besser werden, dann wird das ewige Entgleisen irgendwann einmal zu Ende sein.

Wer mehr vom weichen Management-Ansatz kommt, gibt dieses Denken in Präzision und Optimierung grundsätzlich auf und sieht gerade in dem Streben nach Präzision und Perfektion eine große Gefahr, getreu dem Slogan, der jetzt immer häufiger publiziert wird:

Nur eine perfekte Ordnung schafft ein perfektes Chaos.

Was also ist im Trend? Die zaghafte, weil unsichtbare Zuwendung zum *Chaos-Denken*, die langsam wachsende Bereitschaft, die Wirklichkeit als fließend, unkalkulierbar und sprunghaft zu erkennen: die Überwindung des linearen und kausalen Maschinen-Modells à la Descartes, die Entdeckung eines neuen Zeitbewußtseins mit den Faktoren Kinetik und Irreversibilität.

Durch Zeit-Intelligenz zu mehr Rendite

Wie wichtig der Faktor Zeit für Unternehmen ist, zeigt eine Analyse der Unternehmensberatung Arthur D. Little, Wiesbaden. Sie wurde in der WIRTSCHAFTSWOCHE unter der Überschrift *»Rendite für Angreifer«* veröffentlicht. Dr. Rudolf Pernicky, der Leiter von Arthur D. Little, weist darauf hin, daß viele Unternehmen einen falschen Glauben haben, wenn sie meinen, daß die niedrigen Kosten einer Nachahmung neuer Produkte höhere Rendite ermöglichen als teure Eigenerfindungen.

Motto: Laßt doch die anderen die Innovations-Kosten zahlen, wir werden schon früh genug nachziehen und dann mit weniger Vorlaufkosten die besseren Renditen erzielen. Aber diese Rechnung geht meistens nicht auf.

Im Gegenteil:

»Pionier-Unternehmen und Frühangreifer erzielen im Branchen-Durchschnitt eine bessere Rendite als Spätkommer. Ihre Kapital-Rendite liegt um über 30 Prozent höher als die der Verteidiger.«

Die Beobachtungen von Little zeigen, daß die Angreifer-Unternehmen ein wesentlich besseres Zeit-Bewußtsein haben. Sie sind immer bemüht, *möglichst früh anzugreifen*. Sie warten nicht ab, wie sich der Markt entwickelt, sondern *sie zwingen sich selbst, den Markt zu entwickeln*. Sie sind deshalb ständig in der Offensive. Im Kopf und im Markt. Und sie haben auch den Mut, sich selbst anzugreifen. Frei nach dem Motto:»Ein Ziel zu treffen, das sich bewegt, ist viel schwieriger.«

Little verweist auf die Automobil- und Motorrad-Industrie.»Dort hat zum Beispiel Toyota Ende der siebziger Jahre in nur sechs Jahren 82 Modelle auf den Markt gebracht. Verglichen mit 48 von VW oder 31 von BMW. Ähnlich große Diskrepanzen sind im Motorrad-Markt festzustellen, wo jeder der drei führenden japanischen Wettbewerber im gleichen

Zeitraum zweimal soviel Modelle auf den Markt brachte wie die etablierten Unternehmen Harley-Davidson oder BMW.«

Wer begriffen hat, daß die Märkte sich immer mehr in Turbulenz bewegen, der setzt auf Angriff, das heißt auf frühe Offensiven. Für ihn *wird die Zeit zum wichtigsten Wettbewerbs-Faktor.* Die erfolgreichen Pionier-Unternehmen greifen öfter und frühzeitiger an. Sie erproben neue Technologien und neue Markt-Chancen in der Regel als erste. Und sie versuchen, durch das *»Früher-Spiel«* die Spielregeln des Wettbewerbs durch ihre Offensiv-Strategie selbst zu bestimmen.

Früher mutig zu sein heißt, sich von der defensiven Reaktions-Statik, die kurzatmig und unvisionär ist, trennen zu können. Voraussetzung dafür aber ist eine Unternehmens-Kultur und ein Top-Management, die es den Unternehmen ermöglichen, dabei *»auch häufig völliges Neuland zu betreten«.* Die Pionier-Unternehmen wagen diese Schritte, weil sie eine feste Überzeugung haben, flexibel genug zu sein, »um die Risiken einer solchen Strategie in vertretbaren Grenzen halten zu können«. Sie setzen auf die neuen Parameter von Brian Arthur: Mut, Risiko und Glück.

Interessant ist in diesem Zusammenhang die Statistik der *Lebens-Zyklen* der Produkte, und zwar in Form einer Gegenüberstellung heutiger Lebens-Zyklen und der Lebens-Zyklen vor fünfzig Jahren (in Jahren).

Produkte:	Lebens-Zyklen vor fünfzig Jahren:	Lebens-Zyklen heute:
Nahrungsmittel	20	5
Werkzeuge	16	4
Kosmetika	11	3

Wohin man sieht: In fast allen Branchen wird das Tempo immer schneller, die Lebens-Zyklen immer kürzer. Die Kinetik, also die Selbstbeschleunigung, ist schon voll im Laufen. Das bedeutet: Die wirtschaftliche Global-Situation hat sich in den letzten Jahren so geändert, daß sie den Pionier-Unternehmen mit Angreifer-Management begünstigend entgegenkommt. Der Trend arbeitet also für die *Unternehmen mit dem frühen Mut.*

Die Konsequenz: Wer zu spät oder zu lange entwickelt, wer also mit dem

Tempo nicht mitgehen kann, hat *eindeutige Rendite-Nachteile.* Einige Beispiele aus der Untersuchung von Arthur D. Little:

1. Die Überschreitung des F&E-Budgets um 30 Prozent wirkt sich im Durchschnitt mit etwa 5–10 Prozent negativ auf das wirtschaftliche Ergebnis einer ganzen Produkt-Generation aus.

2. Eine Überschreitung der Produktionskosten-Ziele um 10 Prozent reduziert das Ergebnis um etwa 15 bis 20 Prozent.

3. Aber die größte Auswirkung hat die Überschreitung der Entwicklungs-Dauer: Eine Überschreitung um etwa sechs Monate und der entsprechend spätere Markt-Eintritt kosten etwa 30 Prozent des ursprünglich kalkulierten Ertrages einer Produkt-Generation.

Fazit:

Die Kinetik der Märkte wird so schnell, daß alle Unternehmen, wenn sie nicht in ganz festen Ruhe-Nischen operieren, gezwungen werden, innovative Pioniere zu werden mit einem deutlichen Angreifer-Habitus. Wir werden lernen müssen, schneller zu lernen. Und wir werden *Meister des frühen Mutes* werden müssen. Nur dort liegt in Zukunft die Rendite.

Was ist für diese Offensiv-Rolle erforderlich?

①**Eine lernfähige Organisation. Lernfähig in dem Sinne, daß sie visionsorientiert (eine Technik dazu ist NLP) und zugleich anpassungsfähig wie ein Chamäleon ist (die Technik hierzu ist die Schaffung einer High-Trust-Organisation, verbunden mit aggressivem Kontext-Management).**

②**Die konsequente Nutzung aller technokratischen Möglichkeiten der Flexibilisierung und der Prozeß-Beschleunigung, zum Beispiel CIM, Simultaneous Engineering, flexible Arbeitszeit, Simultation statt Konstruktion etc.**

③**Das Umschalten des Top-Managements vom derzeitigen konservativen Bewußtseins-Habitus zum progressiven Bewußtseins-Habitus: das Tao-Bewußtsein als Basis für Zeit-Intelligenz und Mind Design.**

Der letzte Punkt ist der alles entscheidende, denn nach dem Motto »Der Fisch stinkt zuerst am Kopf« ist die Bewußtseins-Qualität des Top-Managements entscheidend dafür, welche Organisationen, welche Lernprozesse und welche technokratischen Implementierungen möglich sind. Betrachten wir deshalb den neuen Trend Mind Design etwas genauer:

Sein eigenes Erkennen erkennen können . . .
das ist Mind Design

Wenn man zu einem neuen Zeitbewußtsein für Management kommen will, benötigt man die Fähigkeit, sein eigenes Erkennen zu erkennen, um sich *sein eigenes Bewußtsein bewußtmachen* zu können. Die vielen Hinweise in Fachzeitschriften,»daß jetzt Flexibilität das Gebot der Stunde ist«, sind ziemlich wertlos, wenn das Management nicht in der Lage ist, seine eigenen Erkenntnis-Prozesse wie von außen zu beobachten, um sie dadurch zu beschleunigen. Man kann als Manager seine eigene Organisation nur dann in einen Lern-Galopp bringen, wenn man seine eigenen Weltbilder ebenfalls zum Galoppieren bringen kann. Das ist das mentale Problem bei der Flexibilisierung in den neunziger Jahren. Und das Ziel heißt: *den Geist schneller machen.*

Raus aus der Gewißheits-Falle

Grundlage könnte das sein, was man in der Wissenschafts-Theorie den *Konstruktivismus* nennt: die These, daß alle Wirklichkeit konstruiert ist. Und auch die neuen Überlegungen von Maturana und Varela sind hier sicherlich ein wichtiger, zukünftiger Baustein.

Diese beiden Autoren schreiben in ihrem Buch»Der Baum der Erkenntnis«:»Wir neigen dazu, in einer Welt von Gewißheit, von unbestreitbarer Stichhaltigkeit der Wahrnehmung zu leben, in der unsere Überzeugungen beweisen, *daß die Dinge nur so sind, wie wir sie sehen.* Was uns gewiß erscheint, kann keine Alternative haben. In unserem Alltag, unter unseren kulturellen Bedingungen ist dies die übliche Art, Mensch zu sein.« Maturana und Varela fordern uns deshalb auf,»unsere Gewohnheit aufzugeben, der Versuchung der Gewißheit zu erliegen«.

Es gibt also so etwas wie eine *Gewißheits-Falle,* in die wir besonders dann, wenn wir rational orientiert und zugleich konservativ sind, immer wieder gern hineintappen. Es geht also darum, zu reflektieren, warum wir was glauben und wie wir zu dem Glauben kommen. Nur wenn wir das erkennen können, sind wir in der Lage, unseren Glauben von heute und unsere Erlebnisse von gestern bewußt sterben zu lassen. Das ist die *De-programmierung von Mind.*

Denn nur durch diese Annullierung des jetzigen Glaubens kann es zu der gewollten Erschütterung kommen, die das Lernen und das Ent-lernen vorantreibt.

Aber – so Maturana und Varela – es gibt eine Art Tabu für die gesamte westliche Kultur. Und dieses Tabu heißt:»*Es ist verboten, das Erkennen zu erkennen.*«Gerade in den gebildeten Schichten, also besonders auch in der Manager-Elite, ist ein Denken üblich, das dazu führt,»daß unser persönliches Leben im allgemeinen blind für sich selbst ist«. Wir sind nicht darauf ausgerichtet, zu beobachten, wie wir beobachten, zu erkennen, wie wir erkennen, uns bewußtzumachen, warum wir welches Bewußtsein haben.

Diese Kompetenz wird»*Meta-Bewußtsein*«genannt. Und der Weg dazu ist im Moment zwar in der Psycho-Szene im Kommen, aber es hat für Manager noch einen *psychedelischen Beigeschmack.* Es wird also noch überwiegend abgelehnt, obwohl es der einzige Weg ist, um das für die neunziger Jahre wichtige Chamäleon-Spiel des Bewußtseins überhaupt betreiben zu können.

Maturana und Varela dazu:»Aber in Wahrheit ist das Nichtwissen darum, wie sich unsere Erfahrungswelt aufbaut, die in der Tat das Naheliegendste unserer Existenz ist, ein Skandal. Es gibt viele Skandale auf der Welt, aber diese Unwissenheit ist einer der größten.«

Die ganze Welt ist eine mentale Erfindung

Es geht also darum, unser Bewußtsein mit unserem eigenen Bewußtsein zu analysieren. Das ist das, was man heute *Zirkularität im Denken* nennt. Und genau diese Zirkularität wird in der Regel als Spinnerei abgetan. Man hört dann oft:»Das Bewußtsein entwickelt sich von selbst. Es ist unabhängig. Daran kann man nichts ändern.« Ganz im Gegensatz dazu die neuen Theorien der Erkenntnis-Wissenschaften. Diese betonen, daß es völlig unsinnig ist, so zu tun, als gäbe es Tatsachen oder Objekte da draußen, die man nur aufzugreifen und zu begreifen habe.

Es gibt da draußen nichts, es wird alles in unserem Kopf durch Bewußtsein erfunden. Die Erfahrung von jedem Ding da draußen wird auf eine spezifische Weise durch die menschliche Struktur konfiguriert, welche das Ding, das in der Beschreibung entsteht, erst möglich macht. Das ist die Zirkularität des Denkens, die Verkettung von Handlung und Erfahrung, durch die es möglich wird, daß jede Art des Erkennens eine Welt hervorbringt.

Das ist die theoretische Grundlage des Kontext-Managements. Und das ist auch die Grundlage für *das Tao der Zukunft*, das heißt für die Selbstformung der Zukunft durch die Formung des eigenen Bewußtseins. Das ist das Modell der Selbstbezüglichkeit. Alles in der Welt geschieht, weil es im Bewußtsein geschieht. Das ist auch das zentrale Motto beim Mind Design:»Es geschieht nur, was in dir geschieht.«

Derartige Gedanken, die im Moment versponnen klingen, werden morgen völlig natürlich sein für Manager. Denn wenn man sein eigenes Bewußtsein beschleunigen möchte, dann gibt es *keine objektiven Wirklichkeiten* mehr, die»irgendwo da draußen«sind, sondern dann gibt es nur Wirklichkeiten, die wir als»draußen«erleben, weil wir sie zuerst im Kopf konstruiert haben. Wenn man das einmal begriffen hat, dann kann man beginnen, die Konstruktionen im eigenen Kopf schneller umzukonstruieren. Die neue Zeit-Intelligenz verlangt von Managern ein anderes Paradigma:

Es heißt Abschied nehmen von dem, was wir»*Repräsentation der Realität*«nennen.

Nur durch Selbstveränderung kann man die Wirklichkeiten im Kopf verändern

Die Erkenntnis-Theoretiker sagen, daß es absolut objektive Realität nicht gibt. Für sie ist es deshalb unsinnig, so zu tun, als ob Erkenntnis eine genaue Spiegelung der Wirklichkeit sei. Das, was wir erkennen, spiegelt nur uns selbst wider. Deshalb ist der Versuch, schneller zu erkennen und seine Erkenntnisse schneller zu wechseln, immer damit verbunden, *sich selbst zu verändern.*

Fazit:

Erst durch Selbstveränderung erzeugt man automatisch die Veränderung der angeblich objektiven Wirklichkeit.

Varela betonte dazu in einem Interview, daß dieses neue Denken natürlich *keine festen Weltbilder* mehr erlaubt. Weltbilder werden zu Übergangs-Projektionen. Und sie verändern sich mit dem Fluß unserer persönlichen Entwicklung.

Warum es so schwer ist,
den Geist zum Fließen zu bringen

Aber Varela betont auch, daß gerade viele Eliten massive Probleme damit haben, sich von ihren liebevoll gepflegten Überzeugungen und Weltbildern zu trennen. Wer viel Macht hat, hält gern fest. Und deshalb riecht das alles zu sehr nach »*Wegwerf-Weltbild*«.

Varela sieht die Wurzel für diese Weigerung, den Geist zum Fließen zu bringen, auch in »einer sehr grundsätzlichen Spaltung des menschlichen Bewußtseins, die zu dem führt, was ich *kartesianische Angst* nenne. Es geht dabei gar nicht so sehr um Spaltung wie jene in Körper und Geist, sondern um *die Angst, gefangen zu sein* in einem unentrinnbaren Dilemma, in einer Situation, in der es nur ein striktes Entweder-Oder gibt. Also entweder eine feste Grundlage für die eigene Sicht der Welt in Form einer realen Umwelt zu haben oder aber in ein totales Chaos, in totale Anarchie zu versinken. In dieser Angst-Situation klammern sich die Menschen natürlich an das erstere. Und das ist ein ganz wesentliches Merkmal unserer westlichen Kultur.«

Wir haben Angst, buchstäblich im Nichts zu versinken, wenn wir die feste Objektivität aufgeben.

Das Denken in Kreisen ersetzt
den Mythos der linearen Rationalität

Benötigt wird also ein Sowohl-Als-auch. Und das ist das Denken in Kreisen oder Schleifen, wie es einer der renommiertesten Theoretiker der neuen Organisationen, Karl E. Weick, in seinem Buch »Der Prozeß des Organisierens« beschreibt: Die meisten Manager kommen deshalb in Schwierigkeiten, *weil sie vergessen, in Kreisen zu denken.* Ich meine das wörtlich. Manager-Probleme erhalten sich, weil Manager fortfahren zu glauben, es gäbe solche Dinge wie unilaterale Verursachung, abhängige und unabhängige Variablen, Anfang und Ende. Beides gibt es überall. Führungsstil beeinflußt Produktivität. Eltern sozialisieren Kinder. Reize bewirken Reaktionen. Ziele beeinflussen Mittel. Wünsche beeinflussen Handlungen.

Diese Behauptungen sind falsch, weil jede von ihnen nachweisbar auch in der entgegengesetzten Richtung funktioniert: Produktivität beeinflußt Führungsstil. Kinder sozialisieren Eltern. Reaktionen beeinflussen Reize. Mittel beeinflussen Ziele. Handlungen beeinflussen Wünsche. In jedem der Beispiele ist die Verursachung *zirkulär, nicht linear*. Und das gleiche gilt für die meisten Ereignisse in Organisationen.

Weick empfiehlt, das lineare und kausale Denken (kartesianisches Denken) zu überwinden und nur noch in Kausal-Schleifen und *Interdependenzen* zu denken. Wenn sie einmal von Interdependenzen und Kausalschleifen besessen sind, gewinnen viele Dinge ein neues Aussehen. Und er verweist auf Bateson, der die These vertreten hat:»Eine der wichtigsten ungesunden Prämissen des westlichen Denkens besteht in *dem Glauben, wir besäßen Selbstkontrolle.*«

Weick meint, die Art, wie wir Organisationen auffassen (also maschinenhaft und linear-rational, verankert in einem festen rhythmischen Zeit-Konzept), sei im Grunde ein Mythos. Für ihn sind die meisten Dinge und Organisationen »in Wirklichkeit Beziehungen in systematischer Weise miteinander verbundener Variablen«. Da gibt es *kein Richtig und Falsch mehr*, da gibt es keine Ursache und Wirkung mehr. Das ist alles miteinander vernetzt. *Jede Linearität ist Illusion.*

Auf dieser Basis möchte ich folgende Empfehlungen formulieren:

① Das Top-Management sollte im Sinne der eigenen»*Bewußtseins-Hygiene*« beginnen, das vorhandene, kartesianische Weltbild soweit wie möglich zu überwinden, um mental fähig zu werden, die neuen Zeit-Konzepte auch geistig zuzulassen..

Wenn das nicht der Fall ist, landet man bei engen technokratischen Problemlösungen à la CIM und Büro-Computer. Das bringt nachweislich noch nicht einmal die Hälfte der gewünschten Effizienz. Die Elektronik kann das falsche Denken nicht kompensieren . . . eher sogar potenzieren.

② Das Top-Management sollte« beginnen, sich dem»*Tao der Zukunft*« zuzuwenden, um ein praktisches *Mind-Instrumentarium* entwickeln zu können für die Gestaltung von neuen Wirklichkeiten durch die Formung neuer Bewußtseins-Inhalte. Motto:»Es geschieht nur das, was in dir geschieht.«

③ Darüber hinaus sollte das Top-Management beginnen, sich dem Thema *Organization Transformation* (OT) zuzuwenden. Das bedeutet das Umschalten von einer präzisionsorientierten Organisation auf eine *lernende Organisation*, die fließt.

Diese drei Empfehlungen haben fast nichts mehr mit der normalen

Betriebswirtschaftslehre zu tun, die heute im Mittelpunkt der meisten Überlegungen steht. Auch an den Universitäten werden derartige Gedanken kaum diskutiert. Gerade dort sitzt man noch dem kartesianischen Objektivitäts-Glauben sehr auf und versucht, durch alte Optimierungs-Strategien die neuen Probleme zu lösen.

Aber das kinetische Management wird ohne Mental-Training und ohne Mind Design kaum fähig sein, die *Zeit-Qualität* zu managen, die morgen verlangt wird. Der neue Mega-Faktor Zeit verlangt ein neues mentales Instrumentarium.

Zur Praxis: Wie erschüttert man seine Wirklichkeit?

Betrachten wir nunmehr die ersten Ansätze, die im Sinne einer kreativen Auflösung versuchen sollen, die Mind-Blockaden und die vor uns liegenden *Denk-Katastrophen* zu überwinden. Der Begriff »Denk-Katastrophe« wurde von Hermann Holliger-Uebersax, einem Morphologen der Asko-Unternehmensberatung, Zürich, in die Diskussion gebracht.

Holliger-Uebersax bestätigt, daß der Trend eindeutig zur schnelleren Überwindung der alten Glaubensmuster geht. Und er erkennt, daß die meisten Manager, Planer oder Konzept-Teams in der Regel *nur das denken können, was sie bisher gedacht haben.* Sie zirkeln in der Regel in ihrer eigenen Vergangenheit, die sie nur selten durchbrechen können, weil die Fähigkeiten, *das bisherige Bewußtsein zu überwinden,* nicht trainiert worden sind.

Holliger-Uebersax sieht die meisten Manager und Planer »*gefangen im Labyrinth ihres eigenen Geistes*«. Und er empfiehlt deshalb, die Planungs-Prozesse anders zu organisieren durch Interdisziplinarität oder durch integrale Planungs-Systeme.

Er empfiehlt, durch Störer und Netzwerk-Erschütterungen so etwas wie ein »*Parallel-Bewußtsein*« aufzubauen. Derartige Empfehlungen wirken im Moment etwas befremdlich, weil man in der Regel die planerische Arbeit ja auf Störungsfreiheit ausrichtet. Aber es wird mit Sicherheit eine ernstzunehmende neue Methode: bewußte Verstörung und Irritation durch Einzelpersönlichkeiten (anregende Störer von außen) oder durch Gegendenker-Teams von innen. Auch *Bewußtseins-Berater* wird es geben.

Wie auch immer das in Zukunft aussehen wird, eines ist klar: Die kinetische Anpassungsfähigkeit wird nicht ohne Perturbation, das heißt methodisch herbeigeführte Verstörung, möglich sein. Das Bewußtsein und das Denken versuchen sich immer selbst zurückzubestätigen. Nur durch eingebaute und massive Störungen kann man den eigenen Geist zwingen, *aus seiner Selbstreferenz herauszuspringen.*

Den Geist beschleunigen durch Partizipation

Alvin Toffler, der bekannte amerikanische Futurologe, geht so weit, daß er die *neue Anpassungsfähigkeit* der Unternehmen in den Mittelpunkt aller Überlebens-Strategien für Organisationen stellt.

Er glaubt, daß ein guter *Zugang zum Verstören* und Selbstüberwinden die Partizipation ist. Zum einen, weil er in der Partizipations-Bewegung ohnehin einen nicht mehr zu verhindernden Mega-Trend für alle westlichen Industrienationen sieht, und zum anderen, weil die partizipativen Impulse in der Regel Impulse von außen oder von Andersdenkenden sind. Sie zwingen deshalb zum *Arrangement.* Und Arrangement heißt Anpassung an etwas, was man selbst nicht gewollt hätte. Für ihn wird die geistige Flexibilität eines Unternehmens durch die Verbesserung der Partizipations-Fähigkeit erzeugt.

Alvin Toffler sieht in den Partizipations-Impulsen (ob sie nun von den Bürgern oder von den eigenen Mitarbeitern kommen, ist im Prinzip egal) die Chance, ein *hochsensibles Frühwarn-System* aufzubauen. Die Partizipations-Forderungen sind für ihn der Schlüssel zu einem beschleunigten Wahrnehmen. Die Augen des Geistes werden schneller.

Die Schwierigkeiten und Konflikte, die durch Partizipation in das Unternehmen hineingetragen werden, sind für ihn positive Verstörungen, zugleich auch Warnsignale, aber auch eine Art *Radar für Chancen.*

Das kann man natürlich nur dann akzeptieren, wenn man ein Unternehmen nicht mehr kartesianisch im Sinne einer Maschine auffaßt, die möglichst reibungslos zu funktionieren hat, sondern wenn man Reibungen und Konflikte als hervorragende Quelle für die gesuchte Anpassungs-Energie sieht. Dazu ist aber eine *andere Konflikt-Mentalität* im Unternehmen und besonders bei den führenden Köpfen Voraussetzung.

Alvin Toffler empfiehlt auch ein umfassendes *Monitoring* mit folgenden Worten:»In einer vom Wandel durchbebten Gesellschaft benötigt das

Management im weit stärkeren Maße *sensitive Informationen* – besonders antizipierende Informationen – über die Umwelt, in der die Unternehmung arbeitet. Diese Information *muß über den Wirtschafts-Bereich hinausgehen.* Es ist für die Unternehmung wichtig, Kenntnisse zu haben von sozialen Spannungen, potentiellen Krisen, Veränderungen in den Familien, struktur-politischen Umwälzungen, um davon früh genug zu erfahren, um Entscheidungen zur Anpassung zu treffen.«

Neben dem Monitoring, das in erster Linie eine Qualifizierung der Neu-Wahrnehmung bedeutet, sieht Alvin Toffler ein ganz konkretes System, das die Unternehmen zwingt, das eigene Lern-Tempo zu beschleunigen.

Die gewollte Verstörung durch einen Beirat

Er nennt das das Frühwarn-System. Und es beinhaltet die Schaffung eines *unabhängigen Beirates*, gebildet durch öffentliche Ratgeber und Experten. Diese bekommen einen eigenen Etat, können sich selbst organisieren, können auch eigenständige Berichte über das Unternehmen veröffentlichen und können auch Experimente mit öffentlicher Partizipation finanzieren.

Ein derartiger Frühwarn-Beirat ist also *in keiner Weise abhängig vom Vorstand* und kann geistig autonom und finanziell autark operieren. Das sind zwei wichtige Voraussetzungen.

Somit kann er eine echte Brücke zwischen den partizipativen Veränderungs-Impulsen von draußen und den Weltbildern und Erwartungen im Innern des Unternehmens schlagen. Dadurch kann auch die *schädliche Verfestigungs-Tendenz* aller Unternehmenskulturen aufgehoben werden.

Für Toffler ist es wichtig, daß es ein unabhängiger Beirat ist, der in keiner Weise gegängelt werden kann. Er stellt somit eine Art »*geistiges Gegenunternehmen im Unternehmen*« dar. Der Beirat vertritt mit eigenem Etat und mit einer eigenen Maßnahmen-Kompetenz die partizipativen und innovativen Impulse der Gesellschaft und des Umfelds und sorgt dadurch dafür, daß das Selbstbestätigungs-Labyrinth des Firmengeistes durchbrochen wird.

Der Frühwarn-Beirat kann und soll ausgesprochen kritisch sein, das heißt, er wird das Unternehmen nicht nur unverbindlich beraten, sondern konkret kritisieren, und zwar bei allen Themen, bei denen *zuviel Altes* oder *zuviel Schädliches* sichtbar wird.

Nach dem Modell von Toffler hat der Beirat ein eigenes freies Forum für eine öffentliche Diskussion mit Bürgern und Konsumenten. Nichts geschieht hinter geschlossenen Türen. Und der Beirat ist so berufen, konkrete Vorschläge für Management und Unternehmensführung zu formulieren. Er ist also hoch kompetent.

Völlig neuartig ist die Empfehlung von Toffler, den Beirat mit einem so großen Etat auszustatten, daß er bestimmte Projekte eigenständig entwickeln, finanzieren und auch personell unterstützen kann. Er kann dadurch die kritischen und *innovativen Impulse verstärken*, das heißt die Nadelstiche aggressiver machen und dadurch das Unternehmen qualifizierter zwingen, sich im Bewußtsein zu verändern.

Der Beirat kann mit vielen Arbeitsgruppen und Unterausschüssen arbeiten. Er kann Komitees aufbauen, zum Beispiel ein »*Komitee der zukünftigen Verbraucher*«, um die Beschwerden und die Mängel besser erkennen zu können. Er kann aber auch Kommunikations-Beiräte, Ombudsmänner, kommunale Feedback-Programme oder Referenden einsetzen.

Der Beirat kann darüber hinaus eine *aktive Vernetzung* mit bestehenden Bürger-Netzwerken betreiben. Dafür besitzt er eine hohe Glaubwürdigkeit, weil er in keiner Weise mit dem Unternehmen gleichgesetzt wird oder als Lakai des Unternehmens abgelehnt wird. Der Beirat wird somit zu einem neutralen *Verstärker der Gegen-Intentionen*. Und durch dieses Verstärken hilft er dem Unternehmen, das sonst durch Selbstreferenz viel zu lange im falschen Tunnel »tunneln« würde, nicht mehr so lange auf seine eigenen Ideologien hereinzufallen.

Schneller lernen
durch Macht-Teilung

Es ist eine Art gegenseitiger Macht-Ausgleich, ein System von Checks und Balances, das so weit geht, daß der Vorstandsvorsitzende des Unternehmens eines Tages in der Presse liest, was sein eigener Beirat Kritisches über das Unternehmen schreibt. Und er hat das weder vorher vorgelegt bekommen, noch kann er in irgendeiner Form die dafür Verantwortlichen repressiv zur Verantwortung ziehen. Es ist also ein Stück *beabsichtigte Machtteilung*, zumindest im Feld des Geistes.

Warum das Ganze? Die Ausführungen von Prigogine über das neue Zeitbewußtsein und die Ausführungen von Maturana und Varela über die Tatsache, daß wir die sogenannte Welt immer nur in unserem Kopf konstruieren, haben in der vordersten Front der Management-Entwicklung dazu geführt, daß sich immer mehr Pioniere fragen, was denn ein Unternehmen zu tun hat, damit es sich schneller selbst überwinden kann; überwinden im Bewußtsein, überwinden im Denken. Nur so entsteht der schnelle Geist.

Das alles klingt anfangs sehr theoretisch, führt aber – wie Alvin Toffler beweist – zu ausgesprochen konkreten organisatorischen Maßnahmen. Das Umschalten auf erhöhte Lernfähigkeit ist sehr wohl organisatorisch und finanziell machbar. Es ist praktisch machbar . . . vorausgesetzt, man will es.

Voraussetzung ist also *das innere Wollen* und ein mentales Training. Aber – Toffler und andere haben darauf hingewiesen – es ist natürlich auch ein großes Stück *Macht-Problem* damit verbunden. Man muß das klassische Macht-Spiel deutlich transformieren, um zum Beispiel so etwas wie einen autonomen Gegen-Beirat installieren und seelisch verkraften zu können. Man muß souverän sein, um zum schnellen Geist zu gelangen.

Bleiben wir in der konkreten Praxis, um zu prüfen, wo bereits machbare Ansätze für das kinetische Denken und für den Trend zur neuen Zeit-Intelligenz entwickelt werden (siehe hierzu auch Gerd Gerken,»Management by Love«, Düsseldorf 1990).

Die Praxis:
Metanoische Unternehmen

Die beiden amerikanischen Experten Kiefer und Senge haben den Begriff»*Metanoische Organisationen*« ins Leben gerufen. Nun ist das natürlich wieder ein neues Wort, und wir leiden ja schon reichlich unter der Inflation neuer Wörter, aber es lohnt dennoch, die Gedanken von Kiefer und Senge gründlich aufzunehmen, weil hier tatsächlich viel Neuland und Praxis zugleich durchschimmern.

Kiefer und Senge gehen davon aus, daß Unternehmen in Zukunft nur noch dann erfolgreich sein können, wenn sie nicht nur technologisch innovativ sind, sondern auch *fähig sind für soziale und mentale Innovationen*. Das ist wiederum ein Problem des Denkens und ein Problem des Bewußtseins. Das Neue entsteht immer nur aus einem erneuerten Bewußtsein, und so ist ein kontinuierliches Mind Design die Voraussetzung für eine erhöhte Innovations-Fitness.

Das griechische Wort Metanoia heißt »*grundsätzliches Umdenken*«. Und eine Metanoische Organisation ist also ein Unternehmen, das seine Unternehmenskultur, seine Denk-Ideologien und seine Organisations-Prinzipien extrem konsequent auf ein chamäleonartiges Umdenken ausgerichtet hat . . . und das dauernd. Jeden Tag aufs neue.

Im Sinne der Sorokin-These, daß wir uns langsam zu einer *integralen Kultur* entwickeln, ist eine Metanoische Organisation sowohl materieller und linear ausgerichtet (altes Weltbild) als auch geistig oder methaphysisch (neues Weltbild). Die integrale Kultur verbindet also die harte Präzisions-Auffassung von Zeit (Optimierungs-Modell) mit der sanften Auffassung von Organisation, bei der Fließen und Intuition im Mittelpunkt stehen. Die Metanoische Organisation basiert auf einer derartigen integralen Kultur. Sie verlagert die Präzision in das Tao-Weltbild.

Die Basis-Überzeugung einer Metanoischen Organisation ist die, daß alles Schicksal selbst gestaltet wird und daß das Unternehmen in der Lage ist, seine eigene Zukunft zu gestalten. Voraussetzung dafür ist die *Verschworenheit im Team.*

Kiefer und Senge beschreiben mehrere Unternehmen, die deutliche Metanoische Grundlagen aufweisen. Ich zitiere hier wörtlich:

Kollmorgen Corporation

Kollmorgen ist ein diversifiziertes Produktionsunternehmen mit Hauptsitz in Stanford, Connecticut. Es vertreibt vorgefertigte Schaltkreise, Periskope, elektrooptische Ausrüstung, elektrische Spezialmotoren und ähnliche Produkte. 1982 betrug der Umsatz 250 Millionen Dollar – er hatte sich in den letzten zehn Jahren alle vier Jahre verdoppelt.

Das Unternehmen umfaßt vierzehn autonome Abteilungen und folgte durch eine konsequente Dezentralisierung der Philosophie »*Small is beautiful*«. Jeder Geschäftsleiter (Division-Manager) erstattet einem Geschäftsleiter-Ausschuß von fünf bis sechs anderen Geschäftsleitern Bericht. Dieser Vorgang entspricht einem genauen Abbild der Beziehung zwischen Unternehmensleitung und Verwaltungsrat bzw. Vorstand. Wichtige Entscheidungen wie Kapital-Erhöhungen, Forschungs- und Entwicklungsausgaben, Einstellungen und Beförderungen von leitenden Angestellten werden auf Divisionsebene gefällt. Die Divisionen sind kleingehalten (meist weniger als 50 Millionen Dollar Umsatz und 500

Arbeitnehmer), so daß sich jeder Arbeitnehmer als *Teil einer Familie* fühlen kann, wo ihr bzw. sein Beitrag zählt. Sobald Divisionen über diesen Punkt hinauswachsen, teilen sie sich weiter auf. Obwohl Kollmorgen circa 4500 Arbeitnehmer beschäftigt, umfaßt die Geschäftsleitung nur 25 Mitglieder.

Hinter dieser Organisationsstruktur steckt die Absicht, alle Arbeitnehmer *dem Anreiz und Druck des freien Marktes auszusetzen.* Alle Arbeitnehmer teilen den Gewinn ihrer Division. Nicht nur die Divisionen werden als selbständige Geschäftszweige geführt, auch die Produktteams innerhalb der Divisionen funktionieren autonom. Sie mögen Ausrüstung und Infrastruktur mit anderen Teams teilen, aber sie setzen ihre eigenen Preise fest, bestimmen ihre eigenen Verkaufsziele und erarbeiten ihre eigenen Produktionsprogramme.

Der Anreiz in den Produkt-Teams ist groß, denn die meisten neueren Divisionen erwachsen aus erfolgreichen Divisionen.

Die organisatorische Innovation hat sich kürzlich auch auf das Firmen-Management ausgeweitet. Eine Partner-Gruppe von Geschäftsleitern und leitenden Angestellten ist gebildet worden, um die Prinzipien *Freiheit und Gleichheit* in die Unternehmens-Politik zu integrieren. Entscheidungen werden durch Konsens gefällt, jeder Partner hat das Vetorecht bei jedem größeren Vorhaben. In dieser Atmosphäre sind *absolute Ehrlichkeit* und *absolutes Vertrauen* Grundvoraussetzungen.

Cray Research, Inc.

Anders als Kollmorgen stellt Cray Research mehrere Typen zweier Grundprodukte her, den Cray-1 und den Cray-2, zwei der weltgrößten Computer. Sie werden für Aufgaben wie Wettervorhersagen und Simulation von Kernkrafterzeugung gebraucht, was sehr große Datenbanken und Computerkapazitäten voraussetzt. 1982 lag der Umsatz bei 141 Millionen Dollar mit einem Zuwachs von je 50 bis 100 Prozent während der letzten fünf Jahre. Das Unternehmen beschäftigt gegenwärtig etwa 1400 Arbeitnehmer, die meisten im Gebiet von Minneapolis/St. Paul, wo es 1972 gegründet worden ist.

Wenn auch eine Abteilungsstruktur wie bei Kollmorgen für das begrenzte Sortiment ungeeignet wäre, lassen sich bei Cray dieselben Prinzipien wie *Freiheit, Ehrlichkeit und Verantwortung* finden. Produktentwicklungs- und Marketing-Teams sind klein und unabhängig, häufig in separaten Gebäuden untergebracht. Der Vorsitzende und Hauptgeschäftsführer John Rollwagen erklärt:»Wir haben schon immer festgestellt, daß

Leute in kleinen Teams mit festen Budgets und der Freiheit, ihre eigenen Probleme zu lösen, am produktivsten sind.«

Die technische und unternehmerische Herausforderung, die leistungsstärksten Computer der Welt zu bauen, scheint überall bei Cray mitgetragen zu werden. Rollwagen glaubt, daß es für ein Unternehmen einfacher sein kann, *kühne Aufgaben* zu übernehmen, als sich banale Ziele zu setzen. »Eine Vision ruft nach einer Umgebung, welche die Leute von ihren täglichen Problemen wegführt. Sie vermag enorme Begeisterung zu wecken. Dies scheint sehr riskant zu sein, ist es aber nicht, weil sich die Mitarbeiter auf ein einziges Ziel konzentrieren und wissen, daß sie auf sich selbst gestellt sind.« Er betrachtet diese *Konzentration auf eine einzige Vision* als den Schlüssel zu Crays Management-Stil: »Wenn wir die Spur unserer Vision verlieren, wird alles andere, was wir tun, unseren Erfolg nicht ausreichend und gleichartig garantieren.«

Analog Devices, Inc.

Analog Devices (ADI) ist ein in Norword, Massachusetts, ansässiger Hersteller von analog-digitalen Konvertern und dazugehörigen Geräten für computerisierte Meß- und Kontrollsysteme.

In den letzten fünf Jahren wuchs die Firma dank einer in großen Teilen klaren Firmenphilosophie um 30 Prozent (1983 betrug der Umsatz circa 220 Millionen Dollar). Die Wertgrundsätze von ADI könnten von jeder Organisation stammen, die wir untersucht haben.

① Wir glauben, daß die Mitarbeiter *ehrlich und vertrauenswürdig* sind und daß sie mit Würde und Respekt behandelt werden wollen.

② Sie wollen ihr ganzes Leistungspotential ausschöpfen und sind bereit, *hart dafür zu arbeiten.*

③ Sie wollen den Zweck und die *Ziele ihrer Organisation*, in der sie tätig sind, verstehen.

④ Sie wollen bei der Bestimmung, was zu tun und wie es zu tun ist, *entscheidend mitsprechen.*

⑤ Sie wollen für die Ergebnisse verantwortlich sein und für ihre Leistung anerkannt und *belohnt werden.*

Diese *Bindung an das Individuum* wurde wiederum durch Dezentralisierung und verteilte Entscheidungsfindungen erreicht. Der Vorsitzende und Präsident Ray Stata arbeitet daran, das *Hierarchiebewußtsein abzutragen.* Das Unternehmen stellt explizit die Bindung zum Arbeitnehmer an die erste Stelle (zum Kunden an die zweite Stelle und an dritter Stelle erst diejenige an die Aktienbesitzer). Die Arbeitnehmer werden regelmäßig daran erinnert, wie Stata betont,»daß die menschliche Einsicht über der Verfahrenstreue und auf gleicher Stufe wie die unternehmenspolitischen Leitsätze steht«. Stata versucht,»das Verfahrenssyndrom zu beseitigen, das zuläßt, daß sich Leute über andere stellen wollen, indem sie Regeln aufstellen«.

ADI bemüht sich, eine Umgebung zu schaffen, in der sich individuelle Macht und Einflußmöglichkeit aus Fähigkeiten und Wissen und nicht aus der Position ableiten:»Wir versuchen nicht, jegliche Hierarchie abzuschaffen, sondern *das Wertsystem*, das mit der Hierarchie verbunden ist, zu eliminieren. Der größte Nachteil in traditionellen Organisationen besteht darin, daß sich Leute auf niedrigen Hierarchiestufen als irgendwie wertloser betrachten als die, die über ihnen stehen.«

Viele andere Firmen entwickeln sich ebenfalls in diese Richtung: *Dayton-Hudson* ist eine Handelsorganisation mit einem Umsatz von 5 Milliarden Dollar und rund 90 000 Mitarbeitern mit Hauptsitz in Minneapolis. Im Bereich der Dezentralisation ist diese Firma unter den großen Handelsfirmen führend. Unter anderem umfaßt die Firmenleitung nur 250 Mitglieder (ein noch besseres Verhältnis als bei Kollmorgen), und die vier Hauptgeschäftsführer entscheiden ebenfalls im Konsens. Auch in der gesellschaftspolitischen Verantwortung ist dieses Unternehmen führend, war es doch der Begründer des Minneasota-5-percent-Clubs, der jetzt etwa fünfzig Firmen umfaßt, die zumindest 5 Prozent ihres Gewinnes vor Steuer für örtliche Sozialprogramme ausgeben.

Tandem Computer ist ein junges, schnell wachsendes Unternehmen (1983 betrug der Umsatz etwa 300 Millionen Dollar), das der Vision folgt, Computer herzustellen, die einen Nonstop-Service anbieten.

Bei Tandem entdecken wir ein neues Charakteristikum der sich entwickelnden Metanoischen Organisationen: *eine fortschreitende Aufweichung formaler Organisations-Strukturen* und Management-Systeme. Bei Tandem ist die Struktur innerhalb der Arbeitsgruppe fließend. Die Leute vermeiden, wenn immer möglich, Memoranden und formale Verfahren, so daß Kommunikation im allgemeinen *unmittelbar und mündlich* stattfindet. – Soweit Kiefer und Senge.

Das Weltbild der Metanoischen Manager

Interessant sind die Grundvoraussetzungen für eine Metanoische Organisation:

① *Menschen sind zielstrebig:*

Man geht fest davon aus (auch wenn man oft enttäuscht wird), daß Menschen von Grund auf gut sind und gut sein wollen. Und man faßt den *Einklang von persönlichen und organisatorischen Zielen* als Voraussetzung für die Produktivität auf. *Rendite und Selbstentfaltung verbinden sich.*

② *Jedes Individuum kann einen einmaligen Beitrag leisten:*

Das Wertsystem ist für alle gleichermaßen positiv, unabhängig von der Hierarchie (die flach ist).

③ *Komplexe Probleme erfordern Lösungen vor Ort:*

Sowenig Bürokratie-Kommunikation wie möglich.

④ *Das Konzept der Führung:*

Jedes Mitglied muß die Quintessenz des Geschäftes verstehen. Man will das Unternehmen auf einen vollständig offenen Weg bringen, so daß es keine Informations-Monopole mehr gibt. Keine Geheimnisse. Keine Mitarbeiter, die meinen, sie seien etwas Besonderes, nur weil sie im Besitz gewisser Informationen sind. *Die Führungskräfte müssen verhindern, daß es eine autoritäre Mentalität im Unternehmen gibt.*

⑤ *Ich und du versus ich oder du:*

Metanoische Organisationen vermeiden keineswegs die Konkurrenz. Sie scheinen ihr zugeneigt zu sein, aber eher der spielerisch-kreativen Konkurrenz. Das Konkurrenz-Spiel wird also mit einer *anderen Ethik der Ehrlichkeit* und Integrität gespielt. Es gibt nicht die fiesen Tricks des Karrieremachens. Es gibt keinen Gewinner und Verlierer.

⑥ *Eine Nährlösung für Systemdenker:*

Man ist fest davon überzeugt, daß sich die Probleme nicht mit denjenigen Gedankengebäuden lösen lassen, die diese Probleme verursacht haben. Man muß immer aus seinem Denk- und *Bewußtseins-Labyrinth* herausspringen. Das ist die gesuchte Nährlösung für Umdenken und für geistige Selbstüberwindung.

⑦ *System-Bewußtsein und Verantwortung:*

Das System-Bewußtsein wird erzielt, indem sich die Metanoische Organisation ständig in kleine Geschäftsgruppen aufteilt. Damit bleibt der *Verantwortungs-Radius* für die meisten Mitarbeiter selbst bei starkem Wachstum gegeben.

⑧ *Co-Evolution:*

Es wird versucht, sich nicht gegen die Dynamik von Systemen zu verhalten. Um ein Beispiel zu nennen: Wenn sich Umweltschutz als berechtigte Forderung der Bürger durchsetzt, dann wird man mit der Forderung gehen und nicht versuchen, sie taktisch zu blockieren. Ein anderes Prinzip ist das Bedürfnis nach einer Politik, die lieber mit den Kräften eines Systems zusammenarbeitet als gegen sie. Das ist das Prinzip der *Co-Evolution.*

⑨ *Das Metanoische Verständnis:*

Das ist vielleicht das Wichtigste: Die Unternehmen arbeiten ganz bewußt mit der sich *selbst erfüllenden Prophezeiung.* Man weiß natürlich, daß nicht alles so ideal ist, wie man es anstrebt, aber man tut so, als wäre es ideal. Das ist im Sinne des beschriebenen Sozio-NLP das Herstellen von positiven geistigen Ressourcen. Man konzentriert sich nicht auf die Probleme, Fehler und Schwächen, sondern auf die Chancen und Kräfte. Gelebter Positivismus. Praktiziertes Mind Design.

Man produziert dadurch im geistigen Raum einen permanenten Handlungs-Optimismus und faßt in diesem Sinne Zukunft nicht als etwas Bedrohliches auf, sondern als die Wirklichkeit, zu der man heute bewußtseinsmäßig fähig ist. Hier kristallisiert sich am besten das neue Zeitbewußtsein à la Prigogine und das neue Bewußtseins-Modell à la Maturana und Varela heraus.

Die neue Zeit und die Kreativität

Kommen wir jetzt zu einer weiteren Konsequenz der neuen Zeit-Intelligenz: *das individuelle Zeitbewußtsein*, das heißt die privat erlebte Zeit und die Konsequenzen für Kreativität, Planung und Führung.

Nach David Loye hat sich das Gehirn im Laufe seiner Entwicklung in zwei Hemisphären aufgespalten. Das ist die inzwischen im Management allseits bekannte These von der *rechten und der linken Gehirn-Hemisphä-*

re. Loye verweist darauf, daß es auch eine mögliche Wendezeit gegeben hat, in der dies geschehen sein könnte:»Vor 30 000 Jahren, als im Menschen die rechte Gehirnhälfte für den alten Raum-Sinn und die linke für einen neu hinzugekommenen Zeitsinn die Verantwortung übernommen haben«. Für ihn ist das linke Gehirn»*untrennbar mit der Zeit verwoben*«.

Auf der anderen Seite ist das, was wir heute Zeitbewußtsein nennen, nicht exklusiv in der linken Gehirnhälfte anzusiedeln. Es ist zwar untrennbar mit der linken Hemisphäre verbunden, aber Zeit wird nicht ausschließlich in der linken Hälfte bewußtgemacht. Es gibt noch eine ganze Reihe von Funktionen und Stationen, die da mitwirken, zum Beispiel *das limbische System*, das besonders für Emotionen und das innere seelische Gleichgewicht zuständig ist, scheint etwas mit unserer Zeitwahrnehmung zu tun zu haben (Untersuchungen von Karl Pribram).

Der neueste Stand der Gehirnforschung zeigt auch, daß das Zeitbewußtsein ein *relativ junges Bewußtsein* ist und daß die subjektive Wahrnehmung von Zeit nicht nur durch das Gehirn beeinflußt wird, sondern auch durch unsere Stimmungen und unsere gelernten Muster, was man in der Literatur *Zeitauffassung* nennt.

Die Wissenschaft kann zeigen, daß jüngere Kinder nur eine sehr grobe Zeitauffassung in bezug auf Gegenwart, Vergangenheit und Zukunft haben, während ältere Kinder auch die Vergangenheit und die Zukunft sehr deutlich differenzieren können. Zeit ist also auch ein Faktor, der durch die *kulturellen Muster* geprägt und gelernt wird.

Die Untersuchungen von McGregors und Loye haben gezeigt, daß die Zeitauffassung darüber hinaus abhängig ist von der Realitäts-Dimension und von der Irrealitäts-Dimension. *Die Qualität von Zukunfts-Prognosen* – wichtig für Manager und Entscheider – ist abhängig von der Wechselwirkung zwischen Realitäts-Konzepten und Irrealitäts-Konzepten.

Zukunfts-Bewußtsein muß also trainiert werden und ist nicht – wie selbstverständlich – für jeden Menschen gleichermaßen qualifiziert verfügbar. *Zukunft muß gelernt werden.*

Lernen, ein Intuitions-Typ zu werden

Man kann sein Zeitbewußtsein und damit sein Zukunfts-Bewußtsein qualifizieren, wenn man trainiert, *seinen Mind anders in Raum und Zeit zu lokalisieren.*

Der rationale *Denk-Typ* faßt die Zeit als einen linearen Prozeß auf. Das ist das Zeit-Schema der Intellektuellen und der *Rationalen*. Der *Fühl-Typ*, um mit der Typologie von C. G. Jung zu operieren,»fühlt sich hauptsächlich der Vergangenheit verbunden, während der *Erfindungs-Typ* sich an der Gegenwart orientiert«.

Lediglich der *Intuitions-Typ*, den man aber erst trainieren muß durch spezielle Mind-Programme, orientiert sich überwiegend oder gar ausschließlich an der Zukunft. Es ist auch der Intuitions-Typ, der zu den besten Prognose-Leistungen fähig ist und der auch *am besten mit der Zeit umgehen kann.* Es ist der Typ, für den die Zeit keine selbstverständliche Variable ist, sondern ein aktives Instrument.

Fazit:

Der Intuitions-Typ kann aus der Zeit aussteigen, um dadurch komplexer und neuartiger denken zu können.

Das bedeutet für das kinetische Management: Ohne ein Zeit- und Zukunfts-Training wird man wohl kaum umschalten können auf Kontext-Management und Visions-Management. Diese beiden aber sind Voraussetzung, um die eigene Organisation flexibilisieren und im Sinne der Chamäleon-These lernfähiger organisieren zu können.

Das private Zeit-Bewußtsein von Menschen, die hochkomplexe Probleme lösen müssen (was in Zukunft immer häufiger der Fall sein wird), ist völlig anders als das private Zeitbewußtsein von Menschen, die eher mechanische Arbeiten verrichten. Unsere Welt *wird immer komplexer* und zugleich auch immer kinetischer. Dafür ist ein Zeitbewußtsein erforderlich, das *sich in Richtung Trance entwickelt*, also außerhalb der linearen Zeit steht. Wer »komplexe Dynamik« managen will, muß sozusagen aus der »engen Zeit« aussteigen können. Wie kann man das am besten verstehen?

Der Trend zur Trance . . . bei den Computer-Stars

Vielleicht lohnt es sich hier, auf die vielfältigen Erfahrungen aus dem Bereich des *Software-Engineering* einzugehen. Peter Molzberger und Dr. Frank Peschanel sind hier zwei wichtige Autoren. Sie beschreiben, daß es in der ganzen Welt nur sehr wenige Software-Experten gibt, die als *Super-Stars* besonders gut programmieren können, weil sie Komplexität und Innovation einzigartig miteinander verbinden können.

In dem Aufsatz von Peter Molzberger »Und Programmieren ist doch eine Kunst« beschreibt er, daß die meisten Menschen glauben, gerade die Computer-Programmierung sei eine kalte, rationale Tätigkeit, das heißt eine von Kausalität und Linearität geprägte Verfahrenstechnik. Aber das ist nicht der Fall. Zumindest sind die Besten der besten Programmierer Künstler.

Sie arbeiten mit einem anderen Zeitgefühl. Sie arbeiten in einer spezifischen *Trance-Atmosphäre*. Und sie sind zu dem hochrationalen und hochkomplexen Arbeiten, wie es Software-Programmierung ist, nur fähig, weil sie eben gerade *nicht rational denken* und weil sie nicht im linearen Zeitmodell verankert sind. Ein Paradoxon grinst uns hier also an.

Lassen Sie uns über einige Beobachtungen von Molzberger und Peschanel berichten. Molzberger beschreibt, daß seine Firma – ein Software-Haus – 1977/78 einen Auftrag zur Entwicklung eines schwierigen Realzeit-Systems übernommen hat, das größtenteils in Assembler (Maschinensprache) geschrieben werden mußte.

Man lag terminlich weit zurück. Und da man einen Festpreis gegenüber dem Kunden vereinbart hatte, war eine Katastrophe zu befürchten. Im Projekt-Team gab es unter den fünf Assembler-Programmierern einen, der sich »eines Abends an das Terminal setzte, glasige Augen bekam und *in einen Zustand geriet, in dem er nicht mehr ansprechbar war*«. Am nächsten Morgen hatte er ein schwieriges Programmstück fertig.

Die Sache wiederholte sich. Und binnen sechs Monaten schrieb der Mann 45 000 Assembler-Befehle und 10 000 Macros! Unter den Kollegen nannte man diesen Mann den *Trance-Programmierer*. Einmal mußte sein Chef an einem Sonntag anreisen, um ihn nach 51 Stunden mit Gewalt vom Terminal wegzuholen. Es war keinem seiner Kollegen gelungen, ihn zum Abbrechen zu bewegen. Anderen gegenüber äußerte er einmal: »Man könnte eine Kanone neben mir abfeuern, ohne daß mich das stören würde.«

Das Programm war erstaunlich effizient, sauber und ausgewogen aufgebaut. Molzberger dazu: »Wir stehen hier einem *Leistungs-Sprung* gegenüber, der das, was man normalerweise erwarten kann, quantitativ um eine Zehnerpotenz übersteigt und qualitativ gar nicht abzuschätzen ist.«

Die Superstars der Computer-Programmierung sind offensichtlich in der Lage, sich aus dem engen, weil linearen Zeit-Bewußtsein herauszukatapultieren und damit das kausale Denken aufzugeben. Sie haben den

Zugang zu derjenigen Zeit-Intelligenz, die wir nun auch im Management brauchen.

In einem anderen Zeitbewußtsein arbeiten

Einer ihrer Stars meinte, »daß er sich in einem *anderen Bewußtseins-Zustand* befindet«, wenn er so arbeitet. »Das Gefühl ist ausgeschaltet.« Und er hat ein völlig *anderes Zeitgefühl* dabei: »Die Empfindung ist, daß die Zeit viel schneller vergeht, um so schneller, je größer mein Interesse.«

Es ist ein eigenartiger Space, in dem diese Personen arbeiten. Und er hat eher was mit Trance und *Mind-Rausch* zu tun als mit dem kausal-logischen Denken und Strategen.

Auf die Frage »Wie schnell kommt man in einen solchen Zustand, und wie schnell kommst du raus?« antwortete ein solcher Experte: »Raus komme ich sofort, hineinzukommen dauert Stunden, aber nicht immer, manchmal geht es umgekehrt, selbst am Vormittag.«

Das Ganze ist insofern ein Trancezustand, weil man die Stars nicht stören kann. Wenn sie gestört werden, rutschen sie aus dem Prozeß heraus. Und wenn sie gerade an einem ungünstigen Punkt unterbrochen werden, wo also viele Fäden zusammenlaufen und das Neue noch nicht ganz fertig war, dann muß er ganz von vorn anfangen. Es ist ein *intuitiv-ganzheitliches Finden* und kein lineares und logisches Entwerfen. Das Software-Programm wird wie im *Märchen* gesehen. Und wenn man zu früh »herausgeschossen« wird, dann ist es grundsätzlich wieder weg.

Die meisten Computer-Stars haben auch eine außergewöhnliche *Visualisierungs-Fähigkeit*. Darüber hinaus haben sie die Fähigkeit, *außerhalb ihres Egos zu arbeiten.* »Wenn ich einen Fehler finden will, muß ich mich seitlich danebenstellen, um die richtige Perspektive zu haben.«

Sie imaginieren also *mentale Bilder*, was typisch für die rechte Hirnhemisphäre ist, also gerade diejenige Hemisphäre, die nicht typisch ist für strenge Rationalität und lineare Kausalität. Und dann sind sie zugleich in der Lage, so etwas wie Trance- und Märchen-Prozesse zu organisieren, indem sie auch aus ihrem Ego-Bewußtsein heraustreten und *die Zeit-Linie verlassen* (also die linke Hemisphäre).

Ein anderer Aspekt ist der Aspekt der *Mimesis*, also die Verschmelzung.

Wenn sie in Märchenwelten eintauchen, werden die Stars so wie der Computer. Sie laufen dann geistig durch das von ihnen entwickelte Programm. Und während sie durch das Programm laufen, entwirft sich das Programm vor ihren eigenen Füßen. »Ich bin selber der Rechenkern. Ich werde zu einem Punkt. So laufe ich durch das Programm, durch Schleifen-Sprünge, ich führe das Programm aus. Hinterher bin ich absolut sicher, daß das Programm – soweit ich es trocken getestet habe – richtig ist. Es kann ja nicht falsch sein, weil es richtig ausgeführt wurde.«

Dabei entsteht ein *ästhetischer Prozeß*, und »es muß ein ästhetisches Bild ergeben. Wenn mir etwas ästhetisch nicht gefällt, weiß ich, daß das Programm nicht laufen wird.« Das alles ist weit weg von Kausalität.

Zugleich ist es ein eindeutig *euphorischer Zustand*, das heißt, die Superstars des Programmierens sind in der Lage, sich in eine andere Wirklichkeit hineinzukatapultieren, sie können ihren Bewußtseins-Zustand und ihre *persönliche Zeitlichkeit* praktisch selbst beeinflussen und verändern.

Typische Merkmale für diesen anderen Zustand: erhöhter Puls, feuchte Haut, glücklicher Zustand, völlig veränderte Schrift und auch die Unfähigkeit, etwas auswendig zu lernen, insbesondere Strichaufzählungen und ähnlich mechanische Vorgänge.

Es ist also eine Art Ekstase. »Die Sache ergreift dann Besitz von mir.« Und typisch für solch ekstatische Zustände ist das schlagartige Verändern des *subjektiven Zeitempfindens*. »Es findet eine enorme *Zeit-Kompression* statt. Mindestens um den Faktor 10.« Durch die veränderte Zeitlichkeit (die wiederum Voraussetzung für den Trance-Zustand ist) rutschen die Super-Programmierer in eine Art *magischen Raum*. Dadurch werden sie fähig, zu sehen, wie ihre Gedanken aussehen. Sie können das Neue sehen, während sie selbst das Neue gestalten. Und das führt dann zu der Aussage, daß das wirklich gute, komplexe Programmieren im Grunde eine Form der Kunst sei. Es ist die Kunst, das *Meta-Bewußtsein* zu erreichen.

Inzwischen hat man unter dem Titel »Master-Programming« und »Super-Programming« diese Phänomene der Stars genauer untersucht und deren Exzellenz sorgfältig beobachtet. Die inzwischen gesammelten Ergebnisse wirken ausgesprochen provokativ und geradezu *schockierend für Liebhaber des rationalen Denkens*, besonders dann, wenn man bedenkt, daß es sich hier schließlich um Programmierung von Computern handelt, also von den Fetisch-Maschinen höchster Rationalität.

Was besagen die einzelnen Ergebnisse? Diejenigen Super-Programmierer, die sich durch Zeit-Manipulationen in einen *anderen Bewußtseins-Zustand* hineinbringen können . . . diese Super-Programmierer bringen auf Dauer, Monat für Monat, Jahr für Jahr Ergebnisse, »die um den Faktor von 5 bis 30 über dem Branchenschnitt liegen, bezogen auf die berüchtigten LOCs sowie auf die ebenfalls gut auswählbare Fehlerrate in den Programmen«.

Die Überwindung des klassischen Zeit-Programms im Kopf ist also die Voraussetzung für Trance-Bewußtsein. Dieses Trance-Bewußtsein ist wiederum die Voraussetzung, um »der Computer zu werden« (Mimesis) und um das zu schaffen, was die Stars »Dumpen« nennen. Das wird wie folgt beschrieben: »Man setzt sich hin und schreibt einfach die Spezifikation oder das Programm herunter, *ohne bewußt nachzudenken*, zu planen etc. Es fließt einfach Wort für Wort und oft ohne Stocken vom Anfang bis zum Ende einer Arbeitsphase oder eines halben Tages etc. Und im nachhinein stimmt das Produkt.«

Allerdings: »Hierzu ist meist einige Zeit stiller Vorbereitung mit Hintergrund-Processing erforderlich, bis die Quelle plötzlich fließt.« Also deutliche Anklänge an die meditativen Techniken der Psycho-Szene. Die Stars sind ganz offensichtlich auch Stars in Sachen Mind Design.

Der Computer-Experte Weinberg aus den USA empfiehlt deshalb auch, die immer komplexer werdenden Software-Programme, die immer schwieriger werdenden Strukturen bei der Computerei und künstlichen Intelligenz nicht mehr auf der Basis unseres linearen Zeitmodells und mit den Methoden des kausalen Schritt-Denkens anzugehen, sondern er empfiehlt wörtlich das Entwickeln einer *neuen Trance-Arbeitsweise* auf der Basis neurolinguistischer Programmierung (NLP).

Das ist genau das, was auch ich als Trend erkenne . . . als Trend insbesondere für Top-Manager, die morgen in der Lage sein müssen, in turbulenten Zeiten ein kraftvolles Visions-Management zu betreiben, also Visionen in die Organisationen zu bringen, obwohl alles fließt und sich alles immer schneller entwertet.

Mihaly Csikszentmihalyi schreibt in seinem Buch »Das Flow-Erlebnis. Jenseits von Angst und Langeweile: im Tun aufgehen«, daß »die Meister« – unabhängig, in welchem Bereich sie arbeiten – fähig sind, *Handlungen und Bewußtsein so zu verschmelzen*, daß das Flow-Erlebnis hergestellt wird.

Die Ego-Grenzen werden dadurch transzendiert. Durch den Sprung in ein *anderes Zeit-Programm* entwickelt sich im Individuum so etwas wie Egolosigkeit.

Und der Handelnde kann sich damit voll auf das Neue konzentrieren, während gleichzeitig ein Zustand entsteht, bei welchem das Ego »zur gleichen Zeit nichts zu tun hat und nicht mehr beachtet wird«. Und genau dann kommt dieses Fließen zustande, was nötig ist, um ganzheitlich-intuitiv arbeiten zu können und um Zukünfte sehen zu können, *die nicht logisch zu entwickeln sind.*

Genau dann kommt es zu dem visionären Vorab-Wissen, das die Leader auszeichnet. Die persönliche Zeitstrategie wird also zum fundamentalen Baustein für überlegenes Führen.

Das bedeutet:

① **Ob man will oder nicht: Wir sind alle Kinder unserer Kultur. Das 20. Jahrhundert ist immer noch – wie Richard Sennett in seinem Buch »Autorität« schreibt – ein Jahrhundert des »systematischen Autoritäts-Mißbrauchs«. Zugleich aber auch ein Jahrhundert des schleichenden Autoritäts-Verfalls.**

Besonders dort, wo täglich hocheffizient gearbeitet werden muß, also im Business, lag es deshalb nahe, den Paternalismus, den Sennett eine »Autorität der falschen Liebe« nennt, zur Basis der Mitarbeiterführung zu machen. Das Credo lautet dann: Ich sorge für euch als Arbeitgeber oder Führungskraft, aber ich erwarte von euch Loyalität und Ruhe.

Wir haben gesehen, daß die Verbindung von Autorität und mentalem Konservativismus besonders schädlich ist, jetzt, wo sich alles immer mehr beschleunigt und wo die Unternehmen auf »geistige Flexibilität« und »beschleunigtes Reaktions-Tempo« umgeschaltet werden. In kinetischen Zeiten ist diejenige Art von Loyalität schädlich für die Führenden, die die Führenden bevorzugen.

② **Je intensiver die Kinetik wird, um so weniger Hierarchie ist möglich. Je besser die Flexibilität sein soll, um so mehr Freiheit und Autonomie ist nötig.**

Es ist davon auszugehen, daß die derzeitigen Organisations-Riten (klare Arbeitsteilung) nicht mehr lange praktikabel sein werden, wenn die Kinetik immer stärker wird. Dr. Joël Goldhar,

Dekan des Illinois Institute of Technology, sieht, daß wir in den neunziger Jahren eine deutliche »Beschleunigung der Beschleunigung« bekommen werden. Alles geht immer schneller.

Die Produkt-Zyklen werden drastisch kürzer bei gleichzeitiger Aufsplitterung in immer differenziertere Markt-Segmente.

Das ist genau die Situation, in der alle Unternehmen, egal, wie groß, auf Führung von unten umstellen müssen. Aber genau da liegt die Schwierigkeit, weil das Top-Management dem klassischen Autoritäts-Modell noch zu sehr anhängt. Lutz von Rosenstiel dazu: »Der Chef hat doch das Wissen von gestern und die Macht von heute.«

③ Ich empfehle deshalb, die notwendige Flexibilisierung breiter einzuführen, als das bisher sichtbar geworden ist: Statt nur elektronische und technologische Flexibilisierung sollte zuerst die mentale Flexibilisierung erreicht werden. Der schnelle Geist ist das oberste Ziel.

Voraussetzung dafür aber ist, daß das rationale Planungs-Modell aufgegeben wird. Und das lautete: Oben werden die Ziele definiert, dann werden die Aufgaben verteilt, und dann werden für die einzelnen Arbeitsschritte genaue Anweisungen gegeben.

In diesem Modell rationaler und strategischer Planung, das der Militär-Metapher entspricht, ist die Autorität mit der linearen Zeit so verbunden, daß autonomes Handeln, situative Kreativität und Führung von unten praktisch völlig unmöglich gemacht werden.

④ In ihrer Diplomarbeit über »New Age und New-Age-Management« hat Ingeborg Haberl (Universität München) nachgewiesen, daß die Betriebswirtschaftslehre allzu einseitig dem Vernunfts-Prinzip folgt, also der klassischen Rationalität à la Descartes. Das Business ist Opfer einer überholten Ideologie von Rationalität.

Diese Buch zeigt, daß Rationalität auch immer gleichgesetzt wird mit dem linearen Zeit-Modell. Mit anderen Worten: Wenn man Management als einen rationalen Prozeß auffaßt, dann blendet man die »interne Zeit« aus und wird unfähig, sich den Fluktuationen und der Kinetik des Marktes und der Weltwirtschaft anzupassen.

⑤ Um die Einseitigkeit des Rationalitäts-Modells zu überwinden, empfiehlt sich für den Manager ein konkretes Bewußtseins-Programm. Die These dazu: Nur derjenige Manager kann seine Organisation und Mitarbeiter auf das neue Tempo und auf die neue Flexibilität einschwören, der sein eigenes Bewußtsein von außen erkennen, steuern und beschleunigen kann.

Mind Design wird damit zur Voraussetzung für das kinetische Management.

⑥ In meinem Buch »Der neue Manager« (Rudolf Haufe Verlag, 1986) habe ich auf die Untersuchungen des Psychologen Dörner hingewiesen. Seine Analysen haben gezeigt, daß wirklich überlegene Chefs immer eine Mischung zwischen Engagement und Distanz aufweisen. Offensichtlich ist die Fähigkeit, sich ein Bewußtsein über sein eigenes Bewußtsein bilden zu können, eine zentrale Voraussetzung für geistige Flexibilität. Dieses Meta-Bewußtsein kann trainiert werden.

⑦ In dem Buch von Peters und Waterman über Spitzenleistungen wurde auf die eigenartige Mischung von hoher Selbstkritik und naivem Zukunfts-Optimismus hingewiesen (intelligente Naivität). Offensichtlich sind Top-Manager dadurch gut, daß sie in der Lage sind, ihre eigenen Gehirn-Programme besser als andere Menschen auf Zukunft und Optimismus zu programmieren.

Deshalb empfehle ich ein mentales Training für Führungskräfte, um diese Selbst-Programmierung von Bewußtsein und Mind praktizieren zu lernen. Empfehlenswert ist deshalb auch eine Beschäftigung mit den neuen Techniken des NLP.

⑧ Es ist nicht ratsam, die Organisation schneller und fließender machen zu wollen nur durch technokratische Verbesserungen, zum Beispiel in Form von internen Computer-Netzwerken. Die eigentliche Aufgabe liegt im Aufbau einer lernenden und fließenden Organisation in etwa nach dem Muster der Organization Transformation (OT) oder nach den Prinzipien der Metanoischen Unternehmen.

⑨ Für Führungskräfte, die auf Rationalität und Präzision ausgerichtet sind, ist es nicht einfach, daran zu glauben, daß alle Wirklichkeit im Grunde nur eine fließende Wirklichkeit ist.

Aber man kann das eigene Bewußtsein und damit das eigene

Management nicht auf flexibles Fließen umschalten, wenn man an Objektivität, festen Gesetzen und klaren Weltbildern festhält.

Wir empfehlen deshalb gerade dem Top-Management eine intensive Auseinandersetzung mit den neuen Erkenntnis-Theorien (Maturana, Varela) und dem sogenannten Konstruktivismus.

Dadurch wird dem Management ein völlig anderes Paradigma nahegebracht: Managen bedeutet das Formen des fließenden Geistes.

⑩ Damit nähert man sich dem Tao-Bewußtsein. Darunter verbirgt sich eine philosophische Lehre, die davon ausgeht, daß alle Wirklichkeiten immer nur Erfindungen des Erfindenden sind, nie aber objektive Sicherheiten. Kann man das glauben, so wird die von uns empfohlene Flexibilisierung des Geistes relativ leicht möglich.

Im Kern des Tao-Bewußtseins liegt die folgende Sequenz:

Nichts ist vorher da.
Alles wurde vorher erfunden.
Es gibt nichts zu entdecken.
Es gibt nur etwas zu erfinden:
endlose Konstruktion.

⑪ Die neue Zeit-Intelligenz liegt ganz auf dieser Ebene, weil es von permanenter Irreversibilität ausgeht und weil es annimmt, daß sich alles, sogar das Universum, permanent weiterentwickelt. Nichts ist fertig. Also funktionieren auch Strategie, Optimierung und Ratio-Kalkül nur begrenzt.

Wir raten dringend, den Unterschied zwischen dem kartesianischen Weltbild und dem neuen, prozessualen Weltbild ernst zu nehmen und nicht als abstrakte Philosophie abzuqualifizieren. Denn es ist gerade das alte Weltbild, das es Managern so schwer macht, sich auf die jetzige Epoche der Kinetik einzustellen. Die meisten Manager sind mental bestrebt, ihre Organisation auf Ruhe und Stabilität zu steuern, statt die permanente Instabilität zu verstärken . . . Sie können die Früchte der Instabilität nicht ernten.

⑫ Das häufig in der Literatur geforderte Umschalten auf Change-Management bleibt so lange blasse Theorie, wie die Führenden nicht in der Lage sind, das neue Weltbild der prozessualen

271

Instabilitäten innerlich zu akzeptieren. Die Konsequenzen sind erheblich. Das alte Weltbild zwingt zu vielen Totzeiten, zu einer Kalender-Planung und zu starren Handlungs-Schemata. Das alte Weltbild mißachtet unsere kinetische Welt. Deshalb ist es ein disfunktionales Weltbild.

⑬ Von besonderer Bedeutung für die Unternehmen sind die Mind-Qualitäten der Führenden. Mind ist eine sehr praktische Größe. Warum? Wenn die führenden Männer und Frauen (oft sind es nicht mehr als zehn bis vierzig Personen, selbst in einem Konzern) überwiegend intuitiv, ganzheitlich und empathisch ausgerichtet sind (rechte Gehirn-Hemisphäre), also weniger logisch, analytisch und administrativ (linke Gehirn-Hemisphäre), dann schaffen sie eine Werte-Kultur, die die neue Zeit-Politik und die mentale Flexibilität fördert. Der Mind der Chefs steuert das globale Zeitverhalten aller.

Je kontrollorientierter, linearer und rationaler das Top-Management ist, um so schwerer fallen die Bemühungen, den Geist zu flexibilisieren. Es kommt noch ein weiterer Effekt hinzu: Wenn die Führenden eine deutliche Rechts-Dominanz im Gehirn aufweisen, dann akquirieren und binden sie überwiegend (automatisch) Mitarbeiter mit gleichem Gehirn-Profil. Uns liegt ein Fall vor, in dem das gesamte Top-Management durch derartige Ketten-Reaktionen inzwischen ein Rechts-Brain-Team ist. Es dürfte klar sein, daß ein solches Management mit »schneller Zeit« und flexibler Kreativität viel besser umgehen kann als ein rationales Management.

> Die Zeit-Intelligenz
> eines Unternehmens
> ist kein Zufall.
> Sie ist das Ergebnis
> der Mind-Programme
> der Führenden.

Der Weg zum Tao-Bewußtsein

Die Zeit-Intelligenz

Die Zeit-Intelligenz ist auf Kairos ausgerichtet, das heißt auf die Festlegung des »richtigen Augenblicks« innerhalb der »inneren Zeiten« von Prozessen, die im Rahmen der Umfeld-Kinetik immer wichtiger werden.

Die Zeit-Intelligenz bezieht sich dementsprechend auf:

- **die Energie des Augenblicks,**
- **One-World-Dynamik.**

Sie verbindet deshalb die Eigendynamik kinetischer Prozesse (Augenblick) mit der Komplexität der Weltwirtschaft (One World), weil diese beiden neuen Pole das Management verstärkt beeinflussen werden.

Für den Geist des Managers bedeutet das eine neuartige Mind-Programmierung, die auf

dynamische Komplexität (= Chaos)

ausgerichtet ist. Dementsprechend handelt es sich hauptsächlich um die Dimensionen:

- **des Entlernens,**
- **der Zukunfts-Intuition.**

In dem Trainings-Konzept

MIND DESIGN

ist dafür folgendes Programm-Coaching vorgesehen:

- **Programme für den Augenblick,**
- **Programme für das Fließen/Evolution**
- **Programme für Future-Pacing.**

Diese Mind-Programme ergeben in der Synergie die Zeit-Intelligenz.

Weiter Informationen auf Seite 383

Teil 3

Management und Spirit

Der Weg
zum höheren Geist

**Wer den
Geist
erhöht,
verbessert
seine
Mitarbeiter**

»Nur der Geist kann das Bewußtsein steuern.«

»Materie an sich gibt es nicht, es gibt nur den lebenden,
unsichtbaren, unsterblichen Geist als Urgrund der Materie …
mit dem geheimnisvollen Schöpfer,
den ich mich nicht scheue, Gott zu nennen.«
Max Planck

Light Age. Ein Trend ist erwacht …
die integrale Kultur entsteht

Dies ist ein etwas außergewöhnlicher Trend, der sehr weit in die Zukunft hineinwirken wird. Es beschreibt *das Entstehen der neuen Kultur*, die von Wissenschaftlern wie zum Beispiel Sorokin die »integrale Kultur« genannt und die im RADAR-System unter dem Begriff »Light-Age-Trend« seit Jahren beobachtet wird.

Ich möchte mit diesem Teil des Buches besonders frühzeitig auf die beginnende gewaltige *Achsenverlagerung unserer Kultur* hinweisen, weil ich glaube, daß eine derartige Kultur-Wandlung besonders wichtig ist für Management und Business. *Eine andere Kultur verlangt eine andere Wirtschaft.*

Natürlich entsteht so eine Kultur nicht von heute auf morgen, aber in vielen Industrienationen, besonders in den USA und in Zentraleuropa, sind die Light-Age-Signale inzwischen so deutlich, daß es schon heute ratsam ist, sich auf die neuen Strukturen und Inhalte dieser integralen Kultur einzustellen.

Also Light Age. Das ist natürlich zuerst einmal nur ein Wort so wie vor ungefähr 15 Jahren New Age. Und es wird seine Zeit dauern, bis sich unter diesem Begriff (aber vielleicht setzt sich auch der Terminus »*Bewußtseins-Kultur*« oder »*Mind Age*« durch, wer weiß) ein neues Fundament unserer Kultur entwickelt.

Das Besondere am Light-Age-Trend ist die Tatsache, daß Business, Wissenschaft und Technologie an sich längst auf dem Weg sind zu dieser neuen Kultur, wenngleich auch die meisten Beteiligten und Experten das noch nicht bemerkt haben. Insofern ist dieser Trend auch nicht zu früh und auch gar nicht so neuartig, wie es zuerst den Anschein hat. Wir haben hier vermutlich alle einen *blinden Fleck* . . .was unser Bewußtsein betrifft. Denn das Bewußtsein kann sich selbst nicht bewußt werden. Deshalb bemerken wir unsere geistigen Wandlungen nicht, besonders dann, wenn wir selbst Initiatoren dieser Wandlung sind. *Die neue Kultur sind auch wir selbst.*

Die Entdeckung des Geistes

Wie wollen wir vorgehen? Zu Beginn lohnt vielleicht ein Blick auf vier Fallbeispiele, die auf den ersten Blick überhaupt nichts miteinander zu tun haben. Aber man kann zeigen, daß in allen vier Fällen ein gemeinsamer Nenner enthalten ist: *der Geist.* Er rückt in den Mittelpunkt einer kulturellen Entwicklung, die man folgendermaßen bezeichnen könnte:

Der Geist beginnt, unsere Kultur zu dominieren.

Damit haben wir auch gleich die Dynamik des Light-Age-Trends erkannt: *weg vom Materiellen, hin zum Geistigen.* Das Geistige steuert die materielle Welt. Der Geist rückt in den Mittelpunkt des Alltags.

Unsere Welt wird morgen so selbstverständlich spirituell sein, wie sie heute selbstverständlich materiell ist.

Aber nun zu den vier Fallbeispielen:

1. Fall: die Selbsterfahrung von Managern bei Continental

Im MANAGER MAGAZIN erschien unter der Überschrift »Führungs-Training« ein Bericht über die *Continental Gummi-Werke* in Hannover. Dort hatte man ein »ungewöhnliches Experiment gewagt: *die Anstiftung zum Ungehorsam«.*

Initiiert hatten dieses Selbsterfahrungs-Training der Bildungs-Chef von Continental, Gogoll, und der Personalleiter von Bartenwerffer. Man begann mit einem Seminar, zu dem Führungskräfte im Februar 1986 eingeladen wurden. Der ganze *Selbsterfahrungs-Prozeß* mit allen Vorgesprächen und Nachfolge-Seminaren dauerte 24 Monate. Später wurde dann der Projektbericht fertiggestellt. Hinter dem Projekt standen klingende Namen wie das Bildungswerk der Niedersächsischen Wirtschaft (BNW) und sogar auch das Rationalisierungs-Kuratorium der Deutschen Wirtschaft (RKW), das auch einen Teil der Kosten trug.

Die Kernfrage für dieses innovative Projekt lautete: »Mit welchen Methoden und welchem Aufwand kann man *das Entstehen eines Selbst-Konzeptes* der beruflichen Entwicklung von Führungskräften unterstützen?«

Moderiert wurde es durch den Österreicher Leopold Stieger, Geschäftsführer der Wiener Gesellschaft für Personalentwicklung (GfP). Insgesamt wurden *48 Manager mit ihrem Selbst konfrontiert,* und zwar in Form mehrere kleinerer Workshops.

Dieses Verfahren hatte mit dem klassischen Ratio-Training (Lernen von Fachwissen) so gut wie gar nichts mehr zu tun. Man konzentrierte sich auf das Selbst der Beteiligten . . . auf den *Spirit ihrer Persönlichkeit.*

Die Teilnehmer begannen sich zum Beispiel in Form von Zeichnungen selbst darzustellen und entwickelten somit eine Gemälde-Galerie der unterschiedlichen Persönlichkeiten. Man wählte wechselseitig einen Lern-Partner, und man stieg in *ideative Prozesse* ein (»Wie sieht mein Traumberuf aus?«). Sogar *phatastische Szenarien* wurden entwickelt.

Das alles sind rein geistige Prozesse, weitab von den harten Fakten des konkurrenzgeschüttelten Reifenmarktes. Und auch psychologische und sensitive Aspekte wurden gefördert . . . man reflektierte zum Beispiel seine *eigene Identität* durch die wechselseitigen Projektionen der Beteiligten.

Das alles erinnert sehr stark an *Techniken der Psycho-Szene* und ist nicht weit entfernt von dem, was vor etlichen Jahren als Bhagwan-Kult mehr oder weniger karikiert durch die Medien lief.

Gogoll, der für den Contintental-Konzern Verantwortliche, nannte das Projekt der Selbstentwicklung »*eine Form von Kultur-Revolution,* die hier bei uns stattfindet. Wir wollen, daß die Menschen selbst die Initiative ergreifen.« Seinen Teilnehmern hat er erklärt:»Sie haben die Möglichkeit, auf Kosten des Unternehmens herauszufinden, ob Sie bei uns bleiben wollen.«

Ein derartiges Selbsterfahrungs-Training hat natürlich auch Gegner gehabt. Es wurde berichtet, daß Skeptiker Angst hatten, die Mitarbeiter *würden zur Aufmüpfigkeit ermuntert* (hier schimmert das alte repressive Kader-System durch).

Und in der Tat ist vermutlich auch beträchtliche Unruhe und Bewegung entstanden. Aber die Verantwortlichen sehen gerade darin den Fortschritt im Sinne einer *neuen Qualität von Personalführung.* Für sie ist auch klar, daß »ein Unternehmen, das noch nicht in der Lage ist, mit dieser Bewegung fertig zu werden, andere Wege wählen muß.«

Beeinflußt wurde dieses *Trainieren von Geist und Seele* unter anderem durch den Organisations-Psychologen Edgar H. Schein, Professor am berühmten MIT. Er hatte 1979 dem Bildungs-Chef Gogoll gesagt: »Ihr müßt Konzepte entwickeln, mit denen ihr den Prozeß, mit dem der *psychologische Vertrag* zwischen Individuum und Organisation ausgehandelt wird, in den Griff bekommt.«

In ihrem Abschlußbericht stellen die Initiatoren fest, daß dieser Weg *zu mehr Identität und Geist* im Prinzip richtig ist. Das Trainings-Programm »Selbstentwicklung« ist jedoch auch bei Continental, dem Pionier, bislang nur ein punktuelles Ereignis. Aber es soll vielleicht fortgeführt werden, weil die Ergebnisse dafür sprechen.

»Jedoch die kritische Masse der Manager, mit denen sich tatsächlich im Konzern etwas bewegen läßt, haben wir noch nicht erreicht.«

Man kann also sagen, daß der eigentliche Umbruch noch vor der Tür steht. Continental hat der Wirtschaft lediglich exemplarisch vorgeführt, wohin die Reise gehen könnte . . . zum Selbst, zum Geist und zu »mehr Mensch«. Denn viele der Mitarbeiter haben durch dieses Training erkannt, wie *die Personal-Ziele der Zukunft* lauten könnten.

»Mehr Mensch sein können«

»Die Arbeit umformen zum geistigen Impulsgeber für personales Wachstum«

Gemessen an dem, was ich vor einiger Zeit unter dem Stichwort »Helles Management« beschrieben habe, ist das lediglich ein kleiner Schritt, aber dennoch sehr mutig und konsequent durchgeführt. Und die Richtung entspricht auch dem Credo des Gründers der BCCI-Bank Abedi, der ebenfalls eine auf geistigen Prinzipien beruhende *Selbstentfaltungs-Konzeption* für Management und Organisation aufgebaut hat (siehe hierzu Gerd Gerken, »Management by Love«, Düsseldorf 1990, Seite 208). Sein Credo:

»Die konventionelle Definition von Management ist, ›Arbeit durch Leute verrichten zu lassen‹. Wir glauben, daß diese Definition veraltet ist. Echtes Management bedeutet, ›Leute durch Arbeit zu entwickeln‹.«

2. Fall: die Geburt eines neuen Mythos am 16. August 1987

Kommen wir zum zweiten Beispiel. Am 16. August 1987 haben sich Hunderttausende von Menschen auf der ganzen Welt sehr eigenartig verhalten. Sie haben den 16. August als »*Schlüsseltag für die EvolutionD*« auserkoren, mit dem Credo: »*Der höchste Protest ist, das Neue zu bauen, die neue Erde. Das Alte vergeßt.*«

Das sollte die Geburt eines neuen Mythos initiieren, einer neuen Geistigkeit, die hier erstmalig praktiziert worden ist im Sinne eines weltumspannenden Netzwerkes. Titel: *Harmonic Convergence*. Und das Ziel: Die Menschen sollten beginnen, die Evolution zu gestalten.

Initiator ist José Arguelles, der diese Weltharmonie-Tage konzipiert hat. Sein Text dazu: »In Übereinstimmung mit der fortgeschrittenen galaktischen Wissenschaft der alten Mayas sind die Daten des 16. und 17. August 1987 präzise Eichungs-Punkte in einer harmonischen Skala, die den Moment markiert, an dem der Prozeß der globalen Zivilisations-Entwicklung Abschied nimmt vom Mythos des Fortschritts und zu einem *Mythos von Synchronisierung* und *globaler Kooperation* wechselt. Es gibt keine andere Zeit, es gibt keine bessere Zeit. Darum wird dieser Moment harmonische Konvergenz genannt.«

Nun ja, ganz schön dick aufgetragen! Aber immerhin ist interessant, daß das erklärte Ziel, daß sich 144 000 Menschen bei Sonnenaufgang des 16. August an »geheiligten Stätten« rund um den Globus treffen sollen, nicht nur erfüllt, sondern bei weitem übererfüllt wurde. Die bisher eingegangenen Berichte lassen darauf schließen, daß zwischen 300 000 und 500 000 Menschen der Neuen und der Alten Welt versuchten, in kleinen Gruppen durch Meditation und positive Affirmation einen neuen Heilungs-Geist für die Erde zu erschaffen.

Arguelles Vision mag sehr überzogen und esoterisch sein, aber immerhin war sie für viele glaubwürdig, denn sie hat am Mount Shasta in Kalifornien 50 000 Leute zusammengebracht. Eine riesige Feier für das spirituelle Erwachen eines *neuen Evolutions-Mythos*.

Die meisten Mitmacher dürften Esoteriker und New-Ager gewesen sein, aber auch Wissenschaftler mit alternativ-ökologischem Habitus. Viele hatten sich »großartige Dinge, die am Himmel geschehen könnten«, versprochen, aber den Augenzeugen-Berichten zufolge ist offensichtlich überhaupt nichts passiert. Das einzige, was passierte, war, daß weltweit eine beachtliche Anzahl von Menschen ohne große Propaganda und ohne große Organisation zum gleichen Zeitpunkt zusammengekommen war, um einen neuen Mythos zu gebären: *den Mythos des kommenden Licht-Zeitalters*. Oder – um es mit Arguelles' Worten zu sagen – den neuen Mythos der Synchronisierung, durch den unsere Kultur umgeschaltet werden kann vom linearen Fortschritt auf eine *integrale Kultur*, in der sich Widersprüche harmonisch vereinigen.

3. Fall: Die kinetische Utopie beginnt zu wirken

Soweit das zweite Beispiel. Kommen wir zum dritten Fall. Der Philosoph Peter Sloterdijk hat kürzlich in einem Aufsatz über die *»Neuzeit als Mobilmachung«* darauf hingewiesen, daß unsere Gesellschaft dabei ist, »in eine *kinetische Utopie* einzusteigen«.

Sloterdijk ist ein moderner Philosoph, der in Zentraleuropa über eine beträchtliche Popularität verfügt. Insofern ist interessant, was er – aus der intellektuellen Ecke kommend – herausgefunden hat.

Nach seiner Überzeugung verändert sich derzeit der gesamte Welt-Prozeß und damit auch *die Selbst-Definition des Menschen* in seiner Kultur. Die kinetische Utopie entsteht: Das, was kommt, kommt immer mehr dadurch zustande, daß wir es machen. Das ist die Kernaussage der kinetischen Bewegung. Es ist *die Mobilmachung des Planeten* aus dem Geist der Selbst-Aktualisierung. Das ist die Entdeckung permanenter Selbstreferenz: Alles entsteht aus dem Vorhergegangenen, alles entsteht also aus sich selbst. Das bessere Menschliche entsteht aus dem Menschlichen.

Diese kinetische Utopie präsentiert auch ein anderes, stolzes Verhältnis des Menschen zur Natur: »In ihrem heißen Kern will sie (die kinetische Utopie) *nicht nur Geschichte machen, sondern Natur.* Während dieses böse Jahrhundert sich seinem Ende nähert, breitet sich hier die Ahnung aus, daß die zu machende Geschichte nur ein Vorwand war. *Das wirkliche Thema der Neuzeit ist die zu machende Natur.«*

Sloterdijk, einer der aktuellsten Denker im philosophischen Raum, spricht damit genau das aus, was typisch ist für die Light-Age-Bewegung: Sie zielt auf *die Umwandlung der Natur* durch den Menschen.

Eugenik und Genetik, das sind die beiden Faktoren, die hinter diesen Mythen und hinter diesen Bewegungen zur Bewegung stehen. Deshalb ist das neue Weltbild kinetisch: »Weil unermeßlich vieles *durch uns* tatsächlich so kommt, wie wir denken, kommt es *mit uns* im Ganzen auf explosive Weise anders.«

Die philosophische Kinetik geht – so Sloterdijk – von drei Axiomen aus:

① **daß wir in einer sich selbst bewegenden Welt uns selbst bewegen,**

282

② **daß die Selbstbewegungen der Welt unsere Selbstbewegungen einschließen und übergreifen,**

③ **daß in der Moderne die Selbstbewegungen der Welt aus unseren Selbstbewegungen hervorgehen, die sich zunehmend zur *Weltbewegung* addieren.**

Nanu? Das klingt zwar alles sehr kompliziert, aber es ist das gleiche, was die Leute am 16. August 1987 gemacht haben: Sie haben von sich aus einen Mythos geschaffen. Sie haben einfach beschlossen, einen neuen Geist zu erfinden, der die Welt verändern soll. Das mag zwar alles sehr viel esoterischer und naiver aussehen, aber es ist im Kern das gleiche, was der Philosoph Sloterdijk als philosophische Kinetik bezeichnet: *Unsere Welt entsteht aus unseren eigenen Selbstbewegungen.*

Passend dazu entwickelt sich auch *eine neue Ethik*: »Die Ethik der Moderne ist die Kinetik.« Nur durch »*neue Bewegungsketten*« ist der Mensch in der Lage, seine Welt zu gestalten und für diese Gestaltung *die Verantwortung zu übernehmen.* Deshalb sind wir im Moment in einem Zeitalter der Bewegungen: die ökologische Bewegung, die Friedens-Bewegung, die Frauen-Bewegung und die New-Age-Bewegung. Alles ist bewegt und bewegt alles.

Und hinter all diesen Bewegungen, so lehrt die philosophische Kinetik, ist ein Mega-Trend zu sehen, der der »*Selbstbefreiungs-Bewegung der Menschheit*«.

Die neue Philosophie, die hier in Umrissen entsteht, *ordnet dem Menschen eine andere, höhere Rolle zu.* Er wird nicht mehr gelebt und geführt von universalen Gesetzen, die er nicht kennt, von Göttern oder Schicksalsketten, die er nie durchschauen kann, sondern er selbst ist es, der den Weltenlauf erneuert: »*Der postmoderne Mensch weiß, daß alles von ihm abhängt.*«

Alles Mensch-Sein ist im Grunde eine Erfindung des Menschen. Und Sloterdijk hat diese Entdeckung »*Entwirklichung*« genannt. Es gibt keine »wirkliche Wirklichkeit«. Und amerikanische Dekonstruktivisten flüstern sich seit ein paar Jahren – so Sloterdijk – die neue Botschaft zu: »There is nothing outside the text.«

Sloterdijk sieht auch sehr genau, daß die »schönen Seelen«, nämlich die New-Ager, die Esoteriker, bei ihrer »Lieblings-Beschäftigung, dem Human-Potential-Movement«, nun ganz gräßlich gestört werden durch diese philosophischen Entdeckungen, weil eine neue Verantwortlichkeit für die Bewegten und die Bewegungen entsteht: Es reicht dann nicht mehr aus, ideativ zu fühlen (»Ach, war das schön!«), sich also Wünschbarkeiten zu wünschen und schöne neue Zeitalter zu erträumen, sondern man wird dann verantwortlich für alles und nichts. Das *Ende der Träume* ist angesagt.

Fassen wir die philosophische Kinetik zusammen, so ergibt sich als Essenz:

> *»Wie entsteht eigentlich Wirklichkeit? Niemand weiß genau Bescheid, aber alle glauben daran.«*
>
> (Sharla Euler)

Plötzlich erkennen die ersten Vordenker, daß der Mensch allein die Verantwortung für sein Werden hat. Der Geist und das Bewußtsein der Menschen rücken dadurch in den Mittelpunkt der Selbst-Evolution. Das Schicksal sind wir ... oder besser: unsere Geistigkeit. *Wir sind das Ergebnis des Spirits, den wir erfinden.*

4. Fall: die Erstarrung eines Top-Managers durch den erstarrten Geist

Ein relativ junger Manager übernimmt die Geschäftsführung eines kleinen Vertriebs-Unternehmens. Der Umsatz ist am Anfang sehr bescheiden, aber hinter diesem Unternehmen steckt ein potenter deutscher Konzern. Unser Manager ist mal gerade vierzig Jahre alt und *auf der Höhe der Zeit*, wie man so schön sagt. Er hat vorab bei zwei großen Unternehmen erfolgreich Vertrieb und Marketing gelernt und praktiziert.

Nun ist er zum erstenmal Geschäftsführer, also zuständig für das Große und das Ganze. Er pusht das Unternehmen schnell auf über 100 Millionen Mark Umsatz. Überall nur Erfolg, was er auch tut, wohin er auch kommt, alles funktioniert, alles klappt, obwohl die einzelnen Strategien und Aktivitäten sicher nicht immer hundertprozentig richtig sind. Irgendwie liegt er immer im Mainstream des Erfolges. Er wird zum anerkannt »starken Mann«.

Das geht fast ein Jahrzehnt gut, aber dann wird der Markt schwieriger. Wenigstens behauptet er das. Und mit ihm seine Führungsmannschaft, obwohl – genau betrachtet – der Markt schon immer schwierig war.

Aber irgendwie kommen jetzt knüppelharte Probleme. Die Konkurrenz wird stärker, so lautet das einhellige Urteil bei den Leitenden. Und man sieht von Monat zu Monat immer mehr Probleme. Aber man sieht sie eben nur außen und nicht in sich selbst. Man entdeckt Markt-Probleme, aber keine Geist-Probleme.

Die Führungs-Mannschaft, inzwischen über zehn Personen, nimmt immer noch jedes Jahr alle Kraft zusammen, aber man bemerkt nicht, daß man im Grunde jedes Jahr nur *die alten Erfolgs-Strategien wiederholt.* Das Handlungs-Muster ist immer das gleiche. Und die angebliche Schwierigkeit des Marktes ist im Grunde die eigene Unfähigkeit, geistig zu lernen. Und die angeblich erstarkte Konkurrenz ist nichts anderes als die Tatsache, daß die eigenen Strategien im Tunnel der Selbstreferenz erstarrt sind.

Die Konkurrenz hat sich dadurch auf die Maßnahmen immer besser einstellen können. Deshalb konnten sie von der Konkurrenz immer leichte besiegt werden. Unser »starker Mann« ist viel zu stark, viel zu charismatisch, auch viel zu autoritär und viel zu intelligent, um sich und sein *altes Erfolgs-Schema* selbst überwinden zu können. Er weiß genau, wo es langgeht. Und genau deshalb kommt es nicht zu der »mentalen Häutung«, die längst nötig gewesen wäre.

Die Metamorphose des Geistes findet also nicht statt. Und so stagniert dieses Unternehmen seit einigen Jahren im Umsatz bei zugleich fallenden Renditen, denn die Aufwendungen für Marketing, Werbung, Vertrieb und Promotions werden immer größer. Man investiert immer mehr in die alten Handlungs-Konzepte. Aber in die eigentliche Kraft, nämlich in den eigenen Geist, wird nicht investiert. Fortbildung findet nur technokratisch statt. Es werden nur neue Technologien und neue Systeme trainiert, aber nicht *das neue Bewußtsein.*

Alle Versuche einiger Unternehmensberater, ein neues Weltbild und ein offenes Bewußtsein einzuführen, scheitern an dem starken Selbstbild des Unternehmens, das heißt, an der verfestigten Firmenkultur, und am Charisma des Chefs.

Das Unternehmen ist nicht fähig, *den blinden Fleck im eigenen Bewußtsein zu erkennen.* Es sieht nur Probleme draußen im Markt und nicht die eigenen *Probleme im geistigen Raum.* Es wird dadurch nicht fähig, das eigene Bewußtsein zu überwinden (mentale Innovation). Es ist nicht einmal im Ansatz fähig zur kreativen Zerstörung der alten Kontexte.

Das erinnert sehr an die Untersuchung der Hay Group, Inc., USA. Man hatte 58 Unternehmen analysiert im Hinblick auf die Frage: Was ist besser, Insider an die Spitze kommen zu lassen oder Outsider? Vielleicht erinnern Sie sich noch, das Ergebnis war niederschmetternd: Die Firmen, die die jährlichen Neubesetzungen mit Outsidern vornahmen, hatten ein Durchschnitts-Wachstum von 10 Prozent. Firmen, die auf Insider setzten, hatten ein Durchschnitts-Wachstum von 5 Prozent. Offensichtlich sind die Insider, wenn sie auf dem Gipfel der Hierarchie angelangt sind, *geistig nicht mehr auf der Höhe der Zeit* . . . also mental erstarrt. Sie haben viel gelernt, aber sie haben keine Techniken gelernt, wie man ent-lernt. Sie wissen nicht, wie man sich geistig überwindet. *Sie können ihren Spirit nicht managen.*

Deshalb ist es für die meisten Unternehmen besser, die Spitzen-Jobs von außen zu besetzen, weil die Outsider weniger Rücksicht auf Gewachsenes nehmen. Sie setzen schneller das Neue ein, und damit initiieren sie – meistens nicht bewußt – einen Bewußtseins-Wandel. Die Outsider sind Agenten für ein neues Bewußtsein, ohne daß sie dies mit expliziten Strategien praktizieren.

Im Grunde ein jämmerliches Schauspiel: Die guten Leute sind nur so lange gut, wie sie auf der Höhe der Zeit sind. Aber sie verfügen meistens nicht über Techniken, um sich immer auf der Höhe der Zeit zu halten. Deshalb muß das teure und dumme *Rein-raus-Spiel* immer wieder gespielt werden. Mehr als fünf Jahre ist in der Regel ein Top-Manager nicht wirklich gut als Bewußtseins-Pionier, so schätzen Unternehmensberater.

Die Konsequenz daraus: Viele Führende sind nicht fähig, *ihr eigenes Bewußtsein zu führen.* Es fehlt ihnen an Techniken, wie sie ihren Geist verändern können. Für sie ist ihr Geist keine *Box of instruments*, die permanent neu bestückt werden kann.

Der Weg zum Geistigen . . . die Entdeckung des Überbewußtseins

Soweit unsere vier Beispiele. Sehen Sie nun den gemeinsamen Nenner? Es geht immer um das Prinzip des Geistigen. Es geht um die Erkenntnis, daß Bewußtsein und Geist das schaffen, was wir Wirklichkeit nennen. Spirit forms reality.

Genau das ist das Credo des Light-Age-Trends: Nur durch ein Meta-Bewußtsein, verstanden als *Überbewußtsein* (also ein Bewußtsein, das das Bewußtsein erkennen kann), kann man sein Bewußtsein managen. Deshalb ist das Meta-Bewußtsein die Basis für neuen Geist (Kontexte). Und für schnellen Geist (Zeit-Intelligenz).

Das Meta-Bewußtsein ist derjenige Spirit, durch den wir unseren Geist zum Instrument machen können.

Der Light-Age-Trend ist – wie wir nachher noch genauer hören werden – angetreten, um dieses Überbewußtsein praktikabel zu machen. Und dieses Überbewußtsein hilft unserem Mind, die jeweiligen Bewußtseins-Inhalte zu überwinden und zu tranformieren. Nur durch das Überbewußtsein kann der Mensch lernen, wie er sein Bewußtsein bewußt formen kann. Wenn also das Bewußtsein für die Wirtschaft »zum höchsten Rohstoff« wird, dann wird die bewußte Bewußtseins-Formung zum wichtigsten Instrument des Business. Was aber steuert das Bewußtsein? Max Planck sagte: »Nur der Geist kann das Bewußtsein steuern.«

Das bedeutet konkret:

Der menschliche Geist (Mind) beginnt eine Ebene zu formen (Meta-Bewußtsein), durch die er den Geist (Spirit) besser nutzen kann.

Das ist die Basis für das Kontext-Management. Das ist auch die Basis für die neue Zeit-Intelligenz. Das ist die Basis für das kinetische Management.

Die Idee eines Überbewußtseins wird erfunden und geformt

Ganz typisch für diese Entwicklung sind die kleinen Bücher von Rhea Powers. Ihr erstes erfolgreiches Buch heißt »*Aufruf an die Lichtarbeiter*«. Hier wird schon sichtbar, daß die Entwicklung des Überbewußtseins viel mit *Licht-Mythen und Licht-Konzepten* zu tun hat. Ihr zweites Buch lautet »*Zeit zur Freude*«. Und das geht besonders intensiv auf das ein, was Light Age eigentlich bedeutet, nämlich das Umschalten unserer Kultur *vom Unterbewußtsein auf das Überbewußtsein*.

Rhea Powers dazu: »So wie in der Renaissance der Mensch ein Recht erklärte, ohne die Vermittlung durch einen Priester direkt mit Gott zu sprechen, so kannst du die Vermittlung durch dein Unterbewußtsein abschaffen und eine direkte Verbindung mit Gott herstellen. Das ist dein Recht. Es ist der Beginn einer neuen Renaissance.«

Und sie führt zugleich aus, wie das geschehen kann: indem man sich *von den emotionalen Mustern des Unterbewußtseins trennt* und sich an das zu formende Überbewußtsein anschließt. So können Menschen lernen, sich von den »automatischen Mustern im Unterbewußtsein« abzukoppeln. Warum?

Die Light-Ager sehen im Unterbewußtsein ein Lager von alten oder toten Erfahrungen, die fortzusetzen nicht mehr dienlich ist. Das Überbewußtsein dagegen besteht aus *globalen Mythen* und aus *persönlichen Mythen*. Das ist das, was in der Literatur dieser Bewegung oft »*die Psi-Bank*« genannt wird. Es ist der *geformte Geist . . .* der *Spirit des Zukünftigen.*

Von der Marionette zum Puppenspieler

Eine Kernthese des Light Age lautet deshalb: Wenn du dein Leben mit dem Überbewußtsein gestaltest, dann bist du nicht die Marionette, sondern der Puppenspieler.

Die Light-Ager gehen ebenso wie die Konstruktivisten davon aus, *daß wir alles erfinden.* Für sie besteht der Sinn des Lebens in der Ausformung des höheren Bewußtseins, immer wissend, daß das natürlich alles nur Erfindungen sind, also *persönliche Mythologien.* Nur durch persönliche Mythen kann der menschliche Geist ein Bewußtsein entwickeln, für das er eigentlich noch kein konkretes Bewußtsein hat. Und genau darum geht es.

Die Light-Ager weisen dementsprechend auch *ein anderes Verhältnis zu Gott* auf. Für sie gibt es keinen Gott, sondern alle Prozesse sind Gott und damit auch alle Menschen und alle Gedanken. Insofern ist das Light Age gekennzeichnet durch die beiden Aspekte »*Selbsterlösung*« und »*Selbstformung des Menschen*«. Erlöst werden soll er von den alten »karmischen Mustern« im kollektiven und persönlichen Unterbewußtsein. Durch die Formung des Überbewußtseins soll er fähig werden, aktiver und eigenverantwortlicher als je zuvor die Welt aufzubauen, die er gestalten möchte.

Hier schimmert wieder *das Modell der Selbstreferenz* durch, das wir auch bei Sloterdijk wiederentdeckt haben: Es geschieht nur das in der wirklichen Welt, was vorab in der geistigen Welt konstruiert worden ist.

Die Idee des dienenden Geistes

Die Light-Age-Bewegung, im Moment besonders in den USA zu beobachten, offeriert auch einen *Aspekt des Dienens*. Rhea Powers dazu: »Jedesmal, wenn du dein höheres Bewußtsein durch deinen menschlichen Körper wirken läßt, *erhebst du das Bewußtsein aller Menschen* und Dinge, mit denen du verbunden bist.« Die Light-Ager fühlen sich also als eine Art dienender »Licht-Adel« insofern, daß sie mit ihrem Lichtspiel (Rhea Powers:»Du bist ein Lichtwesen, das ein Spiel spielt«) versuchen, das kollektive Bewußtsein vieler Menschen zu verbessern. Der persönliche Lichtweg wird damit zum Heilweg für alle Menschen.

In ihrem Buch»Aufruf an die Lichtarbeiter« geht Rhea Powers auch auf einige Konditionierungen ein, die typisch für unsere Kultur sind. Zu Recht weist sie – ähnlich wie immer mehr Wissenschaftler – darauf hin, daß unsere Kultur offensichtlich einseitig darauf konditioniert ist, *nur durch Fehler zu lernen*: Wir werden durch Schaden klug. Elaine Scarry (»The Body in Pain« – The Making and Unmaking of the World«, 1985) sagt in diesem Zusammenhang, daß unsere Kultur süchtig danach ist, sich durch Schaden und Krisen nach vorn zu entwickeln.

Die Light-Age-Bewegung dagegen glaubt an die Mythen-Kraft des Lichts und an die Fähigkeit, den menschlichen Geist dafür zu benutzen, ein Überbewußtsein aufzubauen.

Weisheit . . . ohne Schaden lernen

Dieses – erfundene – Überbewußtsein soll dann die Brücke zu spezieller und ewiger Weisheit sein, wodurch die Menschheit fähig wird, *den Schaden vor dem Schaden zu erkennen*. Die Menschheit – so das Credo des Light Age – wäre fähig, aus Weisheit heraus zu handeln, das heißt unabhängig von Selbstverletzung und Grenzüberschreitung, wie es derzeit der Fall ist.

Nun könnte man meinen, daß derartige Gedanken schon immer in Außenseiter-Büchern Platz gefunden hätten. Aber es ist keine esoterische Nebenlinie, die wir hier beschreiben, sondern in Europa und besonders in den USA eine wachsende Bewegung, die zwar noch sehr im Fahrwasser des New Age schwimmt, aber schon immer deutlicher eigene Konturen bekommt. Betrachten wir einmal, was bereits alles unter dem Rubrum »Neues-Licht-Bewußtsein« oder»Meta-Bewußtsein« zu beobachten ist:

Besonders wichtig ist die Schauspielerin Shirley MacLaine. Sie startete als *Promotor des Licht-Trends*. Inzwischen ist sie eine Art »Guru in der neuen kalifornischen Sehnsucht nach Spiritualität« geworden (Peter Orzechowski). Sie hat mehrere erfolgreiche Bücher geschrieben, zum Teil auch in Deutschland Bestseller. Ihre Bücher haben Millionen-Auflagen. Inzwischen macht sie auch Seminare, und dieses mit großem Erfolg. Schon die erste Seminar-Kette hat in den USA 5 Millionen Dollar eingebracht. Shirley MacLaine hat dazu mitgeteilt, daß sie mit diesem Geld *Licht-Institute* gründen möchte, verstanden als »Zentren der spirituellen Hilfe, an denen Menschen lernen können, ihr *Höheres Selbst* zu entdecken«.

Auf dem Weg zu einer Do-it-yourself-Göttlichkeit

Das »Höhere Selbst«, das ist in etwa das gleiche wie das Überbewußtsein. Es entstammt dem Sprachgebrauch einer anderen, für diese Bewegung ebenfalls wichtigen Frau, *Chris Griscom*. Sie hat auch ein sehr erfolgreiches Buch geschrieben mit dem Titel »Zeit ist eine Illusion«.

Shirley MacLaine ist eine Zeitlang bei Chris Griscom in einem mentalen und spirituellen Training gewesen. Beide postulieren deshalb in ihren Büchern in etwa das gleiche: Du bist dein eigener Guru. Wir können uns selbst den Weg zu unserem Höheren Selbst bahnen und damit unsere eigene Wirklichkeit erkennen.

Damit ist ein wesentliches Element der Light-Ager beschrieben: eine Art *Do-it-yourself-Göttlichkeit*, die ohne Vermittlung gar *privaten Spiritualität*, aus der heraus Weisheit und Gewißheit entspringen. Es ist eine Art Glauben ohne Gebote, ohne Konfession, ohne Bibel oder irgendwelche Bekenntnisse. Es ist – wie die Channel-Forscherin Dr. Margo Chandley schreibt – lediglich »die Verstärkung des Selbstwertgefühls«.

Damit ist auch das Wort »*Channeling*« gefallen. Im Zuge dieser Light-Age-Bewegung kommt es zu einer intensiven Wiederbelebung alter *Reinkarnations-Theorien*, die in Europa und in Asien im Grunde schon eine lange, lange Tradition haben. Aber sie werden nun über den Umweg Kalifornien neu aktualisiert und sollen für den Aufbau des Überbewußtseins eine wichtige Aufgabe haben, geht es doch angeblich darum, sich seiner Reinkarnation bewußt zu werden, um die karmischen Verpflichtungen daraus endgültig zu überwinden. Auch hier schimmert wieder der Aspekt der Selbsterlösung und der Selbstformung durch, der typisch für die Light-Age-Bewegung ist.

Light Age ... das Kind der Mystik-Welle und des New Age

Diese Light-Age-Thesen schwimmen natürlich derzeit voll auf der esoterischen und paranormalen Welle, die nicht nur in den USA, sondern auch in Japan und Europa unübersehbar ist.

Die spirituellen Werte, die noch vor einigen Jahren mit Argwohn betrachtet oder verlacht wurden, sind im Zuge des New-Age-Booms bis in die bürgerlichen Stuben hineingetragen worden. Offensichtlich war doch überall sehr viel aufgestaute oder *verdrängte Sehnsucht nach Übersinnlichem* und Spirituellem vorhanden. Es ist fast so, als seien hier Dämme gebrochen.

In den USA hat das National Opinion Research Center der University of Chicago ermittelt, daß eine steile Zunahme an Psi-Erfahrungen beobachtet werden kann. Seit 1973 befragt das Institut die Amerikaner über ihre höheren Erlebnisse. 1973 glaubten noch 58 Prozent, daß sie außersinnliche Wahrnehmungen erlebt hätten. Jetzt sind es 67 Prozent. 1973 berichteten 27 Prozent von Kontakten mit dem Tod, heute berichten 42 Prozent davon. Visionen hatten damals 8 Prozent, heute 29 Prozent. Déjà-vu-Erlebnisse damals 59 Prozent, jetzt 67 Prozent. Und hellsehen konnten damals 24 Prozent, heute 31 Prozent.

Alles in allem: Das meiste davon ist vermutlich reine Einbildung, aber der Boom entsteht auch dadurch, daß so viele daran glauben. Das ist das Phänomen, das in der New-Age-Literatur als *Sheldrake-Effekt* (morphogenetische Resonanz) bekannt geworden ist:

Wenn viele Leute an etwas glauben, dann kann es wahr werden, weil sie daran glauben.

Schon 1980 hatte das Gallup-Institute eine drastische *Zunahme von mystischen Erfahrungen* bei den Amerikanern berichtet. 43 Prozent gaben an, eine ungewöhnliche spirituelle Erfahrung gemacht zu haben. Und 46 Prozent der Amerikaner glaubten damals, daß es anderswo im Universum auch Leben gibt. 23 Prozent glaubten fest an die Reinkarnation. In der Bundesrepublik wird es ähnlich aussehen. Über 50 Prozent der Bevölkerung kennen zum Beispiel New Age.

Auch die Klientel hat sich verändert, wenigstens zeigen das die Analysen der deutschen und amerikanischen Buchhändler. Esoterik, New Age und Spiritualität wandern in die höheren Gesellschafts-Schichten ein. Die Klientel wird reicher. Und die Zahl der Professionellen (Wissenschaftler, Politiker und Manager), die sich mit diesen neuen Gedanken beschäftigen, wird ebenfalls immer größer.

Der Newsletter HOOKED ON BOOKS berichtet von einem starken *Verkaufs-Trend für metaphysische Bücher*. Dieser Newsletter weist ebenfalls auf Shirley MacLaine hin. Sie hat die latent schlummernde Spiritualität Amerikas an die Oberfläche gebracht, und zwar »so umfassend und so tief, wie es kaum jemand erwartet hatte«.

Inzwischen hatte Shirley MacLaine auch eine eigene fünfstündige TV-Show: »out on a limb«. Nach ihren TV-Auftritten haben die New-Age-Bücher *einen Zuwachs von 95 Prozent gehabt* (vorherige Zuwachsraten lagen immerhin auch schon bei 4 bis 6 Prozent pro Monat).

Inzwischen ist in den USA die New-Age-Ökonomie eine ernsthaft diskutierte Strömung der Betriebswirtschaftslehre, und spirituell-ethisches Denken trägt auch zur Entwicklung einer neuen Volkswirtschaftslehre bei (siehe Hazel Henderson: »Das Ende der Ökonomie – Die ersten Tage des nach-industriellen Zeitalters«, München 1987).

Alles in allem: *Das Paranormale beginnt so normal zu werden*, daß es auch konservative Bürger und Traditionalisten in zunehmendem Maße annehmen können. Dadurch kommt es zu einem öffentlichen Meinungsdruck, der in den USA und in Zentral-Europa immer stärker in Richtung einer neuen spirituellen Praxis geht. *Das Spirituelle verliert dadurch sein spirituelles Antlitz.*

Wie NEWSWEEK schrieb, kann man über einzelne Postulate dieser Entwicklung sicherlich berechtigt und lang anhaltend lachen. Vieles davon ist in der Tat eher skurril oder naiv. Aber insgesamt entsteht eine *spirituelle Strömung*, die das politische, wirtschaftliche und kulturelle Klima immer mehr prägt, unabhängig von der Qualität der einzelnen Theorie-Ansätze.

Genau das ist das Besondere an dieser neuen Bewegung: Sie funktioniert, auch wenn sie nicht recht hat.

Die neue Mode heißt »Channeling«

Die Light-Ager arbeiten – zumindest in den USA – sehr häufig mit der Technik des *Channeling.* Das ist verständlich, weil es ihnen darum geht, durch persönliche Mythologien Zugang zum Überbewußtsein zu bekommen. Und hier sollen *geistige Medien* helfen, die Brücke zu schlagen zwischen kosmischem Universal-Wissen und persönlichem Bewußtsein. Channeling bedeutet: Botschaften aus dem Kosmos durch ein Medium empfangen.

Die Channeling-Welle ist in den USA in geradezu grotesker Weise aufgeblüht. In Deutschland ist sie erst am Anfang. Aber seit 1988 werden auch bei uns *Channeling-Seminare* durchgeführt. In den USA sind in den entsprechenden Magazinen bereits vierfarbige Anzeigen zu sehen, die das Channeling verkaufen, so zum Beispiel eine Anzeige für das außerordentlich populäre Medium Lazaris. Der Text weist darauf hin, daß Lazaris ausschließlich durch Jach Pursel gechannelt wird und daß man nur über die Pursel-Seminare Kontakt zu diesem höheren Wesen bekommen könne. Das Ganze ist perfektes Advertising und langfristig ausgerichtetes Marketing.

Der Glaube an Geist-Medien wächst

In den USA glauben inzwischen 42 Prozent der amerikanischen Erwachsenen, daß sie schon mal mit einem Außerirdischen oder Medium in Kontakt gestanden haben, zum Beispiel mit einem toten Ehepartner oder mit sonstigen Verstorbenen. Konkrete Licht-Erlebnisse, die typisch sein sollen für das Light Age, haben entsprechend der letzten Untersuchung bereits 5 Prozent aller Amerikaner gehabt. Licht-Erlebnisse gehen unter anderem auf den Apostel Paulus zurück: » . . . in Licht gebadet«, so berichtete er. Es entsteht, über die intellektuelle und emotionale Ebene hinausgehend, eine Art *körperlicher Mystizismus in Sachen Licht.*

In der TV-Show von Shirley MacLaine wurden auch zwei Tieftrance-Channelings durchgeführt. Eine davon durch den CIA-Mitarbeiter Kevin Pyerson. So spektakulär der Inhalt war . . . so erfolgreich war die TV-Sendung. Die NIELSEN-Werte attestierten ein *Zuschauer-Volumen von 25 Millionen.* Das war der Durchbruch auch für andere Channeling-Medien wie zum Beispiel Knight-Ramtha und für viele Bücher, die alle über Channeling, den neuen Weg zum Überbewußtsein, schreiben, zum Beispiel die Bücher von Jon Klimo, »Channeling – Spekulationen über den Erhalt von Informationen aus nicht-normalen Quellen« oder von Sanaya Roman,»Sich den höheren Energien öffnen«, 1989.

Zu Beginn schien die Channeling-Mode nur eine kurzfristige spirituelle Aufgeregtheit ohne signifikanten oder dauerhaften Effekt zu sein. Aber inzwischen muß das anders gesehen werden.

Die breite Öffentlichkeit ist so begeistert auf dieses neue Angebot eingestiegen, daß sich mit hoher Wahrscheinlichkeit Channeling zu einer populären Welle entwickeln wird, wie auch schon im letzten Jahrhundert Séancen und Geisterbeschwörungen eine Zeitlang in Mode waren.

Der Unterschied zwischen damals und heute besteht darin, daß es damals ein *okkultes Geheimverfahren* war, während es heute durch die vielen Fernseh-Sendungen und Populär-Bücher etwas ganz *Alltägliches und Normales* wird. Immer mehr Amerikaner und Europäer wollen mit Hilfe von Channeling zurück zu ihren Reinkarnationen oder ihrem körperlichen Sein . . . dem Höheren Selbst.

Insgesamt bedeutet das, daß immer mehr Menschen auf die Suche gehen nach der Welt, die hinter unseren normalen fünf Sinnen existiert, und daß immer mehr Menschen bereit sind, sich einzufühlen in eine geistige Wirklichkeit, die hinter unserem rationalen und materiellen Denken liegt.

Vieles von dem – so schreibt William H. Kautz in seinem Bericht über das Channeling – ist sicherlich nur eine neumodische Welle, die bald wieder verebben wird. Aber eines wird wahrscheinlich bleiben: Unsere Kultur lernt, vorangetrieben durch Persönlichkeiten des Show-Business, daß *höheres Wissen und Weisheit sehr leicht erworben werden können.*

In der Tat berichten die meisten, die Channeling betreiben oder an Channeling-Sitzungen teilgenommen haben, daß philosophisches und esoterisches Wissen offensichtlich jederzeit von der Psi-Bank abgerufen werden kann. Man muß dazu nicht lange studieren und viele Übungen wie Yoga, Meditation etc. betreiben. Channeling, eine der Hauptsäulen des Light Age, präsentiert einen Do-it-yourself-Weg zur Weisheit. Motto: *jeder sein eigener Mystiker.*

Inzwischen gibt es internationale Channeling-Netzwerke, so das der Rodan Foundation von Reverend Clark Carraway, das auch in Deutschland vertreten ist. Channeling-Netzwerke funktionieren so, daß das Medium zu ganz bestimmten Zeitpunkten erscheint und Anweisungen gibt, Weisheiten verkündet und Fragen beantwortet.

Alle Netzwerke zentrieren sich jeweils um ein Medium. Aber in den USA plant man bereits erste Licht-Zentren, die sich bewußt der *Vernetzung der Netzwerke* widmen sollen. Sollte das einigermaßen gelingen, so würde ein internationales Netzwerk der Lichtarbeiter entstehen. Das ist im Moment zwar mehr oder weniger nur eine offene Spekulation, zumindest was Europa betrifft, aber in den USA könnten die Lichtarbeiter eine eigenständige soziale Bewegung werden, das heißt deutlich getrennt von den klassischen Esoterikern und von den New-Agern.

Die Wiederbelebung der Wiedergeburt

Inzwischen ist das Thema Wiedergeburt auch in der seriösen wissenschaftlichen und psychologischen Diskussion aktuell geworden. Wenn man den Forschungen glauben kann, scheint es Menschen tatsächlich durch Trance und Channeling möglich zu sein, sich in andere Leben einzuklinken. Besonders die 400 Tonband-Aufzeichnungen des englischen Psychotherapeuten Arnall Bloxham scheinen empirisch zu belegen, daß man durch *hypnotische Regression* in der Lage ist, fremde und frühere Leben anzuzapfen. Die Forschungen zeigen, daß Channeling eine begehbare Praxis ist, um in frühere Leben zu gelangen. Ungeklärt ist allerdings, wem diese frühere Leben gehören.

Wagen wir an dieser Stelle ein Fazit: Die Reinkarnations-Welle hat sich mit der Channeling-Methode eindrucksvoll verbunden. Und in den USA ist daraus ein starker Boom geworden, der sich derzeit auch in Europa etabliert.

Vieles von dem, was methodologisch und inhaltlich verkündet wird, ist sehr spekulativ und vermutlich wissenschaftlich völlig unhaltbar bis falsch. Trotzdem dürfte es für die Kultur des Westens einen neuen Impuls bringen.

Der Ausstieg aus dem persönlichen Unterbewußtsein . . . hin zum Überbewußtsein, das durch persönliche Mythen geformt und gefestigt wird.

Ein praktischer Umgang mit Mythen

Damit sind wir beim Thema Mythologie. Auch das ist neu an der Light-Age-Bewegung und grenzt sie gegen die New-Age-Bewegung, die eine

Art Vorlauf-Bewegung ist, ab: Es kommt zu einem neuen, *pragmatischen Umgang mit Mythen*. Die New-Ager träumen von Mythen, die Light-Ager versuchen sie zu erfinden und zu gestalten.

Der Mythen-Trend ist jetzt gerade dabei, überall kraftvoll zu wachsen. Ein Beispiel: Auf dem europäischen Theologenkongreß in Wien kam es zu einer spektakulären Wandlung . . . *die Theologie nähert sich wieder dem Mythos.*

Wie Dietrich Sattler im DEUTSCHEN ALLGEMEINEN SONNTAGSBLATT schreibt, hat die New-Age-Bewegung mit »ihrem spekulativen Geraune über ein neues wissenschaftliches Paradigma« nun auch *die offizielle Theologie erreicht.* Sattler hat beim Theologenkongreß in Wien beobachtet, daß sich nun »endlich auch die akademische Theologie auf den Weg zum Mythos macht«. Und so hieß denn auch das Motto des 6. Kongresses »Mythos und Rationalität«.

Es fand also eine Sensation statt. Denn die christlichen Theologen entfernten sich sanft, aber doch unübersehbar von der bisher gültigen *Rationalität des Glaubens.* Das ist das, was früher von Rudolf Bultmann unter dem Begriff »Entmythologisierungs-Programm« entwickelt worden ist. Damit war nun Schluß. Der Wiener Kongreß entdeckte den Mythos nicht nur wieder, sondern bezog auch eine neuartige, *instrumentelle Einstellung zum Mythos* . . . ebenso wie die Light-Ager.

Wie der Wiener Philosoph Kurt Hübner in seinem Beitrag in Wien feststellte, hatten die alten Ratio-Theologen »ein noch unklares Bild vom Mythos« und wohl auch eine »eher naive Vorstellung vom Geltungsbereich der Mythen«.

Die andere Einstellung zum Mythos

Früher hat man geglaubt, daß der Mythos eine Art Phantasie- und Märchenwelt sei, eine Art *naive Naturerklärung* mit deutlich irrationalen Wirklichkeits-Vorstellungen. Heute weiß man, daß die Mythen alles andere als irrational sind. Sie sind auch keine Märchen, sondern »Wirklichkeits-Vorstellungen, die das Bewußtsein und die Erkenntnis-Prozesse steuern«.

Die versammelten Theologen haben sich den neuen Mythen also nicht im Sinne einer schwärmerischen Religio zugewandt (Rückwärts-Sehnsucht), sondern sie taten dies ganz im Sinne einer neuen, modernen

Auffassung von Mythos, nach der *der Mythos die Basis für jegliche Rationalität ist*. Der Mythos wird aus dieser Sicht zu dem adäquaten Instrument, um den Geist zu formen. Der Mythos ist das Instrument des Geistes, um das Überbewußtsein zu formen.

Alles in allem: Der Westen nähert sich wieder den Mythologien, um jetzt neue Mythen erfinden zu können. Die Light-Age-Bewegung ist insofern eine Art Pionier-Bewegung, weil sie erkannt hat, daß man durch persönliche und kollektive Mythen den Geist so steuern kann, daß sich die Menschheit zum Überbewußtsein entwickeln kann. Man glaubt:

Das sogenannte »neue Bewußtsein« kann durch neue Mythen geboren werden.

Zur Light-Age-Bewegung gehört auch der Gedanke des *»globalen Handelns«*. Was die New-Age-Bewegung eher eine Art *diffuse Sehnsuchts-Bewegung*, so ist Light Age eher eine Bewegung der Bewußtseins-Praktiker. Hier soll tatsächlich versucht werden, das menschliche Bewußtsein zu qualifizieren.

Grundgedanke ist dabei, daß eine Minorität das Bewußtsein der Majorität vorformen und damit vorqualifizieren kann. Deshalb gibt es in letzter Zeit auffallend viele »globale Bewußtseins-Projekte«.

Es ist schon erstaunlich, wie stark der Gedanke eines *»globalen Gehirns«* (P. Russell) mit der Programmatik »Wir verhelfen euch zum besseren Bewußtsein« inzwischen in diversen Netzwerken zirkuliert. Werfen wir deshalb einen Blick auf einige dieser globalen Bewußtseins-Prozesse:

Da gibt es zum Beispiel das Lichtnetzwerk für den Weltfrieden. Das ist eine Initiative von Reiki-Anhängern (eine geistige Heilmethode aus Japan). Da gibt es den Lucis Trust mit einer Initiative für den Weltfrieden, die den Titel »Der weltumfassende gute Wille« trägt. Dann die planetare Kommission von John und Jan Price, die auf die Initiierung einer Weltharmonie ausgerichtet ist. Und nicht zuletzt die Initiative von Arguelles am 16. August 1987, über die ich berichtete.

Diese »Erlösungs-Initiativen« stellen nur einen kleinen Ausschnitt aus dem vielschichtigen und bunten Gemisch dar, das derzeit die New-Age- und Light-Age-Szene beherrscht. Es stellt sich nunmehr die Frage, was man davon halten soll.

Entsprechend den derzeitigen Trend-Entwicklungen kann man hier folgendes vorsichtiges und kritisches Bild zeichnen:

- All diese Annahmen, Mythen und Ideale sind *von Menschen konstruiert.* Sie haben vermutlich mit dem, was als universale kosmische Ordnung existiert, wenig zu tun. Kosmische Ordnungen verschließen sich dem menschlichen Intellekt weitestgehend. Das, was man als kosmisches Gesetz zu entdecken glaubt, ist nur ein menschliches Gesetz.

- Ein Großteil der Annahmen dürfte *schlichtweg falsch* sein. Falsch im Sinne der modernen Kosmologie und der neuen Erkenntnisse der Physik, wobei allerdings auch darauf hingewiesen werden muß, daß die Wissenschaft selbst nichts anderes ist als der jeweils letzte Stand des Irrtums, also ebenfalls fließt und sich dabei permanent widerspricht und somit überwindet.

- Trotz vieler konzeptioneller und *inhaltlicher Irrtümer* scheint dennoch ein Teil der Intentionen in unserer Kultur wirksam zu werden, *weil er Bewußtsein schafft.* Es geht also weniger um Richtigkeit als um Wirksamkeit. Wie David Bohm in seinem Buch »Die implizite Ordnung« (München 1987) schreibt, sind alle geistigen Formungen, egal, wie richtig oder falsch sie sind, immer auch Gestaltungs-Kräfte für die explizite Wirklichkeit.

  Das, was derartige Bewußtseins-Programme schaffen, besteht in jedem Fall darin, daß das Thema Bewußtsein und damit der *Faktor Geist* immer mehr in den Mittelpunkt unserer Kultur rückt. Und genau das ist der Mega-Trend, über den wir hier berichten: *das Bewußtmachen des Bewußtseins.*

- Der größte Teil der Initiativen besteht aus simplen Projektionen, das heißt aus überzogenen Heils-Erwartungen, und wird gespeist von *persönlichen seelischen Defiziten* und Neurosen. Unverkennbar ist zum Beispiel der große Anteil von Weltflucht-Tendenzen ... die Formung des Spirits durch Mind.

  Auf der anderen Seite bringt gerade die Light-Age-Bewegung mit ihrer These »*Du bist der Gott, den du so lange angebetet hast*« einen neuartigen Ansatz für die kulturelle Evolution ins Spiel, nämlich das Entdecken der *totalen Eigenverantwortung* der Menschheit.

  Das bedeutet, daß viele dieser Sehnsüchte aus psychischen Verletzungen und Neurosen resultieren, daß sie zugleich aber für unsere Kultur einen wichtigen Impuls darstellen können, weil sie *die Eigenverantwortlichkeit der Menschheit* in einer Zeit artikulieren und damit konsens- und kulturfähig machen ... in einer Zeit, die durch das Offene

Werden gekennzeichnet ist. Und das Offene Werden braucht eine neuartige Verantwortungs-Ethik.

Wo liegt der Unterschied zwischen New Age und Light Age?

Prüfen wir nun, wie sich Light Age und New Age vertragen. Es sah am Anfang so aus, als ob die Light-Ager lediglich einige Spezialisten innerhalb der breitgefächerten und sehr widersprüchlichen New-Age-Bewegung sein würden.

Die meisten Autoren und Theoretiker des Light Age (zum Beispiel der renommierte Wissenschaftler Arthur Young mit seinem Buch »Der kreative Kosmos«) haben sich auch lange Zeit als Sympathisanten der New-Age-Bewegung verstanden, zum Teil verstehen sie sich heute noch als aktive oder passive New-Ager.

Aber inzwischen ist die New-Age-Bewegung selbst deutlich verunsichert worden durch einige theoretische Postulate der Light-Ager, besonders was deren Fortschritts-Orientierung, die prinzipielle Bejahung von Bewußtseins-Drogen, von Genetik und von einer aktiven Formung des Menschen zum »höheren Menschen« (Eugenik) betrifft.

Typisch für *die sentimentale Sehnsucht* der New-Age-Bewegung ist die »Vision der Welt im Jahre 1992« von Bobby Schroer:

● Der Paradigmen-Wechsel ist vollzogen. Das alte ökonomische und politische System ist kollabiert. Die neue Wissenschaft der Geomantie führt uns zu tiefen Einsichten über die Erde.

● Durch Meditation haben wir uns mit galaktischen Energien verschmolzen.

● Wir stehen mit außerirdischen Wesen in Kontakt.

Das also soll schon jetzt alles möglich sein. Schon 1992. Abgesehen davon, ob es überhaupt erstrebenswert ist, so bemerkt man doch auf den ersten Blick, mit welchem *naiven Idealismus* derartige Visionen entwickelt werden. Wie ist das möglich?

Die klassischen New-Ager sehen das Universum als eine kosmische Kraft, die jetzt – durch das Aufwachen der Menschheit – aktiv mithilft, daß sich alles ganz schnell zum Besten wendet. Wörtliches Zitat: »Wir affirmieren das Ziel, und das Universum unterstützt uns auf unserem Weg dorthin.«

Mit anderen Worten: Das Neue kommt deshalb so schnell, weil die höhere Gottheit alles tut, um den Menschen zu helfen, wenn er sich nur helfen lassen will.

Viele New-Ager und Esoteriker glauben, daß dieser Ruf nach Hilfe ausreichend stark sei, weil es globale Initiativen sind, die da rufen. Er müsse deshalb gehört werden. Deshalb wird alles so schnell und ideal gehen. Soweit die reichlich naive Erwartung der New-Ager.

Ganz anders die Version, die im Light Age, also in der Theorie des Meta-Bewußtseins, erkennbar wird: Danach gibt es gar keine Gottheiten, keine Götter-Hierarchien und keine kosmischen Super-Intelligenzen, die die Menschen sehen und die den Menschen helfen. Das, was das Universum ist . . . das wird vom Menschen selbst gestaltet. *Der Mensch selbst formt das Sein durch sein Werden.* Es gibt also keine Kraft, die hinter uns steht und die alles zum Guten wendet, sondern es gibt nur die *Selbst-Evolution des Menschen.* Und alles, was geschieht, geschieht ausschließlich durch die *totale Verantwortung des Menschen.* Die Light-Ager operieren deshalb mit dem Überbewußtsein (Meta-Bewußtsein) als dem neuen Instrument der Selbstformung und der totalen Selbst-Verantwortung.

Die New-Ager dagegen sind im besten Sinne moderne Esoteriker. Für sie gibt es kosmische Gesetze, kosmische Hierarchien, kosmische Zeit-Rhythmen. Die Light-Ager dagegen, zu denen indirekt viele hochkarätige Wissenschaftler gehören, gehen davon aus, daß das Sein *eine implizite Ordnung* ist, die durch unsere Glaubens-Modelle und durch unsere Mythen und Ideologien expliziert geformt wird. Da gibt es nur Offenheit, Formbarkeit, Verantwortung, aber keine esoterischen Gesetze. *Alles ist Potentialität, zum fließenden Formen bereit.* Eklatanter kann der Unterschied nicht sein.

Die unterschiedliche Auffassung von Zeit und Evolution

Es liegt nahe, daß die New-Ager auch ein völlig *anderes Zeit-Modell* haben. Für sie ist alles schon einmal dagewesen. Da gab es Atlantis und andere Kulturen. Und alles kommt irgendwie wieder. Besonders das Goldene Zeitalter. Aber wenn man den Anschluß verpaßt, dann versacken die Kulturen entsprechend einem rituellen Spiel. Für die Light-

300

Ager dagegen gibt es keine zyklische Zeit, sondern springende Zeiten in dem Sinne, wie es die moderne Physik beschreibt: Nichts war vorher da, alles ist von uns erfunden, also wird auch alles neu von uns zu erfinden sein. *Es gibt kein Programm, sondern nur eine fließende Programmierung.*

Der Streit zwischen New-Agern und Light-Agern beginnt

Aufgrund dieser Unterschiede gibt es schon erste Konflikt-Linien zwischen den New-Agern und den Light-Age-Pionieren. Im Light Age gibt es eine grundsätzliche *Bejahung von Chaos* und auch eine vorsichtig-positive Beurteilung der Eugenik und auch ein positives, kraftvolles Ja zu High-Tech und »Fortschritt des Fortschritts«.

Für den Esoteriker und New-Ager sind High-Tech und Modernismus eindeutige Gegner, und es geht für sie darum, wieder zur »*alten Harmonie*« zurückzufinden, statt in eine offene, unstrukturierte Zukunft zu wandern.

Dieser Krach ist in Deutschland 1987 erstmalig richtig ausgebrochen . . . der Streit zwischen New-Agern und dem, was hier in ersten Umrissen als Light Age bezeichnet werden kann. Hören wir einmal rein:

»Uns wurde klar, daß es nicht eine, sondern zwei New-Age-Bewegungen gibt. Mit unseren Bestrebungen jedenfalls hat Chemie und Technologie nicht viel zu tun.

Die ökologisch-spirituelle Bewegung vertritt ein zyklisches Weltbild. Ziel ist es, wieder mit sich und der Erde in Einklang zu kommen. Es wird also vorausgesetzt, daß es so etwas wie ein Goldenes Zeitalter schon einmal gab.«

Diese Bewegung »vertritt eine platonische Kosmologie der Wiederkehr des Weltzeitalters, befürwortet sanfte, integrierte Techniken der Bewußtseins-Erweiterung, verbunden mit einem mystisch-religiösen Anspruch im Sinne der Überzeugung, daß es eine höchste Wirklichkeit gibt, die man mangels besserer Begriffe Gott nennt. Man glaubt an eine beseelte Welt, eine Mutter Erde, die unter dem Ego-Trip einer desintegrierten Menschheit leidet, versucht zu den Quellen und zu Völkern, die sich noch nicht so weit von der einstigen Harmonie mit der Schöpfung entfernt haben, zu gehen und dort zu lernen, ist politisch ökologisch und gesellschaftlich engagiert, will die Welt, wie sie ist, heilen, das heißt verändern im ökologischen Sinn.«

Soweit die Beschreibung eines einflußreichen typischen New-Agers, Michael Hesemann. Seine Argumentation geht dann folgendermaßen weiter:

Die zweite New-Age-Bewegung (das wären in unserem Sprachgebrauch die Light-Ager) nennt er *eine völlig andere Bewegung.* Er sieht in ihr den »technokratischen Eskapismus«. Hören wir hinein, was seiner Meinung nach darunter zu verstehen ist: »Der technokratische Eskapismus vertritt ein *lineares Evolutions-Modell* und befürwortet eine Beschleunigung der Evolution, befürwortet unsere technologische Zivilisation und arbeitet an noch besseren Chemikalien, noch besseren Computern und einer Raumfahrt-Technologie, die die Space-Migration, die Auswanderung ins All, ermöglicht, wenn wir die Erde endgültig zerstört haben. Ihr Hedonismus und ihr Bestreben, immer höher, tiefer, weiter und schneller in die Räume der materiellen und immateriellen Welt vorzudringen, führt zur Entwicklung immer neuer psychodelischer Drogen, der Computer wird zum neuen Guru, eine Bewußtseins-Erweiterung neben der Droge. Tu, was du willst, ist die einzige Religion. Die Vertreter der zweiten Richtung werfen den Anhängern der ersten Bewegung *Neophobie*, die Angst vor Neuem, vor. Sie müssen sich allerdings selbst den Vorwurf der Realitäts-Flucht gefallen lassen.«

Der erste Hauskrach bei den Agern

Inzwischen ist sichtbar geworden: Gegen Ende der achtziger Jahre hat sich die New-Age-Bewegung aufgeteilt. Die eine ist eher esoterisch-zyklisch und befürwortet das Zurückgehen zum Goldenen Zeitalter. Die andere, neue Strömung, die ich hier Light Age nenne, geht von einem *kybernetischen Evolutions-Modell* aus: die Beschleunigung der Evolution durch den Menschen oder die Selbstformung des Menschen durch das zu formende Bewußtsein.

Soweit die Age-Trends in Deutschland. Blicken wir wieder einmal zu den USA. In New York soll New Age, wenn man dem Vordenker Fritjof Capra (Autor des Bestsellers »Wendezeit«, 1983) folgt, im Grunde schon wieder ein alter Hut sein. Seiner Meinung nach soll in Kalifornien New Age inzwischen nur noch die Bezeichnung »für die Ewig-gestrigen und

für die in der Geisteshaltung der siebziger Jahre Steckengebliebenen«
sein. Und der Philosophie-Professor Walther Zimmerli aus Braunschweig ergänzt anläßlich einer Münchener Tagung zum Thema New
Age:»In New Yorker Buchhandlungen weiß niemand mehr Auskunft zu
geben über New Age. Der interessierte Kunde muß sich an die Abteilung
History of Psychology und History of Ideas verweisen lassen.«

New Age ist bei den ganz schnellen Denkern kein Thema mehr . . . ganz
im Gegensatz zu Deutschland. Dort machen die Titel der sanften Ver-
schwörung nach Angaben des deutschen Buchhandels rund 10 Prozent
aus.

Woher plötzlich dieses partielle Desinteresse in den USA an der klassischen New-Age-Literatur, obwohl – wie wir gesehen haben – der eigentliche New-Age-Boom (zum Beispiel die New-Age-Praktiken Channeling, Psi-Seminare etc.) bei den Bürgern immer mehr Zulauf findet? Es
liegt daran, daß immer mehr Vordenker in den USA erkannt haben, daß
das New Age im Grunde *ein esoterisches Weltbild* vermittelt. Und esoterische Weltbilder sind vollgestopft mit Hierarchien, klaren Wenn-dann-
Gesetzen und klaren Regelsystemen. Die Esoterik ist im Grunde ein
geschlossenes Modell mit einem Set fester Standards. Damit ist sie im
Prinzip – wie die amerikanische Elite schnell erkannt hat – im Grunde
deutlich geprägt von dem, was die New-Age-Bewegung ihrerseits gerade
den Rationalisten vorwirft, nämlich von geschlossenen Modellen, zyklischen Zeitmodellen der Wiederkehr und klaren Richtig-und-falsch-Po-
laritäten.

New Age – so sagen die Light-Ager – ist das gleiche wie das *kartesianische
Weltbild*, nur von der anderen Seite aus gesehen. Es ist in sich geschlossen.
Es ist fix und fertig. Es ist nicht offen für Selbst-Evolution.

Wie Annette Meyhöfer einmal schrieb, ist das neue Zeitalter der New-
Ager *vielleicht gar kein Kind der neuen Zeit*, sondern eher ein Kind des
alten Zeitalters in dem Sinne, als es eine heimliche Bestätigung des
gegenwärtigen Weltzustands ist.

Kein Paradigmen-Wechsel,
sondern Zerfall des Paradigmas

Auch Morris Berman, einer der ersten Vordenker des New Age, hat in
mehreren aktuellen Fachartikeln darauf hingewiesen, daß die New-Age-
Bewegung viel zu sehr fixiert ist auf ein neues Weltbild. Man tauscht

deshalb das alte (kartesianische) Weltbild aus zugunsten eines modernen, esoterischen Weltbildes, aber es bleiben *in sich geschlossene Weltbilder*, die nicht offen sind für selbstreferentielle Prozesse.

Berman sieht als Ideal keinen Paradigmen-Wechsel, sondern er sieht *das Zerfallen der Paradigmen* zugunsten einer Wirklichkeit, die sich aus vielen Weltbildern zusammensetz: *ein Kaleidoskop der Wirklichkeiten.* In der Zeitschrift FORUM, produziert von den Wirtschafts-Doktoranden aus St. Gallen, schreibt Prof. Dr. Peter Ulrich in einer Kritik des New Age,»daß die New-Age-Bewegung in der Tat die offenkundige Krise des abendländischen Rationalisierungs-Prozesses, in die die moderne Industrie-Gesellschaft geraten ist, in ihrer diffusen Umbruchs- und Aufbruchs-Stimmung nur symptomatisch zum Ausdruck bringt. *Der von ihr propagierte Paradigmen-Wechsel greift dagegen zu kurz.*«

Das deckt sich mit der Meinung von Ken Wilber, der die Szene besonders gut kennt:»Die New-Age-Bewegung ist daher meines Erachtens eine seltsame Mischung einer Handvoll wahrhaft transpersonaler Seelen mit Massen von präpersonalen Süchtigen.«

Nun muß man sehen, daß für Wilber der nächste Schritt der Evolution im *Transpersonalen* liegt, das heißt konkret, wie er in seinem Buch »Halbzeit der Evolution« schreibt, im *Überbewußtsein.* Der Rückfall in das Präpersonale wird von ihm dementsprechend mit dem *Zurückfallen in das Unbewußte* gekennzeichnet. Transpersonale Menschen wären aus dieser Sicht diejenigen, die es geschafft haben, ihr Denken und Fühlen weitestgehend stabil im Überbewußtsein zu positionieren. Sie können das Meta-Bewußtsein nutzen.

Genau das ist der Ansatz der Light-Age-Bewegung. Auf den ersten Blick – so argumentiert Wilber weiter – erscheint dem nicht geschulten Auge der präpersonale Mensch, der zumeist im Unterbewußten und damit im Psychologisch-Gefühlshaften wurzelt, identisch mit dem transpersonalen Menschen.»Sie jedoch auf diese Weise durcheinanderzubringen wäre dasselbe, als würde man den Kindergarten und die höhere Schule miteinander verwechseln, nur weil beide keine Volksschulen sind.«

Der Unterschied zwischen Prä-Ich und Trans-Ich

Das Prä-Ich erlebt die jetzige mentale Bewußtseinslage als gefühlsarm und kalt. Es will deshalb weg von Ratio, Intellekt und Vernunft und taucht bevorzugt in alte goldene Zeiten und esoterische Sehnsüchte ein. Das Trans-Ich dagegen weiß, daß man nur durch Vernunft und klares Denken zum Überbewußtsein gelangen kann. Es weiß allerdings auch, daß es dort andere, *hellere Gefühle* gibt. Es ist der Weg zum Geist, damit das Geistige die Gefühle ebenso wie das rationale Denken steuert.

Ken Wilber weiter: Der größte Verdienst würde darin bestehen, »sich für eine ehrliche Vereinnahmung der einfachen Vernunft selbst einzusetzen und die Vernunft nicht schon transzendieren zu wollen«, was die New-Age-Szene überwiegend tut, weil man dort *einen eigenartigen Kampf gegen das Geistige* (mißverstanden als das Ego) führt.

Für das Management ist das Trans-Ich wichtiger

Für die Wirtschaft ist diese Unterscheidung besonders wichtig, weil sie nahelegt, sich nicht allzu intensiv mit der Psycho-Szene und den Rückwärts-Sehnsüchten einzulassen, zumindest dort nicht, wo die New-Ager quasi ohne Kopf in das Goldene Zeitalter stürmen wollen.

Besonders für Unternehmer und Top-Manager, also für die Elite des Business, ist es wichtig zu erkennen, daß nicht die Psycho-Gefühle helfen, die komplexe Wirklichkeit zu managen, sondern *die Kraft des Geistes.* Der aktuelle Ruf nach mehr Unternehmertum und nach einer neuen kraftvollen Führung, der ja im Kern berechtigt ist, sollte das Business nicht veranlassen, auf *Psycho-Sensitivierung* zu setzen, weil die Psycho-Gefühle nicht den Geist führen können, wohl aber der Geist die Psyche und das rationale Denken. Ich empfehle deshalb konkret, den Psycho-Boom nicht ins Management zu integrieren.

Die oberste, das heißt transpersonale Ebene, die heute von der Elite erreicht werden kann, ist *die Verschmelzung des eigenen Selbst – also der Persönlichkeit – mit dem Geist.* Und dieses Geistige findet seine Gestalt im Überbewußtsein. Der wirklich kraftvolle Führer ist also in der Lage, den kollektiven Geist eines Unternehmens zu formen, weil er im Meta-Bewußtsein seine Identität hat. Und wer im Meta-Bewußtsein seine Identität gefunden hat, kann mit seinem Mind den Spirit formen und vermitteln. Er kann zum Meister des Bewußtseins werden, weil er nicht im blinden Fleck des eigenen Bewußtseins operiert.

Und genau das ist der kommende Trend für das Top-Management: *Führen durch Geist.* Der Geist ist das Geheimnis der neuen Führung.

Versuchen wir an dieser Stelle, eine Art Bilanz zu ziehen, was die New-Age-Bewegung betrifft bzw. was sie bisher unserer Gesellschaft, unserer Kultur und dem Business gebracht hat:

Die sieben Fehler des New Age:

① Finalität/Übereilung.
  – Mangelnde Selbst-Zerstörung der eigenen Postulate.
  – Zu geringe Distanz zu sich (Dogmatismus – der eigene blinde Fleck).

② Metapher der Zirkularität (Reversibilität: Alles kehrt wieder).
  – Goldenes Zeitalter.
  – Falsches Zeit- und Verantwortungs-Modell.

③ Untergewichtung des Faktors Geist.
  – Überziehung der Psycho-Heilung.
  – Seelen-Melodrama.

④ Dualität beibehalten.
  – Weltbild-Wechsel statt Multi-Weltbild-Offenheit.
  – Noch keine integrale Kultur.

⑤ Heimliche Hierarchien und feste Gesetze.
  – Kein Zugang zum formenden Fließen.

⑥ Alte Mythen (Revival) statt Mythos des Mythos.
  – Bewußtseins-Evolution als neuer Mythos ausgeklammert.

⑦ Kein stimmiges Evolutions-Modell.
  – Esoterik-Modell (ablaufgesichert) statt offene kybernetische Selbst-Evolution.

Die sieben bleibenden Impulse des New Age:

① Die Ethisierung der Gesellschaft forciert.
  – Sinn-Fragen/Wert-Fragen

② Sehnsucht nach gelebter Menschlichkeit.
  – Masken-ab-Praxis entwickelt.
  – Psycho-Szene professionalisiert
    (zum Beispiel Bhagwan).
  – Ökonomie der Fairness (zum Beispiel Volksaktien)
    in die Diskussion gebracht.

③ Neue Rolle der Minoritäten erkannt.
– Persönliche Transformation erzeugt gesellschaftliche Transformation.

④ Generelle Aktualisierung des Bewußtseins.
– Bewußtsein formt materielle Welt.

⑤ Die Spiritualisierung des Naturschutzes ermöglicht.
– Natur-Religion entwickelt.

⑥ Weltweite Netzwerke erprobt.
– Solidaritäts-Praxis.

⑦ Prinzipielles Ja zur weltweiten Telekommunikation.
– Global-Brain.

Halten wir an dieser Stelle fest: Die New-Age-Bewegung ist in den Industrienationen im Sinne einer kulturellen Strömung sehr schnell erfolgreich geworden. Ihre Bedeutung wird noch einige Jahre wachsen. Dieses besonders in der praktischen Ebene, dort, wo es zum Beispiel darum geht, durch Workshops zu neuem Heilen, zur neuen Medizin und zu neuen Lebenspraktiken zu kommen.

New Age als Sinn-Impuls für eine Welt ohne Sinn

Die New-Age-Bewegung ist also überall dort erfolgreich, wo sie in der Lage ist, gegen die technologische Stress-Welt eine Art *Sinn-Welt* zu vermitteln. Aber sie ist nicht erfolgreich, wenn es darum geht, das vor über fünfzig Jahren entwickelte *neue Weltbild der Physiker* (Einstein, Planck, Bohr u.a.) in ein öffentliches Breitenbewußtsein zu überführen. Dafür ist sie zu esoterisch und zu sehr *eine Rückwärts-Bewegung*. Die New-Age-Bewegung wird immer mehr eine Sehnsuchts-Bewegung mit einer starken praktisch-bürgerlichen Note (Esoterik zum Anfassen). Sie ist in diesem Sinne »spießig«, deshalb auch die schnelle Akzeptanz in breiten Bürgerkreisen in den USA und in Europa.

Die Light-Age-Bewegung dagegen wird als eher kompliziert und wissenschaftlich erlebt, weil sie von Selbstreferentialität, Chaos und *offener Programmierung* ausgeht, also von kybernetischer Evolution, von Gedanken, die für das breite Bürgertum alles andere als bequem und glaubhaft sind.

Die Kritik an der New-Age-Bewegung

A. Schüler hat in UNIVERSITAS den *Modernismus-Grad* der New-Age-Bewegung analysiert und einige wichtige Elemente dabei hervorgehoben, die wir hier zusammenfassen:

① Die New-Age-Bewegung diagnostiziert eine totale Krise. Sie ist endzeitorientiert und nicht neuzeitorientiert. New Age ist im Grunde *Crisis-Age*.

② New Age wird getragen von einem stark antikartesianischen Impuls. Dadurch wird sie nicht fähig, Reduktionismus und Idealismus (die typischen Gegensatzpaare) zu integrieren, sondern bekämpft das eine mit dem Gegenteil des anderen. Wenn auch unbeabsichtigt, *trennt sie mehr, als daß sie integriert*.

③ Eine merkwürdige *Mischung aus Primitivismus und Moderne* wird sichtbar. Viele uralte Weisheiten fließen ein (zum Beispiel Indianer-Riten, Buddhismus), die für damalige Kultur-Phasen sinnvoll und wirksam gewesen sein mögen, nicht aber für die heutige Problemlage. Die moderne Antwort des New Age basiert auf zuviel alten Antworten.

④ Es herrscht eine *romantische Sehnsucht nach Ferne*, die dazu führt, daß die Utopie im Grunde eine rückwärtsgewandte Utopie ist mit einem deutlichen Anti-Modernismus. Das führt auch dazu, daß sich in letzter Zeit ein Teil der Grünen immer deutlicher mit dem New-Age-Gedanken anfreunden. Und auch viele feministische Strömungen liebäugeln mit dem New Age. New Age ist dabei, *sich mit dem Anti-Fortschritt zu verbinden*.

⑤ Das New Age schließt sich der Logik aller *Niedergangs-Konzeptionen* an, der zufolge exakt in der Zeitspanne zwischen Situations-Bestimmung und Untergangs-Projektion die Möglichkeit angeboten wird, von einer Fehlentwicklung abzukehren.

Das ist vermutlich das augenfälligste Versagen der New-Age-Bewegung. Es muß immer alles sehr schnell gehen und genauso, wie es vorhergesagt worden ist. Das neue Zeitalter soll innerhalb der nächsten Jahre kommen. Und wenn es nicht kommt, hat die Menschheit eben Pech gehabt.

Auffällig sind die starken Streitigkeiten und Ziel-Differenzen innerhalb der New-Age-Bewegung. Je erfolgreicher sie als kulturelle Strömung wird, um so mehr zerstreiten sich die Pioniere, Epigonen und Heroen dieser Bewegung. Die allzu menschliche Menschlichkeit hält Einzug in die New-Age-Bewegung. Man ist zerstritten wie in allen anderen Bewegungen. Der neue Mensch muß warten.

⑥ Das eigentliche Thema der New-Age-Bewegung ist *die Erneuerung der Persönlichkeit*. Hierzu ist zu sagen, daß das historisch wohl das bleibende Verdienst der New-Age-Bewegung sein wird. Und hier liegen auch vielfältige Befruchtungs-Impulse für Business und Management. Wie unser erstes Beispiel (Selbsterfahrungs-Training, siehe Seite 278) gezeigt hat, marschiert die Wirtschaft ohnehin stark auf den Faktor »Mentalismus und Persönlichkeit« zu. New Age zeigt *Wege zu mehr Ethik und Menschlichkeit*.

Der Mangel der New-Age-Bewegung liegt dennoch darin, daß ihr Persönlichkeits-Konzept nur teilweise modern ist (hauptsächlich da, wo sie von der kalifornischen psychedelischen Szene beeinflußt worden ist), während sie gleichzeitig dort, wo sie eher europäisch-esoterisch ist, von einem Menschenbild mit Kleinheits-Ich ausgeht, das heißt von einem überhöhten Menschenbild, das zugleich ein zu kleines Menschenbild ist.

Dies Paradoxon wird besonders in der Einstellung zum Kosmos und zu Gott sichtbar. Einerseits ist der Mensch die Krönung der Schöpfung, andererseits braucht er immer einen großen Papa im Himmel, der alles steuert, bis hin zum individuellen Schicksal. Hier ist es besonders das *Christentum*, das der New-Age-Bewegung soviel alten Ballast mit auf den Weg gibt.

⑦ Typisch für die New-Age-Bewegung ist ihre *Übereilung*. Schüler macht das klar am Beispiel der Vision von Pierre Teilhard de Chardin. Er hatte zum Beispiel geglaubt, daß die neue Geistes-Sphäre (Noosphäre) schon im Jahre 1957/58 anbrechen würde.

Nichts davon traf ein. Genauso wie am 16. August 1987 im Rahmen der Harmonic-Convergence-Tage (siehe Seite 280) gar nichts geschah, außer daß die Menschen unter dem blanken Himmel saßen, um auf himmliche Zeichen zu achten: Wenn überhaupt, dann hat dieser Tag den Suchenden klargemacht, *daß sie es selbst sind, die sie suchen*.

⑧ Die New-Age-Bewegung aktualisiert das Gefühl, einer *Finalität* entgegenzutaumeln. Das macht sie über weite Strecken intolerant.

Die Mehrheit der New-Ager ist dem Lager der *Puristen* zuzuordnen, einer Gruppe, die sich strikt weigert, die heren Gedanken des New Age irgendwie mit Politik, Management, Wissenschaft und Kultur zu verbinden. New Age soll nicht befleckt werden durch praktische Anwendung der Gedanken. Unbefleckte Unbrauchbarkeit. Man ist zu heilig für diese Welt.

Morris Berman hat diese Gefahr *mangelnder Toleranz* und Experimentalität und Selbstkritik sicher sehr überzeichnet, als er kürzlich schrieb:»Es liegt durchaus drin, daß der ganze Holismus direkt nach Auschwitz zurückführt.« Aber in der Tat liegt gerade im Holismus, also in der *These der Ganzheitlichkeit*, die große Gefahr eines repressiven Dogmas: Wer die Ganzheit hat, ist besser als die anderen.

⑨ Die New-Age-Bewegung ist so einseitig gegen die kartesianische Rationalität ausgerichtet, daß sie kaum Zugang findet zu einer *höheren Rationalität*. Damit steht sie mit einem Bein in der Gefahr, in einen modernen Irrationalismus zu verfallen, der sich selbst nicht erkennt.

Typisch dafür ist zum Beispiel die Weigerung der meisten New-Ager, anzuerkennen, *daß wir unsere Welt permanent selbst erfinden* und daß – wie der Nobelpreisträger Prigogine immer wieder formuliert – das Universum ebenfalls evolutioniert. Es gibt kein fertiges oder ideales Universum. Alles ist in einem Prozeß der Fließens: *Offenes Werden.*

Diese moderne Sicht der Evolution verlangt gerade vom Menschen *die Formung dieses Fließens*, die eher klassische Sicht des New Age dagegen verlangt die Rückkehr zu den goldenen Regeln, so als seien die alten Regeln (die überwiegend antitechnokratischer Natur sind) zugleich auch die richtigen Regeln für das Universum, das sich selbst immer wieder neu entwickelt.

Ich will versuchen, aufgrund amerikanischer und deutscher Unterlagen die Unterschiede zwischen New Age und Light Age im Sinne einer vereinfachten Schwarz-und-weiß-Gegenüberstellung zu beschreiben. Wie gesagt, es handelt sich um eine bewußt simplifizierende Gegenüberstellung nach dem Motto»Hier das, dort das«.

In Wahrheit ist natürlich alles sehr viel mehr im mittleren Graufeld angesiedelt, aber um den Unterschied herausarbeiten zu können, lohnt ein Blick auf diese Tabelle, wobei noch ergänzend hinzuzufügen ist, daß das Light Age noch ganz am Anfang steht, also trendanalytisch noch nicht so gut erfaßt werden kann wie die New-Age-Bewegung, die sich inzwischen in einer satten Reife präsentiert:

New Age	Light Age
endzeitorientiert	neubeginnorientiert
eher esoterisch	eher progressiv
zyklische Zeit	sprunghafte Zeit
feste Regeln	offene Programmierung
feststehende metaphysische Welt	eine zu formende metaphysische Welt, die fließt
fertiges Universum	evolvierendes Universum
zum Teil kontra High-Tech	pro High-Tech
kontra Genetik/Eugenik	pro Genetik/Eugenik
Verschmelzung mit dem Sein	Formung des Seins
alte Mythen	neue Mythen
neues Weltbild	Multi-Weltbilder
hermeneutische Auffassung von Evolution	kybernetische Auffassung von Evolution
ideationelle Kultur	integrale Kultur (High-Spirit/High-Tech)

Versucht man, New Age und Light Age in Form einer Essenz zu differenzieren, so könnte man sagen:

New Age: Das bessere Bewußtsein formt die bessere Wirklichkeit von morgen (Paradigmen-Wechsel).

Light Age: Das Bewußtsein des Menschen formt den Menschen mit dem besseren Bewußtsein (permanenter fließender Selbstformungs-Prozeß).

Hieran wird deutlich, daß die New-Age-Bewegung impliziert davon ausgeht, das bessere Bewußtsein sei schon irgendwo da (siehe die These vom Goldenen Zeitalter). Die Light-Ager dagegen gehen davon aus, daß es das bessere Bewußtsein im Prinzip nicht gibt, weil alles *ein fließender und damit selbstreferentieller Prozeß* ist.

Das Bessere wird nur sichtbar durch das Schlechtere, was dem Besseren vorangegangen ist. In diesem Sinne ist für einen Light-Ager Wahrheit nichts anderes als fließende Lüge. Für einen New-Ager gibt es endgültige, richtige Wahrheiten und auch ewige Gesetze.

Für die New-Age-Bewegung geht es um einen Wandel des Paradigmas. Für die Light-Ager geht es um die endgültige Überwindung aller Paradigmen ... hin zu einem prozessualen Formen aller fließenden Prozesse, wobei das Bewußtsein selbst der wichtigste Fließ-Prozeß ist:

Das Bewußtsein ist der Fluß, der sich durch sein Fließen selbst erzeugt.

Was bringt das dem Management?

Bezogen auf das Management, kann wie folgt unterschieden werden: New Age entdeckt in erster Linie die Begrenzheit des kartesianischen Weltbildes (Ratio-Weltbild), bringt viele fruchtbare Impulse für den metaphysischen Raum und führt erstmalig nach einer langen Technokratie-Phase das Themenfeld »*Ethik und Sinn*« ein. Das dürfte auch der bleibende Befruchtungs-Impuls der New-Age-Bewegung in bezug auf das Management sein: die Entdeckung der sanften Dimensionen des Erfolges.

Light Age geht weit darüber hinaus (was es zugleich auch sehr viel komplizierter macht), weil es behauptet, daß es im Grunde eben keine Gesetzmäßigkeiten gibt, also auch keine sanften und keine metaphysischen Gesetzmäßigkeiten. Das einzige, was feststeht, ist, daß nichts wirklich feststeht. Light Age ist in diesem Sinne die Entstehung eines neuartigen *Taoismus für eine offene Zukunft*. Individuen und Unternehmen werden als offene Systeme gesehen, die bewußt auf Selbstüberwindung programmiert sind. Ein *kybernetischer Ansatz* mit einer Programmierung, die sich selbst laufend umprogrammiert.

Light Age könnte besonders *wichtig werden für die Eliten*, das heißt für Vorstände und Unternehmer, weil es wichtige Hinweise gibt für das *Visions-Management*, für Kontext-Management und für das soziale Lernen von Mitarbeitern in einer turbulenten und immer paradoxer und komplexer werdenden Welt. Light Age könnte den richtigen Umgang mit dem Geist bedeuten für ein *Mind-Management* in einer Zeit der Diskontinuitäten.

Das Mind-Management ist ein spirituelles Management. Spirituell . . . aber nicht im Sinne der Esoterik. Spirituell in einem anderen Sinne:

Der spirituelle Manager beherrscht die geistigen Instrumente (Mind) so gut, daß er Geist formen kann. Er wandelt Spirit um in Bewußtsein . . . also in Visionen und fließende Kontexte. Er nutzt die Kraft des höheren Geistes (Spirit) für den neuen Geist und für den schnellen Geist. So gestaltet er bewußt Evolution.

Das erste Porträt
des Light Age

Wagen wir an dieser Stelle ein erstes Blitzlicht der Zukunft von Light Age, wissend, daß vieles noch sehr rudimentär und auch lückenhaft sein wird, aber versuchen wir es trotzdem:

Die Light-Age-Bewegung will zu einer höheren Rationalität, die mehr ist als die klassische Rationalität des kartesianischen Weltbildes, die aber auch mehr ist als die Rationalität der Esoterik. Sie will zu einer *Rationalität des Geistes*, die Mensch und Gesellschaft befähigt, das jeweilige Bewußtsein rechtzeitig zu überwinden zugunsten eines neuen, besseren Bewußtseins. In der Light-Age-Bewegung gibt es also keine endgültige Richtigkeit, sondern nur eine *fließende Nützlichkeit.*

Die Light-Age-Bewegung plädiert für einen *neuen Modernismus*, die New-Age-Bewegung dagegen folgt *einer Kontra-Haltung zum Modernismus.*

Das Light Age wird in den nächsten Jahren immer wichtiger werden, weil es zur *Eugenik* und zur *Genetik* einen positiven Standpunkt einnimmt, ganz im Gegensatz zur New-Age-Bewegung, aber auch ganz im Gegensatz zum Christentum. Je mehr Gesellschaft und Wirtschaft in die Genetik einsteigen, um so mehr werden sich New Age und Light Age als feindliche Brüder erleben: *Light Age für Genetik, New Age kontra Genetik.*

Durch Light Age kommt es auch zu einer *Ablösung von Gott-Projektionen*: Die Menschheit wird aufgefordert, sich selbst als Gottheit oder Übermensch zu erleben: *die Selbstformung der Menschen als neuer Mythos.*

Es geht um die selbstgestaltete Evolution des Menschen durch den Menschen. Das Fließen wird geformt durch Bewußtsein einerseits und durch Eugenik andererseits. Das wirkt im Moment noch sehr, sehr befremdlich, aber im Ansatz ist das heute schon diskutiert. Man denke an das Buch von Prof. Schmidt,»Grundlagen der kybernetischen Evolution«, in dem – ebenso wie von vielen anderen Forschern – ganz bewußt *Eugenik gefordert wird.* Light Age fordert also nicht – wie das New Age – eine Reintegration des Menschen in bestehende kosmische Gesetzmäßigkeiten, sondern geht davon aus, daß im Prinzip alles von Menschen erfunden wird, also auch alles von Menschen geändert werden kann: *der Mensch auf der Suche nach dem Menschen nach dem Menschen.*

Typisch dafür ist eine Aussage von Paul Davies in seinem Buch »Gott und die moderne Physik«: »Es scheint keinen wirklichen Grund zu geben, warum nicht ein Tag kommen sollte, an dem man mit Hilfe der Gentechnik *Gehirne nach Maß züchten* kann. Die Unterscheidung zwischen natürlicher und künstlicher Intelligenz wäre dann aufgehoben.«

Light-Age ist *Vorreiter für eine integrale Kultur.* Darunter versteht man mit Sorokin, daß sich die idealistischen und materialistischen Tendenzen erstmalig miteinander verbinden. Das Integrale führt zu einer *Sowohl-Als-auch-Kultur.* Das Paradoxe wird normal. Rationalismus und Idealismus, Naturwissenschaft und Metaphysik verschmelzen immer mehr.

Es kommt dadurch auch zu einem *neuen Surrealismus,* der in Ansätzen heute schon in der Pop-Kultur zu beobachten ist, aber auch in Büchern wie dem Buch von Hofstadter, »Gödel, Escher, Bach«, das heißt, *der Spielwitz des Lebens wird erkannt.* Zugleich wird High-Tech immer mehr durch High-Spirit geformt: Die Spiritualisierung der Technologie kommt.

Light Age bejaht ausdrücklich die Technologie und bei der Hoch-Technologie besonders passive, sanfte Technologien wie zum Beispiel die *Solar-Energie,* aber auch Wasserstoff, Supraleiter, Bio-Chips und Nano-Technologie.

Insgesamt ist das Light Age angetreten, um für eine massive Achsenverlagerung unserer Kultur zu sorgen: *vom Rationalismus zu fließenden Multi-Ismen.* Also gibt es keinen klassischen Ismus mehr, sondern nur noch viele sehr kontroverse Ismen. Das ist die *Pluralisierung der Weltbilder* und damit das Ende des festen Paradigmas. Die Welt wird nur noch als Widerspruch unterschiedlicher Aspekte einigermaßen richtig beschreibbar.

Und last not least: Durch Light Age werden die Faktoren *Geist und Bewußtsein* in den Mittelpunkt unserer Kultur gerückt. Damit wird das Weltbild der neuen Physik, das vor über 50 Jahren mit der Quanten-Physik und der Relativitäts-Theorie begann, popularisiert.

Soweit unser erstes Blitzlicht-Porträt des Light-Age-Trends. Lassen Sie uns nunmehr versuchen, die acht wesentlichen Fundamente dieser Philosophie, die inzwischen ein Trend geworden ist, ausführlicher zu beschreiben. Hier ergibt sich folgender Überblick:

① Auf dem Weg zum Gott-Menschentum

Inzwischen haben auch die Kirchen gemerkt, daß das New Age und nach ihm das Light Age irgend etwas mit der Selbstrettung oder *Selbsterlösung des Menschen* zu tun haben könnten. Man spürt, daß es eine Strömung gibt, die behauptet, daß die Zukunft der Menschheit nicht unbedingt etwas mit dem klassischen Gott zu tun haben muß.

Symptomatisch dafür ist eine Tagung gewesen, die bereits Mitte Oktober 1987 von der Katholischen Akademie in München durchgeführt worden ist. Thema: New Age, kritische Anfragen an eine verlockende Bewegung.

Unter anderem hat Prof. Bürkle referiert über das Thema »Zur Unterscheidung der Geister: Selbsterrettung des Menschen oder Erlösung durch Gott«.

Und das sind in der Tat die echten Unterschiede, die jetzt sichtbar werden. Die Light-Ager gehen davon aus, daß der Mensch sich selbst erlösen und auch evolutionär selbst formen kann, während die Konfessionen davon ausgehen, daß dazu immer die Gnade Gottes nötig sei.

Einer der ersten und wichtigsten Vorläufer dieses Denkens, das *Gott-Menschentum* genannt wird, war Wladimir Solowjef. Er lebte von 1853 bis 1900. Solowjef hat für ein Geist-Christentum plädiert, das sich aus allen Dogmen und kirchlichen Einbindungen mehr und mehr befreit, um sich zu einem *religiösen Universalismus* auszuweiten. Er erwartete das »Erscheinen des geistigen Menschen, die Geburt *des zweiten Adam*«. Für ihn strebte die ganze Natur mehr oder weniger zwangsläufig zum Gott-Menschen.

Ähnlich argumentieren die Vordenker des Light Age, so zum Beispiel Arthur Young in seinem Buch »Der kreative Kosmos«. Für ihn ist der Mensch noch nicht der endgültige Mensch. Die letzte Stufe zur vollen Menschwerdung wird vom Menschen durch Selbst-Evolution zu vollziehen sein. Young sieht dann eine Art *Licht-Mensch*.

Zwei Strömungen führen zur Selbst-Evolution des Menschen

Dieser Glaube an Selbst-Evolution basiert auf zwei Strömungen, die in der Tat in den letzten Jahrzehnten immer mehr Fahrt und Kraft bekommen haben:

Die eine ist der *Trend zur Freiheit*. Er landet in einem *Do-it-yourself-Glauben*, das heißt in einer Form persönlich-praktischer Alltags-Spiritualität, die die offizielle Gläubigkeit ablöst.

Die zweite ist der *Trend zur Weisheit*. Er wird am besten durch die Channeling-Mode in Kalifornien sichtbar. Immer mehr Menschen sind durch das Channeling in der Lage, höchste und tiefste Weisheiten zu erfassen. Wenn sie lernen, sich an die *Psi-Bank* anzuschließen (was im Prinzip nicht so schwer ist), sind sie in der Lage, das bisher gesammelte höchste Wissen, subjektiv abzuzapfen. Stichwort: *Weisheit für jedermann*.

Nun können wir die spirituelle Formel des Light Age erkennen.

● Weisheit für alle,

● Spiritualität durch sich selbst.

Woher kommt nun das Motto »*Sei dein eigener Gott*«? Ist es Blasphemie? Ist es Hybris oder Größenwahn? In den Büchern zum Light Age schimmert ein anderes Verständnis von Evolution durch, weshalb ich später in diesem Buch auf neue Ansätze der Evolution eingehen werde. Der Light-Age-Trend geht davon aus, daß der Mensch seine eigene Evolution grundsätzlich und immerzu in Händen hatte. Alles, was wir geworden sind, sind wir nur durch den Menschen geworden. Oder – um es mit Maturana und Varela zu sagen – *der Mensch wird nur durch den Menschen zum Menschen*.

Ein neues Gefühl für die Evolution des Menschen entsteht

Heinz Haber hat in seinem Buch »Die Zeit – Geheimnis des Lebens«, 1987, *die Evolution des Menschen* eine »dramatische Story« genannt. Die Evolution vom Anfang bis heute hat rund 4,4 Milliarden Jahre benötigt.

Die Light-Ager sagen, daß wir durch diesen langen Zeitraum sozusagen vergessen haben, wie intensiv sich der Mensch selbst entwickelt und *selbst erschaffen hat*. Und dieses Selbsterschaffen bzw. Selbstformen, das ist der »göttliche Auftrag« des Menschen.

Wie auch immer. Folgen wir Heinz Haber auf seinem Weg, *den ganzen Evolutions-Prozeß auf ein Jahr zu übertragen*, also vom 1. Januar bis zum 31. Dezember. Dann erst sieht man tatsächlich die intensive Mitgestaltung des Evolutions-Spiels durch die Menschen.

Ausgangspunkt ist das Jahr. Im Kürzungs-Maßstab steht es für 4,4 Milliarden Jahre. Eine Stunde sind dann 500 000 Jahre und eine Sekunde 140 Jahre. Auf dieser Basis kann man nun die Wichtigkeit des Menschen im Rahmen der Evolution und *die Dramatik des menschlichen Lebens* außerordentlich gut erkennen. Auf geht's:

In der ersten Januar-Woche war die Erdkruste schon so weit erkaltet, daß sich die Weltmeere bilden konnten. In den darauffolgenden Wochen haben sich in den Meeren die ersten organischen Moleküle gebildet. Das hat einige Wochen angehalten.

Dann – etwa im April oder Mai – ist wohl die wichtigste Erfindung gemacht worden: das Leben selbst. Die ersten Moleküle reproduzierten sich selbst. Das Leben konnte sich fortpflanzen. Danach folgten einige Monate, in denen sich die Moleküle zu den ersten Zellen formten. Anschließend entwickelten die Zellen ihre eigene Zellteilung.

Nun – so schreibt Heinz Haber in seinem Buch – »war kein Halten mehr«. Alle Grundstoffe waren nach vielen Monaten der langsamen Entwicklung vorhanden. Nun konnten auch die ersten Mutationen entstehen, ebenso die zweigeschlechtliche Fortplanzung. Anschließend gleich die ersten »Zellansammlungen«, das heißt die ersten Tiere und Pflanzen, die im Meer umhertrieben. Die ersten mehrzelligen Lebewesen entstanden etwa im Oktober, noch vor Beginn des Kambriums, das erst in der ersten Woche des Novembers begann. »In der Mitte des Novembers entstanden dann auch schon komplizierte Konstruktionen wie Schnecken, Muscheln und Seekrebse. In der zweiten Novemberhälfte« – so schreibt Haber – »kamen auch noch die Tintenfische hinzu. Dann kam es zur Bildung der ersten Wirbeltiere, dazu gehörten die ersten Fische, die Panzerfische.«

Haber weiter: »Und dann, am 28. November, eroberte das Leben endlich das Land, nachdem es fast 80 Prozent seiner Existenz nur im Meer zugebracht hatte.« Es entstanden die ersten Insekten, die ersten Landwirbeltiere. Die ersten Holzstämme entwickelten sich bei den Pflanzen. Und dann, am 2. Dezember, erschien der erste primitive Saurier. Etwa am 15. Dezember war der Höhepunkt der Saurier-Herrschaft. Aber schon am 2. Weihnachtsfeiertag, also am 26. Dezember, waren sie bis auf klägliche Überreste ausgestorben, weil sie sich der Evolution um sie herum nicht anpassen konnten.

Der Mensch erscheint erst am letzten Tag . . .

In der Kalendergeschichte, die exakt den geologischen und historischen Erkenntnissen entspricht, kommen wir jetzt zum Silvestertag, also zum 31. Dezember. Jetzt wird – wie Heinz Haber schreibt – die ganz Story plötzlich dramatisch. Folgen wir ihm hier wörtlich:

»Etwa in den ersten Vormittagsstunden hat sich eine besonders pfiffige und kluge Gruppe gebildet, die sogenannten Primaten oder – wie man am besten sagt – die Affen. Diese haben sich in viele Arten und Gattungen verzweigt. Und etwa vier Stunden vor Mitternacht haben sich einige Arten mehr und mehr dahin entwickelt, auf zwei Beinen zu gehen.

Dann, etwa um 22 Uhr, lernten sie, das Feuer zu beherrschen, erwärmten und beleuchteten ihre Höhlen. In diesen Höhlen haben sie in den letzten beiden Stunden auch die Eiszeiten überstanden, bevor diese drei Minuten vor Mitternacht zu Ende gingen.

In dem nun anbrechenden milden Klima der Zwischeneiszeit haben sie zwei weitere entscheidende Erfindungen gemacht, Ackerbau und Viehzucht. In den fruchtbaren Flußtälern des Zweistromlandes, in China und vor allem am Nil bauten sie Häuser, in die sie umzogen. Dann allerdings ging es sehr schnell. 45 Sekunden vor Mitternacht haben sie die Pyramiden erbaut. 40 Sekunden vor Silvester wurde Christus geboren. Und knapp eine Sekunde vor Ablauf des Jahres haben sie die Dampfmaschinen erfunden, womit die technische Revolution eingeleitet wurde. 0,23 Sekunden davor wurde die Atombombe erfunden. Nun schlägt es Mitternacht. Die letzten drei Minuten sind eigentlich unsere ganze Kulturgeschichte.«

Durch das Komprimieren auf ein Jahr wird sichtbar, wie dramatisch die Evolution des Lebens und die Selbst-Evolution des Menschen ist. Im Grunde ist alles das, was der Mensch heute ist und kann, durch den Menschen selbst entwickelt worden. Eine typische Sentenz aus dem Light-Age-Material dazu: »*Mein Gott, wir haben ja alles selbst erfunden!*«

Dies ist die innere Sentenz des Light Age. Es ist keine Blasphemie und keine falsche Sehnsucht nach dem Übermenschen, sondern es ist schlicht und einfach die Entdeckung, daß der Mensch sich selbst geformt hat und daß er in der jetzigen Situation sogar *die Kraft hat, sich selbst zu zerstören*, so daß er zu seiner vollen Verantwortung aufstehen muß, um sich umzuformen, damit er sich und die Erde nicht zerstört.

Die Light-Ager behaupten, daß bei dieser rasanten Kultur-Evolution der Mensch ohne *die Projektion eines Gott-Systems* nicht zu dem geworden wäre, was er heute ist. Ohne Gott-Entwurf hätte es keine Hochkultur gegeben. Aber nun sei die Zeit gekommen, um sich von dieser Projektion zu befreien.

Typisch für dieses Denken ist das in Amerika sehr verbreitete spirituelle Lehrsystem »A Course in Miracles«. Dieser Kursus ist sehr typisch für das sich entwickelnde Light-Age-Denken.

Abkehr von der Angst vor einem Gott, der straft

Nach den Kurs-Aussagen glaubt der Mensch nämlich ganz tief in seinem Inneren – so schreibt Margarete Tesch in ihrer Rezension –, ».. . daß wir Gottes Macht an uns gerissen haben und daß wir für diesen Angriff auf ihn mit Bestrafung zu rechnen haben, sie auch verdienen. Diese *Angst vor dem strafenden Gott* zwingt uns in eine Abwehrhaltung gegenüber der Liebe und läßt Getrenntsein als Heil erscheinen, eine Haltung, die sich offensichtlich in unseren Beziehungen zu anderen niederschlägt . . . insbesondere aber auch zur Natur.«

Eine der Kernaussagen des Kurses ist: »Was du projizierst, erkennst du nicht als deins. Und deswegen glaubst du nicht, daß es deines ist.«

Wenn man also Götter-Hierarchien oder sonstige Gottheiten projiziert, dann bemerkt man nicht, daß man im Grunde sich selbst beschreibt. Die Light-Age-Denker erkennen nun *den blinden Fleck* und sagen – sinngemäß–: Wenn wir ohnehin alles erfunden haben . . . alles das, was wir sind, glauben und wissen . . . warum übernehmen wir nicht dann *die volle Verantwortung* für uns und bauen uns als Menschen so um, daß wir unsere derzeitigen Defizite, blinden Flecke und habituellen Fehler ebenfalls überwinden. Daraus resultiert die Selbsterlösung und die Selbstformung des Menschen . . . zwei basale Säulen des Light Age.

Übrigens soll der Kurs ebenfalls gechannelt worden sein (das war ja zu erwarten!). Einer Psychologin soll der Inhalt durch ein geistiges Medium vermittelt worden sein. Interessant ist, daß er – soweit er mir vorliegt –

die wichtigsten *christlichen Elemente* zwar wiederholt, aber sie so radikal anders deuten, daß im Prinzip alles auf die Selbstformung des Menschen hinausläuft. Angesagt ist (bei einem Teil der spirituellen Szene) offensichtlich *der Abschied vom lieben Gott*, der alles von oben regelt.

Light Age und die Kritik am Christentum

Viele Channeling-Inhalte sind deshalb als *direkte Kritik am Christentum* zu verstehen.

Und einer der besten Interpreten und Kenner des Kurses, Kenneth Wapnick, sieht als einen der Hauptgründe für den Kurs,»die Fehler zu korrigieren, die die Geschichte des Christentums gleich von Anfang an einbrachte«. Viele Light-Ager sehen das Universum und die Religion inzwischen völlig anders, als es die christliche Kirche tut. Wie Kenneth Wapnick – bezogen auf den Kurs – sagt, sind es hauptsächlich drei Fehler, die das Christentum aufgrund politischer und sozialer Verzerrungen in sich birgt:

① *Gott schuf nicht das physische Universum* (das stimmt mit den meisten Theorien der Physik und der modernen Kosmologie überein).

② Jesus ist nicht der einzige Sohn Gottes. Statt dessen ist jeder von uns ein Teil des Christus so wie er. Der einzige Unterschied zwischen Jesus und uns ist, daß er der erste war, der sich an seine Identität als Christus erinnerte und aus dem Traum des Todes erwachte. Hier wird der Christus-Mythos völlig neu gedeutet: *Christus als Pionier für die neue Gott-Menschlichkeit.*

③ Jesus litt und starb nicht für unsere Sünden, statt dessen lehrt der Kurs, daß er überhaupt nicht litt. Er sühnte nicht für unsere Sünden, indem er ein Opfer darbrachte, sondern war Gipfel seiner Lehre, *daß Angriff in keiner Form jemals gerechtfertigt ist.*

Wapnick interpretiert dann den Kurs folgendermaßen weiter:»Die Religionen, die sich des Namens Jesu bedienten, wurden zum Symbol der Spaltung, des Hasses, der Schuld und der Trennung.«

Light Age und die Verantwortung für die Gentechnik

Light-Ager glauben, daß die Welt von uns erfunden wird als eine illusionäre Welt. Aber sie glauben – im Gegensatz zu den alten hinduistischen und buddhistischen Schriften –, daß diese Welt »vom Ego gemacht wurde als Angriff auf Gott und als ein Versuch, ein Versteck einzurichten, das Gott fernhalten würde« (Kenneth Wapnick).

Die westliche Kultur ist damit auf Schuldgefühlen aufgebaut, die wiederum die Quelle für permanente überzogene und über-idealistische Gottheits-Projektionen werden. Der Mensch nimmt seine Verantwortung, die er für sich selbst trägt, nicht an. Er überläßt sie einer höheren Gottheit, während er durch diesen Trick sich permanent befreit von seiner Verantwortung (siehe unsere Ökologie- und Weltprobleme etc.). Dieses Spiel hat ewig lange gut funktioniert, aber jetzt . . . wo die Genetik das Leben verändert, werden wir ganz energisch auf unsere verdrängte Verantwortung zurückgeworfen. Gen-Manipulation heißt »Gott spielen«.

Kenneth Wapnick dazu:»Unsere gesamten individuellen Probleme führen auf diese Weise zu einer Verstärkung des irrsinnigen Glaubens, daß ein zorniger Vater den sündigen Sohn verfolgt.« *Vergebung des Menschen durch sich selbst* (Selbst-Vergebung) ist deshalb ein wesentliches Element des neuen Light-Age-Denkens.

② Light Age führt zum Light-Tech

Es war wohl zuerst Hazel Henderson, die bekannte Wirtschafts-Forscherin aus den USA, die in einem ihrer Aufsätze geschrieben hat, daß wir *vor der Erfindung neuer Energien stehen,* weil die fossilen Verbrennungs-Energien mit Sicherheit ebenso wie die Atomenergie keine dauerhafte Problemlösung darstellen, vielmehr von Jahr zu Jahr mehr Probleme verursachen.

Hazel Henderson setzte alle Hoffnungen auf die Solar-Energie, wie das inzwischen vermehrt auch Experten und zum Teil auch Politiker tun. Sie nannte deshalb die kommende Energie-Epoche Solar Age oder *Light Age.*

Wir können also festhalten: Die Light-Age-Gedanken kommen nicht nur aus einer neuen spirituellen Orientierung, die die alten Religionen ablösen möchte, sondern sie kommen auch aus einem kraftvollen Ja zum Fortschritt, insbesondere hinsichtlich aller Licht- und Solar-Technologien.

Der Urgedanke von Light-Tech ist, *Strom direkt von der Sonne* abzuzapfen und mit möglichst wenig Energie und Umwandlungs-Verlust in Nutz-Energie zu überführen. Lange Zeit galt das als kaum möglich. In den letzten Monaten änderte sich aber die Meinung. Und viele Experten hoffen jetzt, daß Solar-Energie die konventionellen Energien ersetzen könnte. Durch Tschernobyl ist die Sehnsucht nach sanften und »ewigen«

Energien größer geworden. Der Stand der Solar-Diskussion könnte wie folgt beschrieben werden:

① Prinzipiell glauben viele Experten, daß der *Nutzungsgrad* der Solar-Energie *beträchtlich erhöht werden kann.* Allerdings fehlen hierfür noch wichtige Entdeckungen und technische Fortschritte (der Wille aber ist da).

② Gleichzeitig glauben viele Experten, daß die noch fehlenden Zwischenschritte erst dann erfunden werden können, wenn sich die Menschheit *mental voll auf Solar-Energie umstellt.* Getreu dem Motto: Nur da, wo ein großes kollektives Verlangen ist, offenbart die Natur ihre Geheimnisse. Wenn man auf Atomenergie, Atomfusion oder auf Erdöl setzt, dann fällt dem menschlichen Ingenium auch nicht viel zu Solar-Energie ein.

③ Früher glaubte man, daß die Solar-Energie nur in südlichen Ländern eine gewisse Zukunft haben könnte. Heute ist man durch die Verbindung von Solar-Zellen und Wasserstoff der Meinung, daß man – insbesondere in Verbindung mit dem neugefundenen Supraleiter – das Energie-Problem ganzheitlich, das heißt *für die ganze Erde sehen sollte.* Gedacht wird an Solar-Energie-Fabriken im großen Stil zum Beispiel im Äquator-Ring mit gleichzeitiger Umwandlung in Wasserstoff und Transport des Wasserstoffs auf unterschiedlichen technischen Wegen. Dadurch wäre die Solar-Energie auch für nördlichste und sehr kalte Länder praktikabel. Voraussetzung dafür wäre aber *eine weltweite Energie-Solidarität* (und die ist im Moment noch nicht sichtbar, es gibt ja noch nicht einmal eine Solidarität in Sachen Hungertod).

Auf der anderen Seite gibt es sehr viele positive Signale. Zum Beispiel hat das Fraunhofer-Institut auf dem Gipfelbereich des »Schauinsland« im Schwarzwald ein *Solar-Haus* (Rappenecker Hof) vorgestellt, das – so die Fraunhofer-Forscher – »weltweit erstmalig die volle Stromversorgung eines alleinstehenden Gebäudes ermöglicht«. Bei Serien-Produktion würde eine derartige, auf die nördlichen Bedingungen eingestimmte Solar-Anlage (der Solar-Generator weist 40 Prozent Solarzellenfläche auf) rund 80 000 Mark kosten. Allerdings – so das Institut – auch auf Jahrzehnte Energie zum Nulltarif bieten.

Man verspricht sich von der *Licht-Energie* auch deshalb in letzter Zeit sehr viel, weil die Fortschritte in der Wasserstoff-Forschung unübersehbar groß sind. Selbst traditionell orientierte Automobil-Hersteller experimentieren mit Nachdruck am *Wasserstoff-Pkw.* Zum einen, weil man weiß, daß Erdöl nicht immer dasein wird, zum anderen, weil die noch fehlenden Fortschritte nur durch konsequentes Forschen mit deutlichem *Trial-and-error-Charakter* gefunden werden können. Man kann nicht mehr Abwarten spielen.

Die neueste Erfindung . . . der Supraleiter

Einen großen Fortschritt hat die Solar-Diskussion erhalten durch *die technische Revolution des Supraleiters.* Für die Erfinder Müller und Bednorz wurden Nobelpreise vergeben. Unter Supraleitung versteht man den Prozeß, Elektrizität ohne Energieverlust durch Widerstand zu leiten. Einige Wissenschaftler glauben, daß diese Erfindung ebenso revolutionär sein wird wie die Erfindung des Transistors. Heute, wo wir auf dem besten Weg zu einer Computer Society sind, erkennen wir immer mehr, daß der Transistor für einen enormen *Intelligenz-Sprung der Technologie* und für die heute überall sichtbare Miniaturisierung gesorgt hat. Begonnen hatte das 1911 in Holland. Ein niederländischer Wissenschaftler stellte fest, daß einige Metalle superleitfähig wurden, wenn sie auf fast absolut Null gekühlt wurden, also den Punkt, an dem die Bewegung aller Atome aufhört. Man arbeitete mit der kostenintensiven Flüssigkeit Helium.

Vor einem Jahr hatte der Physiker K. Alex Müller von IBM, Zürich, die entscheidenden Fortschritte erzielt. Er hatte ein *superleitfähiges Kupfer-Oxid* entwickelt. Und seitdem forscht man nach den bisher wenig bekannten Gruppen von Oxiden auf Kupfer- und Nickel-Basis, um einen praktischen Weg für die Superleitfähigkeit zu erhalten. Im Januar 1986 wurde die Superleitfähigkeit bei einer rekordbrechenden Temperatur von 30 K bei einem Oxid gemessen, das aus drei Elementen besteht. Bednorz und Müller sind inzwischen die Pioniere dieser neuen, aufregenden Forschung. Und die Amerikaner und Japaner haben sofort nachgezogen. Inzwischen hat man eine Superleitfähigkeit erreicht, die bei 90 K liegt. Das Besondere daran: Die Forschungs-Ergebnisse und Fortschritte sind dermaßen schnell (möglich durch High-Tech, was beweist, daß High-Tech besonders sich selbst beschleunigt!), daß die gewöhnlichen Kanäle der wissenschaftlichen Kommunikation und der Anwendungs-Praxis nicht mehr funktionieren. Die Fortschritte sind schneller, als es die Gesellschaft nutzen kann. Während sich jetzt in den USA Venture capital bereitmacht, diese neue Technologie massiv zu fördern, ist ein Japaner gerade dabei, schon wieder einen neuen Rekord aufzustellen . . .125 K.

Wie BUSINESS WEEK schrieb, kommen durch diese massiven Fortschritte Produkte und Technologien in Reichweite des Möglichen, von denen einst nur geträumt wurde. Zwar wird es in den neunziger Jahren möglich sein, daß erste ausgereifte Produkte im Supraleiter-Bereich eingesetzt werden können, und für die spätere elektrische Nutzung werden sogar zehn bis zwanzig Jahre angesetzt, aber eines zeigen die Trend-Daten deutlich: Die Wirtschaft wird nicht mehr – wie bisher – rund fünfzig Jahre warten, um die neuen wissenschaftlichen Entdeckungen praktikabel zu machen. Erstmalig sind wissenschaftliche Entdeckung und wirtschaftliche Anwendung *fast zeitgleich zu beobachten.*

Light Age und Supraleiter

Der Supraleiter ist wichtig für die technische Seite des Light Age, weil er die üblichen Kupferdrähte, die derzeit zuviel Energie beim Stromtransport verbrauchen, überflüssig macht. Die Kupferdrähte verschwenden in den USA derzeit soviel Energie, daß man damit die gesamte Westküste erleuchten könnte. Kraftwerke würden viel effizienter arbeiten, wenn sie Generatoren verwenden, die aus superleitfähigen Elektromagneten bestehen würden. Und große Elektromagnete könnten genutzt werden, um Elektrizität während unausgelasteter Zeiten zu speichern.

Die Experten erwarten, daß die Supraleitfähigkeit auch die *Chip-Industrie gewaltig beeinflussen* wird. Die elektronischen Systeme von morgen werden hundertmal soviel, wenn nicht noch mehr informationsverarbeitende Kraft in kleinere Boxen packen können.

Die von Ökologen so lange erträumten fliegenden *Elektro-Züge*, die ohne Benzin oder Diesel fahren, würden einen gewaltigen Schub durch preiswerte und leichtgewichtige superleitfähige Magneten und Motoren erhalten. Auch *elektrische Autos*, bisher noch in einem ambivalenten Stadium verharrend, könnten zu einem sprunghaften Durchbruch kommen.

Light Age durch Light-Tech

Besonders vielversprechend ist die Kombination der *Solartechnik mit der Superleitfähigkeit.* Denkbar sind neue Solar-Materialien, durch die die Energie-Ausbeute der Sonnenwärme so beträchtlich gesteigert werden könnte, daß man tatsächlich vom Aufbruch ins Lichtzeitalter sprechen kann: *Light Age durch Light-Tech.*

Inzwischen hat die Mikro-Elektronik ebenfalls auf Licht gesetzt, und zwar auf *Röntgen-Licht.* Weltweit arbeiten neun Technologen-Teams daran, die Chips der Zukunft mit Röntgen-Licht noch feiner und noch dichter gepackt herzustellen. Die deutsche Gruppe, geleitet von Anton Heuberger vom Fraunhofer-Institut, liegt bei diesem Rennen weit an der Spitze. Man arbeitet nicht mit den üblichen Röntgen-Röhren, sondern man hat eine *weiße Strahlung* eingesetzt, die es seit vierzig Jahren gibt.

Auf dem Weg zu den *Röntgen-Chips* mußte nicht nur ein neuartiger Kompakt-Speicher für das weiße Strahlungs-Licht entwickelt werden, sondern auch ein neuartiger, röntgenempfindlicher Film, ebenso ein neuartiger Stepper, der die künftigen Chips mikrometergenau in die Lichtquelle positionieren muß.

Viel neuartige Technik also, um *durch Light-Tech die Chips zu verbessern*. Heuberger meint, daß der 64-Mega-Chip der erste sein könnte, bei dem die Optiker kapitulieren werden. Und spätestens dann wird man bei der gesamten Chip-Produktion auf die Licht-Produktion umschalten, weil diese Technik »nicht so brutal an die physikalischen Grenzen stößt«. Für die neunziger Jahre sagt Heuberger Chips von einigen Quadratzentimetern Fläche voraus: »Darauf können dann weitere Schaltkreise aufgesetzt werden, so daß *3-D-Chips* entstehen.«

Alles in allem: Durch neue Licht-Technologien kommt es zu einem *weiteren Innovations-Sprung in der Elektronik*. Die Licht-Elektronik kommt.

Auch bei der *künstlichen Intelligenz* (KI) wird das Licht immer wichtiger. Die führenden US-Firmen haben inzwischen einen neuen Weg eingeschlagen, um die Entwicklung der künstlichen Intelligenz schneller voranzutreiben.

Bisher setzte man auf immer höhere Rechengeschwindigkeiten. Das scheint jetzt überwunden zu sein. Man setzt auf einen völlig *anderen Typus von Computer*, dessen Denkweise sich am menschlichen Gehirn orientiert (neuronale Netzwerke). Dadurch hofft man die Leistungsfähigkeit der heutigen Computer-Generation zu erhöhen.

Durch die *Analogie zum menschlichen Nervensystem* (Synapsen) sollen die Computer in die Lage kommen, komplexere Denkmodelle als die bisherigen Computer-Modelle zu verarbeiten. Inzwischen ist es gelungen, Lernprozesse, Gedächtnis-Effekte und ähnliche menschliche Fähigkeiten durch Transmission der elektrischen Impulse zu imitieren.

Die künstliche Intelligenz wird aber erst dann unser Leben entscheidend verändern (was übrigens die meisten Experten glauben), wenn es wirklich *komplette Neuro-Computer* gibt. Aber gerade für die benötigt man Chips, die die Information nicht mehr über Millionen von Leiterbahnen konventioneller Silizium-Chips vermitteln, sondern über . . . und da kommt es wieder ins Spiel . . . Licht-Impulse.

Man setzt also auch bei der künstlichen Intelligenz auf Licht und Licht-Computer. Light-Tech auch hier.

Eine andere wichtige Linie des Light-Tech liegt in der *Photonen-Forschung.* Ein typisches Beispiel dafür ist die Bio-Photonen-Forschung, die inzwischen weltweit betrieben wird und für die in Deutschland Prof. Popp bekannt geworden ist. Man hat inzwischen bewiesen, *daß in jeder Zelle Licht vorhanden ist* und daß der Mensch nicht nur aus einigen Mineralien und viel Wasser besteht, sondern überwiegend aus Licht. Man weiß auch, daß die Reparatur genetischer Schäden ebenso wie die gesamte Wachstums-Kontrolle *durch das Licht in den Zellen gesteuert wird.* Man hat auch inzwischen beweisen können, daß beim Sterben einer Zelle immer kleine Photonen-Blitze ausgesandt werden. Leben ist Licht, Heilung ist Licht, Gesundheit ist Licht. Und dieses Licht wird als »*ultraschwaches Leuchten*« bezeichnet. Durch die modernen Technologien ist es nunmehr sichtbar und später wohl auch einsetzbar geworden.

Der erste Bereich, der von dem neuen Forschungsgebiet »Licht und Leben« beeinflußt werden wird, ist der *Lebensmittel- und Genußmittel-Bereich.* Man plant gerade den Einsatz von Bio-Photonen in der Nahrungsmittel-Qualitäts-Analyse ebenso wie in der *Umwelt-Forschung.*

Man kann zum Beispiel die Lebensqualität eines Lebensmittels (Vitalkraft) durch die Photonenmenge nachweisen. Das wird in den neunziger Jahren die Lebensmittel-Diskussion erheblich beeinflussen, zumal gerade die ersten Versuche mit Milch durchgeführt wurden (Tierärztliche Hochschule, Hannover).

Die Bio-Photonen-Analyse wird mit hoher Wahrscheinlichkeit auch im Umweltschutz eingesetzt werden. Sie zeigt, welche Öko-Systeme gestresst werden. Und sie verrät, wo Leben geschützt wird oder wo Leben getötet wird.

Mit hoher Wahrscheinlichkeit wird in den ersten Jahrzehnten des nächsten Jahrhunderts auch die *Medizin* von der Photonen-Forschung stark beeinflußt werden, weil Lebendigkeit und Heilung hier mit einer völlig anderen Perspektive diagnostiziert und optimiert werden können. Eine konkrete Licht-Medizin ist in der Entwicklung.

Fazit:

Die Photonen-Forschung wird – basierend auf ultraschwacher Lichtstrahlung – fast alle Bereiche der gesunden Lebensführung massiv beeinflussen. Auch hier gilt: Light-Tech für einen besseren, humanen Fortschritt.

Licht-Technologie wird *auch die Genetik* beeinflussen. Ein Grundgedanke ist folgender: Laut Isaac Asimov stellen Bakterien aus Licht Lebensmittel her. Warum sollte dann der Mensch nicht das gleiche tun können? Wenn es gelingen würde, könnte man aus *Sonnenlicht Nahrungsmittel herstellen.* Der Hunger – so Isaac Asimov etwas überschwenglich – wäre dann besiegt.

Was steckt hinter dieser Vision? Genetiker betreiben in der Tat intensive DNS-Forschung, um herauszufinden, »ob dieses Zentral-Molekül allen Lebens die Chloroplasten beeinflußt«, also die photosynthetische Aktiv-Substanz im pflanzlichen Zellplasma.

Wegen ihres Chlorophyll-Gehaltes können alle Pflanzen Nährstoffe aus nichtlebenden Quellen, wie zum Beispiel Sonnenlicht, erzeugen. Tiere und Menschen müssen eine Art parasitäres Dasein führen, »weil sie nur über die mühsam erzeugten und gespeicherten Nährstoffe der Pflanzen existieren können«. Im Prinzip hängt die Existenz aller Lebewesen (mit Ausnahme einiger Arten von Bakterien) also vom Chlorophyll ab. Hierzu gehört auch die Entschlüsselung der Photosynthese, für die es bereits einen Nobelpreis gab.

Die Forscher versuchen nun – vereinfacht gesagt –, *den Chlorophyll-Effekt künstlich zu organisieren.* Durch DNS-Analyse (also Genetik-Forschung) will man die Chloroplasten künstlich herstellen, weil sie die Photosynthese durchführen, also *die Umwandlung von Licht in eßbare Materie.* Isaac Asimov, Professor für Biochemie, schreibt dazu:»Gelingt es, kann man Nahrungsmittel aus Sonnenlicht produzieren . . . was eine überaus faszinierende Nebenwirkung der Genforschung wäre.« Durch Fortschritte in der Genforschung könnte es schon bald möglich sein, Lebensmittel aus Licht herzustellen.

Besonders spannende *Kämpfe sind im Energie-Bereich* zu erwarten. Hier ist man im Moment dabei, den Weg zu neuartigen Energie-Maschinen zu erstreiten.

Aufbruch zu neuen Energie-Maschinen

Besonders strittig ist im Moment in Expertenkreisen die *Relativitäts-*

327

Theorie von Einstein. Es wird hier heftig gekämpft, zum Beispiel mit der Formulierung:»Die Physikbücher müssen neu geschrieben werden.« Von der Relativitäts-Theorie hin zur Selbstorganisation.

Zum Beispiel behauptet Prof. Stefan Marinov aus Österreich, daß *das Zeitalter neuer Energiemaschinen* kommen wird, wenn erst einmal klar ist, daß Einstein sich verrechnet hatte bzw. daß sein Weltbild falsch ist aufgrund falscher Berechnungen.

Marinov hat mit relativ einfachen Mitteln *die absolute Geschwindigkeit der Erde* gemessen und auf diesem Weg Einstein endgültig widerlegt – wenigstens behauptet er das. Interessant ist, daß dieser Kampf offensichtlich sehr ans Eingemachte der Experten geht, weil die führenden Zeitschriften NATURE und EUROPHYSICS LETTER das Manuskript von Marinov schlichtweg abgelehnt haben. Man will an die klassische (neue) Physik weiter glauben. Doch ein vorsichtiges Umdenken ist in Sicht!

Und Marinov und mit ihm viele Mitstreiter – wie Kretzschmar, Theimer, Dingle und Barth – glauben, daß einige Grund-Axiome des derzeitigen physikalischen Weltbildes völlig falsch sind, weshalb die Energie-Maschinen, die eigentlich längst überfällig wären, nicht gefunden werden können.

Hinter der Vision neuartiger Energie-Maschinen steht aber nicht nur ein neues physikalisches Weltbild, das sich von Einsteins Relativitätstheorie massiv entfernt hat, sondern auch eine Auffassung, die davon ausgeht, daß die Versuche, Solar-, Wind- und Wasser-Energie als alternative Energien zu fördern, als geradezu»naiv und unwissenschaftlich zu bezeichnen sind« (Nieper). Man will *die Konversion von Schwerkraft-Feldenergie*, weil diese Energie konkurrenzlos und zu jeder Zeit an jedem Ort in extrem billiger Form zu haben sei. Man glaubt an ein Hyper-Energiefeld, das man anzapfen könne. Das soll mit sogenannten Konvertern geschehen. Konverter steht für Wandler. Aber genau an diesen Maschinen prallen nun – wie RAUM & ZEIT immer wieder schreibt – die Meinungen der orthodoxen und der neudenkenden Physik außerordentlich hart aufeinander. Nun ja, das war immer so.

Der Griff zum Perpetuum mobile

Die bestehende Lehrmeinung – basierend auf Einstein und anderen – geht davon aus, daß Energie bestenfalls in verschiedene Formen umgewandelt, *nicht aber erzeugt werden kann.*

Die alternativen Physiker und Technologen glauben aber, *daß man auch*

Energie erzeugen kann, indem man aus wenig Energie mehr Energie macht, oder daß man sogar der Maschine gar keine Energie zuführen muß. Das wäre das Reizwort schlechthin . . . nämlich *Perpetuum mobile*.

Nun klingt das alles sehr nach Spökenkiekerei, aber auf der anderen Seite ist in der angesehenen Zeitschrift NEW SCIENTIST schon vor einiger Zeit berichtet worden, daß ein Amerikaner, nämlich Joseph Newman, offensichtlich sogar das skeptische *amerikanische Patentamt überzeugen konnte*, ihm das erste Patent für ein Perpetuum mobile zu gewähren, und zwar als Weltpatent mit der Nummer WO 83/00963.

Ein Auto fährt mit einer 9-Volt-Batterie eineinhalb Tage lang

Bei dem Test hat Newman einen Wagen, eine Art Auto mit Glasfaser-Karosserie, vorgeführt, der, von einer 9-Volt-Batterie angetrieben, eineinhalb Tage lang lief und dabei eine kontinuierliche Geschwindigkeit von mehr als 10 km/h erzielte.

Newmans Erklärung für das sensationelle Phänomen: Durch das Ein- und Ausschalten der Energiequelle, die mit einer großen Breitband-Kupferdraht-Spule verbunden ist, baut sich ein *starkes Magnetfeld* auf. Und dieses Magnetfeld *soll Atome in nutzbare Energie umwandeln.* Auch hier also Konverter-Technik, wie sie von den Tachyonen-Anhängern diskutiert wird.

Was immer man davon hält, das Patent ist tatsächlich erteilt worden. Es gibt also das erste Gefährt, das durch sein eigenes Fahren mehr Energie erzeugt, als es als Imput bekommen hat. Eine Wendemarke!

Die Entdeckung einer neuen Kraft

Parallel dazu muß man sehen, daß heute ohnehin ein kräftiges *Umdenken in Sachen Energie* stattfindet. Forschern der University of Washington ist es beispielsweise schon vor einigen Jahren gelungen, eine Art »*fünfte Kraft*« zu entdecken.

Bisher gab es nur vier Fundamentalkräfte in der Physik, nämlich den Elektromagnetismus, die schwache Wechselwirkung, die starke Wechselwirkung und die Gravitation. Nun hat man eine *Anti-Schwerkraft* empirisch nachweisen können.

Und Wissenschaftler der University of Colorado in Boulder haben diese neue Fundamentalkraft inzwischen auch experimentell mit Hilfe von Laser-Meßgeräten bestätigen können. Es gibt sie also. Vermutlich muß tatsächlich das physikalische Weltbild umgeschrieben werden.

Es ist also durchaus im Bereich des Möglichen, daß Tachyonen-Energie oder andere, noch unbekannte Energieformen eines Tages nutzbar werden, also Energien, die sehr wenig Energie verbrauchen oder die ähnlich wie ein Perpetuum mobile funktionieren.

Was hat das mit Light Age zu tun? Die Tachyonen-Energie ist keine Solar-Energie, aber sie ist eine *reine Natur-Energie*, die entsprechend den Thesen von Hazel Henderson eine »zu empfangende Energie« ist.

Hier wird nichts mehr verbrannt oder verbraucht, sondern hier werden Fundamentalkräfte umgewandelt (wobei inzwischen schon gefragt wird, was die Fundamentalkräfte eines Tages dazu sagen werden).

Allen Technologien des kommenden Lichtzeitalters dürfte nämlich eines gemeinsam sein: Sie werden durch eine *dienende Kooperation mit der Natur* empfangen werden. Es ist nicht mehr die Ausbeutung der Natur, nicht mehr das Vernichten der Natur (zum Beispiel durch Verbrennen von Kohle oder Ausbeute von Uran-Vorkommen), sondern es ist das Ernten grundsätzlicher, *ewig fließender Kräfte* wie Solar oder Schwerkraft.

Das Light-Age-Denken formt eine andere Auffassung von Wissenschaft und Technologie: *dienend und empfangend*. Der Mensch nicht mehr als Gegner, sondern als co-evolutionärer Partner der Natur.

③ **Das globale Handeln . . .**
das Dienen einer Elite für den besseren Geist

Elite, das ist ein etwas verwirrender Begriff. Denn an sich laufen die kulturellen und sozialen Tendenzen ja nun nicht gerade zu einer neuen Elite, sondern – ganz im Gegenteil – zu einer *partizipativen Demokratie*. Auch in den Unternehmen setzt sich der Faktor Gleichrangigkeit immer mehr durch. Überall ist »Abbau der Hierarchien« angesagt.

Und dennoch: In der jetzt aktuellen Bewußtseins-Diskussion ist tatsächlich eine »*dienende Eliten-Rolle*« wieder in die Diskussion gekommen insofern, als das Bewußtsein großer Gruppen sich immer nur entwickeln kann durch das vorab entwickelte Bewußtsein kleinster Gruppen. Globales Bewußtsein hat etwas mit Vorab-Eliten zu tun, denn das Pionier-Bewußtsein können – trotz aller Partizipation – immer nur Pioniere haben. Und das sind die wenigen, die früh sind.

Das Bewußtsein kann sich selbst nicht beobachten, so wie sich das Sehen nicht sehen kann. Man kann also mit dem jetzigen Bewußtsein nicht – wie der Jesuit und Zen-Pater Lassalle in einem TV-Interview einmal sagte – das zukünftige Bewußtsein sehen. Das zukünftige Bewußtsein muß erst vorab durch unseren heutigen Geist entworfen werden. Das ist die These des Light Age. Aber das können nur wenige Menschen. Die meisten können sich nur das bewußtmachen, was ihnen im Prinzip schon vorbewußt ist. Und für dieses *Vorbewußtsein* sollen nun die *Minoritäten* sorgen. Deshalb gibt es also bei der Konstruktion der *Netzwerke* immer wieder Tendenzen, die darauf hinauslaufen, daß einige wenige sich verpflichtet fühlen, das Bewußtsein der anderen zu heben. In diesem Sinne soll es als Dienen verstanden werden.

Typisch dafür ist auch die Meinung von Ken Wilber: Light-Age-Menschen werden erkennen,»daß Politiker, wenn sie alle Aspekte des Lebens verwalten wollen, auch Verständnis für und Beherrschung aller Aspekte des Lebens demonstrieren müssen. Vom Körper zur Seele zum GEIST.« Also müßten die Eliten idealerweise auch Eliten des Geistes sein. Ken Wilber schreibt dann weiter:»Erweist sich das als unmöglich, wird *die Rolle der Politik* auf das Management niederer Austausch-Ebenen beschränkt werden.«

Entsprechend den Trend-Diagnosen ist das bereits der Fall. Die Parteien-Politik verflacht derzeit immer mehr und reduziert sich zu einer Art politischem Verwaltungs-Management ohne eigentliche *Bewußtseins-Führung*. Die Bewußtseins-Führung rutscht dann aus dem Feld der Politik in ein neues Feld. Und dieses neue Feld fällt dann – so Wilber – »einem *neuen Typ von Para-Politikern*« zu.

Mit anderen Worten: Wir rutschen durch die Informations-Gesellschaft in eine Bewußtseins-Kultur hinein. Und in dieser können nur diejenigen Führer sein, die auch *das Bewußtsein führen können*.

Das gleiche komme in Zukunft auf die Unternehmer und Manager zu: Die wirkliche Führung wird die Führung des Bewußtseins (und zwar der ganzen Organisation) sein . . . also die Führung des kollektiven Geistes. Aber diese *Führung durch Bewußtseins-Führung* kann nur derjenige praktizieren, der mit dem umzugehen versteht, was die Light-Ager das *Überbewußtsein* nennen: Das Meta-Bewußtsein ist das Instrument der neuen Führung.

Wilber weiter:»*Das Ich-Bewußtsein steht vor dem Übergang ins Überbewußtsein. Das Durchschnitts-Individuum in seiner großen Mehrheit kann* jetzt beginnen, ein transzendenter Held zu werden.« Auch hier wieder das gleiche: Eine kleine Minorität bereitet den nächsten Schritt vor. Dieser nächste Schritt soll ein Schritt ins Überbewußtsein sein. Darunter verstehen die Light-Ager (und Ken Wilber müßte man wohl dazu zählen) die Überwindung der mythischen und der egorationalen Dimensionen unseres Bewußtseins.

Diese letzte Ebene (von Wilber die vierte Ebene genannt) wird auch die mental-ichhafte Ebene genannt. Und das ganze Modell wird wie *eine Art Staffellauf* des Bewußtseins gesehen im Sinne einer großen Kette. Wilber dazu:»Als der Durchschnitt die mental-ichhafte Ebene gewann, erreichten die Höherentwickelten die Ebenen sieben und acht.«

Diese Ebenen sollen die höchsten Ebenen des Überbewußtseins sein. Wilber will damit sagen, daß auch die kleine Gruppe der Pioniere nur weiterkommt, wenn die Majorität nachgerückt ist. Das eine entwickelt sich also durch das andere. Alle brauchen sich wechselseitig. Das globale Gehirn besteht aus Wechsel-Beziehungen.

Die Struktur des Überbewußtseins (Meta-Bewußtsein)

In diesem vernetzten Sinne versteht sich auch der Anspruch des»Licht-Adels«. Er versteht sich als dienend und als altruistisch. Prüfen wir an dieser Stelle, wie sein Überbewußtsein aussehen könnte:

Nach Wilber gibt es dort vier Sub-Ebenen. Die erste ist der *schamanischen Trance*, da gibt es hauptsächlich Körper-Weisheit und *neue psychische Fähigkeiten*.

Dann gibt es den *subtilen Bereich*, dort werden Archetypen erlebt und insbesondere»subtiles Licht und subtile Klänge«. Hier ist der eigentliche Schwerpunkt der derzeitigen Licht-Spiritualität.

Danach gibt es den *kausalen Bereich*. Das ist die nicht manifestierte Leere. Es kommt zur *Einheit von Seele und Sein*, der Dualismus zwischen Menschlichem und Göttlichem wird transzendiert und überwunden (hierzu gehört die Selbsternennung des Menschen zum Gott nach dem Motto: Wir sind die Götter, die sich ihre Götter erschaffen haben).

Danach erst folgt die *radikale Transzendenz*. Hier kommt es zur Identität von Manifestem und Nichtmanifestem. Das Sein und das Nichtsein verschmelzen zu einem gesamten Weltprozeß der Leere.

Das sind nun reichlich verwirrende Vokabeln. Aber immerhin, in der Light-Age-Szene hat man begonnen, die erste und zweite Sub-Ebene aufzuschließen. Wilber selbst glaubt, daß das Überbewußtsein viele Jahrzehnte, vermutlich sogar Jahrhunderte braucht, um sich genauso zu entwickeln, wie sich das jetzige, mentale Ich-Bewußtsein entwickelt hat, das die Zeitspanne vom Mittelalter bis heute benötigte, um zum normalen Standard-Bewußtsein unseres Alltags zu werden.

Aus Indien kommend ist hier der Begriff der *Mikro-Vita* in die aktuelle Diskussion eingebracht worden. Dieses Modell paßt erstaunlich gut zur modernen Quanten-Physik, weil es sich hier um ein *unsichtbares geistiges Lebensmuster* handelt, das geprägt und geformt werden kann. Und genau das ist ja auch ein wesentliches Kennzeichen der integralen Kultur:

daß das zukünftige Sein durch zukünftiges Bewußtsein geformt werden kann.

Betrachten wir nun die These vom »globalen Handeln«. Hier soll eine Elite den anderen dienen. Was ist das Ziel dieses »Dienens«? Es sollen keine Gurus entwickelt werden, keine großen Meister, keine Hierarchien, sondern genau das Gegenteil: eine Art *Do-it-yourself-Spiritualität.*

Denn es geht – entsprechend dem Rahner-Zitat »... der neue Mensch wird ein Mystiker sein, oder er wird nicht sein« – gerade *nicht* darum, einige zu ewigen (dummen) Schülern zu machen, während die anderen es immer etwas früher und etwas besser können. Im Gegenteil: Die »*morphogenetischen*« *Ambitionen* des Licht-Adels sind darauf ausgerichtet, daß sich eine *Jedermann-Weisheit* entwickeln soll. Jeder soll seine eigene spirituelle Sprache sprechen lernen, unabhängig von religiösen und sonstigen Dogmen.

Bei dem Konzept des Licht-Adels verbindet sich also der Demokratisierungs-Trend mit einem Elite-Trend. Die spirituelle Demokratisierung beruht auf einer Art *Pop-Volkskultur*, denn die neue Spiritualität wird tatsächlich in erster Linie *von den Szenen getragen* und nicht von der Hoch-Kultur. Sie verbindet sich mit dem Mega-Trend zur Freiheit, also mit der seit den sechziger Jahren anhaltenden Strömung zu mehr und mehr Partizipation. Auf der anderen Seite ist auch ein Elite-Aspekt enthalten, weil man erkannt hat, daß der Fortschritt des Bewußtseins abhängig ist vom Pionier-Bewußtsein der wenigen, die früher sind.

Die Beschleunigung durch die Medien

Durch die Channeling-Methoden und durch die modernen Medien und Technologien (Tele-Workshops) soll, daran glauben selbst so wissenschaftlich ambitionierte Forscher wie Ken Wilber, eines Tages *die höchste Transzendenz schneller* gelernt und verbreitet werden.

So wie im Mittelalter die *rationale Denk-Kompetenz* durch Bücher und Schriften immer schneller verbreitet und durchgesetzt worden ist (eine inverse Reaktion im Sinne eines sich selbst beschleunigenden Tempos), so sollen die *elektronischen Medien* schon bald dazu beitragen, daß die ehemals unbegreiflichen Erfahrungen der Mystiker (zum Beispiel Licht-Erlebnisse) immer schneller und glatter von immer mehr Normal-Bürgern nacherlebt werden können.

Eine etwas kühne Perspektive . . . aber: Das, was sich in den USA um Shirley MacLaine und andere Spirit-Stars derzeit im Medien-Alltag abspielt, das bestätigt die Erwartungen Wilbers und anderer durchaus.

Wilber dazu:»Man wird in der Technologie ein geeignetes *Hilfsmittel zur Transzendenz* und nicht einen Ersatz dafür sehen. Massenmedien und drahtlose Telekommunikation sowie neuartige Verbindungen zwischen Mensch und Computer werden als Vehikel eines vereinigenden Bewußtseins genutzt werden.« *High-Tech für High-Spirit.*

Die wichtige Rolle des Zeitgeistes

Die Elite, die sich als Bewußtseins-Diener versteht, bemüht sich also darum, die derzeitig noch sehr große Distanz zwischen den Vordenkern und den Nachdenkern zu überwinden zugunsten eines weitestgehend gleichen Bewußtseins. Das wichtigste Instrument dafür ist der *Zeitgeist.* Und genau der kann durch morphogenetische Prägungen geistig geformt werden.

Fazit:

Das fließende Formen des Geistes geschieht durch das Formen des Zeitgeistes.

Hierzu haben der Biologe Rupert Sheldrake und der Quanten-Physiker David Bohm hervorragende Arbeiten vorgelegt. Sie belegen, daß es tatsächlich möglich ist, das neue Bewußtsein, die neuen Ideen und die neuen Kompetenzen so vorzuformen, daß sie quasi in der Luft liegen, so daß sie an mehreren Orten fast gleichzeitig von immer mehr Menschen nachempfunden werden können. Die Nivellierung der Klassenunterschiede im Bewußtsein . . . das ist das Ziel des Licht-Adels. Das Meta-Bewußtsein könnte somit schneller zu einem *populären Alle-Leute-Bewußtsein* werden.

Was hat das mit Wirtschaft und Management zu tun?

Sehr viel. Wenn die *Theoretiker einer Geistes-Evolution* – und als solche muß man die Light-Ager verstehen – recht haben, dann ist es durchaus möglich, daß sich die Geistigkeit und das Bewußtsein von Menschen in wenigen Jahren und Jahrzehnten radikal ändern.

Nach der alten, mechanischen Auffassung wäre das nicht möglich, weil alles sehr lange dauert und weil die Diffusions-Prozesse *keine Quantensprünge zulassen.* Stimmen aber die Gesetze des Geistes, so können die langsamen Ablauf-Schemata durchbrochen werden zugunsten eines schnelleren Bewußtseins-Quantensprungs, weil die Menschheit dann *lernt, wie man schneller Bewußtsein lernt.*

Das würde bedeuten, daß schon in den neunziger Jahren und erst recht im ersten Jahrzehnt des nächsten Jahrtausends bei den Bürgern und Konsumenten völlig neuartige psychische (zum Teil auch körperliche) Kompetenzen und Fähigkeiten da wären und daß sich das Meta-Bewußtsein zumindest bei fünf bis zehn Prozent der Bürger durchsetzen könnte. Dies würde unsere Kultur radikal wandeln, weil sich dann der Zeitgeist und das Meinungs-Klima entscheidend spiritualisieren würden. *Die Spiritualisierung des Alltags* wäre da.

Und in der Tat: Die Jugendlichen, die man *Hyper-Realisten* nennt, sind bereits gekennzeichnet durch eine *multiple Identität*, die sie befähigt, ihre eigenen Mind-Programme spielerisch von sich aus – also ohne Krisen – umzuprogrammieren.

④ Der Weg zum bewußten Bewußtsein

Ein besonders wertvoller Impuls, den die Light-Age-Theorie in die Wirtschaft und das Management hineintragen wird, sind *neuartige Lern-Methoden.* Hier operiert man mit dem Modell der neuronalen Schaltkreise des Bewußtseins.

Man hat erkannt, daß das Bewußtsein immer dann am schnellsten verändert werden kann, wenn man *ein Bewußtsein über das eigene Bewußtsein* aufbauen kann. Man operiert deshalb immer mit dem Modell der *Meta-Programmierung* (Lilly), weil dadurch die Zukunft eine Erfindung wird. Zukunft ist aus dieser Sicht immer eine erfundene oder geistige Form, geformt durch Mind Design. Und diese Form beeinflußt die Gegenwart und das zukünftige Verhalten.

In diesem Ansatz liegen auch die Versuche des Light Age, unsere Gesellschaft vom derzeitigen Konditions-Modell »Nur durch Schaden kann man lernen« zu befreien, um durch Weisheit (gültiges Vorwissen) zu lernen, bevor der Schaden kommt.

Man will sich also *befreien von dem Unterbewußtsein*, weil das Unterbewußtsein eine Art Archiv ist mit vielen alten und toten *Emotions-Filmen*. Das Unterbewußtsein steuert mehr oder weniger unwillkürlich viele Vorgänge im Organismus (Angst, Schweiß, Händezittern etc.). Das Unterbewußtsein blockiert somit das *Lernen durch Weisheit*.

Aber wir sind nicht Gefangene des Unterbewußtseins. Der Mensch ist durchaus in der Lage, *Schaltkreise über dem Bewußtsein* aufzubauen (also das Überbewußtsein) und diese genauso wirksam zu machen wie das Unterbewußtsein.

Dieses geistige Überbewußtsein wird dann zum Korrektiv des emotionalen Unterbewußtseins. Die Automatismen der toten Vergangenheit werden aufgelöst. Der geformte Geist, also das Überbewußtsein, bekommt die Herrschaft über die Seele. Die *Geist-Führung* steuert die Psyche und die materielle Welt.

Für das Management bedeutet das: Wer seinen Geist aus dem Überbewußtsein führen kann, wird zum *geistigen Führer*. Wer ein geistiger Führer ist, wird ein *echter Führer*.

Diese Theorien, die unter anderem auch von dem Psychologen Timothy Leary entwickelt worden sind, sehen das menschliche Bewußtsein und das *menschliche Gehirn als einen Computer*, dessen Software sich beim Arbeiten permanent selbst umprogrammieren kann. Hier verbinden sich schon heute Computer-Technologie (insbesondere künstliche Intelligenz) und Bewußtseins-Forschung. Und die aktuelle *Cyber-Technologie* wird diesen Trend schon bald beschleunigen.

Die uns vorliegenden Äußerungen, zum Beispiel die von Varela über *künstliche Intelligenz (KI) und Bewußtsein*, lassen den Schluß zu, daß wir in den neunziger Jahren völlig neuartige Einsichten bekommen werden zur Frage, wie Bewußtsein entsteht. Die Menschen werden durch KI und Cyber-Tech lernen, daß sie ihr Bewußtsein falsch lernen.

Eine andere Einstellung zu Gefühlen kommt

Inzwischen weiß man soviel: Die Gefühls-Welt (also das, was in der Psycho-Welt und in der *Psycho-Szene* für besonders wichtig gehalten wird) ist nicht in der Lage, neues Bewußtsein zu prägen. Im Gegenteil.

Wie der Kasseler Psychologie-Professor Lantermann in seinem Buch »Die dunklen Kammern – Grenzen der Gefühle« feststellte, sind *unsere Gefühle nicht mehr zeitgemäß.*

Lantermann hat durch seine Forschungen erkannt, daß das Nichtvorstellbare, also das sinnlich nicht Faßbare, *keine Gefühle hervorrufen kann.* Und hier liegen genau die Grenzen. Da die Menschen aber überwiegend stolz auf ihre Gefühle sind (Gefühle als echte Menschlichkeit), fallen sie immer wieder zurück ins Mystisch-Magische und damit – aus der neuen Sicht – ins irrationale Feld, statt in das leichte, helle Feld des Überbewußtseins hineinzukommen.

Interessant ist nun, daß aber die Light-Age-Theoretiker davon ausgehen, daß auch das Nichtfaßbare und Zukünftige nun doch mit Gefühlen besetzt werden kann, aber nicht mit den persönlichen Gefühlen, sondern mit »mentalen Gefühlen«, die man erfinden kann ... und zwar durch die *geistige Technik der persönlichen Mythen.*

Das ist neu: die erfundenen Gefühle für die Zukunft

Man glaubt in der Lage zu sein, Gefühle für die Zukunft zu entwickeln, um sich von den alten, negativen Prägungen und dem *Archiv der toten Emotionen* befreien zu können.

In der gesamten Light-Age-Bewegung liegt also ein eminent wichtiger Ansatz für *neue Lern-Modelle* besonders für das Lernen von komplexen Mustern. Das wird besonders für die Bereiche Fortbildung und Training wichtig werden, aber insbesondere für das Top-Management, wenn es darum geht, Kontext-Entwicklung und *Visions-Management* zu betreiben, wie ich es in Teil 1 beschrieben habe. Warum?

Vision ist nicht nur Intuition und Gefühl

Vision wird von den meisten Managern mit einer vagen Vorstellung von Intuition gleichgesetzt. Und diese Intuition wird meistens auch gleichgesetzt mit *Gefühls-Sensitivität.*

Das ist – entsprechend den Light-Age-Thesen – nicht richtig. Der eigentliche Schwerpunkt für Kontext- und Visions-Management liegt *im geistigen Feld.* Und die geistigen Welten sind Welten, die nicht schon vorhanden sind wie das Gefühls-Archiv (Psycho-Welt).

Die Light-Ager glauben, daß es um diese Formung des Geistes geht und nicht um die Sensibilisierung der Gefühle. Wer in die *Psycho-Welt einsteigt*, wird zwar häufig gefühlsintensiver, wird aber deshalb nicht kompetenter, was die Formung der Zukunft durch die Formung des Geistes betrifft.

Gerade für die Eliten im Business ist es aber wichtig, diesen Unterschied frühzeitig zu erkennen, um besonders das Mittel-Management in den Unternehmen frühzeitig darauf trainieren zu können, *geistige Kompetenzen* aufzubauen und nicht einseitig mit den Techniken der derzeitigen Psycho-Szene zu arbeiten (Sensitivitäts-Training etc.). Das, was einen Unternehmer ausmacht, ist in erster Linie seine Fähigkeit, den Geist so zu formen, daß dadurch die Zukunft geformt wird. Es ist die Fähigkeit, mit seinem Mind den kollektiven Geist eines Unternehmens zu gestalten.

Der überall jetzt laut werdende Ruf nach mehr Unternehmertum und mehr Zukunfts-Mut stößt ins Leere, wenn das Management nicht den *Weg zur Formung des Geistes* findet. Ohne das Tao-Bewußtsein kann man den Geist aber nicht führen. *Die Elite der Führer* wird eine Elite des Geistes sein müssen . . . das ist der neue Trend.

Das Tao-Bewußtsein geht davon aus, daß die geistigen Welten immer Fiktionen im Sinne von Erfindungen sind. Nichts von dem, was man »im Raum des Geistes« sieht, ist wahr. Alles ist erfunden. Eine typische Sequenz dazu:

»Nachts erschien eine Stimme an meinem Bett und flüsterte mir zu: Es gibt keine Stimme, die nachts flüstert.« (Idries Shah).

Es ist also alles Erfindung. *Geist erfindet Geist.* Und die geistige Elite wird gerade daran gemessen, daß sie an die eigenen Erfindungen glauben kann, obwohl sie weiß, daß es nur Erfindungen sind.

Die theoretische Basis für dieses eigentümliche Denken liegt nicht etwa im Asiatischen (obwohl im Zen-Buddhismus ähnliche Gedanken vertreten werden), sondern in der *Quantenphysik.*

Der deutsche Physiker Werner Heisenberg hatte mit seiner mittlerweile sprichwörtlich gewordenen »*Unschärfe-Relation*« 1927 gezeigt, »daß die Realität in ihrem fundamentalsten Bereich, nämlich im subatomaren, von den Wissenschaftlern nicht erkundet, sondern regelrecht erfunden wird«. Also: Selbst der Kern der Materie ist unsere Erfindung.

An Erfindungen glauben können . . . das ist geistige Führung

Alles ist also eine Erfindung und Fiktion. Wallis Stevens schreibt, daß unsere Welt im Grunde »die Fiktion aller Fiktionen« ist. Und deshalb ist das, was man in der neuen Philosophie *den Glauben an den Glauben* nennt, das eigentliche, kommende Werkzeug für Middle- und Top-Manager.

Stevens dazu:»*Der tiefste Glaube* ist der Glaube an eine Fiktion, von der man weiß, daß sie eine Fiktion ist und daß außer ihr nichts existiert. *Die höchste Wahrheit* ist, zu wissen, daß unsere Vorstellungen nur Vorstellungen und Fiktionen sind und daß man willentlich an sie glaubt.«

Interessant ist auch, daß die neuartige Behavior-Medicine, also die neuartige *Verhaltens-Medizin*, die auf Basis neuroimmunologischer und neuropsychologischer Forschungen beruht, ebenfalls nachgewiesen hat, wie stark gerade die geistigen Kräfte auf das Immunsystem einwirken können, sowohl im negativen als auch im positiven Sinn.

Aufbruch zum Mental-Management

Alles in allem: Light Age wird völlig neuartige Lern-Modelle bringen. Bewußtsein wird nun nicht mehr als passives Ergebnis der Informations-Verarbeitung aufgefaßt (Bewußtsein kommt von selbst), sondern Bewußtsein wird zu *einem aktiven Instrument*, durch das man sich von den alten Gefühls-Prägungen und blockierenden Programmen trennen kann und durch das man seinen eigenen Geist so formen kann, daß er im geistigen Raum *neue Zukünfte formen kann*. Das alles wird vermutlich zu einer praktischen Lehre des *Mental-Managements* führen. In dieser Lehre wird das mentale Formen von Kontexten enthalten sein ebenso wie die neue Zeit-Intelligenz für das Fließen von Geist.

⑤ Light Age sagt ja zu Gen-Tech

Im Light Age ist eine Art neuer Mythos enthalten, der der *Selbstformung des Menschen durch den Menschen*. Das wird in der Szene häufig formuliert als»aufstehen . . . und die Gottheit werden, die man bisher angebetet hat«.

Auffällig ist nun, daß dieser neue Mythos der Selbstformung ganz offensichtlich zu dem paßt, was wir heute in der westlichen Welt unter *Eugenik und Genetik* (Erb-Manipulation) verstehen. Man könnte sogar sagen, daß der neue Mythos der Selbstformung des Menschen im Grunde nichts anderes ist als der vorlaufende Mythos für die nachfolgende Rationalisierung und Technologisierung. Konkret: Der Mythos der Selbstformung wurde nötig durch die Genetik.

In der Tat sehen Mythen-Forscher wie Paniker die Rolle des Mythos gerade in diesem Vorlauf. Sie sehen im Mythos das Formen eines Vor-Bewußtseins, das nötig ist, um später zu einem rationalen Bewußtsein zu kommen, also zu jenem Bewußtsein, das wissenschaftliches und *technologisches Handeln* überhaupt erst möglich macht. Ohne Mythos keine Handlungen in der wirklichen Alltags-Welt, also in der Welt der Materie. Der Mythos erst macht die folgende materielle Wirklichkeit möglich.

Betrachten wir aus dieser Perspektive den immer stärker werdenden Trend zur Genetik und den noch sehr verschämten und kontroversen Trend zur Eugenik:

Es wird nicht ohne Gen-Tech gehen

1830 gab es eine Milliarde Menschen auf der Erde. 1927 waren es schon zwei, 1960 waren es drei, 1974 waren es vier. Und . . . nur dreizehn Jahre später waren es bereits fünf Milliarden. Wie Ralph E. Hamils in THE FUTURIST (7-8/87) schrieb, erwarten die Forscher sechs Milliarden Menschen schon in den neunziger Jahren, sieben Milliarden im Jahre 2010 und acht Milliarden im Jahre 2023. Immer vorausgesetzt, es gibt keine atomaren Weltkriege und keine weltweiten Epidemien.

Futurologen, die sich zum Thema »Die nächsten hundert Jahre . . . die Zukunft« trafen (veranstaltet von der amerikanischen Newspaper Public Association), glauben, daß die sechs Milliarden Menschen, die wir mit Sicherheit bald auf der Erde haben werden, zwar noch einigermaßen gut durch unsere derzeitigen Methoden des Landbaus ernährt werden könnten, obwohl schon jetzt massive Verteilungs-Probleme auftauchen.

Aber sie glauben eben auch, daß wir bis zur Mitte des nächsten Jahrhunderts neun bis vierzehn Milliarden Menschen ernähren müssen. Und dann geht es nicht mehr mit den *klassischen Agrar-Methoden*. Deshalb erwarten fast alle Futuristen den Einsatz von Gen-Technologie, den vermehrten Einsatz von Bio-Technologie und damit die gezielte Modifikation von Tieren und Pflanzen, um dazu beizutragen, den enormen Bedarf zu decken.

Gen-Manipulation forciert das Problem der Verantwortung

Der Trend ist im Prinzip schon abgefahren, wenngleich auch derzeit *die ethische Debatte* noch gar nicht richtig begonnen hat.

Die Menschheit hat mit der Genetik ein entscheidendes Wissen in der Hand, aber sie ist sich noch nicht sicher, wie sie es nutzen soll. Sie zögert, denn sie spürt eine *neuartige Verantwortlichkeit*.

Ein Teil der Kritiker möchte, daß auf Genetik grundsätzlich verzichetet wird. Ein anderer Teil der Kritiker (das ist in etwa auch die Position vieler Grüner in Deutschland) möchte, daß man zumindest eine längere Pause einschiebt (Moratorium).

Aber die meisten Wissenschaftler und erst recht die daran interessierten Firmen weisen darauf hin, daß sich Fortschritt nicht aufhalten läßt und daß wir ihn auch nicht aufhalten dürfen, allein schon wegen der auf uns zukommenden Nahrungsmittel-Probleme im Rahmen der Bevölkerungs-Explosion.

Interessant ist, daß sich die Genetik selbst außerordentlich schnell entwickelt. In dem Buch »*Auf dem Weg zum künstlichen Leben*« von Günther Hirsch und Wolfram Eberbach wird dieses enorme Tempo wie folgt beschrieben:

»In hundert Jahren vom ersten Auto zum Verkehrs-Chaos. In hundert Jahren von Leonardo da Vincis Plänen für ein Fluggerät zum ersten Motor-Flugzeug. In weiteren vierzig Jahren zum ersten Überschall-Flugzeug. Und nach weiteren kaum fünfzig Jahren zur Mondlandung.

In gut dreißig Jahren von der Aufklärung der Doppelhelix-Struktur der DNS zur ersten Gen-Reparatur. Vor noch nicht zwanzig Jahren weltweit acht nach Embryo-Transfer geborene Kälber und heute jährlich über 50 000. 1978 die Geburt des ersten außerhalb des Mutterleibes geborenen Menschen . . . und heute weltweit bereits mehrere tausend Retorten-Kinder, Frost-Babys.«

Die Genetik ist, was ihre Entwicklung, Anwendung und Praxis betrifft, außerordentlich schnell. Während man – was die Erkenntnisse betrifft – noch ganz am Anfang steht, ist man schon dabei, eine *Man-made nature* herzustellen.

Der Mensch beginnt, sich und seine Natur als disponibel zu erleben. Der Mensch erkennt, daß er *die Natur verändern kann.*

Der Trend zur Eugenik . . . darf sich der Mensch züchten?

Der Trend geht auch eindeutig in Richtung einer Eugenik, also einer *gezielten Erbverbesserung des Menschen* und in Richtung einer gezielten geistigen Qualifizierung des Menschen. Diese Entwicklungen sind noch ganz am Anfang, aber immerhin: Geschlechtsakt, Empfängnis, Schwangerschaft und Geburt waren bisher immer ganz untrennbar miteinander verknüpft. Das eine konnte ohne das andere nicht funktionieren. Es war wie eine zwangsläufige Kette.

Heute aber gibt es Empfängnis ohne Geschlechtsakt und mit der Leihmutterschaft auch eine Schwangerschaft ohne Empfängnis. Nur die Geburt ohne Schwangerschaft ist noch nicht möglich . . . noch nicht. Und Wissenschafts-Publizisten wie Hoimar von Ditfurth artikulierten bereits im bundesdeutschen Fernsehen, *daß das Gen-Material des Menschen immer schlechter wird.* Und zwar dadurch, daß immer mehr Menschen auf die Welt kommen, daß die Menschen immer länger leben und daß die Medizin immer perfekter dafür sorgt, daß auch schlechtes Gen-Material nicht nur erhalten bleibt, sondern sich fortpflanzt. Je mehr Menschen immer besser und länger leben, um so schlechter wird die Gesamt-Genetik des Menschen, so die Argumentation von vorsichtigen Befürwortern einer Eugenik.

»Mensch, was wirst du morgen sein?« fragt Alvin Toffler, der bekannte Futurologe zu Recht, weil auch er spürt, daß hier eine *epochale Weichenstellung* vor uns liegt: Der Trend geht zur Umgestaltung der Natur nach dem Willen des Menschen und – vermutlich etwas später – auch zur *biologischen Verbesserung des Menschen.*

Wir stehen vor einer biologischen Revolution, die wir kaum begreifen

Für Toffler ist die Gentechnik schon heute angetreten, uns zu einer *biologischen Revolution* zu führen. Und das wird eine moralische, rechtliche und wirtschaftliche Kontroverse hervorrufen, die weitaus gewaltiger ist als das, was zum Beispiel Roboter bisher an Kontroversen haben hervorrufen können.

Denn es geht schlicht um eine *völlig neue Definition des Menschen,* die gefunden werden muß. Wo ist die Abgrenzung zwischen Mensch und Tier? Wo ist die Grenze zwischen Tod und Leben?

Das sind Fragen, die viel grundsätzlicher und aufwühlender als die Frage sind: Dürfen Roboter menschliche Arbeit ersetzen? Alvin Toffler zeigt in seinen Aufsätzen, daß eine kleine Gruppe von Gen-Wissenschaftlern inzwischen die Welt mehr verändert als Bush und Gorbatschow und alle Wissenschaftler zusammen.

Und diese kleine Gruppe von Wissenschaftlern ist im Moment noch keiner breiten Öffentlichkeit verantwortlich. Durch sie entsteht eine biologische Revolution, ». . . *die die Zukunft der Evolution als solche formen könnte«.*

Um es noch einmal deutlich zu sagen: Wenn sich die Genetik durchsetzt, wird sich auch grundsätzlich *das Muster der Evolution verändern.* Der Mensch erhält dann die Schlüsselstellung für die Evolution. Er selbst verändert die Evolution. Er bestimmt sie. Er ist nicht mehr Kind der Evolution, sondern wird der Vater der Evolution.

Menschenformung schimmert hier durch, ja gezielte Menschenzucht. Und zugleich auch – was die Natur betrifft – *eine neue Gott-Rolle des Menschen.* Er wird zum Schöpfer von Natur, wenn auch nicht in allen Dimensionen zum Schöpfer des Lebens. Da werden viele *heftige Ängste* frei.

Und noch etwas provoziert die Genetik: eine ungeheure, totale Verantwortlichkeit. Das ist der Punkt, der im Light-Age-Gedanken immer wieder zu finden ist: Aufstehen zur totalen Verantwortung, Ende mit den Projektionen in Richtung Himmel. Der da oben wird's schon richten, während man selbst – mit zum Teil beträchtlichem Schuldgefühl – alles richtet.

Der Gen-Markt ist riesig

Toffler glaubt, daß die *ökonomischen Auswirkungen* dieser Technologie denen der elektronischen Revolution gleichen werden, sie sogar in den Schatten stellen können. Denn die Gentechnik wird den gesamten Nahrungsmittel-Bereich beeinflussen und den riesigen Sektor der Medizin. Dazu auch vermutlich große Teile des Energie-Sektors.

Es entsteht also ein gigantischer Markt. Es ist nicht zu erwarten, daß dieser Markt wegbefohlen oder gestoppt werden kann. Also wird er kommen.

Und damit werden völlig neuartige moralische Fragen aufgeworfen. Denn im Prinzip wird es schon bald möglich sein, menschliche Eigenschaften auf Tiere zu übertragen und tierische Eigenschaften auf Menschen. Man wird Menschen verändern können. Was macht dann einen Menschen zum Menschen? Wo ist jemand noch Mensch, und wo ist jemand nicht mehr Mensch?

Die 48jährige Pat Anthony aus Transvaal in Südafrika trug in ihrem Uterus befruchtete Eier ihrer eigenen Tochter aus und machte so ihre erwarteten Drillinge zu ihren Kindern und Enkeln zugleich. *Wie definiert man nun Kind?* Wie Großmutter und Mutter? Wer hat welche moralische und gesetzliche Verantwortung? Wer soll das entscheiden?

Die Forscher Waitz und Segall haben Goldhamster gefrierfähig gemacht. Die Hamster blieben eingefroren in einer Art Scheintod. Später hat man sie wieder zum Leben gebracht, indem man zum Beispiel die Frostschutz-Flüssigkeit, die in ihren Adern das Blut ersetzte, austauschte gegen neues Blut. Sie kamen wieder zum Leben. Wo ist das Leben zu Ende? Wo beginnt das Leben? *Gibt es noch einen definitiven Tod?*

Die rechtliche Definition des Todes wird sich mit Sicherheit gewaltig verändern. Alvin Toffler fragt deshalb auch zu Recht, *wo die Grenze zum Mord ist.* Denn wenn Leben und Tod mehr eine Frage der Definition ist, dann verändern wir unbewußt auch damit die Definition von Mord.

Ähnliche Probleme gibt es bereits bei den Fragen des Zell-Eigentums. *Wem gehören die Zellen,* die ein Arzt seinem Patienten herausnimmt? Und bekommt der Patient Geld, wenn er mit diesen Zellen weitere Zellkulturen entwickelt (John Moore, ein Leukämie-Patient aus Kalifornien, hat deshalb seinen Arzt verklagt)?

Und wie steht die Politik dazu? Sie redet und redet, wie so oft. Sie läßt Experten Gutachten anfertigen. Aber bei der Genetik zeigt es sich ganz eindeutig:

Die parlamentarische Demokratie ist nicht mehr in der Lage, die *neuartigen Tempi der Technik* in einem Zeitalter der Diskontinuität zu verfolgen oder gar zu steuern. Die Politik hechelt immer hinterher.

Die schnellen Wirklichkeiten gestalten die Ethik

Mit Sicherheit wird auch die von vielen geforderte *weltumfassende Bio-Politik* nicht zustande kommen. Die Hinduisten haben zum Tod eine andere Einstellung als die Christen, die Japaner sind zum Beispiel grundsätzlich zur Gen-Reparatur im Mutterleib bereit, die Deutschen nicht und so weiter.

Wenn also je eine Welt-Charta für die Genetik kommt, dann wird sie viel zu spät kommen. Die schnellen Wirklichkeiten gestalten inzwischen die Ethik, und nicht andersherum.

Auch Toffler sieht in seiner Analyse, daß es völlig unsinnig ist, auf die Genetik als Ganzes zu verzichten:»Die Aussicht darauf, genetisch angereicherte Ernten zu erzeugen, auf eine revolutionäre Landwirtschaft und darauf, Hunger wirklich zu beseitigen, ist zu wichtig, um sie zu ignorieren. Die Möglichkeit, Krebs und Massenepidemien zu heilen, ist zu real. Man wird die Genetik nicht verbieten können, weil sie sich zu früh als zu nützlich erweisen wird.«

Weisheit als letzter Schluß . . . oder als neue Hoffnung

Was bleibt? Selbst ein so erfahrener Futurologe wie Toffler glaubt, *daß wir nur mit vorausschauender Weisheit weiterkommen.* Und das ist ein wesentliches Element des Light-Age-Trends: Wir müssen lernen, uns von unserem alten Lern-Programm (»durch Schaden lernen«) zu befreien, um den Schaden vor dem Schaden zu erfahren.

Das aber benötigt einen anderen Umgang mit dem eigenen Bewußtsein, zumindest Zugang zu globalen Weisheiten einerseits und zugleich auch ein besseres *geistiges Kooperieren mit der Spritualität der Natur.* Das bedeutet: Einstieg in den Dialog mit der Natur. Das ist das, was Light-Age-Denker die Spiritualisierung der Technik nennen. Das ist das neue *Muster der Co-Evolution.*

Alles in allem: Die neue Natur und der neue Mensch werden immer möglicher, biologisch machbarer . . . sie werden materielle Realität. Es ist deshalb kein Wunder, daß sich im metaphysischen Raum das gleiche vollzieht: Der Mythos der Selbstformung des Menschen ist da. So wie unten, so auch oben. So wie in der materiellen Welt, so auch in der geistigen Welt: Selbst-Formung des Menschen.

⑥ Light Age und der Geist als Medizin

BRAIN/MIND BULLETIN berichtete über den Bristol-Meyers-Bericht »High-Tech-Medizin im Jahre 2000«. Man hatte 227 Wissenschaftler im Sinne einer Delphi-Umfrage gefragt, welche Medizin sie für das Jahr 2000 erwarten. Zwei Aspekte daraus:

● Die Lebenserwartung steigt für Männer auf 72 Jahre und für Frauen auf 82 Jahre.

● Weniger oder keine Psychoanalyse zugunsten *therapeutischer Drogen.*

Warum nun therapeutische Drogen? Der Bristol-Meyers-Bericht weist darauf hin, daß in der gesamten Welt die biomedizinischen Forschungen darauf ausgerichtet sind, das Thema Gesundheit mit *neuronalen Prozessen* in Verbindung zu bringen, so wie ja jetzt auch im Moment die Immun-Psychologie stark im Mittelpunkt der Überlegungen steht. *Das Geistige wird zur Medizin.*

Abkehr von der klassischen Psychotherapie

Die Rolle des Geistes für Gesundheit wird immer mehr bemerkt. Brainforschung, Bewußtseins-Forschung und Medizin verbinden sich immer mehr. 95 Prozent aller befragten Wissenschaftler stimmten darin überein, daß die *traditionelle Psychoanalyse* im Jahre 2000 kaum noch genutzt wird oder wesentlich weniger als bisher. Man wird sich abwenden von den *Reparatur-Techniken der Psycho-Szene*, das heißt vom ewigen Analysieren alter Prägungen und früher seelischer Verletzungen. Das, was in der Psycho-Szene jetzt so praktiziert wird, gerade das soll überwunden werden. Wodurch? Durch therapeutische Drogen, also jene *Botenstoffe*, die im zentralen Nervensystem eine wichtige Rolle spielen.

Die Entdeckung der körpereigenen Drogen

Man hat erkannt, daß jeder Mensch im Gehirn ohnehin psychoaktive Stoffe entwickelt. Und die Experten unterscheiden zwischen endogenen Agenten und den verwandten Drogen. Die endogenen Agenten sind also *körpereigene Drogen*, zum Beispiel das Serotonin, 5-MeO-DMT, Beta-Carboline, Dopamin, Adrenalin, Norepinephrin und die in der Literatur häufig beschriebenen Endorphine.

Alle diese Schlüssel-Moleküle *sind bereits im Gehirn*. Sie steuern schon heute auf völlig natürliche Art und Weise Optimismus, Hoffnung, Visionsfähigkeit, Pessimismus, Melancholie und vieles andere mehr. Die verwandten Drogen, von LSD über Kokain (wurde auch im Gehirn nachgewiesen) bis zu Ketamin wirken also offensichtlich nur, weil die gleichen Schlüssel-Moleküle in unserem Gehirn bereits vorhanden sind.

Wissenschaftler haben erkannt, daß unsere Nervenzellen permanent Sekrete absondern, also sehr komplexe chemische Verbindungen, die man *Transmitter* oder Überträgerstoffe nennt. Wenn so eine Nervenzelle feuert, durchzieht sie eine Welle elektrischer Energie. Sie bewirkt, daß mehr Transmitter als gewöhnlich abgegeben werden. Nervenzellen haben keine direkte Verbindung zu anderen Nervenzellen. Dazwischen liegt ein minimal kleiner, aber deutlicher Zwischenraum, gefüllt mit Flüssigkeit. Diese Übergangsstellen heißen Synapsen. Wird ein Impuls von der Nervenzelle A auf die Nervenzelle B übertragen, dann wird diese Botschaft zwischen den Nervenzellen durch Transmitter transportiert.

Alle psychischen Vorgänge, die wir erleben, beruhen auf der Geschwindigkeit, mit der die Transmitter-Substanzen abgefeuert werden. Kommen nun Drogen ins Spiel, verhalten sie sich im Zentralnervensystem entweder selbst wie Neurotransmitter, oder sie verändern den chemischen Aufbau der Transmitter. *Das ideale Psychodelikum* (nach dem, von der Öffentlichkeit weitestgehend unbeachtet, weltweit gesucht wird) »sollte der Struktur unserer Neurotransmitter möglichst nahe stehen oder gar damit identisch sein«. Die Brain-Chemiker auf der Suche nach den natürlichen Bewußtseins-Drogen.

Ist Kultur-Fortschritt nur durch Psychedelismus möglich?

Einige Bewußtseins-Forscher vertreten inzwischen auch die Auffassung, daß die Psychodelika in der gesamten Entwicklungs-Geschichte des Menschen, also in seiner *kulturellen Evolution*, eine wichtige Rolle gespielt haben. Serotonin soll – so wird von C. Wilson behauptet – bei der Erleuchtung Buddhas eine maßgebliche Rolle gespielt haben (wobei nicht sicher ist, woher Wilson das wissen will).

Aber wie auch immer. Mit Sicherheit steht für die meisten Experten der *evolutionären Erkenntnis-Theorie* fest, daß sich die geistigen und kulturellen Fähigkeiten des Menschen erst langsam im Laufe seiner Entwicklungs-Geschichte entwickelt haben.

So nimmt man an, daß die Fähigkeit, farbig zu sehen, erst vor circa 5000 Jahren ins Spiel gekommen ist und daß dieses zuerst nur wenige Menschen konnten, meistens Schamanen und Medizinmänner, also diejenigen, die ohnehin von Anfang an mit ekstatischen Zuständen und mit Pflanzen-Drogen gearbeitet haben. Der Großteil der Bewußtseins- und Kultur-Fortschritte stellt sich aus dieser Perspektive als psychedelischer Fortschritt heraus.

Die neue psychedelische Forschung ist aber im Prinzip *keine harte Drogen-Konzeption*. Wie Wolfgang Schlichter schreibt, kann man im Grunde davon ausgehen, daß Menschen im Prinzip in der Lage sein müßten, sich selbst psychedelische Erfahrungen zu suggerieren, das heißt ohne Drogen, durch die Vermehrung der inneren Drogen. Allerdings erfordert das einige Anstrengung und Übung.

Die Drogen (auch die relativ natürlichen) sind im Grunde nur eine Art Komfort-Kutsche zu erhöhten Bewußtseins-Zuständen. Interessant ist in diesem Zusammenhang nun der aktuelle Zank zwischen New-Agern und Light-Agern. Die New-Ager möchten Drogen im Grunde gar nicht sehen, und wenn, dann nur in den natürlichen Formen wie Haschisch, also nur das, was in den Hochkulturen (Tibet) seit jeher für religiöse Kulte erlaubt war.

Die Light-Ager dagegen orientieren sich mehr zu einem modernen Psychedelismus und glauben, daß die natürlichen Drogen-Effekte am besten durch künstliche Drogen stimuliert werden können. Aber das ist ein sehr heikles Thema, besonders weil es *das Problem der Designer-*

Drugs berührt. Und hier laufen die Trends derzeit gerade in eine andere Richtung. Die meisten Designer-Drugs, die in der Unterwelt jetzt angeboten werden, sind »*tödliche Suchtdrogen*« (NEUE ZÜRCHER ZEITUNG).

Alles in allem ein sehr ambivalentes und kritisches Bild. Einerseits gibt es deutlich positive Tendenzen in Richtung Bewußtseins-Qualifizierung durch therapeutische und spirituelle Drogen. Andererseits ist dieser Markt eindeutig kriminell und illegal. Es wird für die Gesetzgeber, aber auch für die Ärzte und Psychotherapeuten immer schwieriger, hier eine saubere Perspektive zu entwickeln.

Dennoch: Interessant ist, daß die befragte Elite der Mediziner trotzdem davon ausgeht, daß psychotherapeutische Drogen die klassischen Psycho-Techniken schon bald ablösen werden.

⑦ Light Age und Brain-Tech . . . die Mind-Machines

Wir haben gesehen, daß Light Age dem Geist und dem Bewußtsein eine zentrale Rolle zuordnet. So war zu erwarten, daß sich die moderne Technik mit der Bewußtseins-Forschung verbinden würde. So entstand der Trend zu den Mind-Machines. Hierzu gehören der *Synchro-Energizer*, der *Mind-Mirror* oder der Neueste und derzeit Beste: Focus 101. Das alles sind Maschinen – erstmals dargestellt in dem Buch von Michael Hutchison,»Megabrain«. Es sind Geräte, die helfen sollen, sich zu einem Bewußtsein über sein eigenes Bewußtsein emporzuschwingen, das heißt, sich »wie von außen beobachten und geistig gestalten zu können«.

Das mit dem Bewußtsein ist ohnehin so ein Problem. Wir sagten ja bereits: Das Sehen kann sich selbst nicht sehen. Oder anders ausgedrückt: Kein Finger kann seine eigene Fingerkuppe berühren. Das Bewußtsein ist also nur sehr begrenzt in der Lage, sich selbst von außen zu sehen. Aber nur dann wäre es in der Lage, sich selbst schneller umzuformen.

Wenn aber nun in einer Welt der Turbulenzen und der Diskontinuitäten der *bewußte Bewußtseins-Wandel* zum aktiven Instrument für Wirtschaft, Politik und Kultur wird, dann liegt es natürlich nahe, daß immer mehr Forscher und Ingenieure versuchen, Geräte zu erfinden, die den Menschen helfen sollen, kurzzeitig aus ihren bestehenden Bewußtseins-Programmierungen (blinder Fleck) herauszuspringen.

Interessant ist, daß ein Teil der Mind-Machines auf technischem Weg die psychedelischen Effekte zu imitieren versucht. So zum Beispiel der Graham-Potentializer, der von David Graham, einem Elektro-Ingenieur, entwickelt wurde. Und dieser erzeugt durch rollende Bewegungen *neuartige Trance-Effekte*.

Ein interessanterer Weg ist in dem in Italien entwickelten *Psychotron* zu sehen. Psychotron – besonders in der Klinik-Ausführung – hat eine spezielle Funktion mit dem Namen »Audio-Energie«, durch den dem Patienten eine besondere *therapeutische Energie* zugeführt wird, »die automatisch die zu überwachenden physiologischen Funktionen normalisiert und dabei eine Vielzahl von *biochemischen und neurohormonellen Ungleichgewichten* wieder ausgleicht« (laut Gebrauchsanweisung). Das Prinzip des Psychotrons geht also über die reinen Mind-Machines hinweg und ist direkt darauf ausgerichtet, neurohormonelle und biochemische Effekte zu erzielen. Im Grunde ist hier die Schnittstelle zwischen den inneren Drogen und den Maschinen zu entdecken: *Elektronische Geräte verhelfen zu biochemischen Effekten.*

Ein anderer Ansatz, der sich ebenfalls zögernd durchsetzt – zumindest in den USA –, ist der der *Tiefenentspannungs-Pools* (oft Samadhi-Tanks genannt). In Amerika wird er von immer mehr Unternehmen eingesetzt, um ihren Mitarbeitern zu helfen, sich gegen Stress besser zu schützen. Ein besonders komfortabler Samadhi-Tank trägt den Namen »California Floatation Pool«.

Durch die Pools kann – entsprechend Messungen mit dem Enzephalogramm – bis zu Theta- und Delta-Wellen abgesackt werden. Die Theta-Wellen haben eine Frequenz von 4 bis 8 Hz und die Delta-Wellen bis zu 4 Hz. Sie bedeuten also *tiefste Entspannung* und damit extreme Stress-Freiheit, und zwar in einer Qualität, wie sie sonst nur in *perfekter Tiefen-Meditation* erzeugt werden kann.

Aber man sackt nicht in den Schlaf ab. Man ist kognitiv voll da, während man zugleich »jenseits von sich« ist. Dadurch kann man leichter aus seinen inzwischen engen Bewußtseins-Programmen aussteigen und neue Mind-Programme einprogrammieren. So kann man sein Bewußtsein selbst überwinden. Darum geht's bei Light Age.

Die Hemi-Sync-Cassetten . . . Manager finden den Weg zum Gehirn über rechts und links

Ein anderer, im amerikanischen Business inzwischen beliebter Weg ist

349

das Cassetten-Programm mit dem Namen »*Hemi-Sync*«, entwickelt von dem Amerikaner Robert Monroe.

Monroe arbeitet aufgrund der Theorie von der *linken und der rechten Gehirn-Hemisphäre*. Er hat erkannt, daß Menschen dann in optimaler Brain-Verfassung sind, wenn das ganze Gehirn synchron geschaltet wird, also wenn die Eigen-Rhythmik der rechten Gehirn-Hemisphäre mit der Eigen-Rhythmik der linken Hemisphäre übereinstimmt.

Entsprechend seinen Untersuchungen können zwei unterschiedliche, stabile Töne mit einer Differenz von 2,5 bis 10 Hz dem Gehirn helfen, *sich zu synchronisieren.*

Jedes Ohr bekommt deshalb per Kopfhörer einen anderen Ton. Das Gehirn verarbeitet die Hertz-Differenz so, daß ein dritter Ton (ein scheinbarer Ton) entsteht, der als fluktuierender Vibrator-Ton erlebt wird. Das Gehirn produziert diesen Ton selbst (Schwebung) und beginnt somit, die linke und rechte Gehirn-Hemisphäre immer mehr zu synchronisieren. *Eine Gehirn-Ebene über links und rechts entsteht.*

In diesem Zustand ist es besonders gut möglich, *Zukünfte geistig zu formen.* Es liegt hier also ein recht gutes Instrumentarium vor, um professionell und qualifiziert mit dem eigenen Geist die Wirklichkeit von morgen zu formen.

⑧ Light Age und der Fortschritt des Fortschritts

Die meisten Light-Age-Denker sind ziemlich kompromißlos für einen weiteren Fortschritt. Allerdings sehen sie ihn nicht mehr, wie bisher, im *Mythenfeld der Effizienz*, sondern mehr in dem neuerwachten Mythos der *Weisheit*. Deshalb ist für sie der Faktor Bewußtsein kein sekundärer Faktor, sondern der eigentliche Gestaltungs-Faktor für das, was wir den *Fortschritt des Fortschritts* nennen können.

Interessant ist, daß die meisten Ökologen, Futurologen und Warner mit den Light-Age-Denkern übereinstimmen, wenn es darum geht, die größten globalen Probleme aufzulisten:

- die Armut für den größten Teil der Weltbevölkerung,

- Unausgewogenheit in den Gesundheitsdiensten und weitverbreitete vorzeitige Sterblichkeit,

- weitverbreitetes Analphabetentum und relativ niedrige physische, soziale, häusliche und intellektuelle Standards,

- Spontan-Urbanisation, unnatürliche Anhäufung großer Städte, vernachlässigte ländliche Regionen,

- zunehmende antisoziale Phänomene (vom Terror bis zum Vandalismus),

- Umweltverschmutzung mit wachsender Tendenz,

- zunehmende Kapital-Entblößung bei Mineralien und steigende Kosten bei Energie-Primär-Produkten und -Materialien,

- zunehmende Arbeitslosigkeit,

- eskalierende Rüstungskosten (besonders auch in der Dritten Welt),

- zunehmende soziale Ungerechtigkeit auf weiten Teilen des Globus und Unterdrückung von Individuen, Zerstörung von Freiheit.

Wie Igor Bestuzhev-Lada, Professor für soziologische Forschung in Moskau, in der Zeitschrift THE FUTURIST schrieb, sind diese Probleme überall zu beobachten. In allen Ländern, unabhängig vom politisch-ideologischen und wirtschaftstheoretischen Standard. Dementsprechend gibt es vier besondere Merkmale, die unsere heutige Problem-Situation beschreiben:

① Die Probleme sind globaler Art.

② Die gegenwärtige Situation schließt die Haupt-Aspekte der menschlichen Aktivität ein.

③ Sie wird als künstlich, das heißt als vom Menschen geschaffen, betrachtet.

④ Die gegenwärtige Situation wird als eine Alternative unter anderen betrachtet. Andere realistische Situationen sind durchaus vorhanden.

Über diese Punkte gibt es unter Futurologen aller Schattierungen im Prinzip keinen echten Dissens. Der Unterschied liegt nur in der Frage: Was sollen wir jetzt tun, um diese Probleme zu lösen?

Zurück oder weiter nach vorn?

Die eher ökologisch orientierten Vordenker, aber auch ein Großteil der New-Age-Denker (zum Beispiel Fritjof Capra) tendieren dazu, zurückzufinden zu einer größeren Natur-Ordnung. Wie Julian L. Simon, ein

351

Ökonomie-Professor, in THE FUTURIST schreibt, glauben diejenigen, die an *ein Zurück zu natürlichen Systemen* glauben, daran, daß sich die Natur-Gesetze positiv auswirken würden und daß man durch Naturgesetzlichkeit die von Menschen verursachten Probleme wird lösen können. Aber das bedeutet in der Regel: Haltet die Welt an, wir möchten mit unserem ganzen Fortschritt aussteigen!

Mit anderen Worten: Die jetzigen Probleme sind die Probleme der bestehenden Ordnung. Wenn wir die jetzige Ordnung zurückführen in natur-harmonische Ordnung, dann werden wir zwar einen Teil unserer Probleme lösen können, aber *es wird dadurch andere Probleme geben*, so wie die Gesellschaften vor uns (also Gesellschaften, die zum Beispiel das Automobil nicht kannten) ebenfalls massive Probleme hatten. Es gibt kein Zurück bei der Problemlösungs-Strategie. Das wäre nur *eine Art Tapetenwechsel*.

Neuerdings ist auch in den Kreisen der Ökologen hierzu ein Umdenken zu beobachten. Immer mehr Ökologen nähern sich wieder dem Gedanken des Fortschritts nach vorn.

Sie sind nicht mehr pauschal und absolut gegen künstliche Intelligenz, Computer und Biotechnologie. Immer mehr nachdenkliche Menschen erkennen, daß es kein Zurück gibt, daß es nur *eine Transformation auf eine höhere Ebene* geben kann. Allein schon deshalb, weil wir immer mehr Menschen werden und weil sich das System, das wir Erde nennen, immer mehr gen Null verbraucht . . . allein schon deshalb sind wir gezwungen, *stärker als je zuvor in diese Welt einzugreifen*. Wir können nicht mehr zurück zu einer ehemaligen Harmonie und Ausbalanciertheit.

Die Light-Ager argumentieren wie folgt: Seit Anbeginn der Kultur-Entwicklung hat der Mensch *immer mehr Unnatürlichkeit entwickelt* und gestaltet. Nur dadurch konnte es zu der kulturellen und wirtschaftlichen Entwicklung kommen, die wir heute haben.

Und mag sie noch so ungerecht, noch so schief verteilt und noch so ökoproblematisch sein, eines ist klar: Die jetzigen Fehler des Fortschritts können nur durch einen anderen Fortschritt überwunden werden. Und Probleme wird es immer geben, auch dabei. Evolution ist Problem-Produktion.

Im Grunde haben wir Bewußtseins-Probleme

Deshalb setzt sich bei den Light-Age-Denkern die Einstellung durch, daß wir gar *keine Fortschritts-Probleme haben, sondern Bewußtseins-Proble-*

me. Und die Fortschritte, die wir durch Ideen und Erfindungen geschenkt bekommen (zum Beispiel durch Intuition oder durch Analyse der Natur), werden von uns nur falsch eingesetzt, das heißt, das falsche Bewußtsein nutzt den Modernismus zum Schaden des Modernismus.

Dahinter steckt eine jetzt langsam aufkeimende neue *positive Einstellung zur Künstlichkeit* und damit eine krasse Absage an den in den letzten Jahren vorherrschenden *Ethos der Natürlichkeit.* In den neunziger Jahren wird es deshalb zwei sehr kraß voneinander getrennte Strömungen geben:

Die zwei Strömungen der neunziger Jahre

Die eine ist eine *öko-religiöse Strömung.* Sie ist im Moment bei den ökospirituellen Gruppen in der reinsten Form zu beobachten. Zurück zu den Naturgesetzlichkeiten und damit hin zu einem Goldenen Zeitalter. Es herrscht das zyklische Denken vor. Das Bessere kommt durch Verzicht.

Ganz anders die Strömung von Light-Age-Denkern: hin zu dem Mut, den Menschen und die Natur zu verändern. Überwindung des Tabus »Wir dürfen uns selbst nicht formen«, um aus den bisherigen *Bewußtseins-Schaltkreisen,* die offensichtlich das eigentliche Dilemma darstellen, herausspringen zu können.

Auf eine knappe Formel gebracht, lautet das Light-Age-Konzept des Fortschritts folgendermaßen:

Die Menschheit hat sich über das magische und mystische Denken zum mental-rationalen Denken entwickelt. Sie hat dementsprechend hervorragende wissenschaftliche und technologische Fortschritte gemacht.

Jetzt steht sie vor dem nächsten Fortschritt, vor *dem Fortschritt des Geistes.* Erst wenn sich der fortgeschrittene (transformierte) Geist mit den rationalen Fortschritten der Wissenschaft und der Technokratie verbindet (= Spiritualisierung der Technik), erst dann kann es *eine neue Moderne* und einen transformierten Fortschritt geben.

So wie es im Laufe der kulturellen Evolution der Menschheit permanent eine »*Modellierung der Sinne*« (Birgit Geissler) gegeben hat, so wird es in Zukunft – wenn die Light-Age-Thesen richtig sind – auch eine Modellierung des Geistes und damit eine Selbststeuerung des Bewußtseins durch den Geist geben.

Die wichtigste Rolle der Computer-Simulation

Dieses wiederum würde bedeuten, daß das derzeitige Basis-Modell gesellschaftlichen Lernens (durch Schaden klug werden) überwunden werden kann. Einerseits durch Weisheit, andererseits aber auch durch die künstliche Intelligenz mit ihren Möglichkeiten der *Computer-Simulation* und Cyber-Technologie.

Heute gibt es schon die ersten Ökologie-Simulations-Modelle. Wenn der menschliche Geist will, braucht er nicht jedesmal den Fehler zu machen, der in seiner Möglichkeit liegt. Er kann sein eigenes Bewußtsein so gestalten, daß es zu einem relativ harmonischen Fortschritt kommt.

Die Light-Ager votieren deshalb auch für innovative Technologien, also auch für Gen-Tech. Ein Teil von ihnen weist zusätzlich darauf hin, daß im Grunde nicht die Technologien das eigentliche Problem sind, sondern eher deren *zu langsame Erfindung und Einführung.* Der Mensch müßte fähiger werden, früher zu erfinden. Er müßte fähiger werden, technologische Durchbrüche zu beschleunigen, zum Beispiel im Energie-Sektor. Das eigentliche Problem wird hier nicht in der Technologie und ihrer mentalen Handhabung gesehen, sondern in der *zu langsamen Findung von New-Tech.*

Der Geist ist zu langsam, weil wir noch nicht an die Kraft des Geistes glauben.

Hier wird ein interessanter neuer Aspekt sichtbar: ein *noch stärkeres Ja zur Technologie*, ein noch heftigeres, früheres Verlangen von technologischen Innovationen, weil immer sichtbarer wird, daß die zu langsame Erfindung und die zu langsame Anwendung von neuen Technologien historisch gesehen immer zu vielen vermeidbaren Fehlern, Armut und Opfern geführt hat. Wer den Geist nicht aktiv managen will, läßt zu, daß wir zurückfallen. Insofern ist der Light-Age Trend eine wichtige Herausforderung für Unternehmer und Manager:

> **Wenn die Führenden lernen, den Geist zu managen, werden sie zu Führern der Evolution.**

Damit haben wir viele Facetten des neuen Light-Age-Trends beschrieben. Lassen Sie uns jetzt versuchen, die wichtigsten Elemente dieses neuen Trends zu beschreiben. Wir erkennen dabei folgende vier Säulen des Light Age:

① neue Evolutions-Theorie,

② neuer Licht-Mythos,

③ Eugenik und Übermensch,

④ neue Natur-Partnerschaft.

Die folgende Übersicht zeigt die innere Struktur des Light-Age-Trends:

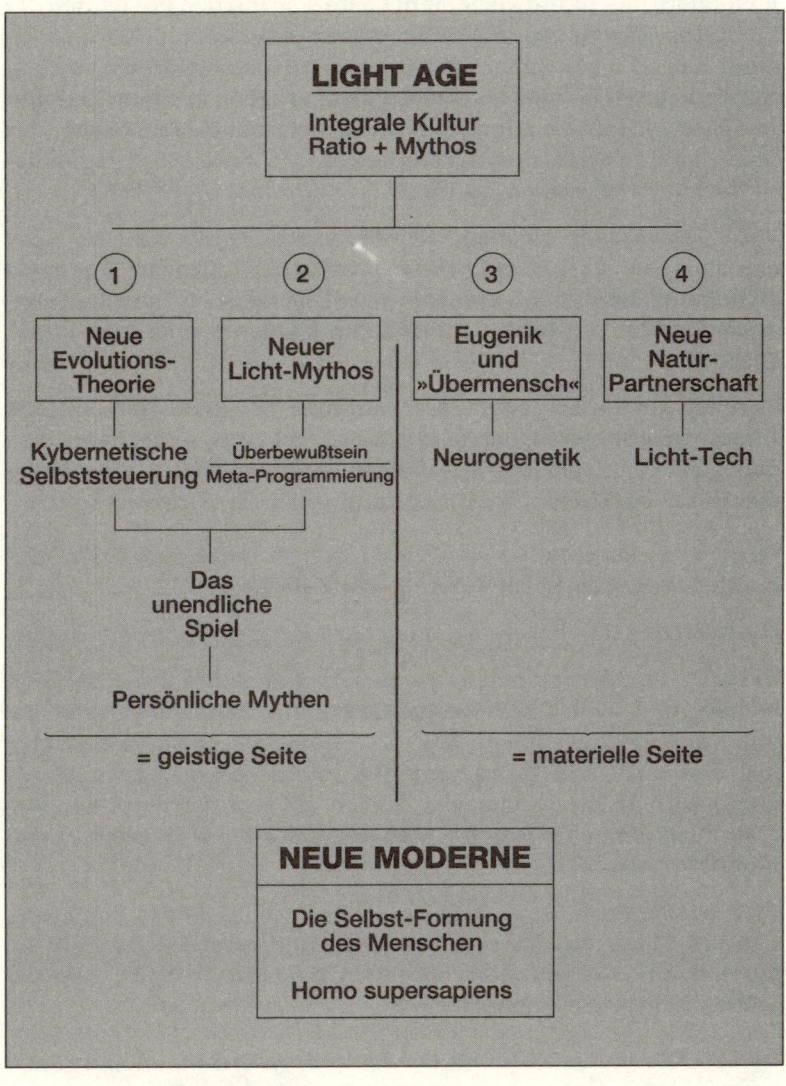

Ja, es ist ein sehr wichtiger Trend, wenngleich auch ein sehr neuartiger. Und er wird schon bald ebenso wichtig werden für Business und Management, wie es derzeit das kartesianische Weltbild ist. Es lohnt also, sich frühzeitig darauf einzustellen.

In diesem Sinne empfehle ich folgendes:

Besonders das Top-Management sollte sich mit den Postulaten der Light-Age-Bewegung frühzeitig auseinandersetzen. Warum? Je mehr Kinetik und je mehr Komplexität und Instabilität, um so mehr Notwendigkeit für eine kraftvolle Führung. Denn in einem Zeitalter wachsender Partizipation kann nicht mehr mit Kader-Zwang, das heißt durch Befehl, und durch positionelle Autorität (Hierarchie-Status) geführt werden, sondern . . . ja, womit eigentlich?

Viele Theoretiker glauben, es reiche aus, wenn man als Chef menschlicher wird. Diese Aspekte sind in der Tat voll im Trend und sicher auch berechtigt. Hier sollte das Business das neue Soft-Management nutzen (siehe Gerd Gerken,»Management by Love«, Düsseldorf 1990).

Darüber hinaus setzen viele Theoretiker auf mehr persönliches Charisma. Aber so allgemein reicht das nicht aus, es sei denn, man meint mit Charisma jene spezifische Follow-me-Aura, die diejenigen Eliten aufweisen, die glaubwürdig visionär auftreten können.

In diesem Sinne ist es der Geist, der im Mittelpunkt der jetzt herbeigesehnten neuen Führungskraft steht:

Die Kraft des Geistes ersetzt dann die Kraft des Hierarchie-Status.

Hierzu kann die rationale Betriebswirtschaftslehre kaum Beiträge leisten, und auch die New-Age-Bewegung kann nicht sehr viel Impulse geben, wie meine Analyse gezeigt hat. Deshalb empfehle ich, den Light-Age-Trend sorgfältig zu überprüfen. Auch dieser Trend wird sicher wieder viel Unsinn mit sich herumschleppen, aber auch einiges Nützliche. Man sollte nur die wirklichen Perlen herausfischen.

Eine solche Perle ist zum Beispiel die Erkenntnis des Light Age, daß die Eliten durchaus in der Lage sind, sich ein Bewußtsein aufzubauen, das vor dem normalen Bewußtsein liegt, also ein echtes Pionier-Bewußtsein.

Dieses Elite-Bewußtsein ist das Meta-Bewußtsein, und das kann

zum Beispiel durch Mind Design aufgebaut werden: Geist führt dann Geist. Das bedeutet einen professionellen Umgang mit dem, was die Light-Ager die Meta-Programmierung nennen.

Der Ruf nach einer echten, kraftvollen Führung ist aus unserer Sicht absolut richtig, weil kinetische Zeiten mehr Führung brauchen bei mehr Selbstorganisation.

Die bisher vorgeführten Konzepte sind aber nicht sehr überzeugend. Wir warnen deshalb ausdrücklichst vor einem schwerwiegenden Mißverständnis: Die Kraft des Geistes hat nichts zu tun mit dem, was unter Sensivitäts-Training und Selbsterfahrung in der Psycho-Szene und bei den New-Agern praktiziert wird. Das, was zum Beispiel Continental (siehe Seite 278) verwirklicht hat, das ist eher Psycho-Arbeit und kann die geistigen und visionären Probleme der Führung in keiner Weise lösen: Durch Psycho-Sensitivierung kann das Geistige nicht trainiert werden.

Ich empfehle deshalb, die Psycho-Ansätze, die jetzt in Mode kommen, nicht zu überziehen bzw. sie nur dort einzusetzen, wo sie wirklich tauglich sind, zum Beispiel beim Faktor Sozial-Energie, beim inneren Frieden und beim Aufbau eines hellen Managements.

Das Psycho-Management kann das Geist-Management nicht ersetzen. Die echte Visions-Führung kann nur entwickelt werden durch neuartige Ansätze in der geistigen Arbeit. Mentale Probleme können nur durch mentale Techniken gelöst werden.

Man sollte also das Gute der New-Age-Bewegung nutzen, ohne auf das Schlechte reinzufallen. Gut ist das helle Management für mehr Menschlichkeit. Hier sind die ersten, allerdings zaghaften Veränderungen bereits sichtbar (Abbau des Kader-Systems).

Ziemlich unbrauchbar erscheint mir aus der New-Age-Bewegung die sehr dogmatische und mental rückwärtsgewandte (präpersonale) Psycho-Arbeit. Vor ihr warne ich, denn sie führt in den Unternehmen, falsch eingesetzt, zu einer depressiven Sensibilität und zu einer Inkompetenz in der materiellen Realität, in der wir alle Wirtschaft betreiben.

Ich habe deshalb ein Übersichts-Poster entwickelt (siehe Seite 382). Es zeigt, daß die geistige Welt nicht das gleiche ist wie die Psycho-Welt (was die meisten New-Ager fälschlicherweise annehmen). Die Psycho-Welt kann zwar die emotionale Welt gestalten, aber das forciert oft Überempfindlichkeiten und Realitäts-Flucht. Die Management-Elite sollte ihre Verankerung deshalb in der geistigen Welt finden, das heißt in den fließenden Prozessen des Überbewußtseins. Das ist zwar schwieriger als Psycho-Arbeit, aber . . . der Geist kann beides führen, die Psycho-Welt und die materielle Welt. Er ist die eigentliche Ebene der Eliten.

Aus dieser Sicht empfehle ich ein Mind-Management besonders für Unternehmer und Vorstände, die in komplexen und kinetischen Märkten handeln müssen.

Die Zukunfts-Perspektiven zeigen, daß schon in den nächsten Jahren bei weiterer Dezentralisierung und Selbstorganisation in den Unternehmen auch das Middle-Management immer fitter sein sollte in Sachen Mental-Management. Hier ist schon heute Schulungs- und Trainings-Bedarf sichtbar.

Um eine erste Orientierung zu geben, habe ich fünf Gesetze des Geistes auf dem Poster formuliert. Sie zeigen deutlich den Unterschied zwischen den Psycho-Techniken, die jetzt aktuell werden, und den noch weitestgehend unbekannten Mental-Techniken. Aber gerade diese Unterschiede sind es, die das Konzept der »Führung durch Geist« ermöglichen.

Das empfohlene Mind-Management hat den Vorteil, daß es auf einer höheren Ebene operiert, so daß man mit drei unterschiedlichen Rationalitäten den ohnehin immer schwierigeren Job an der Spitze bewältigen kann:

- die Rationalität der Vernunft/Intellekt/Ratio,

- die Rationalität der Psyche/Sozial-Energie,

- die Rationalität des Geistes/fließendes Tao-Bewußtsein.

Das wichtigste Credo des Mind-Managements ist, ausgehend von den Thesen des Light-Age: »Es geschieht nur, was in dir geschieht.« Das zeigt, daß der Schwerpunkt der neuen Führung in der Selbstführung des Bewußtseins liegt, das heißt in der Fähigkeit der Eliten, ihr eigenes Bewußtsein durch Mind Design qualifizierter und schneller zu überwinden, als es der normale Mensch gemeinhin kann. Ich empfehle, sich diese Kompetenz für Mind Design frühzeitig aufzubauen. Sie wird in den neunziger Jahren genauso wichtig werden wie die »soziale Kompetenz« in den achtziger Jahren.

Durch Mind Design wird der Manager fähig, das kollektive Bewußtsein der Company zu führen, weil er früher ein neues Bewußtsein (Kontext) hat und weil er ein schnelleres Bewußtsein hat (Zeit-Intelligenz).

Durch Mind Design wird der Manager darüber hinaus fähig, die Evolution aktiv mitzugestalten, indem er den Geist für Neuerungen vorprägt.

Durch Mind Design wird er auch fähig, sein Unternehmen zu energetisieren, indem er die betriebswirtschaftlichen Ziele verbindet mit der Sinn-Dimension des Spirit:

Denn im Spirit liegt die Kraft der Zukunft.

Alles in allem:

> Die Zukunfts-Kraft
> eines Unternehmens
> ist abhängig von
> der geistigen Kraft
> der Führenden.
>
> Die geistige Kraft
> der Führenden
> ist abhängig von
> der Kraft ihres Spirit.
>
> Die Kraft des Spirit
> ist abhängig von
> der Fähigkeit,
> seine Identität
> in der Transzendenz
> zu finden.

DER WEG ZUR PRAXIS

Der Weg zum Tao-Bewußtsein

Das Meta-Bewußtsein

Das Meta-Bewußtsein ist ein neuartiges Bewußtsein, das über unserer normalen Bewußtheit operiert. Es ermöglicht eine Selbst-Regie für unsere Glaubens-Programme, weil es hauptsächlich darauf ausgerichtet ist, den

blinden Fleck

in unserer Identität und in unserer Bewußtseins-Dynamik aufzulösen.

Das Meta-Bewußtsein ist die höhere Ebene, von der aus

- **der neue Geist,**
- **der schnellere Geist**

eigenständig geformt werden können.

Das Meta-Bewußtsein kann seine Aufgabe nur übernehmen, wenn es dem Manager gelingt, seine persönliche Identität im »Bewußtsein über den Bewußtseinen« zu plazieren.

Deshalb ist in dem Trainings-Konzept

MIND DESIGN

ein Programm-Coaching vorgesehen, das darauf ausgerichtet ist, das persönliche Selbst-Konzept des Managers auf »globale Weisheit« und »Spirit« auszurichten, also auf die universale Potentialität, die auch »kosmische Intelligenz« genannt wird. Es sind im einzelnen folgende Programme:

- **Programme der neuen Identität / »das gute Ich«,**
- **Programme der Liebe / »das All-Eine«,**
- **Programme des inneren Friedens / »Versöhnung mit der Welt«,**
- **Programme der Selbst-Toleranz.**

Weitere Informationen auf Seite 383

Ausblick

Die Zukunft
des Geistes

**Man
kann nie
vor dem
Bewußtsein
handeln.**

Auch der Geist lernt, geistreicher zu werden*

Wie wir gesehen haben, geht das neue Weltbild davon aus, daß es kein stabiles Sein gibt, sondern nur ein stabiles Werden. Das einzige, was wirklich ist, ist das Werden. *Das Offene Werden.* Das ist ein völlig anderer Ansatz, als ihn die klassische Esoterik präsentiert. Bei ihr liegt das Schwergewicht auf dem Sein. Alles, was nicht Sein ist, ist Illusion.

Das neue Paradigma dagegen geht von einem *werdenden Universum* aus. Alles wird. Und auch die Qualität des Werdens wird. Auch das Werden wird also besser.

Dadurch kommt es zu einer völlig anderen Auffassung von Zeit. In der alten Esoterik sagte man:»Zeit ist eine Illusion.« In der neuen Lehre heißt es:»Zeit ist das Instrument, durch das das Werden das Neue erfindet.«

Für uns ist nunmehr wichtig, daß der Geist (Spirit) auch sich selbst erfindet. Und daß er sich durch sein Instrument»Zeit« permanent in die Lage versetzt, sich selbst zu qualifizieren. Der Nobelpreisträger Manfred Eigen dazu:»*Auch der Geist wird*«.

Wenn man das alles auf eine griffige Formel zu reduzieren versucht, dann erhält man folgendes Theorem:

Alles ist Spirit.
Alles ist Offenes Werden.
Alles Werden ist Erfindung.

*Das ist die überarbeitete Fassung eines Beitrages für das Buch»Das Neue Gehirn« von Johannes Holler, erschienen 1989.

Alle Erfindungen sind irreversibel.

Für das Business bedeutet dieses Theorem, daß wir aufgerufen sind, durch unseren Geist (Mind) den Geist (Spirit) so zu formen, daß wir dasjenige Bewußtsein erfinden, das wir für unsere Evolution benötigen.

Das sagt sich so leicht, aber es ist doch eine epochale Achsenverlagerung. Denn was bedeutet das?

● Wir sind aufgerufen, das Erfinden zu erfinden.

● Wir sind aufgerufen, in das Zeitalter der Selbst-Prozesse einzusteigen (Selbstreferentialität des Bewußtseins)

● Wir sind aufgerufen, die Selbst-Erleuchtung als Methode zu erfinden.

● Wir sind aufgerufen, aus unserem Gehirn ein taugliches Instrument für diese Selbst-Prozesse zu machen.

● Wir sind aufgerufen, für unser Bewußtsein die volle Verantwortung zu übernehmen.

Besonders der letzte Satz,»die Übernahme der absoluten Verantwortung«, läuft gegen die klassische Esoterik und auch gegen die asiatische Spiritualität. Warum?

Wir werden schon bald begreifen, daß wir die Götter sind, die wir so lange angebetet haben. Wie Julian Jaynes in seinem Buch über die *bikamerale Seele* richtig schreibt, hat es schon einmal eine derartig epochale Kulturphase wie die unsrige gegeben, genannt Achsenzeit. Das war die Zeit, in der Buddha, Laotse, Christus und all die anderen, die unser derzeitiges Bewußtsein geprägt haben, gelebt und geschrieben haben. In dieser Zeit sind die inneren Götterstimmen endgültig aus dem Gehirn verbannt worden. Das war die wichtigste Etappe für eine stärkere Eigenverantwortlichkeit der Menschen in bezug auf ihr eigenes Bewußtsein.

Nun kommt die nächste Etappe, forciert von Neuro-Forschung, Brain-Diagnostik, Psychedelismus und Brain-Machines ... *der Schritt zum Meta-Bewußtsein.*

Damit übernimmt der Mensch endgültig die volle Verantwortung für sein Bewußtsein. Er erkennt, daß es weder Götter gibt, die ein »besseres Bewußtsein« haben, noch »undenkbares Bewußtsein«. Jedes Bewußtsein ist machbar, Herr Nachbar!

Entscheidend für diesen Schritt ist, daß besonders der Westen aufhört, die Mythen und die esoterischen Lehren der letzten Achsenzeit und die attraktiven buddhistischen Theoreme weiter in die Neuzeit zu verlängern. Dann wenn sich das Meta-Bewußtsein entwickeln soll (und die Trend-Signale zeigen, daß das besonders in der Jugend kräftig im Gang ist), dann benötigt man nicht nur Bewußtsein, sondern auch *ein stabiles Ich*.

Gerade die asiatischen Lehren (von Maharshi bis Bhagwan) fordern trotz unterschiedlicher Vokabeln im Prinzip aber gerade die *Auflösung des Ichs*. Das war richtig vor vielen hundert Jahren. Und es ist, wie Gehirn-Untersuchungen bei indischen Jugendlichen gezeigt haben, in bestimmten Regionen heute noch richtig und machbar. Aber es ist nicht richtig, wenn eine Kultur den Sprung zum Meta-Bewußtsein versucht. Denn dazu braucht man ein ausgesprochen stabiles Ich.

Die zweite Halbzeit der nächsten Evolution wird deshalb mit Sicherheit keine esoterische sein, wie viele New-Ager und andere immer wieder behaupten, sondern sie wird voll auf den Schultern eines kräftigen Ichs stehen. Das Ich wird zum aktiven Instrument der Bewußtseinsformung. Warum?

Das Meta-Bewußtsein ist ein doppeltes Bewußtsein. Es ist das Bewußtsein, das über unserem Bewußtsein plaziert ist. Es ist das Bewußtsein, das weiß, daß alle Wahrheiten nicht wahr sind und daß das jeweils aktuelle Bewußtsein nur eine *fließende Erfindung* ist.

Wenn es je gelungen ist, in dieses »multiple Bewußtsein« einzusteigen, konnte man beobachten, wie das Bewußtsein diejenigen Inhalte erfindet, an die man gerade glauben möchte. Das Bewußtsein ist der Erfinder von Glauben, den wir als Realität erleben. Meistens lacht man Tränen, wenn man zum erstenmal in dieser Form dissoziiert seinen eigenen Bewußtseins-Tanz beobachten kann.

Es ist klar, daß dieser

Trend zu mehreren Bewußtseinen

nur für denjenigen machbar ist, der ein kraftvolles instrumentelles Ich besitzt. Die nächste Epoche der Brain- und Bewußtseinsformung wird eine neuartige Huldigung des Ichs mit sich bringen.

Die aktuellen Signale zeigen, daß sich diese Meta-Ebene langsam in unserer Kultur entfaltet. Man sieht das zum Beispiel daran, daß im Lager der jugendlichen *Hyper-Realisten* diese Fähigkeit, mit mehreren Bewußtseinen zu jonglieren, deutlich zunimmt. Und es ist auch richtig, was Pater Lasalle immer wieder betonte, daß gerade die Jugend große Teile des neuen Bewußtseins schon entfaltet hat. Aber es ist eben doch ein anderes Bewußtsein, als es die Esoteriker erwarten ... es ist *ein Bewußtsein, das mit Bewußtseinen spielt.*

Es ist ein Bewußtsein, das deshalb auch ganz konsequent den menschlichen Mind zur Formung des Spirit einsetzt. Und damit geht ein Großteil der spirituellen Verehrung verloren. Und es ist ein Bewußtsein, das in Zukunft beginnen wird, praktikable Wege und praktische Techniken zu entwickeln, um zur *»globalen Weisheit«* zu gelangen. Die globale Weisheit, das ist Reservoir von paradoxen Erkenntnissen zum Sein und Werden, das im »Global Brain« (Peter Russell) gespeichert ist. Dieser Zutritt zur globalen Weisheit wird derzeit in der Light-Age-Szene

Selbst-Erleuchtung

genannt.

Dieses neue Bewußtsein wird vier Dimensionen umfassen:

① **Die Transzendenz des Zeitlichen:**

Alles ist irreversibel. Wir tragen die volle Verantwortung.

② **Die Mit-Repräsentanz des Gegenteils:**

Das Bewußtsein kann nur fließen, wenn das Gegenteil präsent ist ... Weisheit ist die Verstärkung des Neutralen.

③ **Die Bereitschaft zur Meta-Programmierung:**

Es gibt nur den Glauben an den Glauben ... Glauben kann man programmieren.

④ **Der Mensch wird nur durch sich selbst zum Menschen:**

Wir sind das, was wir an Liebe zu schenken vermögen.

Man sieht, daß das neue Bewußtsein auch neue Antworten gibt auf die Dimensionen der *Verantwortung, Weisheit, Glaube und Liebe.* Und das sind auch in der alten Philosophie und in der klassischen Esoterik wichtige und zentrale Dimensionen. Aber die Inhalte des neuen Bewußtseins sind trotzdem ganz anders als in der esoterischen Lehre. Die neuen Inhalte lauten:

① **Wahrheit ist nur Kontext:**

Alles ist fließende Lüge.

② **Das Paradoxe beherrscht das Leben:**

Der Witz ist die Energie des Fließens.

③ **Alles ist Konstruktion und Erfindung:**

Der Mensch ist ein Ohne-Input-System: Er lebt im »Fluß seiner eigenen Metaphern« (Varela).

④ **Auch der Geist wird:**

Überall herrschen Instabilität, Expansion und Werden. »Ewigkeit und Zeitlichkeit sind sehr nah beieinander« (Prigogine).

⑤ **Es gibt eine kosmische Absicht:**

Es ist die Absicht dieser Absicht, sie zu nutzen.

Fassen wir an dieser Stelle zusammen:

Wir steigen ein in eine Kultur mit Meta-Bewußtsein und spielerischem Umgang mit den unterschiedlichen Bewußtseinen. Das jetzt so heftig erwachte Interesse an Brainforschung, Neuro-Biologie und Brain-Machines signalisiert, daß die Phase, in der es fast ein Skandal war, wie Maturana einmal schrieb, darüber nachzudenken, durch welche Denk-Prozesse welches Bewußtsein entsteht, langsam zu Ende geht. Wir dürfen und wir können unser Bewußtsein beobachten, um es dadurch instrumentell machen zu können. Das Bewußtsein wird zum flexiblen Instrument der kommenden kinetischen Epoche.

Die wichtigste Voraussetzung dafür ist ein anderes Konzept für das Ich. Das Ich wird zu einem *multiplen Ich*, zu einem offenen Ich. Die Zeit geht zu Ende, in der die Suchenden, diejenigen also, die die Reise nach innen angetreten haben, sich bemühten, ihr Ich aufzulösen.

Eine andere Voraussetzung ist der *Abschied von Wahrheit*, also auch von höherer, göttlicher Wahrheit. Wenn alles nur Erfindung ist, dann ist auch das Höchste nur unsere Erfindung. Vielleicht gibt es eine kosmische Absicht (aber das ist sicher auch nur eine Erfindung von uns), doch die ist offen, werdend und irreversibel. Eine gesteigerte Verantwortlichkeit für die Qualität unserer Erfindungen wird nötig. Und je wahrer die Wahrheiten sind, um so weniger Verantwortung können wir für sie übernehmen.

Wie wir gesehen haben, ergeben Meta-Bewußtsein und »Alles ist Erfindung« die Eintrittskarte für das kommende Zeitalter der Selbsterleuchtung. Dies wollen wir uns nun näher anschauen:

Wenn man das erstemal »Selbst-Erleuchtung« liest, hat man so ein komisches Gefühl in der Magengegend. Wir haben mit Erleuchtung viel zu viel und weihevoll Schindluder getrieben. Und wir haben immer noch nicht die volle Verantwortung für unser Bewußtsein in uns selbst verankert. Deshlab glauben wir, so etwas Tolles und Göttliches müsse ein Geschenk sein, eine Gnade . . . etwas, das vom Himmel oder von den höheren Kräften kommt. Man kann Selbst-Erleuchtung natürlich auch ganz anders auffassen, ganz unsentimental und pragmatisch, ausgehend von dem neuen Paradigma, wie ich es eingangs kurz skizziert habe:

Wenn es stimmt, daß alles Geist ist, dann ist auch unser Mind ein Teil des globalen Geistes. Wenn es stimmt, daß dieser universale Geist von uns als Licht erlebt werden kann (was ja nur eine Erfindung von uns ist), dann können wir unseren Mind so formen, daß er in die Lage kommt, Spirit zu erleben . . . also Licht zu genießen . . . das ist der Weg der Selbst-Erleuchtung.

Selbst-Erleuchtung ist also ein selbstinitiierter Prozeß auf der Basis unserer persönlichen Erfindung von »Erleuchtung«. Erleuchtung ist also selbstreferentiell. Das bedeutet: Erleuchtung geschieht durch sich selbst . . . durch die Erfindung der Erleuchtung kommen wir zur Erleuchtung. Mit anderen Worten:

Erleuchtung bedeutet, daß Mind und Spirit in ihrer Erfindung verschmelzen.

Wir sehen, diese Auffassung der Erleuchtung hat nichts mit der Auflösung des Ichs zu tun, wie es fast alle spirituellen Schulen nahelegen, sondern hat etwas damit zu tun, daß wir unseren Mind so programmieren, daß wir dasjenige »Neue Selbst« in uns etablieren können, durch das das Ich (Mind) denjenigen Anteil am universalen Spirit erleben und genießen kann, der in unserem Leben untrennbar enthalten ist. In diesem Sinne ist Erleuchtung die Fähigkeit, seinen Mind so zu programmieren, daß er den Spirit in uns sehen kann. Und das bringt dann folgendes Ergebnis: Man weiß nun das, was man schon immer wußte, ohne zu wissen, daß man es schon immer wußte. Der Rest ist Verpackung. Aus dieser Sicht ist die neue Epoche, die vor uns liegt, in erster Linie eine *Epoche der Formung von Mind* oder – wie John C. Lilly es zu nennen pflegt – eine Epoche der

Meta-Programmierung.

Ganz offensichtlich ist unser Gehirn als geschlossenes System in der

Lage, sich so zu programmieren, daß wir persönliche und kollektive Transformationen entwerfen und vollziehen können.

Betrachten wir nun etwas näher, wie wir mit unserem Brain und unserem Bewußtsein diese Meta-Programmierung vollziehen können:

Wenn man davon ausgeht, daß alle Wirklichkeiten unsere Erfindungen sind, dann muß man zuerst einmal sein Gehirn darauf programmieren, daß es Abschied nimmt vom tiefverwurzelten Glauben an die Echtheit von Wahrheit und Realität. Eine erste wesentliche Eingangs-Voraussetzung für die Transformations-Arbeit ist also das echte Glauben an folgenden Glauben:

Alles ist nur Erfindung und Spiel.

Eine nächste Ebene ist das Meta-Programm der *Mind-Formung*. Wir sollten davon ausgehen, daß es kein strafendes Schicksal und keine lenkenden Götter gibt, sondern eine permanent fließende kosmische Absicht, also einen Geist, der alles mitmacht, weil alles, was gemacht werden kann, nur in ihm und durch ihn gemacht werden kann. Der Geist steigt hier quasi vom Thron einer imaginären Vernunft und wird zu einem Mitspieler des Werdens. Wir können ihn »Potentialität« nennen.

Nunmehr ist es wichtig, auch eine andere Einstellung zu unserem Mind aufzubauen. Mind ist nicht das Denken, sondern ist ein affekt-kognitives System, das »*Idealität*« entwirft, um diese in den Strom der Potentialität hinzutragen. Mit anderen Worten: Das, was wir erfinden, ist diejenige Form, über die Potentialität zur »*Realität*« wird.

Damit haben wir das wichtigste Instrumentarium für die kommende Mind-Formung skizziert:

① Unsere *Idealität* entwickelt die Form, in der

② die *Potentialität* sich so sehr lokalisieren und manifestieren kann, daß daraus

③ unsere *Realität* wird.

Wir schaffen uns buchstäblich unsere eigene Welt durch unseren Glauben an unsere Welt. Und unsere Realität wird so zur »Signatur des Geistes« (David Bohm).

Im Rahmen der Meta-Programmierung ist es nun wichtig, wie denn der Mind die Idealität formen kann. Mit Meditation, Brain-Machines und

Psychedelismus allein ist das kaum zu machen. Dazu gehört ein genaueres Wissen darüber,

wie der Geist arbeitet.

Aber wie arbeitet er denn?

Vermutlich *nicht logisch, sondern analogisch*: also Gleiches zu Gleichem. Wichtig ist in diesem Zusammenhang, daß es zwei Wirkungs-Gesetze gibt, die man immer wieder sehen kann, wenn man sich in der außerordentlichen Lage befindet, sich bei seinem eigenen Bewußtseins-Tanz zu beobachten. Und diese zwei analogischen Gesetze lauten:

Energie zu Energie.
Form zu Form.

Ganz offensichtlich arbeiten wir in unserem Brain eher quantenphysikalisch als logisch-vernünftig. Und so ist es auch kein Wunder, daß einer der großen Physiker, George Spencer-Brown, in seinem Buch »Laws of Form« zu ganz ähnlichen Gesetzmäßigkeiten kam:

① *Das Gesetz: Mach einen Unterschied*

Nur das, was unterschieden werden kann, kann im Raum des Geistes zu einer festen Form werden. Ohne Idealität kann es keine Prozesse geben, die aus Potentialität spätere Realität machen. Da das Denken aber – wie David Bohm in seinem Buch »Die implizite Ordnung« schreibt – die Tendenz hat, sich vor sich selbst zu verstecken, geht es darum, unsere Individualität so aufzuteilen (= die Schaffung von *Teil-Persönlichkeiten*), daß wir trotz dieses Versteckspiels schneller und gezielter diejenigen innovativen Unterschiede entwickeln, die für eine gute Idealität wichtig sind. Das ist die mentale Arbeit mit geteilten Persönlichkeiten . . . also mit multiplem Ich.

Ein anderer Aspekt kommt dazu: Man kann seinen Mind so metaprogrammieren, daß er fähig wird, ins Vorbewußtsein einzusteigen, und zwar ins kollektive Vorbewußtsein, zum Beispiel *morphogenetische Felder* (Sheldrake) oder Archetypen (Jung). Dadurch kann man das abzapfen, was im Raum des Geistigen im Werden ist, ohne daß es einem persönlich bereits bewußt geworden ist. Dadurch kann man den Unterschied zu seinem eigenen Bewußtsein vergrößern.

② *Das Gesetz des Rufens*

Man kann einen Unterschied erst dann einen wirklichen Unterschied nennen, wenn er sozial geworden ist, das heißt, wenn ihn andere

Menschen mit ihrem Bewußtsein widerrufen, zurückrufen, bestreiten oder bestätigen. Der Unterschied wird zum Unterschied durch den Diskurs, den er provoziert.

Erst durch diese *zirkuläre Ruf-Arbeit* wird der Unterschied zu einer Mind-Form gefestigt. Und erst durch die Festigkeit und Verbindlichkeit dieser Mind-Form kann sich der ewig fließende Spirit (Potentialität) zur Realität prägen (formen) lassen.

Das ist auch der Grund dafür, daß der Geist analogisch arbeitet, also Energie zu Energie und Form zu Form. Er sucht immer die intensivste Idealität, also diejenige, in der viel Energie geformt wurde. Das wiederum macht klar, warum der *Glaube* ein so wichtiger Mind-Wert ist. Das Problem liegt nun darin, daß die meisten Menschen nur das glauben können, was sie bereits glauben, also zum Beispiel Vergangenheit oder tägliche Realität. Dadurch verstärken sich die toten Formen.

Ein wahrer Führer muß aber in der Lage sein, intensiv das zu glauben, *was noch nicht glaubhaft ist*, also Zukunft und Vision. Dadurch schafft er werdende Realitäten. Das ist mentale Meisterschaft.

③ *Das Gesetz des Überschreitens*

Je fester die Form, um so verbindlicher die Wirklichkeit, die aus ihr entspringt. Bei der materiellen Wirklichkeit mag das viele Vorteile haben. Im Raum des Geistes ist aber jede Verfestigung, die ins Prinzipielle und Starre abgleitet, von Nachteil. Man kann dann mit starrem Geist den fließenden Spirit nicht mehr mitfließend formen.

Denn der Geist kennt keine Standpunkte, sondern nur Fließpunkte.

Deshalb ist es wichtig, daß man seinen Mind immerzu metaprogrammiert auf Auflösung. Das geschieht am besten durch das Meta-Programm des *Spiels* und durch das Meta-Programm des »*Glaubens an den Glauben*«. Dadurch wird unser Mind befähigt, sich von Wahrheiten zu trennen zugunsten von »Brauchbarkeiten« (Heinz von Foerster).

Unser Mind spielt dann mit Wahrheiten, ohne an sie als Wahrheiten wirklich zu glauben. Dadurch kommt es zu einer verbindlichen Formung, die aber gleichzeitig auch auf Auflösung programmiert ist. *Prägung und Fließen* vereinigen sich.

Nun haben wir in Umrissen erkannt, daß die nächste Epoche eine Epoche der Meta-Programmierung sein wird, gekennzeichnet durch die Fähigkeit des Menschen, das Spiel des Erfindens zu erfinden.

Es ist klar, daß in diesem begrenzten Rahmen nicht alle Meta-Programme ausführlich beschrieben werden können. Aber es zeigt sich doch, daß alle Meta-Programme folgendem Credo folgen:

Wir handeln, genießen oder leiden nicht aufgrund von Wirklichkeiten, sondern aufgrund unserer Erfindungen, die wir für wirklich halten.

Das ist das, was man in der Synergetik »den obersten Ordner« nennt. In meinen Coachings mit Managern und Unternehmern ist das auch immer der wichtigste und zugleich schwierigste Punkt. Wenn es gelingt, dieses zentrale Programm voll in den persönlichen Glauben zu integrieren, dann ist schon ein Großteil des Weges zur persönlichen Transformation gegangen. Es ist sozusagen die *Basis für ein optimales MIND DESIGN.*

Die operative Ebene darunter ist *die Ebene der Identität.* Auch hierfür gibt es ein Meta-Programm. Im Kern besagt es, daß man nicht das ist, was man derzeit geworden ist, sondern das, was man werden kann. Das ist ein Programm, um die fixe Persönlichkeit zu einer transformativen Größe umzuformen . . . von der statischen Persönlichkeit zur fließenden Persönlichkeit.

Andere Meta-Programme konzentrieren sich auf den inneren Frieden, auf die Eigenverantwortung, auf die Demut zum Neuen Selbst, auf die »gleichgültige Leichtigkeit« und auf den Jubel des Lebens.

Halten wir an dieser Stelle fest:

Ganz offensichtlich gibt es Gesetzmäßigkeiten im Raum des Geistes, so wie wir ihn erfunden haben und erleben, Gesetze des Mind, die wir erkennen und nutzen können. Diese Nutzung können wir Meta-Programmisierung nennen. Es ist wichtig, zu begreifen, daß der Spirit und unser Brain im Prinzip alle Meta-Programmierungen mitmachen können, wie zum Bespiel John C. Lilly durch seine Forschungen eindrucksvoll bewiesen hat. *Es gibt keine Grenzen.* Auch keine Grenzen hinter den Grenzen. Das einzige, was es gibt, ist unsere Angst vor dem Unbekannten . . . ist unser Glaube an Grenzen.

Deshalb ist es wichtig, diejenigen Meta-Programme in unserem Brain zu verankern, die uns helfen, besser zu erfinden, fließender zu werden und offener zu programmieren. Kurzum: weniger an erfundenen Bedeutungen zu leiden.

Das führt uns nun zum Stichwort »Selbstkonzept und Leiden«. Ganz offensichtlich gibt es Krisen, Depressionen, Irritationen und psychische Störungen in uns selbst. Also ist das, was wir das Ich und das Selbst nennen, keineswegs eine statische Dimension, die unberührt von unseren Bewußtseins-Prozessen existiert.

Ganz im Gegenteil: Es scheint so zu sein, daß unser Ich und unser Selbst geradezu Kinder unserer eigenen Erfindungen sind, also auch durch unsere Bewußtseins-Prozesse direkt verletzt und gestört, aber auch kultiviert und harmonisiert werden können. Leiden und Glück sind aus dieser Sicht Ergebnisse unserer Meta-Programmierungen und Programmierungen.

Was ist nun das Ich? Und wie könnte man das Selbst definieren?

Das **Ich** ist ein Verhaltens-Konzept, um das eigene Werden im Leben zu schützen.

Das **Selbst** ist ein Identitäts-Konzept, das durch das Leben erfunden wird.

Betrachten wir diese beiden Definitionen etwas genauer, so stellt man fest, daß es hier um zwei erfundene und auf der Zeitachse gelernte Konzepte geht. Nicht mehr und nicht weniger. Es ist für die Meta-Programmierung sehr wichtig, sich diese »durchlüfteten« Einstellungen zum Ich und zum Selbst zu eigen zu machen.

Interessant ist, daß einer der führenden Konstruktivisten, Gerhard Roth, das Ich ebenfalls als Erfindung definiert: »Das Ich ist eine Fiktion, ein Traum eines Gehirns, von dem wir, die Fiktion, der Traum, nichts wissen können.«

Wenn man das Ich und das Selbst nicht mehr als spirituelle oder heilige Größen mißversteht (man denke an den Reinkarnations-Rummel in diesen Zeiten), dann hat man eine gute Plattform für mentale Fitness durch Mind Design.

Für den Prozeß der Selbst-Erleuchtung ist es wichtig, vom neuen Paradigma auszugehen, das wir eingangs gestreift haben. Also: Der Geist wird. Und im Rahmen dieses Werdens kann auch unser Geist (Mind) werden. Wenn es uns gelingt, Erleuchtung so zu erfinden, daß sie zum integrierten Element unseres Selbstkonzepts wird, dann erfinden wir die Brücke, auf der sich Spirit und Mind begegnen und umarmen können. Und das ist mit schlichten Worten Erleuchtung.

Aber alle Formen und Ebenen des Mind Design verlangen eine sorgfältige Vorarbeit. Die neuen Brain-Machines allein bringen das nicht. Auch die asiatische Meditation im Prinzip nur in seltenen Ausnahmefällen. Wichtig ist deshalb zuerst eine möglichst komplette Meta-Programmierung unseres Gehirns. Ich selbst arbeite da mit einem vernetzten *Trainings-Programm*, das unter anderem folgende Dimensionen umfaßt:

Identität: das gute Ich.

Zeit: der Jubel des Augenblicks.

Liebe: das All-Eine.

Frieden mit der Welt: Versöhnung.

Evolution: Fließen.

Spiel: Gutes tun.

Wahrheit: Erfindung und Auflösung.

Gefühle: manipulative Größen.

Kreativität: Ja zum Unbekannten (nach Lilly).

Helfer: Teil-Persönlichkeiten.

Verpflichtung: das Selbst-Versprechen (NLP: Future Pacing).

Selbst-Toleranz: die unsichtbaren Korrekturen (die Strategie der guten Fee).

Das sind mentale Instrumente, die eine Meta-Programmierung ermöglichen, die wiederum Voraussetzung ist für Mind Design und *Mental Management*.

Gehen wir davon aus, daß ein Manager oder Unternehmer eine derartige Meta-Programmierung trainiert hat. Nun kann er beginnen mit seiner persönlichen Transformation.

Das Credo dieser Wandlung, von ihm selbst initiiert, lautet:

Nur im Zustand der Instabilität gibt es Lernen und neue Identität.

Deshalb ist eine *permanente Instabilität das Ziel* der persönlichen Mind-Arbeit. Man erkennt nun sehr schnell, wie weit dieses Credo entfernt ist von der klassischen Esoterik, bei der die Gurus immer mit Metaphern arbeiten, die auf Sein und auf Harmonie ausgerichtet sind, zum Beispiel »Sei in deiner Mitte!«

Die persönliche Transformation geht von einer ganz anderen Auffassung aus, dem Modell der *Shifts und Drifts* . . . also ein evolutionärer Ansatz. Das persönliche Werden als eine gewollte Instabilität. Shifts sind Bewegungen durch Impulse. Und Drifts sind die Abweichungen von den letzten Abweichungen.

Transformation ist also ein Prozeß des gewollten Fließens auf der Basis der kosmischen Absicht, jedoch irreversibel, offen und instabil statt ewig und statisch. Und dieses Fließen wird in dem neuen Paradigma aufgefaßt als ein Voneinander-Abrutschen von geistigen Kräften, die voneinander leben.

Persönliche Transformation ist deshalb eine Mischung aus persönlicher Fließ-Organisation und der Selbstreferentialität des Gehirns. Wie die Arbeiten von Maturana und Varela gezeigt haben, ist das Gehirn ein *Ohne-Input-System.* Es kann also im Prinzip immer nur das wahrnehmen, was es selbst erfunden hat. Und es kann nur das erfinden, was durch Störung (Perturbation) und Instabilität provoziert worden ist.

Kombiniert man den Faktor des Fließens mit dem Faktor der Selbstreferentialität, so erhält man ein Mind-Modell der persönlichen Transformation, das in erster Linie dadurch funktioniert, daß der Mensch mit seinem eigenen Bewußtsein diejenige Perturbation – also Störung – erfindet und mit Energie versorgt, die der Prozeß-Dynamik der Selbstreferentialität entspricht (also sich aus sich selbst heraus neu erfindet) und die zugleich eine permanente Instabilität gewährleistet. Was kann das sein?

Die Erfindung des Neuen Selbst. Das Neue Selbst wird definiert als die Erfindung unseres Werdens, die wahr wird durch unseren Glauben daran.

Die alte Esoterik hatte mit dem Begriff des Selbst oder der Seele eine andere Zielsetzung verbunden. Im Prinzip war man darauf ausgerichtet, Erleuchtung und Glückseligkeit anzustreben durch den Prozeß des *Sich-selbst-Vergessens.*

Der neue Weg ist anders: Er zielt auf *Sich-selbst-Erleben.* Dafür ist es wichtig, das normale Selbst vom Neuen Selbst zu unterscheiden. Das Neue Selbst ist eine Erfindung, die vom Ich und vom Selbst erfunden werden, um im Mind eine permanente Störung und Instabilität zu organisieren. Das Neue Selbst ist im Prinzip ein Trick, mit dem das bisherige Identitäts-Konzept (das alte Selbst) vom gespeicherten Leben abgelöst wird, um Spirit oder – besser gesagt – unsere Erfindung von Spirit erleben und genießen zu können.

Was geschieht dann eigentlich in unserem Brain? Wie wir gesehen haben, ist das Selbst ein Identitäts-Konzept, das durch das Leben erfunden und im gelebten Leben gelernt worden ist. Entsprechend den Laws of Form von Spencer-Brown ist es das Leben, das sich selbst zur Form gerufen hat. Identität als Ruf und Rückruf.

Deshalb repräsentiert unser Selbst die vielfältigen zufälligen und gewollten Verletzungen, Störungen und Highlights unseres bisherigen Lebens. Da es nun keineswegs sicher ist, daß dieses so geformte Selbst automatisch den Weg zum Spirit findet, geht es darum, während des Lebens ein zweites Selbst zu erfinden, das spiritueller oder geöffneter ist.

Dieses Neue Selbst muß nun aber ebenfalls in unser Selbstkonzept integriert werden. Es darf keine abstrakte Größe bleiben, jenseits von uns. Diese Integration benötigt einen speziellen Trainings-Weg, durch den es gelingt, das Neue Selbst in relativ kurzer Zeit so intensiv zu erleben, daß es für uns wahr wird. Dieser Trainings-Weg nutzt die Erkenntnisse der Trance-Forschung (zum Beispiel Felicitas Goodman) und die vielfältigen Ergebnisse der Neuro-Forschung. Das Ziel dieses Trainings ist darauf ausgerichtet,

das erfundene Neue Selbst in unserem Leben wie eine echte Wirklichkeit zu erleben. Dadurch wird das Neue Selbst zu unserem höheren Identitäts-Konzept.

Dieser Prozeß der Transformation läßt sich auch wie folgt beschreiben: Das Ich und das Selbst werden zum Neuen Selbst geführt, nachdem dieses durch Brain-Übungen zur Identität aufgebaut worden ist. Dann erleben das Ich und das Selbst, wie das Neue Selbst das Mind Design steuert oder die Selbst-Erleuchtung einleitet. Alle Beteiligten genießen schließlich ihre gemeinsame, kooperative Arbeit.

Das bedeutet:

Selbst-Erleuchtung ist die Lenkung des Mind zum Spirit – mit den Methoden des Mind.

Am besten hat E. J. Gold in seinem Buch »Die Menschliche Biologische Maschine als Apparat der Transformation« einige der notwendigen Mind-Techniken für diese Selbst-Erleuchtung beschrieben. Seine Kern-Idee ist die der unerwachten »*biologische Maschine*«, also unser Körper, der unser Ich und unser Selbst zu einer Art wachem Schlaf verpflichtet hat.

Es geht deshalb darum, unser Bewußtsein so umzuformen, daß ein Neues Selbst im Identitäts-Konzept verankert wird, wie wir es oben beschrieben haben. Dieses Neue Selbst bekommt die Aufgabe übertragen, die schlafende Maschine zu erwecken, die wir mental sind.

Das Ich, das Selbst und der Körper werden durch diese Meta-Programmierung verpflichtet, dem Neuen Selbst bei seiner Reifung zu helfen. Das Instrument dafür ist »gerichtete Aufmerksamkeit«. Auch das ist kein göttliches Geschenk, sondern nichts anderes als eine *Dissoziations-Leistung*, die unser Gehirn vollzieht, wenn man sein Bewußtsein auf Meta-Bewußtsein oder mehrere Bewußtseine programmiert.

Durch die Dissonanzen zwischen dem gelebten Leben (was Gold die »Chronik« nennt) und dem parallel gelebten Neuen Selbst kommt es zur gewünschten Instabilität und Perturbation (Störung). Bei diesen zum Teil *krisenhaften Prozessen* geht es dann darum, dem Neuen Selbst ein Maximum an Ergebenheit und Liebe zu schenken, damit es sich auf Spirit und Licht ausrichten kann. Das ist der eigentliche Sinn der so oft zitierten »*Selbst-Liebe*«.

Im Ansatz hat in der asiatischen Lehre Maharshi diesen Prozeß skizziert. Auch bei ihm ist das Licht, das uns erleuchten soll, letztendlich eine Erfindung, die dadurch funktioniert, daß wir besonders intensiv an sie glauben. In der neueren Brain-Technologie geht man aber darüber hinaus: Man plaziert das Neue Selbst in Erlebnisfeldern des Lichts und des Spirit, um ganz gezielt das Ich und das alte Selbst in ihrer grundsätzlichen Ausrichtung zu korrigieren. Das Ich und das Selbst schauen dann nicht mehr auf ihre eigene Historie, sondern auf ihre eigene Idealität . . . also auf ihren Entwurf von Erleuchtung.

Dadurch aktiviert sich die Kluft zwischen gelebter Realität und gelebter Idealität . . . die Chronik des Lebens meldet sich. Durch die Innen-Arbeit läßt man nunmehr die Maschine, hauptsächlich unseren Körper und unser Nervensystem, lernen, daß sie keine Angst zu haben braucht vor der neuen, *erhöhten Wachheit des Bewußtseins*.

Das alles ist ein zirkulärer Prozeß, der wie folgt beschrieben werden kann: Unser Ich und unser Selbst (also unsere Instrumente des Mind) erfinden und pflegen das Neue Selbst, das wiederum unser Ich und unser Selbst neu ausrichtet auf Spirit und Licht: Dieser gleitende iterative Prozeß ist Selbst-Erleuchtung.

Ganz am Ende dieser neuartigen Möglichkeiten, die jetzt durch Neuro-Forschung und Brain-Technologie sichtbar werden, wird sicherlich eines Tages ein verbesserter Umgang mit unserem Kopf stehen: weniger Angst vor der *Manipulation unseres Bewußtseins* durch uns selbst. Und mit hoher Wahrscheinlichkeit wird auch eine neue Verantwortlichkeit für unser spirituelles Werden heranreifen, verursacht durch unser geistiges Werden.

Ohne Mind Design kann sich das neue Bewußtsein nicht entfalten.

Ohne Bewußtseins-Fortschritte können wir kein Mind Design entwickeln.

Anhang

Mental-Management

Führen von Ereignissen
durch den Geist

DIE 5 GESETZE DES GEISTES

1. WIR ERFINDEN
Wir handeln immer nur
aufgrund unserer
INTERPRETATIONEN der
Situation.

2. WIR PROJIZIEREN
Es gibt KEINE OBJEKTIVITÄT,
die uns das Recht gibt,
unseren Schatten nur beim
anderen zu sehen.

3. WIR LENKEN
Alles, was uns widerfährt,
ist das DRAMA ODER LUSTSPIEL,
das wir brauchen wollen.

4. WIR SPIELEN
Die Art unseres Spiels ent-
scheidet, ob es GEWINNER
ODER VERLIERER gibt.

5. WIR LIEBEN
Alles ist LIEBE, auch wenn
wir es als das Gegenteil
erleben.

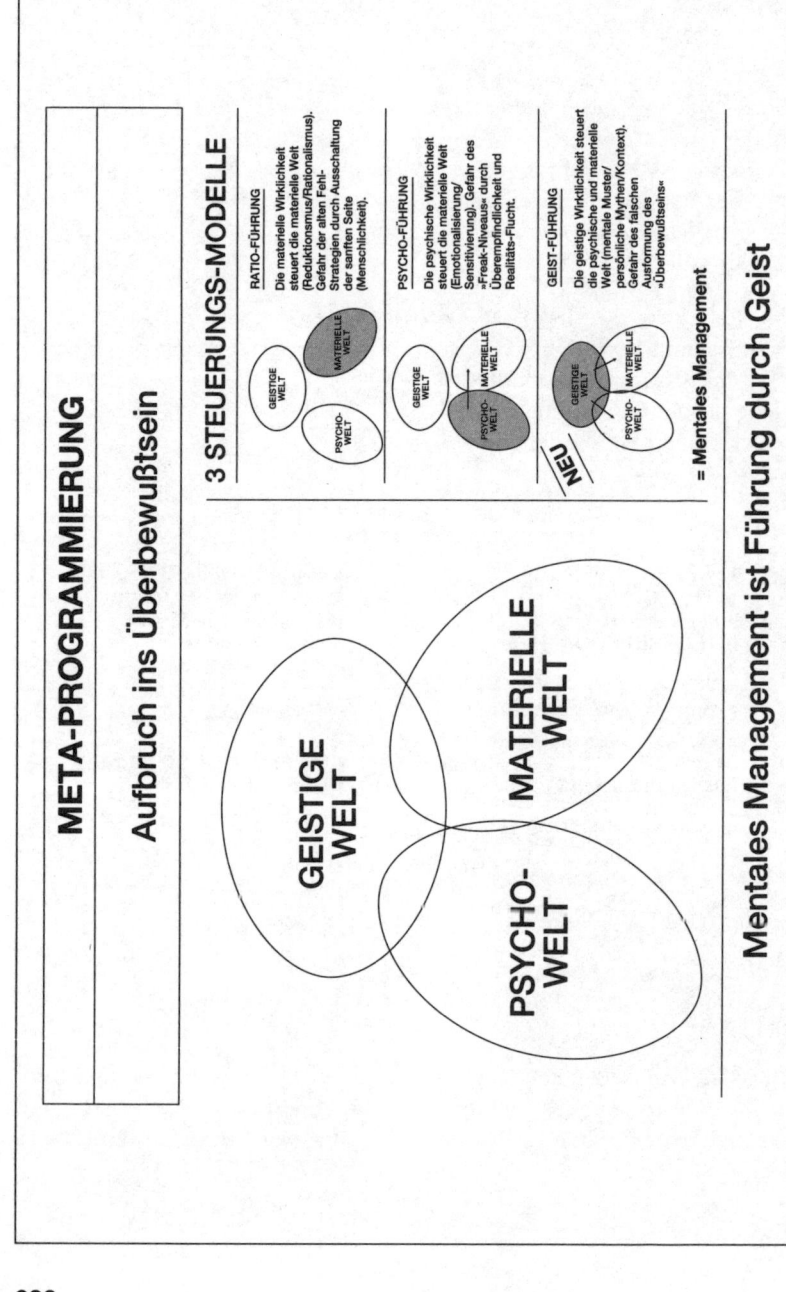

Dieses Buch beschreibt, daß der Geist immer mehr zum Instrument des modernen Managements wird, weil das Management aufgrund der Kinetik unserer Welt immer mehr gezwungen wird, aktiv Bewußtsein zu formen. Wie ich beschrieben habe, gibt es sehr unterschiedliche Wege, um sich diese *Kompetenz der Bewußtseinsformung* anzueignen. Meistens sind es jedoch eher zufällige oder krisenhafte Prozesse, die zur Mind-Kompetenz verhelfen.

Das System MIND DESIGN ist ein Trainings-System, das den Zugang zur Mind-Kompetenz methodisch erschließen will. Es basiert auf der Neuro-Programmierung, wie sie von dem Neuro-Forscher John C. Lilly entwickelt und beschrieben worden ist. Das Ziel ist eine

spezifische Meta-Programmierung für Unternehmer und Manager.

Unter Meta-Programmierung versteht man den Prozeß, durch den der persönliche Geist (Mind) sich selbst erweiternd programmiert, so daß dasjenige geglaubt werden kann, was bisher als »unwahr« erschien, und das entdeckt werden kann, was bisher im »blinden Fleck« verborgen war. Durch die Meta-Programmierung erhält der Mind eine höhere Regie-Ebene für seine permanente Umgestaltung.

Daraus wird sichtbar, wie sehr die Meta-Programmierung helfen kann, die in diesem Buch vorgestellten drei Zielsetzungen,

- **den Geist neu machen,**

- **den Geist schneller machen,**

- **den Geist erhöhen,**

zu erfüllen.

Diese drei Zielsetzungen ergeben zusammen die Basis für das angestrebte *Tao-Bewußtsein*, das wichtig ist für die Lenkung von komplexen und zugleich dynamischen Prozessen in den Märkten und in den Unternehmen.

Das Trainings-Programm MIND DESIGN steht auf drei Säulen:

① Zugang zu bisher blockierten persönlichen Mental-Ressourcen (»Öffnung der Kraft«),

② Zugang zum Spirit, das heißt Erschließung der Zukunfts-Kraft,

③ Konkretisierung auf kinetische Management-Dimensionen (Flexibilisierung des Geistes).

Das Trainings-Programm MIND DESIGN nutzt unterschiedliche Erkenntnisse der Gehirnforschung, so geht es davon aus, daß die Selbst-Programmierung nicht kausal, nicht logisch und auch nicht linear vollzogen werden kann, sondern analogisch. Im Raum des Geistes gibt es nicht die Logik des Intellekts. Deshalb funktionieren die Ursachen-Wirkungs-Gesetze nur begrenzt.

Dementsprechend ist MIND DESIGN auf den Prinzipien der Selbstreferenz und der Selbstverstärkung aufgebaut.

Das bedeutet, daß »komplexe Muster« in Form einer meditativen Selbst-Programmierung verinnerlicht werden. Besonders der »meditative Aspekt« ist dabei wichtig, weil es darum geht, die komplexen Muster so tief zu »ankern«, daß sie ein Teil der persönlichen Identität werden (Selbst-Konzeptualisierung).

Dementsprechend kann MIND DESIGN nicht rational und kognitiv vermittelt werden, also in der üblichen Seminar-Form durch Vortrag und Diskussion. Und deshalb kann MIND DESIGN auch nicht sukzessiv trainiert werden, zum Beispiel ab und zu am Wochenende, wenn man Lust und Zeit hat.

Vielmehr benötigt das Trainings-Programm MIND DESIGN einen komprimierten ungestörten Prozeß in einer dafür speziell hergestellten Atmosphäre. Nur durch diese Intensität kann es gelingen, die neuen Elemente der Meta-Programmierung mit der persönlichen Identität so zu verschmelzen, daß der Manager zum autonomen Regisseur seiner zukünftigen Mind-Programme wird.

Eine weitere wichtige Dimension ist der Verzicht auf intellektuelle und kausale Inhalte, weil die Meta-Ebene besser erreicht werden kann durch Allegorien, Symbole, Mythen und Metaphern. Dort, in diesem »Raum der Sprachlosigkeit«, sind diejenigen Energien plaziert, die den Manager befähigen, Zukünfte zu entwerfen.

Das MIND DESIGN konzentriert sich deshalb auf diejenigen *Symbole und Mythen*, die besonders viel Kraft zur mentalen Selbstorganisation aufweisen. Das sind nach George Spencer-Brown (»Laws of Form«, New York 1969) diejenigen Mental-Muster, die *Geborgenheit mit Überschreitung* kombinieren. MIND DESIGN nutzt also die Kraft des folgenden Paradoxons:

mehr Ruhe in mehr Dynamik.

Auf dieser Meta-Ebene wird der Manager fähig, in seine eigenen Mind-Prozesse jederzeit korrigierend einzugreifen, um sein Bewußtsein aktiv zu verändern oder schneller zu machen. Er erzielt dadurch die angestrebte Mind-Kompetenz.

Das Trainings-Programm läuft über eine Woche (sechs Tage) und beinhaltet pro Tag circa 16 Stunden Übungen, unterstützt durch ein speziell entwickeltes Audio-Cassetten-System und Brain-Machines. Das Training wird von Gerd Gerken geleitet. Informationen: Institut für Trendforschung, Worpswede.

Das Tao-Projekt

»Paradoxerweise tut das Tao nichts, aber es schafft alle Dinge.«
J. C. Cooper

Dieses Buch gehört zum Tao-Projekt. Es ist die dritte Veröffentlichung im Rahmen dieses Projektes. Das erste Tao-Buch wurde im März 1990 im ECON Verlag veröffentlicht und trägt den Titel

Management by Love.

Das zweite Tao-Buch wurde im Oktober 1990 ebenfalls im ECON Verlag veröffentlicht, und zwar mit dem Titel

Abschied vom Marketing.

Es entwickelt die Prinzipien des Tao weiter, die sich auf folgendes konzentrieren:

● die Erfahrung der Wirklichkeit als subjektive Konstruktion,

● Verschmelzen und Mitfließen als neue Instrumente der Planung,

● Liebe und Menschlichkeit als Quelle der Energie und Produktivität.

Das Buch, das Sie nun in den Händen haben, ist das dritte Tao-Buch, und es führt uns zu den drei wichtigen Bausteinen des praktischen Tao:

● **Kontext,**

● **Zeit,**

● **Spirit.**

Vielleicht interessiert es Sie, warum ich dieses Tao-Projekt initiiert habe und was im weiteren geplant ist. Hier ist das vollständige Programm:

Warum es das Tao-Projekt gibt

Ich hatte eine Verabredung mit einer Studentin. Sie wollte Auskünfte und Ratschläge von mir, weil sie eine Diplomarbeit schrieb. Sie studierte Betriebswirtschaftslehre bei einem der führenden Betriebswissenschaftler. Und diese Diplomarbeit war anders als die meisten anderen Diplomarbeiten, handelte sie doch vom Verhältnis zwischen Management und Spiritualität. Deshalb brauchte sie Hilfe, denn in der normalen Universitäts-Bibliothek fand sie kaum Materialien zu diesem Thema.

Die Studentin hatte ihre Arbeit in den Grundzügen schon fertig, so daß sie mir die gefundenen Beziehungen zwischen neuem Bewußtsein einerseits und dem Management in *»fortschrittsfähigen Unternehmen«* andererseits klarmachen konnte.

Ich hörte mir die vielen Argumente und Strukturen ihrer Recherchen an, und je länger sie vortrug, um so mulmiger wurde mir. Es handelte sich im Grunde um eine minuziöse Auflistung vieler Facetten des Managements im Hinblick auf innere Wandlungs- und Fortschritts-Fähigkeit. Und immer, wenn sie ihre Thesen, die weitestgehend abgestimmt waren mit dem, was »[ihr] Professor von [ihr] verlangt«, vorlas, hatte ich das Gefühl, daß das Gegenteil ebenso richtig sein könne. Obwohl das alles sehr akademisch klang und außerordentlich präzise in Kategorien und Dimensionen unterteilt war, hatte ich immer das Gefühl, daß es sich hier um eine willkürliche, *rein intellektuelle Ordnung* handelte.

Nachdem sie die letzte Schlußfolgerung vortrug, fragte ich sie vorsichtig: »Nun, Sie haben sehr umfangreich beschrieben, was New Age und Spiritualität ist und was ein fortschrittsfähiges Unternehmen ist. Nun stellt sich aber die Frage: Woher kommt nun die Energie für die notwendigen Wandlungen? Woher kommt die mentale Kraft für den Fortschritt im Unternehmen?«

Woher kommt diese Kraft?

Darauf wußte meine Studentin keine Antwort. Und als ich sie immer wieder provozierte mit der Frage der Energie, meinte sie, das sei im Grunde eine überflüssige Frage. Die Mitarbeiter in den Unternehmen müßten arbeiten. Von daher käme die Energie. Es gäbe ja schließlich den Zwang zum Brotverdienen, das sei so etwas wie die Basis-Energie. In der

Betriebswirtschaft, die sie jahrelang gehört und studiert hat, gäbe es keine andere Quelle für diese Energie.

Ich ließ nicht locker. Immer wieder provozierte ich sie mit der Frage, woher die mentale Energie für den Fortschritts-Prozeß in den Unternehmen kommt. Woher die geistige Kraft für die Transformation der Organisation kommt. Wieder dachte sie lange nach. Und dann verwies sie auf Pläne, auf Strategien, auf Ziele und auf das klassische Projekt-Management. Kurz:»Pläne erzeugen diese Energie!«

Dann schaute sie mich lange an, etwas ungläubig lächelnd, so als wollten ihre Augen ausdrücken, wie sehr sie im Innersten selbst daran zweifelte. Ich antwortete ihr:»Nein, die Energie für Fortschritts-Fähigkeit kommt von Glauben und Liebe.«

Da lachte sie und sagte, mit derartigen Vokabeln und mit soviel poetischem Ballast könne man das Problem der Betriebswirtschaft weder erfassen noch operationalisieren. Glauben und Liebe ... das habe nichts mit Betriebswirtschaft und der Fortschrittsfähigkeit von Unternehmen zu tun.»Nein«, sagte ich,»aber es hat etwas mit Spiritualität und neuem Management zu tun. Denn wenn man schon die Frage der Fragen stellt, nämlich woher die zentrale Energie für die vielfältigen Wandlungen in den Unternehmen kommt, dann muß man auch den Mut haben hinzuschauen, woher die Energie immerzu fließt: Energie kommt aus dem Kosmos. Und die Frage stellt sich: Wie kann ein Unternehmen oder ein Manager diese kosmische Energie anzapfen, um sie für seine Arbeit und für das Unternehmen nutzbar zu machen?«

Nein, die Frage nach der Energie beantwortet die Betriebswirtschaftslehre nicht, selbst wenn sie sich um Fortschrittsfähigkeit und innere Wandlung intensiv bemüht. Die Betriebswirtschaft spricht von der Fortschrittsfähigkeit der Organisation, ohne die energetische Quelle für diese Fähigkeit mit einzubringen.

Aber: Ohne Glaube kann ein Unternehmen sich nicht energetisieren. Und um Glauben zu erwecken, benötigt man die gemeinsame Liebe zu einer Vision. Vision kann man definieren als *ein Medium, das Glauben in eine Company trägt*. Nur wenn Gruppen einen gleich ausgerichteten Glauben haben (Kohärenz), sind sie in der Lage, mehr Energie zu produzieren, als sie durch ihre Aktivitäten in die Prozesse eingeben.

Und Liebe? Liebe ist ein Wort, das offensichtlich überhaupt nicht zum modernen, rationalen Management paßt, eher zu romantischen Gedichten, Pop-Musik und privaten Zärtlichkeiten. Aber Liebe definiert den

Grad der Identifikation mit einer Aufgabe, mit einer Arbeit, mit einem Unternehmen, mit einem Team, mit einem Chef. Liebe ist *die Quelle für Sozialenergie*, wenngleich man auch in den Unternehmen kaum Liebe zur Liebe sagt, sondern eher von »Handlungsleidenschaft« oder – schlichter noch – »überdurchschnittlichem Engagement« spricht.

Das alles hatte sich die Studentin ruhig angehört. Dann fragte sie mich: »Meinen Sie wirklich, ich könnte in einer Diplomarbeit etwas über den energetischen Hintergrund von Glaube und Liebe schreiben? Die Arbeit würde nicht angenommen werden, und wenn, dann würde sie eine schlechte Benotung bekommen. Lassen wir das!«

Ja, das war mein Schlüsselerlebnis, das zum Tao-Projekt führte. Mir wurde damals schlagartig klar, daß die rationale und abstrakte Betriebswirtschaftslehre gar nicht in der Lage ist, die mentalen Kräfte hinter den Prozessen zu beschreiben, weil sie mit einer Sprache und mit einer Modellbildung arbeitet (also auch mit einem Wirklichkeits-Modell), das auf *Präzision und materielle Wirklichkeit* ausgerichtet ist. Die Universitäts-Lehre wird damit Opfer ihrer eigenen Mythologie; Kaufmann spricht in diesem Zusammenhang vom »*myth of managerial omnipotence*«.

Alles, was im metaphysischen oder mystischen Raum existiert – also Sozialenergie, Glaube und Sympathie –, wird dadurch *automatisch weggefiltert und damit instrumentell ausgegrenzt*. Wenn man also fragt, was macht ein Unternehmen fortschrittsfähig, und dabei Liebe, Geist und Sozialenergie ausklammert, dann beantwortet man im Grunde nicht die Frage: »Was bringt die Energie für diesen Fortschritt?«, sondern die Frage: »Wie sieht dieser Fortschritt aus?«

Und das ist das Dilemma der Betriebswirtschaftslehre. Sie beschreibt Phänomene und objektive Prozesse. Sie beschreibt aber nicht die Welt hinter diesen Prozessen. Sie negiert die unsichtbaren Kräfte hinter sichtbaren Prozessen.

Langfristig gesehen wird das für die Betriebswirtschaftslehre, so wurde mir durch dieses Gespräch mit der Studentin klar, viele Probleme bringen. Denn in der internationalen Szene läuft die Betriebswirtschaft mehr und mehr auf das Paradigma komplexer, offener Systeme zu, das heißt auf *Selbstorganisation*. Je mehr Selbstorganisation ein Unternehmen aber einsetzt, um so mehr Energie braucht es. Ich nenne das *die Dennoch-Energie*.

Das ist die Energie, die Fehler positiv überfluten läßt. Das ist die Energie, die zum Ziel wird, obwohl das Ziel ungenau formuliert ist. Das ist die

Energie, die den Erfolg bringt, obwohl die Planung vielleicht nicht perfekt war. Das sind die »geheimnisvollen Kräfte«, die dennoch zum Ziel führen.

Das erinnert an das Paradigma der neuen Medizin. Auch dort beginnt man umzudenken. Man gibt den Organen nicht mehr direkte, lineare Hilfe oder Reparatur, sondern gibt den einzelnen Organen diejenige Energie, die sie befähigt, sich selbst zu heilen. Selbsthilfe, Selbstheilung und Selbstorganisation, das sind die neuen Prämissen, um in hochkomplexen Konstellationen flexibel und offen reagieren zu können.

Die Betriebswirtschaftslehre hat den Faktor »Energie« immer noch ausgeklammert. Oder – anders ausgedrückt – sie geht, wie meine Studentin, stillschweigend davon aus, daß immer genug Energie vorhanden ist. Motto: Die Menschen müssen ja arbeiten, um sich ihr »täglich Brot« zu verdienen. Damit wird eine *niedrige Basis-Energie*, die an der Grenze von Zwang und Pflicht angesiedelt ist, zur Grundlage betriebswirtschaftlicher Modellbildung gemacht.

Das Tao-Projekt versucht nun, dieses Energie-Dilemma zu überwinden. Und deshalb arbeitet es mit zwei Thesen:

① Wir brauchen eine Methodik, um soziale und persönliche Energien zu erwecken. Wir brauchen für Unternehmer und Manager eine Box of Instruments, um das Energie-Quantum zu steigern. Diese Arbeit wird eher mystischer, metaphysischer und geistiger Natur sein. Das Tao der Energie beantwortet die Frage, wie man die Energie in den Unternehmen steigern kann.

② Die rational-abstrakte Betriebswirtschaftslehre beschreibt ausschließlich vorbildlich, wie man diese Energien auf definierte Ziele steuern kann.

Mit anderen Worten: Die Betriebswirtschaftslehre beschreibt präzise Steuerungs-Prozesse, das Tao-Projekt beschreibt präzise Wege zur Energie-Erweckung.

Wenn es also richtig ist, daß die Unternehmen in Zukunft wesentlich wandlungsfähiger und fortschrittsfähiger sein müssen als bisher, dann müssen wir uns auch der Frage stellen, wie wir den Geist weiterentwickeln können und wie wir die Sozialenergie weiterentwickeln können. Das Tao-Projekt versucht hier, begehbare Wege zu finden.

Am Schluß unseres langen Arbeitsgespräches war meine Studentin sichtlich resigniert. Sie sagte:»Es ist mir und meiner Arbeitsgruppe schon öfter aufgefallen, daß unser Professor in seinen Vorlesungen sehr nahe, bis an die Grenze von Liebe, Bewußtsein und Geist herangeht, aber irgendwie paßt es nicht zur *inneren Ideologie der Betriebswirtschaftslehre*, diese Energiefelder mit zu berücksichtigen. Vielleicht ist deshalb die Querverbindung zwischen New Age und fortschrittsfähigem Unternehmen eine Verletzung der ideologischen Muster dieser Disziplin.«

Nun, ich kann nicht einsehen, daß die Betriebswirtschaftslehre, nur weil sie rational und abstrakt ist, mentale Faktoren für alle Zeiten ausklammern sollte. Deshalb das Tao-Projekt. Es versucht, *die energetische Seite des Managements* ebenso zu methodisieren, wie die Betriebswirtschaftslehre die prozessuale Seite methodisiert hat.

Natürlich weiß ich, daß die energetische Seite von der Betriebswirtschaftslehre aufgrund ihres rationalen Wissenschafts-Modells zwangsläufig ausgeblendet werden muß. Man kann mit rationalen Methoden eben das nicht beschreiben, was nicht rational ist. Energie ist eine mystische und mentale Angelegenheit. Und das Mystische und Mentale kann nur mental und mystisch beschrieben oder erfahren werden. Jede Dimension benötigt ihr eigenes Erlebnis- und Erfahrungs-System.

Das Tao-Projekt will die mystisch-mentale Seite des Managements mit mentalen Kriterien erfassen und instrumentell nutzbar machen.

Das Tao des Managements ist die Beschreibung des Weges zu persönlichen Energien und zu kollektiven geistigen Gruppen-Kräften. Und *diese Energien sind singulär*, das heißt, man kann sie nie beschreiben durch abstrakte Kategorien und Klassifizierungs-Systeme. Man muß sie persönlich erfahren. Man muß persönlich den Weg gehen, um über diese Kräfte verfügen zu können. Insofern verlangt das Tao des Managements auch eine *persönliche Transformation*, ein persönliches Engagement, das weit über Wissen und abstraktes Begreifen hinausgeht.

Den Spirit kann man nicht erfahren, indem man »Spirit« aufs Papier schreibt.

BWL und Tao

»*Das Eigentliche wird ausgeblendet,*
wenn man das Eigentliche rational erfassen will.«

Die klassische Dimension der Betriebswirtschaftslehre und die rationalen Instrumente der strategischen Planung beschreiben eher *die Seite der*

Technik im Management. Das Tao-Projekt soll dagegen eher die Seite der *Kunst im Management* beschreiben. Die rational-abstrakte Seite ist gut für die Festlegung präziser Steuerungsfunktionen im Hinblick auf Ziele. Die mystisch-energetische Seite ist gut für die Erweckung derjenigen Energien, die ausschließlich durch Strategie und Ratio-Management zu steuern sind. Beides zusammen ergibt das *ganzheitliche Management*, von dem so viele träumen und derzeit sprechen. Ganzheitliches Management . . . das ist sicher das Zusammenklingen beider Seiten: der technischen Seite des Managements, wie sie die Betriebswirtschaftslehre beschreibt, und der energetischen Seite des Managements, wie es das Tao-Projekt zu beschreiben versucht.

Auf dem Weg zum ganzheitlichen Management wird die Betriebswirtschaftslehre mehr umdenken müssen, als es den Experten derzeit klar ist. Warum? Die Betriebswirtschaftslehre ist eine Lehre, die man durch Wissensvermittlung lernen kann, denn sie ist *eine abstrakte Methode.*

Wie jede abstrakte Methode beruht sie auf Postulaten. Die Postulate der Betriebswirtschaftslehre sind die der *exakten Naturwissenschaften.* Und deren Grundüberzeugungen lauten nach Eisenhardt, Kurth und Stiehl (»Du steigst nie zweimal in denselben Fluß«, Reinbek 1988):

● Die Wirklichkeit ist feststehend.

● Die Wirklichkeit ist identisch.

● Die Wirklichkeit ist in ihrer Grundstruktur zeitlos.

● Die Wirklichkeit ist an sich strukturiert.

Auf diesen Postulaten ruht die Betriebswirtschaftslehre mit ihrem Versuch, Präzision und Exaktheit in die Prozeß-Beschreibungen einzubringen. Wenn eine Wirklichkeit feststehend, identisch, zeitlos und zugleich strukturiert ist, dann kann sie – so die Annahme der Betriebswirtschaftslehre – *übersehen und vorausgesehen werden.* Deshalb benötigt die Betriebswirtschaft das System und nicht die persönliche Erfahrung.

Aber die Entwicklung der allgemeinen Wissenschaft ist inzwischen viel weiter. Viele Wissenschafts-Kritiker haben darauf hingewiesen, daß dieses Modell der Wirklichkeit im Grunde *eine Selbsttäuschung darstellt,* die lautet: Die Abstraktion ist die Wirklichkeit.

Und die Illusion, die dahintersteckt, lautet: »Man glaubt, die an sich seiende Struktur der Realität bildet sich im Denken ab.« Eisenhardt,

Kurth und Stiehl nennen diese Illusion »eine rein ideologische Interpretation«.

Das Tao-Projekt versucht also auch, schädliche Ideologien in Betriebswirtschaftslehre und Management sichtbar zu machen. Und diese werden zumeist erst dann sichtbar, wenn man bereit ist, die andere Seite anzuerkennen. Und das, obwohl sich diese nicht rational-abstrakt darstellt. Wir dürfen also nicht den Fehler machen, nur das als logisch und wirklich zuzulassen, was abstrakt und rational formuliert ist. Wir dürfen nicht den Fehler machen, Täuschungen, Illusionen und Ideologien nur deshalb als Wirklichkeit zu »glauben«, weil sie mit rationalem Vokabular vorgetragen werden.

Werfen wir nun einen Blick auf das Tao des Managements. Auch das Tao ist nur eine Lehre, genau wie die Betriebswirtschaftslehre. Sie arbeitet nicht mit Wissensvermittlung, sondern mit einem Lehrsystem, weil sie weiß, daß Menschen erst einen *echten Weg gehen müssen*, um die Wirklichkeit hinter den Phänomenen erleben zu können.

Das Tao ist also kein Wissens-Gebäude, das man auswendig lernen kann, sondern eine Anleitung für jemanden, der gehen will . . . gehen zur Kraft. Damit wird klar, wie das Tao des Managements als Energie-Modell arbeitet: Die eigentliche Wirklichkeit liegt hinter den Beschreibungen und Abstraktionen. Hinter diesen Phänomenen liegt die Energie für diese Phänomene. Hinter den Prozessen sitzt die Kraft für die Prozesse.

Der Weg zu dieser Kraft, so die Grundüberzeugung des Tao-Projektes, kann deshalb nicht durch Abstraktion und Wissens-Vermittlung gefunden werden, sondern nur durch eine *Kette von Erlebnissen*, die an die konkrete Wirklichkeit so nahe wie möglich heranreichen.

Tao benötigt deshalb den gegangenen Weg. Das Wirklichkeits-Modell des Tao beruht ebenfalls auf Postulaten, die versuchen, »möglichst abstraktionsfrei« Wirklichkeiten aufzufassen. Diese Postulate lauten:

① Die Wirklichkeit ist *prozessual* und keineswegs statisch. Sie wird und ist wesentlich in der Zeit.

② Die Wirklichkeit ist *diskret und heterogen* und keineswegs kontinuierlich und homogen-identisch.

③ Die Wirklichkeit ist *lokal* und keineswegs global überschaubar. Sie ist jeweils nur örtlich – an den Orten möglicher Beobachtung – strukturiert.

④ Die Wirklichkeit ist *Wechselwirkung*, nicht an sich seiend, sie ist überhaupt nur existent, wenn sie auf einen Beobachter (der auch ein Meßinstrument sein kann) eine Wirkung ausübt und von diesem Beobachter eine Wirkung erleidet.

»Dieser wechselseitige Prozeß, in dem lokal-diskrete Größen ausgetauscht werden, konstituiert erst die Wirklichkeit.«

Warum das Tao-Projekt wichtig sein könnte

Weil es mit Energie zu tun hat. Weil es die Lehre des Weges zur Kraft ist. Tao wird definiert »als die transzendentale Erste Ursache« (J. C. Cooper: »Der Weg des Tao«, München 1985).

Tao ist also die Erste Ursache, die *Ursache hinter den Ursachen*. Sie ist die energetische Quelle, die dauernd fließt. Und je näher ein Unternehmer oder Manager an diese Quelle herankommt, um so mehr Energien hat er für seine Vorhaben. Das Tao energetisiert also Strategien. Das Tao energetisiert Pläne und Konzepte. Das Tao energetisiert das Führen. Das Tao energetisiert Führungsprozesse. Das Tao energetisiert Gruppenhandlungen. Das Tao energetisiert kreative Findungsprozesse.

Warum ist der Faktor »Energie« jetzt plötzlich wichtiger als noch vor wenigen Jahren? Nun, das Umfeld, in dem Betriebswirtschaft und Management gehandhabt werden, hat sich entscheidend verändert. Wir entwickeln uns mit wachsendem Tempo auf eine Informations-Gesellschaft zu, die zugleich eine hochkomplexe und multi-vernetzte Weltwirtschaft sein wird.

Das führt zu folgenden neuen Herausforderungen:

① Der Grad der Komplexität für das Management nimmt zu.

② Der Grad der Unübersichtlichkeit nimmt zu (beides zusammen hat dazu geführt, daß seit einiger Zeit mehr und mehr Vordenker des Managements sich von Ratio, Logik und Strategie entfernen).

③ Die Turbulenz nimmt zu (also das Maß an Überraschungen und Brüchen).

④ Die Paradoxa nehmen zu (also nehmen die linearen Wahrheiten ab; wir müssen uns daran gewöhnen, daß gleichzeitig immer mehr Ungleiches oder Widersprüchliches richtig ist).

Darüber hinaus sind die Mitarbeiter in den Unternehmen anders als noch vor zehn bis zwanzig Jahren. Eine starke partizipative Welle hat sich durchgesetzt. Die Mitarbeiter sind kritischer, mündiger und in hohem Maße wertegewandelt. Das führt dazu, daß ein Teil der Mitarbeiter viel stärker als je zuvor echte Herausforderungen sucht, während ein anderer Teil sich auf eine »freizeitorientierte Schonhaltung« (Lutz von Rosenstiel) zurückgezogen hat. Es herrscht das Phänomen der »inneren Kündigung« vor. Experten sprechen davon, daß rund 50 Prozent der Mitarbeiter innerlich gekündigt haben. Wir brauchen also neuartige Methoden, um die Sozialenergie in den Unternehmen deutlich zu erhöhen.

Faßt man all diese Aspekte zusammen, so ergibt sich folgendes Bild:

①　Die neue Zappeligkeit des Umfeldes verlangt von den Unternehmen eine Flexibilität und Wandlungsfähigkeit, wie sie nie zuvor verlangt wurde. Für diese permanente Wandlung (permanente Transformation) benötigt jedes Unternehmen mehr Energie als zuvor. Fazit: *Wir benötigen mehr Energie für mehr Wandel.*

②　Das Niveau der Sozialenergie in den Unternehmen ist zu gering, um im internationalen Wettbewerb bestehen zu können. In den meisten Industrienationen (bis auf einige wenige Ausnahmen im asiatischen Raum) sinkt seit Jahren das Produktivitäts-Niveau auch im Bereich des Büro-Sektors. Um die wachsenden Herausforderungen bewältigen zu können, muß ein neues Maß für Selbstmotivation und Handlungsleidenschaft entwickelt und entfacht werden: Fazit: *Wir benötigen mehr Energie für mehr Produktivität.*

Was sind die drei Kräfte der Tao-Energie?

Energie ist also das neue Schlüsselwort, um die Umfeld-Probleme und die inneren Produktivitäts-Probleme zu lösen. Aber was ist nun Energie? Was ist der Unterschied zwischen einer normalen Energie (Strom oder Dampf-Druck) und der Sozial-Energie? Was ist der Unterschied zwischen einer beobachtbaren, physikalischen Energie und einer mentalen Energie?

Als Laotse, von dem man sagt, er sei der Gründer des Taoismus, um das Jahr 600 v.Chr. im Staate Chou lebend, das Buch »Tao Te Ching« schrieb, ging es ihm in erster Linie um die Urkraft, also um das, was man im Taoismus »die erste Ursache« nennt. Der Weg des Tao ist der Weg zu den zentralen Kräften. Und es ist deshalb lohnend, zu überprüfen, welche dieser Kräfte auch für das moderne Management nutzbar gemacht werden können, und welche Kräfte mit unserem neuen Weltbild und mit dem sich jetzt entwickelnden neuen Paradigma eines expandierenden Universums in Übereinstimmung gebracht werden können.

Analysiert man den Weg des Tao, wie er von Laotse selbst und vielen Autoren, die ihm folgten, beschrieben wurde, so erkennt man, daß es drei Kräfte sind, die von den Tao-Energie (Erste Ursache) verursacht werden:

① **die Kraft des Werdens,**

② **die Kraft der Liebe,**

③ **die Kraft des Nicht-Tuns (Wu-wei).**

Die Kraft des Werdens

Die Kraft des Werdens beruht auf der Annahme, daß es einen Geist gibt, der die biologische und kulturelle Evolution des Menschen steuert. Das System einer höheren harmonischen Ordnung. Für das Tao ist wichtig, daß dieser Geist nicht vorschreibt, wohin die Reise zu gehen hat. Es gibt keinen Plan . . . nur die Absicht, zu werden. Die evolutionären Prozesse des Werdens werden im Taoismus als fließende Prozesse beschrieben, wobei sich das Fließen permanente Wandlungen vollzieht. Dabei sind Offenheit und Paradoxa die begleitenden Faktoren. Das Modell des Tao geht mit dem Geist folgendermaßen um: »Wo keine entsprechende Begabung ist, verweilt das Tao nicht. Wo keine äußere Korrektheit ist, wirkt das Tao nicht.«

Damit wird gesagt, daß nur derjenige die Kraft des Tao nutzen kann, der eine entsprechende mentale Form geformt hat. Das Tao fließt nur dort hinein, wo der Mensch eine adäquate Form bereitstellen kann. Um den Geist zu nutzen, benötigt man das *Instrument der geistigen Formung*. Um die Kraft der Evolution (also die Kraft des Werdens) energetisch nutzen zu können, benötigt man die Fähigkeit, Evolution zu sehen oder Evolution zumindest fühlen zu können, um sich so in den evolutionären Prozeß einschwingen zu können.

Das alles sind geistige, ja mystische Prozesse. Denn wie formt man einen Geist? Und wie koppelt man sich an evolutionäre Strömungen an? Das sind Fragen, auf die die klassische Betriebswirtschaftslehre keine Antwort weiß. Deshalb das Tao-Projekt.

Im Tao ist es wichtig, daß alles fließt. Das wichtigste Stichwort für die Kraft des Werdens ist deshalb »*Fließen*«. Und dieses Fließen kommt zustande durch eine permanente Kette von Wandlungen. Die letzte Wandlung wird durch die neueste Wandlung wiederum gewandelt. Alles ist *permanente Wandlung*.

Im Taoismus gibt es kein strenges Entweder-Oder und auch keine feste Unterscheidung zwischen Schwarz und Weiß wie in der westlichen Logik, wie J. C. Cooper schreibt. Anders als die Griechen und Aristoteles hat man im Tao nicht versucht, Endgültigkeit und Verbindlichkeit einzubringen. Aristoteles ging von dem Credo aus:»tertium non datur«, also »es gibt kein Drittes«. Im Taoismus liebt man die Paradoxa, also *die Unstimmigkeiten*, sehr. Und es gibt im Taoismus immer das dritte und das versöhnliche Element, durch das alle Stimmigkeiten wieder unstimmig werden, alle Festigkeiten wieder erodieren und der Fluß wieder zu fließen beginnt. *Die Kraft des Werdens geschieht durch offenes Fließen.*

Die Kraft der Liebe

Im Taoismus wird die Kraft der Liebe durch den »Weg des Weisen« ausführlich beschrieben. Der Weise steht für Liebe. Es ist interessant, daß der Begriff der Liebe im Taoismus anders verwendet wird als in unserem Kulturkreis. Liebe hat hier nichts mit Leidenschaft, erhöhtem Adrenalinspiegel und verzückter Emotionalität zu tun. Für den Taoisten ist Liebe gleichbedeutend mit »*im Mittelpunkt ruhen*«. Allzu heftige Gefühle, allzu große Leidenschaften lassen den Weisen aus seiner Mitte fallen, und dann reduziert sich für ihn die Zufuhr der Tao-Kraft. Mit den Worten des Dichters William Wordsworth:»Mit einem Auge, das durch die Kraft der Harmonie und die tiefe Kraft der Freude still geworden, durchschauen wir das Leben der Dinge.«

Liebe hat im Taoismus etwas zu tun mit dem »*Leersein*«. Nur wer leer ist, was allzu egoistische Bestrebungen betrifft, kann Liebe schenken und kann sich mit dem Kraftstrom des Tao verschmelzen. Und nur wer in diesem Sinne »leer« ist, ist auch in der Lage, sich mit anderen zu verschmelzen und sie dadurch teilhaben zu lassen an dem Geheimnis der Kraft. »Der wahre Mensch ist leer und ist alles. Er ist unbewußt und ist überall. So vereinigt er auf geheimnisvolle Weise sein eigenes Selbst mit seinem anderen Selbst« (Laotse).

Laotse hat ausführlich darauf hingewiesen, wie wichtig diese *Ego-Leere* ist, um zur wirklichen Kraft zu kommen. Er sieht in diesem Sinne Künstler und Führer (also Politiker, Herrscher und – wie wir heute sagen – Manager) vor gleiche Probleme gestellt. J. C. Cooper hat das wie folgt beschrieben:»Wie der Weise nichts mit Persönlichkeitskult zu tun hat, so hatte der Künstler kein Verlangen danach, sein Ego auszuprägen oder durch seine Persönlichkeit zu beeindrucken. Im Gegenteil, das Ziel der heiligen Kunst liegt darin, das Ich in dem spirituellen Geist aufgehen zu lassen. So ›signierte‹ der taoistische Künstler selten seine Bilder. Sein Werk war nicht der Ausdruck einer individuellen Psyche oder – wie Albert Gleizes es ausdrückt – ›persönlicher physiologischer und psychologischer Konvulsionen‹, sondern des Wirkens des Geistes in der Kreativität: ›erzeugen ohne besitzen, handeln ohne Selbstbehauptung, *Entwicklung ohne Herrschaft*‹.«

Eine andere Quelle sagt dazu:»Zu wünschen, daß bekannt würde, daß ich der Autor bin, ist der Gedanke des Menschen, der noch nicht erwachsen ist. Es kann keine Urheberschaft für Ideen geben, sondern nur ein Vorzeigen. Und dabei ist es unwesentlich, ob von einem oder mehreren Köpfen.«

Man sieht, daß das Tao dem Weisen die Fähigkeit zuschreibt, so leer und so harmonisch und zugleich abgehoben zu werden, daß er die Kraft der Liebe als Katalysator nutzen und als Mittler weiterleiten kann. *Die Kraft der Liebe geschieht durch Absichtslosigkeit.*

Die Kraft des Nicht-Tuns

Im Taoismus hat man sehr früh erkannt, daß nicht alle Wirkungen durch direkte, lineare Handlungen hervorgerufen werden. Da gibt es zum Beispiel sehr präzise Beschreibungen für die Kraft des»Redens ohne Reden«. Um diese Kraft geht es. Es handelt sich um den Faktor der *Selbstorganisation*, der jetzt auch vom Westen entdeckt wird. Ein idealer Führer, so beschreibt ihn zumindest Laotse, bewirkt Selbstorganisation und sorgt dafür, daß andere das können, was sie ohne den Führer sonst vielleicht nicht gekonnt hätten. Aber er ist nicht Führer in dem Sinne, daß er durch Anordnungen, Ge- und Verbote und Kontrolle Menschen wirklich führt, er ist eher so etwas wie ein Kultivierer, ein Katalysator ... heute würde man Coach dazu sagen.

Das deckt sich sehr mit den neuen, besonders aus den USA kommenden Meldungen über ein Umschalten des Managements vom klassischen

Führungsprinzip (Führen als Vormachen und Bessermachen) zugunsten einer Selbstorganisation. Typisch hierfür ist das Buch von Tom Peters (»Kreatives Chaos«, Hamburg 1988).

Es geht also um Selbstorganisation. Wie kann man die Selbstorganisation organisieren? Wie kann man durch das Nicht-Tun dafür sorgen, daß Selbstorganisations-Prozesse stattfinden und optimiert werden?

Das entscheidende Wort hierfür ist *Verschmelzen*. Die Grundüberzeugung des Tao lautet: Je mehr ich mich mit einer Situation oder Konstellation verschmelze, um so weniger Regeln brauche ich, um so weniger abstrakte Modellbildung benötige ich. Das deckt sich sehr mit dem, was hervorragende Unternehmer in letzter Zeit artikuliert haben: Der bemerkenswerte Unternehmer Schläpfer hatte einmal darauf hingewiesen, daß in seinem Unternehmen im Grunde alles falsch gemacht wird, wenn man die klassischen Prinzipien der Betriebswirtschaftslehre zum Maßstab nimmt. Auch Abedi, der Gründer der BCCI-Bank – ebenso ein vorbildlicher neuer Manager mit viel Erfolg –, hat darauf hingewiesen, daß nach den klassischen Regeln sein Management überhaupt nicht funktionieren dürfte. Obwohl es mit hervorragender Effizienz und Rendite arbeitet.

Es geht also um den Erfolg trotz falscher Regeln oder um *die Wirkung ohne Regeln*. Durch indirekten Einfluß, verursacht durch Verschmelzen. Eine typische Stelle dazu aus dem Lehrgebäude des Tao: »Für ihn [den Weisen des Tao] besteht keine Notwendigkeit, Einfluß auszuüben. Er zieht die Menschen auf ganz natürliche Weise an. *Die Menschen folgen dem, der das Tao hat*, wie die Hungrigen der Nahrung folgen, die sie vor sich sehen. Weil er alle potentiellen Möglichkeiten des Menschen erfüllt, hat er das vollkommene Verstehen.«

Mit anderen Worten:

Wer das Tao hat, hat die Liebe.

Für den Taoisten ist es sehr wichtig, daß die Gesetze und Regeln auf ein Minimum beschränkt werden. Wer die Energien bei sich und in Gruppen entflammen möchte, der muß auf Freiheit und *Entwicklung in Freiheit* achten. Deshlab sollten die Vorschriften, Regeln und Begrenzungen immer auf ein absolutes Minimum beschränkt werden. Selbstorganisation benötigt Selbstentfaltung. Und Selbstentfaltung ist nicht möglich, wenn Menschen auf den »Status von Sklaven« (J. C. Cooper) herabgewürdigt werden.

Heute würde man sagen: Wenn das heute übliche Modell der Kader-Disziplinierung nicht bald überwunden wird, wird das Umschalten auf Selbstorganisation, Selbstmotivation und Selbstkontrolle nicht möglich werden. Man kann die gewünschte neue *Flexibilität durch Selbststeuerung* nicht wirklich wollen, wenn man gleichzeitig nicht neue Modelle für mehr Freiheit, für mehr Sinnvermittlung und auch für mehr Spaß an der Arbeit organisieren kann. Das klassische Modell der Arbeits-Organisation ist nach wie vor rational, kartesianisch und – was die Werte betrifft – protestantisch-disziplinierend. Dieses Modell zu überwinden ist ein Anliegen des Tao-Projektes.

Die Kraft des Nicht-Tuns kommt aus der taoistischen Sicht von der Fähigkeit der Geführten, ihre *eigenen Potenzen* wachsend zu erfahren und zu entwickeln. Gibt es zuviel Strategie, zuviel Regeln, zuviel Vorgaben, zuviel Kontrolle, so werden die Geführten».. abhängig von Regeln und Verordnungen und verwechseln die Mittel mit dem Zweck«. Mit taoistischen Worten:»Sie verlieren den Weg.« Sie verlieren also ihre Energie. *Die Kraft des Nicht-Tuns geschieht durch Loslassen und Zulassen.*

Fassen wir an dieser Stelle noch einmal zusammen, so erkennen wir:

Tao ist das Wort für die universelle Energie. Sie wird die»transzendentale Erste Ursache« genannt. Und aus dieser Ersten Ursache, die wie eine Quelle aufzufassen ist, entspringen drei permanent fließende Kräfte, die vom Unternehmer und Manager genutzt werden können: die Kraft des Werdens mit dem Faktor der Evolution, die Kraft der Liebe mit dem Faktor der Weisheit und die Kraft des Nicht-Tuns mit dem Faktor der Selbstorganisation.

Das folgende Schaubild zeigt noch einmal den Aufbau des Tao-Projektes mit den drei zentralen Kräften, die für das moderne Management wichtig werden können:

DAS TAO-PROJEKT

Tao
Tao ist transzendentale Erste Ursache

Die Erste Ursache
ist die Quelle für
drei Kräfte

Die Kraft des Werdens	Die Kraft der Liebe	Die Kraft des Nicht-Tuns
Evolution Offenes Fließen	Weisheit Energie	Selbstorganisation Verschmelzen

Die fünf zentralen Management-Kriterien des Tao-Projektes

Natürlich hat auch die Betriebswirtschaftslehre (oft in Zusammenarbeit mit Unternehmensberatungs-Firmen) in den letzten zwanzig Jahren vieles entwickelt, um das Phänomen der Führung methodisch und wissenschaftlich zu beschreiben.

In CAPITAL 10/88 wurde eine Analyse veröffentlicht zum Thema »Was Management-Theorien wirklich taugen«. Die Autoren gaben dem Beitrag die etwas süffisante Headline »Heldensagen«. Und in der Tat ist immer dann, wenn Theoretiker abstrakt das Phänomen der Führung – also die Kunst der Menschenführung – beschreiben, immer vieles dabei, was zwar vom Vokabular sehr eindrucksvoll klingt, aber oft nur sterile Methodik oder gar kurzlebige Mode ist. Da gibt es »Symbolik-Management« oder »Attributs-Theorie der Führung« oder den »9,9-Stil« nach Blake, Mouton. All das sind rational-abstrakte Verhaltens-Methoden, die weder das Charisma eines Führers noch den Weg zur Kraft beschreiben.

Führung ist immer die Lösung eines Grund-Dilemmas, das CAPITAL richtig beschrieb:»die Organisation effektiv und zugleich die Mitarbeiter zufrieden zu machen«. Also ist Führung *immer ein sozialer Prozeß*. Es bedeutet das Lebendigwerden von Visionen, das Herstellen von Kohärenz und Einheitlichkeit, das Aufbauen eines guten Klimas (Sozio-Sound) und das Herstellen einer kreativen Kultur. Das sind alles soziale, also zwischenmenschliche Prozesse. Deshalb ist es nicht verwunderlich, daß so viele »Management-by«-Moden immer wieder präsentiert und gelobt werden, obwohl man schon wenige Jahre später nichts mehr davon hört.

Denn all diese rationalen Patentrezepte vernebeln im Grunde das eigentliche Problem: Führung ist in erster Linie *die Qualifizierung des Führenden*, und in zweiter Linie ist sie die Fähigkeit, Sozialenergie formen zu können. Also den Weg zur Kraft zu kennen.

Führung hat also wenig mit der Manipulation derjenigen zu tun, die geführt werden sollen, sondern vielmehr mit der Transformation derjenigen, die führen möchten.

Das Credo der Tao-Führung lautet demnach:

»Man kann nur dann gut führen, wenn man den Menschen nicht im Wege steht.«

Das Tao des Managements hat darauf fünf zentrale Faktoren abgeleitet:

① **Energetisieren,**

② **Entfalten,**

③ **Formen,**

④ **Verschmelzen,**

⑤ **Fließen.**

Das *Energetisieren* ist hauptsächlich eine Funktion von Liebe, Sozialenergie und *High Trust*. Was bedeutet High Trust? In jedem Unternehmen existiert ein ungeschriebener Vertrag über die Art und Weise, wie Menschen miteinander umgehen wollen. Und die Art, wie Menschen miteinander umgehen, ist praktizierte Liebe. Wenn ein Unternehmen einen High-Trust-Vertrag formulieren, statuieren und auch kontrollieren kann (zum Beispiel durch einen sozialen Ombudsmann), dann *reduziert sich der Grad der Destruktivität* bei gleichzeitig aufblühendem geistigen Wettbewerb.

Beim *Enfalten* geht es hauptsächlich um die Vermittlung von Bewußtsein. Auch Bewußtsein kann geführt werden, und zwar durch Kontext-Vermittlung. Kontext und Bewußtsein sind in Zusammenhang zu bringen mit Zeit, weil es typisch ist für energetisches Führen, *früher das richtige Bewußtsein zu haben.*

Die Dimension des *Formens* beinhaltet als zentralen Faktor die Vision. Vision wird definiert als ein Medium, das Glauben in ein Unternehmen trägt. Hier handelt es sich also um die Fähigkeit, Zukünfte imaginativ zu formen und sie durch schriftliche und mündliche Kommunikation anderen rational und emotional zugänglich zu machen, *damit ein gemeinsames Wollen entsteht* (Kohärenz).

Verschmelzen ist diejenige Dimension, die die Umfeld-Dynamik berücksichtigt. Das wichtigste Instrument ist das Networking, also die Vernetzung mit Szenen, Gruppen und sozialen Fragmenten, dazu kommen die Techniken der Interfusion, wie Szenen-Sponsoring und Dialog-Foren. Außerdem gehört die Issue-Politik dazu, die in zunehmendem Maße die klassische PR ablöst. Issue-Politik ist das Organisieren eines fairen Dialoges mit den Für- und Widersprüchen der Gesellschaft bei bewußter, garantierter Ausschaltung von Info-Manipulation. Die Verschmelzung *fördert die Kooperation des Unternehmens mit der Gesellschaft.*

Die letzte Dimension betrifft das *Fließen*. Es ist ebenfalls stark umfeldorientiert. Das wichtigste Instrument ist das *Monitoring*, das systematische Erfassen von Veränderungen, Trends und sozialen Strömungen. Dazu kommt die Abkehr vom Kampagnen-Denken, wie es im Marketing üblich ist, und vom strategischen Block-Denken, wie es typisch ist für zentral organisierte und hierarchisch gegliederte Unternehmen. Fließen wird nur möglich durch das Instrument der *prozessualen Planung*, die wiederum jedoch das erfolgreich macht, was im amerikanischen Sprachgebrauch »Organization Transformation« (OT) genannt wird, die Fähigkeit, durch Zirkel-Techniken und flexible Gruppen-Strukturen Planung und Handlung kontinuierlich wechselseitig vernetzt durchführen zu können. *Planung geschieht dann immer, weil auch Handlung immer geschieht.*

Der Aufbau des Tao-Projektes

Das Tao-Projekt will dort weitergehen, wo die Betriebswirtschaftslehre keine Worte mehr findet. Es will den rational-abstrakten Bereich überschreiten und den energetisch-mystischen Bereich für Unternehmen und Manager eröffnen. Insofern lautet das Ziel: einen Baustein zu finden für ein *ganzheitliches Management*, das die rational-strategische Dimension des Managens verbindet mit der neuen energetischen Dimension.

Es geht also auch um eine Balance zwischen Gefühl und Geist, zwischen Technik und Kunst. In der Theorie des Tao sagt man, daß die Gefühle zur Zerstreuung und Vergeudung tendieren, wenn sie nicht vom Geist oder vom Intellekt kontrolliert werden. Aber man sagt auch, daß der Geist, wenn er nicht vom Gefühl beeinflußt wird, zu Härte und Versteinerung neigt. Deshalb geht es darum, dem Management wieder die *zirkuläre Wirkung von Gefühl und Intellekt* zu eröffnen.

Das Ziel des Tao-Projektes ist es auch, den Unterschied zwischen Wissens-Sammlung und Weg-Gehen deutlich zu machen. Wie J. C. Cooper richtig schreibt, »bekommen wir im Wissen mehr und mehr, im Tao bekommen wir weniger und weniger«. Und dieses Weniger bedeutet, sich selbst weniger im Weg zu stehen, damit das Tao, also soziale Ur-Energie, fließen kann.

Das Konzept des Tao-Projektes

Das Tao-Projekt wird in zwei Etappen vorgehen. In der ersten Etappe wird das klassische Tao, wie es von Laotse entwickelt worden ist, genutzt werden. Die drei Schwerpunkte habe ich bereits beschrieben:

die Kraft des Werdens,
die Kraft der Liebe,
die Kraft des Nicht-Tuns.

In der zweiten Etappe werde ich neue Materialien vorlegen, um die Grenzen und Fehler des klassischen Tao zu zeigen. Ich werde also ein neues Buch vorlegen zum *Neuen Tao*. Denn auch das Tao wandelt sich. Und viele Dimensionen des Tao stimmen nicht mehr überein mit den neuen Erkenntnissen der Quantenphysik, der Kosmologie und der entstehenden neuen Paradigmen der Wissenschaft.

Beispielsweise betont das alte Tao, daß alles fließt. Fließen und Verschmelzen sind zwei wesentliche Elemente des klassischen Tao. Aber das zeitliche Modell des Fließens ist im alten Tao zyklisch, während die neue Lehre vom Universum gerade die zyklische Zeit als »Illusion von Menschen« erkannt hat. Das Universum selbst expandiert. Und die Wissenschaft hat eine neue Einstellung zur Zeit und Irreversibilität gewonnen. Nichts steht vorher fest, nichts gibt es zweimal. Alle zyklischen Modelle führen deshalb zur Passivität und reduzieren die Verantwortung für das irdische Leben. Genau das ist auch das, was man oft den Asiaten und den Taoisten vorgeworfen hat: die unterentwickelte Weltlichkeit und der fehlende Zugang zum Fortschritt.

Auf der Basis des neuen Wissenschafts-Paradigmas wollen wir in der zweiten Etappe versuchen, das Tao neu zu formulieren, um dann anschließend dieses Neue Tao für Management und Führung nutzbar zu machen.

Die Bücher des Tao-Projektes

In der Phase I sind es vier Bücher. Jeder Baustein in Form eines Buches. Die folgende Übersicht zeigt den Aufbau der Phase I mit ihren fünf Dimensionen:

Die Dimension des Tao	Die Management-Instrumente	Die Bücher
Energetisieren:	Liebe, Sozial-Energie, High Trust	**Management by Love** ECON 1990
Verschmelzen:	Networking, Interfusion, Issue-Politik	**Interfusion: Abschied vom Marketing,** ECON 1990
Fließen:	Monitoring, prozessuale Planung	
Entfalten:	Bewußtsein, Kontext, Zeit	**Geist – Das Geheimnis der neuen Führung,** ECON 1991
Formen:	Vision, Glaube	**Evolution und Management,** ECON 1992

In der Phase II geht es um das Neue Tao. Hier wird es folgende Bücher mit folgenden Inhalten geben:

● Das Neue Tao
● Das energetische Management
● Tao und Lebenskunst/Coaching

Zusätzlich ist ein Trainings-Programm entwickelt worden (siehe Seite 383). Es hat folgenden Schwerpunkt:

MIND DESIGN
Meta-Programmierung für Unternehmer und Manager

Alles in allem: Das Tao-Projekt versucht, die Weisheit und Höhepunkte des alten Tao für das Management aufzuschließen und zugleich ein Neues Tao zu entwickeln, das dem neuen Paradigma der modernen Wissenschaft entspricht, so daß neben den klassischen Aspekten des Fließens und des Verschmelzens auch die neuen Aspekte der Entfaltung von Evolution und der Formung von Geist enthalten sind.

Das Tao erfahren und erleben . . .

In den letzten Jahren habe ich sehr häufig Kontakt mit Studenten der Betriebswirtschaftslehre gehabt. Meistens ging es um Diplomarbeiten oder Dissertationen. Ich erinnere mich noch genau an ein Gespräch mit einem Studenten, der gerade im Abschluß-Semester war. Wir diskutierten sehr intensiv über die Sterilität und Kälte der Betriebswirtschaft und die Unfähigkeit dieses Lehrsystems, seine eigenen ideologischen Grenzen zu transformieren.

Wir analysierten, wie modern die Führungs-Konzepte sind, die heutzutage gelehrt werden. Er hatte dazu seine Materialien, Skripte und Unterlagen mitgebracht. Wir verglichen seine Universitäts-Papiere mit den aktuellen Entwicklungen in der Praxis. Zum Schluß sagte er resigniert: »Mein Wissens-Material ist ja völlig veraltet und überholt. Ich glaube noch nicht einmal, daß es einsetzbar ist, wenn ich eines Tages in einer Führungsfunktion sein werde. Na ja, dadurch habe ich immerhin eines erreicht. Ich habe durch mein Studium der Betriebswirtschaftslehre Wissenschaft gelernt, ich habe gelernt, wie man wissenschaftlich arbeitet. Das ist auch etwas. Aber das Eigentliche, das, worum es wirklich geht, um als Unternehmer oder Manager erfolgreich zu sein, dieses Eigentliche habe ich nicht gelernt!«

Vielleicht kritisiert unser Student hier zu hart. Vielleicht kann die Betriebswirtschaftslehre den Weg zur Kraft, den Schlüssel zum Charisma und den Mut zu Liebe im Business nicht vom Katheder aus lehren. Denn das »Eigentliche« kann vielleicht überhaupt nicht gelehrt werden.

Das, worum es im Tao-Projekt geht, nämlich die vielfältigen Formen der Energie, das ist wissenschaftlich nicht lehrbar. Energie kann nur in der *persönlichen Erfahrung* erfaßt werden und nicht in den Begriffen über Energie.

Deshalb lernen die Studenten der Betriebswirtschaft, also der kommende Führungs-Nachwuchs, ein Beschreibungs-System, aber sie lernen nicht, wie man den Weg zu gehen hat, um zu dem Beschriebenen zu kommen. Sie lernen den Begriffs-Apparat für Erfolg, aber nicht den Weg zum Erfolg.

Was wir also in Zukunft brauchen werden, ist eine Trainings-Stätte für

Erfahrungs-Wissen,

um die spirituellen und mentalen Dimensionen der Energien persönlich und emotional erleben zu können. Was wir brauchen, ist vielleicht ein Trainings-Camp für die Elite des jungen Managements, damit sie die

Wirklichkeit der Energie

erleben können. Denn: *Wirklichkeit kann nur in der Erfahrung wirklich werden.*

Hören wir dazu Eisenhardt, Kurth und Stiehl:»Wirklichkeit ist ja nicht bloßes Komplement zu Abstraktion und Theorie, sondern etwas in der *Erfahrung* sich Offenbarendes. Die wissenschaftliche Erfahrung aber ist eine verarmte Erfahrung. Der Wissenschaftler ist ein umgebauter Mensch (Bacon), ein Mensch, der einer Gehirnwäsche unterzogen wurde. Sein Geist wurde gereinigt und von allen Stimmungen, Gefühlen und Empfindungen bei der Arbeit befreit, damit die Modelliteration störungsfrei verlaufen möge. Das gelingt natürlich nur teilweise.«

Das Tao-Projekt will versuchen, diese Erfahrungs-Lücke zu schließen, vielleicht als Grundlage für eine Lehre vom energetischen Management.

THE NEW SPIRIT OF MANAGEMENT.

Der Jugend im Management gewidmet.

Gerd Gerken   Worpswede 1991

Das Institut für Trend-Forschung
Worpswede

Das Institut hat sich zur Aufgabe gemacht, der Wirtschaft im deutschsprachigen Raum wichtige zukunftsweisende Trends in qualifizierter und regelmäßiger Form zu präsentieren. Basis ist das RADAR-SYSTEM, das Anfang der achtziger Jahre von Gerd Gerken entwickelt wurde, um die Komplexität und Dynamik von Trends systematisch erfassen zu können.

Das RADAR-SYSTEM basiert derzeit auf 26 Mega-Trends und beobachtet kontinuierlich die dynamischen Verläufe von rund 160 Trends. Darüber hinaus werden globale Meta-Trends diagnostiziert und ganzheitliche Trend-Landschaften beschrieben, diese besonders für Parteien und Groß-Unternehmen.

Die Methodik des RADAR-SYSTEMS beruht auf drei Säulen der empirischen Sozial-Forschung:

● Inhalts-Analysen von Medien mit frühen Inhalten,

● Experten-Auskünfte,

● teilnehmender Beobachtung, dies besonders in Szenen, Subkulturen und avantgardistischen Initiativen.

Das RADAR-SYSTEM fokussiert hauptsächlich den deutschsprachigen Raum und konzentriert sich dabei hauptsächlich auf kulturelle, soziale und kollektiv-psychologische Trends. Darüber hinaus werden »öffentliche Feelings« und nationale Orientierungs-Metaphern diagnostiziert, die wiederum wichtig sind, um die Dynamik der »Soft-Factors« in einem Wirtschafts-Raum prognostizieren zu können.

Auf dieser Basis berät das Institut für Trend-Forschung seit vielen Jahren Unternehmer, Manager und Entscheidungsträger in Parteien und Institutionen. Im einzelnen umfaßt das Beratungs-Programm folgende Bereiche:

① Der schriftliche Trend-Service

Dieser Service ist hauptsächlich auf Aktualität ausgerichtet. Deshalb offeriert er den Unternehmen zweimal im Monat einen

- ZUKUNFTS-LETTER mit je 20 Seiten, hauptsächlich ausgerichtet auf deutsche Trends, sowie Trends aus USA, Japan, Moskau und dem High-Tech-Bereich. Dazu gibt es folgende Beilagen:

- BRAIN . . . die aktuellen Entwicklungen der Gehirn-Forschung und der Bewußtseins-Praxis,

- WORLD . . . die aktuellen Trend-Signale aus den Metropolen der Welt,

- CALIFORNIA . . . wichtige Trends aus der Heimat der Trends,

- PACIFIC . . . Trends aus dem asiatisch-pazifischen Raum.

Des weiteren bietet dieser Service einen speziellen Info-Letter mit dem Titel:

- GERKEN-ZUKUNFT.
  Er präsentiert dem Top-Management grundsätzliche Richtungs-Trends für die Zukunft im Business.

Ergänzt wird der Service durch eine Serie von

- TREND-TREFFS,
  jeweils durchgeführt von Gerd Gerken in Hamburg und München.

② Zukunfts-Beratung

Das Institut für Trend-Forschung und Gerd Gerken bieten Unternehmern und Managern eine progressive Beratung, bezogen auf Zukunfts-Projekte und Langfrist-Planungen. Dabei werden alle relevanten Zukunfts-Aspekte in szenarischer Form, das heißt im Rahmen einer Zukunfts-Konferenz, entwickelt und präsentiert, hauptsächlich bezogen auf

- die Zukunft der Führung,

- die Zukunft der Organisation,

- die Zukunft der Personal-Politik,

- die Zukunft der Fortbildung und Personal-Entwicklung,

- die Zukunft von Marketing und Interfusion,

- die Zukunft der Öffentlichkeits-Arbeit/Issue-Politik,

- die Zukunft der Lobby-/Verbands-Arbeit,

- die Zukunft der Produkt-Entwicklung/Innovation,

- die Zukunft von Design- und Identity-Architektur.

③ Exklusiv-Monitoring per Abonnement

Dieser Service beinhaltet eine »maßgeschneiderte Trend-Diagnose«, die als laufender Service von Top-Managern und Entscheidungs-Trägern genutzt wird. Entsprechend den strategischen Zielsetzungen des Unternehmens wird eine Exklusiv-Diagnose aller relevanten Trend-Signale durchgeführt, um damit dem Management verläßliche Orientierungs-Daten für zukunftsgerichtete Entscheidungen zu geben. Das Monitoring ist exklusiv, es kann also pro Branche nur einmal vergeben werden. Das RADAR-Team diagnostiziert die Trend-Strömungen kontinuierlich. Präsentiert werden die Ergebnisse zwei bis dreimal im Jahr durch Gerd Gerken im Rahmen eines jährlichen Service-Vertrages.

Darüber hinaus bietet das Institut für Trend-Forschung in Worpswede innovative Konzepte für ein qualifiziertes

COACHING

an, das heißt: Trainings-Programme für die mentale Qualifizierung von Managern entsprechend den Regeln des MIND DESIGN. Hierfür steht ein eigenes Coaching-House mit vielfältigen Programmen und Systemen zur Verfügung (siehe Seite 383).

Weitere mündliche Informationen über die Ziele und Services sowie Probehefte sind unter folgender Adresse zu erhalten:

Institut für Trend-Forschung
Muditas GmbH
Postfach 12 06
D-2862 Worpswede
Tel.: 0 47 92/26 56
Fax: 0 47 92/26 86

Literaturverzeichnis

1. Der Weg zum neuen Geist

Adams, John D.:

Transforming Leadership, Virginia 1986

Adams, John D.:

Transforming Work, Virginia 1984

Berth, Rolf:

Visionäres Management, Düsseldorf 1990

Brocher, Tobias H./Sies, Claudia:

Psychoanalyse und Neurobiologie, Stuttgart 1986

Glasersfeld, Ernst von:

Wissen, Sprache und Wirklichkeit, Braunschweig 1987

Guim, Heinz/Mohler, Armin:

Einführung in den Konstruktivismus, München 1985

Haken, Hermann:

Erfolgsgeheimnisse der Natur, Stuttgart 1986

Jantsch, Erich:

Die Selbstorganisation des Universums, München 1982

Loye, David:

Gehirn, Geist und Vision, Basel 1986

Maturana, Humberto R.:

Erkennen: Die Organisation und Verkörperung von Wirklichkeit, Braunschweig [2]1985

Probst, Gilbert:

Kybernetische Gesetzeshypothesen als Basis für Gestaltungs- und Len-

	kungsregeln im Management, Bern 1981
Schmidt, Siegfried J.:	Der Diskurs des Radikalen Konstruktivismus, Frankfurt 1986
Watzlawick, Paul:	Wie wirklich ist die Wirklichkeit? München 1988
Watzlawick, Paul:	Die erfundene Wirklichkeit, München ^{5}1988
Watzlawick, Paul:	Münchhausens Zopf oder Psychotherapie und »Wirklichkeit«, Bern 1988

2. Der Weg zum schnellen Geist

Birkenbihl, Vera/Blickhan, Claus/Ulsamer, Bertold:	NLP – Einstieg in die Neuro-linguistische Programmierung, Köln 1987
Cramer, Friedrich:	Chaos und Ordnung. Die komplexe Struktur des Lebendigen, Stuttgart 1989
Csikszentmihalyi, Mihaly:	Das Flow-Erlebnis, Stuttgart 1987
Dörner, Dietrich:	Die Logik des Misslingens, Reinbek 1989
Fischer, Ernst P.:	Die zwei Gesichter der Wahrheit, München 1990
Haber, Heinz:	Die Zeit – Geheimnisse des Lebens, Langen 1987
Hawking, Stephen W.:	Eine kurze Geschichte der Zeit, Reinbek 1988
Hofstadter, Douglas R., Gödel, Escher:	Bach. Ein endlos geflochtenes Band, Stuttgart 1985
James, Tad:	Time Line Therapy, Kalifornien 1988
Karamanolis, Stratis,	Phänomen Zeit, München 1989

Lilly, John C.:	Das tiefe Selbst, Basel 1988
Nowotny, Helga:	Eigenzeit. Entstehung und Strukturierung eines Zeitgefühls, Frankfurt 1989
Peat, F. David:	Synchronizität. Die verborgene Ordnung, München 1989
Rifkin, Jeremy:	Uhrwerk Universum, München 1988
Schmidt, Ferdinand:	Grundlagen der kybernetischen Evolution, Krefeld 1985
Spiegel-Artikel:	Ausgabe 20/89 vom 15. Mai 1989, Seite 200 bis 220, »Im Reißwolf der Geschwindigkeit«
Toffler, Alvin:	Der Zukunftsschock, München 1983
Toffler, Alvin:	Previews & Premises, New York 1983
Virilio, Paul:	Der negative Horizont, München 1989
Weick, Karl E.,	Der Prozeß des Organisierens, Frankfurt 1985

3. Der Weg zum höheren Geist

Bohm, David:	Die implizite Ordnung, München 1987
Brockman, John:	Die Geburt der Zukunft, München 1987
Carse, James P.:	Endliche und unendliche Spiele, Stuttgart 1987
Davies, Paul:	Gott und die moderne Physik, München 1989
Eccles, John C.:	Die Psyche des Menschen, München 1990

Gardner, Howard: Dem Denken auf der Spur, Stuttgart 1989

Gerken, Gerd: Die Geburt der neuen Kultur, Düsseldorf 1988

Griscom, Chris: Zeit ist eine Illusion, München 1988

Henderson, Hazel: Das Ende der Ökonomie, München 1987

Hutchison, Michael: Megabrain, Basel 1989

Hübner, Kurt: Die Wahrheit des Mythos, München 1985

Lantermann, Ernst D.: Die dunkle Kammer, Weinheim 1986

Panikkar, Raimundo: Rückkehr zum Mythos, Frankfurt 1985

Popp, Fritz A.: Biologie des Lichts, Berlin 1984

Powers, Rhea: Aufruf an die Licht-Arbeiter, Planegg 1987

Powers, Rhea: Zeit zur Freude, Planegg 1987

Prigogine, Ilya: Vom Sein zum Werden, München 1978

Russell, Peter: Die erwachende Erde, München 1984

Sheldrake, Rupert: Das schöpferische Universum, München ^{2}1983

Sloterdijk, Peter:	Euro-Taoismus, Zur Kritik der politischen Kinetik, Frankfurt 1987
Wilber, Ken:	Halbzeit der Evolution, München 1988
Young, Arthur:	Der kreative Kosmos, München 1990

Ausblick: Die Zukunft des Geistes

| Holler, Johannes: | Das neue Gehirn. Gehirntechnologie und Bewußtseinserweiterung Südergellersen 1989 |

Personen- und Sachregister

423

Gerd Gerken

Abschied vom Marketing

424 Seiten, gebunden, mit Schutzumschlag

Das Zeitalter des Individualismus ist angebrochen. Die Verbraucher befreien sich, entziehen sich mehr und mehr den Manipulationsinstrumenten der Industrie. Das klassische Marketing greift kaum noch, denn der Abschied vom Massenmarktdenken ist nicht mehr aufzuhalten. Glaubte man gestern noch, mit der richtigen Positionierung und Penetration erfolgreich seine Produkte auf den Markt bringen zu können, so hat nun die enorme Eigendynamik der Konsumentenwünsche all diese Strategien wirkungslos werden lassen. Nicht mehr länger Top-down-Planung heißt die Devise, sondern Bottom-up-Marketing ist das Zauberwort in den Führungsetagen erfolgreicher Unternehmen.
Ein Umdenken ist notwendig. Emotional Leadership, die vollkommene Verschmelzung mit dem Kunden und die Marken-Mythenpflege gehören unabdingbar zu dieser neuen Philosophie. Es muß in Zukunft technisch und organisatorisch möglich sein, jedem Käufer ein maßgeschneidertes Auto, Möbel oder Kleidungsstücke anzubieten.
Das Portfolio-Management gehört der Vergangenheit an. Unternehmen wie der Schweizer Möbelhersteller Marquardt, IKEA, Honda, Marc O'Polo, Fuji oder Sony übernehmen eine Vorreiterrolle und setzen die revolutionären Marketingprinzipien bereits gewinnbringend um. Die neue Konsumentengeneration ist dynamisch, sogar sprunghaft, und unberechenbar. Unternehmen auf Erfolgskurs wissen das.
Gerd Gerken, Trainer und Coach für das Topmanagement, gibt den Informationsservice »RADAR für Trends« heraus und ist Autor zahlreicher Buchpublikationen.

ECON Verlag · Postfach 30 03 21 · 4000 Düsseldorf 30

Gerd Gerken

Management by Love

Mehr Erfolg durch Menschlichkeit

464 Seiten, gebunden, mit Schutzumschlag

Management by Love – in seinem neuen Werk will uns Gerd Gerken kein wirtschaftliches Liebestollhaus vorführen. Vielmehr setzt sein kecker Titel auf eine alte humane Einsicht: Auch in der Wirtschaft wird mehr Erfolg durch Menschlichkeit erreicht. Es ist an der Zeit, die Wichtigkeit des Menschen in der betrieblichen Organisation zu erkennen. Und Vertrauen beginnt von oben.
Gerd Gerken sieht das Paradigma der »Herrschaft« abgelöst durch das Paradigma der »Liebe«. Aus Hierarchie wird dann Energie, aus Struktur Fließkraft, aus Organisation Organismus, aus Repression entsteht Entfaltung. Er spricht von sanftem Management und Issuepolitik, von New-Marketing und Szenen-Sponsoring. Und stellt die einzelnen Unternehmen und Unternehmerpersönlichkeiten vor, die die von ihm propagierten Verhaltensweisen einsetzen – und das mit großem wirtschaftlichen Erfolg.
Menschlichkeit muß man lernen, besonders in der Wirtschaft. Gerd Gerken zeigt plastisch und eingängig neue Wege auf. »Management by Love« ist ein sehr visionärer Gerken. Seine Botschaft, mehr Erfolg durch Liebe, wird auch den hartgesottensten Unternehmer ins Grübeln bringen.

ECON Verlag · Postfach 30 03 21 · 4000 Düsseldorf 30

Gerd Gerken

Die Trends
für das Jahr 2000

416 Seiten, gebunden, Schutzumschlag

Die 90er Jahre beginnen, die Jahrhundertwende steht vor der Tür. Wir befinden uns in einem Zeitalter epochaler Umwälzungen; alle Bereiche – Politik, Wirtschaft und Kultur – sind davon betroffen. Doch keiner weiß so recht, wo's langgeht. Wie sieht die Zukunft der Wirtschaft in unserer heutigen Informationsgesellschaft aus? Was sind die Trends, die das auslaufende Jahrtausend prägen werden? Auf welchen Wertewandel haben sich Unternehmer und Manager einzustellen?
Gerd Gerken kann mit seinem neuesten Werk eine kompetente Vorausschau bieten. Die hier veröffentlichten »Trends für das Jahr 2000« spiegeln das beeindruckende Ergebnis seiner langjährigen und erfolgreichen Tätigkeit als Trendbeobachter wider. Überall auf der Welt ist er den aktuellsten Entwicklungen auf der Spur, greift sie auf und eröffnet verblüffende Möglichkeiten für unser eigenes Verhalten.
Topmanager, Selbständige, Unternehmer, Werbeleute, Journalisten, Parteien oder Berater – sie alle können sich von ihm inspirieren lassen. Er zeigt die Wege auf, die »grüne« Ideologie und Fortschrittsglaube verbinden, er analysiert den Einfluß von New Age auf das klassische Management und beschreibt, wie die Welle der neuen Bescheidenheit das Marketing völlig umkrempeln wird. Gerd Gerkens Thesen sind bahnbrechend.

ECON Verlag · Postfach 30 03 21 · 4000 Düsseldorf 30